Dieter Wellershoff

DER LIEBESWUNSCH

Dieter Wellershoff

DER LIEBESWUNSCH

ROMAN

Kiepenheuer & Witsch

© 2000 by Verlag Kiepenheuer & Witsch, Köln
Alle Rechte vorbehalten. Kein Teil des Werkes
darf in irgendeiner Form (durch Fotografie, Mikrofilm
oder ein anderes Verfahren) ohne schriftliche
Genehmigung des Verlages reproduziert oder unter
Verwendung elektronischer Systeme verarbeitet,
vervielfältigt oder verbreitet werden.
Umschlaggestaltung: Rudolf Linn, Köln
Umschlagmotiv: Johannes Hüppi, ohne Titel, 1998,
Öl auf Karton, 24 x 32 cm,
Photo: Galerie Haus Schneider, Ettlingen
Courtesy: Sammlung S. Schneider, Karlsruhe
Gesetzt aus der Garamond Stempel (Berthold)
bei Kalle Giese, Overath
Druck und Bindearbeiten: Franz Spiegel Buch GmbH, Ulm
ISBN 3-462-02939-8

I

Eine plötzliche Erinnerung

Manchmal denke ich, daß ich nicht sie erklären muß, sondern mich, mein Interesse an ihr, das so spät, fast sechs Jahre nach ihrem Tod, wieder in mir erwacht ist. Doch vielleicht muß ich erst vom Vergessen sprechen, das gewaltsam als Abwendung und Trennung begann und dann allmählich in Beruhigung überging. Ich habe immer weniger, immer flüchtiger an sie gedacht und irgendwann dann nicht mehr. Wann das war, weiß ich nicht. Man vergißt auch noch das Vergessen, wenn man etwas vergißt. Es ist wie eine doppelte Wand oder wie etwas, das es in Wirklichkeit nicht gibt – eine doppelte Dunkelheit. Inzwischen weiß ich: Man kann nicht sicher sein. Sie war verschwunden in diesem doppelten Dunkel, bis ich sie plötzlich wiedersah. Sie erschien mir in jener bannenden Ausdrücklichkeit, mit der eine Schauspielerin im Lichtkegel eines Scheinwerfers, unbeirrt von den auf sie gerichteten Augen im verdunkelten Zuschauerraum, über die Bühne schreitet.

Wenige Schritte vor mir, bei einer Verkehrsampel, die gerade auf Rot schaltete, kreuzte sie inmitten anderer Fußgänger meinen Weg und verschwand in der Seitenstraße. Ruhig, ohne den Kopf zu wenden, ging sie an mir vorbei, in dem unangetasteten Reiz ihrer längst vergangenen Erscheinung Jahre vor ihrem Tod. Sie erschien mir in dem seltsamen Zwielicht einer nahen Ferne: unwirklich und selbstverständlich und, wie jene Schauspielerin, nicht anrufbar.

Es war eine andere, eine fremde Frau, in der ich sie wiedererkannte. Doch das wußte nur mein Verstand, der den Schrecken, der mich durchfuhr, mit kurzer Verzögerung beiseite schob. Sie war es nicht. Sie konnte es nicht sein. Es konnte nicht noch einmal beginnen. Erleichterung oder Enttäuschung – ich wußte nicht, was ich empfand.

Während die Frau im rechten Winkel zu meinem Weg sich entfernte – eine ganz andere Person, die nichts von den Phantasien ahnte, die ich ihr aufgebürdet hatte –, riß auch meine Verbindung zu der Umgebung, deren Mittelpunkt sie gewesen war. Ich fühlte mich wie im Inneren einer durchsichtigen Blase, an deren Außenhaut der Verkehr, die Menschen und die Schaufenster der Geschäfte schillerten – eine zerflossene farbige Illusion. Dann wechselte die Ampel auf Grün, und angestoßen von der Bewegung um mich herum ging ich weiter in der einmal eingeschlagenen Richtung, Schritt für Schritt weg von dem sich ebenfalls entfernenden Anlaß meiner Halluzination. Nach zwanzig, dreißig Schritten hatte ich den Impuls, umzukehren und der nun schon ein großes Stück entfernten Frau nachzueilen. Ich wollte ihr ein Stück folgen, um festzustellen, worin sie Anja glich und ob die Ähnlichkeiten oder die Unterschiede überwogen. Das sei wichtig, damit die ins Wanken geratene Wirklichkeit sich wieder festigte, sagte ich mir. Doch eigentlich verstand ich diesen Gedanken nicht. Ich wußte ja, daß ich mich getäuscht hatte. Deshalb brauchte ich jetzt nicht noch hinter der Frau herzulaufen. Es sei denn … Ja, es sei denn, daß dies nur ein Vorwand war, hinter dem sich der entgegengesetzte Wunsch verbarg, den ich mir zögernd eingestand: Wie ein

Schläfer, der, hinausgefallen aus einem unabgeschlossenen Traum, noch einmal die Augen schließt, hatte ich gehofft, daß sich die Täuschung noch einmal wiederholte.

Ich hatte mir vorgenommen, ins Kino zu gehen, und obwohl ich keine Lust mehr verspürte, war ich zu schwerfällig, mich anders zu entscheiden. Dies war mein erster freier Nachmittag nach einer Reihe von anstrengenden Arbeitstagen mit vielen schweren, und wohl nur zum Teil erfolgversprechenden Operationen. Ein Patient, ein 76jähriger Mann, bei dem ich, zusammen mit einem dicken, runzligen Karzinom, Magen, Bauchspeicheldrüse, Milz und Querkolon und alle Lymphdrüsen der Umgebung herausgenommen hatte, war mir noch auf dem Operationstisch gestorben. Es war der Abschluß einer schrecklichen Woche. Ich hatte mich danach flau und abgenutzt gefühlt und das Bedürfnis gehabt, mir für zwei Stunden im Dunkel eines Zuschauerraums aus dem Weg zu gehen, zuverlässiger als es mir in meinem Apartment mit Lesen, Musikhören und Telefonieren gelungen wäre. Aber schon als ich die Eintrittskarte löste – bei einer etwas schwammig gewordenen Schönheit, die als ein mit Goldkettchen und Amulett behangenes Brustbild in dem Kassenhäuschen saß und mir mit einer trägen Handbewegung Billett und Wechselgeld zuschob –, und dann noch mehr, als ich den dünn besetzten Zuschauerraum betrat, in dem gerade die letzten Werbespots über die Leinwand liefen, hatte ich das Gefühl, etwas Falsches zu tun. Ich hatte mir das falsche Medikament, die falsche Behandlung verordnet, weil ich nicht wußte, was mir fehlte.

Der Film, den ich mir ausgesucht hatte, war in der Presse hervorragend besprochen worden, und ich konnte, durch einen Schleier von Gleichgültigkeit, seine Qualitäten erkennen, war aber nicht imstande, mich auf ihn einzulassen. Je suggestiver die Szenen und Bilder waren, um so stärker fühlte ich, daß etwas in mir verschüttet wurde. Es war ein Angriff der Unwirklichkeit auf meine Erinnerung, der mich zwischendurch nötigte, die Augen zu schließen. Ich konnte mich aber erst nach etwa zehn Minuten aufraffen hinauszugehen.

Ich schob mich aus der Sitzreihe, vorbei an Leuten, die automatisch ihre Beine einzogen, um mich durchzulassen. Hinter mir auf der Leinwand entwickelte sich ein heftiger Wortwechsel zwischen einem Mann und einer Frau, der, bis zur Unverständlichkeit gedämpft, noch weiter zu hören war, als ich mich schon wieder in dem mit einem schmutzigen dunkelroten Stoff bespannten Gang befand, an dessen Wänden wie verblaßte Erinnerungen alte Filmplakate hingen. Der Gang kam mir anders vor als vorhin, als ich eilig hindurchgegangen war, beschleunigt noch dadurch, daß er merklich, vielleicht um ein Viertel der Geschoßhöhe, zum Ende hin abfiel. Jetzt stieg er an und bremste mich und ließ mich fühlen, daß ich nicht wußte, wo ich hinwollte.

Ich hatte mich mit meinem Entschluß, die Vorstellung zu verlassen, selbst überrumpelt. Und anders wäre es auch nicht möglich gewesen, nicht mit Gründen, die mich hätten überzeugen können. Denn wenn ich mir gesagt hätte, ich wolle das Bild retten, in dem du mir, wie in einem plötzlichen Rücksprung der Zeit, an einer beliebigen Straßenkreuzung erschienen warst, dann hätte ich mir geantwortet: Wozu? Sie ist seit sechs Jahren tot. Und mehr als ein Jahr vor ihrem Tod hast du dich von ihr getrennt. Du hast die besten

Gründe dafür gehabt. Es hat keinen Sinn, daran zu rühren. Das ist ein Knäuel, das sich nicht entwirren läßt, ohne daß man in Gefahr gerät, sich wieder darin zu verstricken.

Doch ich war nicht gefeit gewesen gegen dein plötzliches Erscheinen in Gestalt einer anderen Frau, die im Moment der Täuschung dir etwas hinzugefügt oder geliehen hatte, das mich denken ließ, daß ich dich zum ersten Mal richtig sah.

Draußen erwartete mich nun wieder der normale Zustand der Welt: Straßen ohne Geheimnis, das übliche Menschengewühl. Alles, was ich jetzt tun konnte – zum Beispiel essen gehen und einen guten Wein trinken –, hatte im Augenblick den faden Geschmack des Notbehelfs. Mißmutig blieb ich bei den in der Vorhalle ausgehängten Programmen stehen, ohne mir irgend etwas einzuprägen. Als ich mich gleich danach abwandte, fing ich den neugierigen Blick der Kassiererin auf, die mich aus ihrem Kassenhäuschen heraus beobachtete. Sie hatte mich anscheinend wiedererkannt, weil ich der letzte Besucher der laufenden Vorstellung gewesen war und sie als erster wieder verlassen hatte.

»Hat Ihnen der Film nicht gefallen?« fragte sie.

»Ich habe ihn mir nicht genau angeschaut«, antwortete ich und lächelte sie an, um die feindselig klingende Schroffheit meiner Worte abzumildern.

Sie sah jetzt ein wenig ratlos aus. Und als wolle sie ihre Neugier rechtfertigen, sagte sie:»Ich habe gehört, es sei ein sehr guter Film.«

»Kann schon sein«, sagte ich.

Auch das war eine hingeworfene Floskel, die Unlust ausdrückte, mich auf das Gespräch einzulassen. Ich hatte aber angefangen, sie anzuschauen und abzuschätzen. Sie war eine Frau von Mitte Vierzig, mit einem nicht mehr ganz zu verhehlenden Doppelkinn und vollen Brüsten, wie ich sie schon oft operiert hatte. Sie konnte genausogut verheiratet oder geschieden sein, in beiden Fällen war das vermutlich längst ein Dauerzustand, der sie nicht mehr beunruhigte. Die träge Üppigkeit ihrer Erscheinung machte mir den Eindruck, daß sie in sich selbst ruhte, obwohl ich ihr jetzt eine kleine Unsicherheit anmerkte. Sie wußte nicht, was sie von mir halten sollte.

Dieser kleine unscheinbare Widerspruch eines vielleicht irritierbaren Gleichgewichts forderte mich heraus. Ich spürte den Wunsch, diese gerade erst beginnende Aufregung zu verstärken, obwohl ich mir gleichzeitig sagte: Was soll's? Laß die Finger davon. Sie ist nicht dein Fall.

Doch das waren Einwürfe, die nur mein Interesse schürten. Denn immer schon war es das Besondere und leicht Unangemessene gewesen, was mich am meisten faszinierte. Das Unangemessene, um dessentwillen ich das Richtige verriet. So habe ich Marlene an dich verraten, vor allem deshalb, weil ich wußte, daß es falsch war. Die Grenzen des Gesicherten und Achtbaren zu überschreiten, war für mich die Bedingung der Leidenschaft geworden, seit mich als 16jähriger Schüler eine mehr als doppelt so alte Frau in die Liebe eingeführt hatte, der es genauso gegangen war. Leidenschaft, das ist die Kraft, alles zu verwandeln und auf den Kopf zu stellen. Daran allein kann man sie messen.

Ich sah die Frau an und wußte, daß sie nicht zu mir paßte. Doch sie hatte eine angenehme Stimme mit Unter- und Obertönen, von der ich noch andere Laute hören wollte, wenn das scheinbar Unangemessene für Augenblicke zum einzig Richtigen geworden war. Und in der Ungeduld meines Wunsches fragte ich: »Wie lange müssen Sie hier noch sitzen?«

»Warum wollen Sie das wissen?« fragte sie.

»Weil ich Sie zum Abendessen einladen möchte.«

Ich glaubte sehen zu können, daß sie darauf nicht gefaßt war. Doch dann sagte sie etwas, womit ich nicht gerechnet hatte: »Sie wissen wohl heute gar nichts mit sich anzufangen?«

»Stimmt«, sagte ich, »bis gerade eben nicht. Aber jetzt habe ich Ihnen ja einen Vorschlag gemacht.«

Sie schaute mich an, als wolle sie hinter meinem Vorschlag etwas Verborgenes, vielleicht Bedrohliches erkennen und schätze Gründe und Gegengründe ab, aus denen sie ihre Antwort gewinnen wollte. Und in diesen Sekunden, es waren wohl nur Sekunden, in denen ich alles zugleich erfaßte – ihre blondgefärbten Haare, ihren glatten, weichen Hals mit der Goldkette und dem Amulett, den rosafarben geschminkten, ziemlich großen Mund und ihre graublauen, immer noch skeptischen Augen –, dachte ich, daß es mir gefallen würde, dieses sorgfältig abgestimmte Bild in einem jetzt schon vorausgeahnten Aufruhr zu sehen.

»Ich werde um 19 Uhr abgelöst«, sagte sie.

»Gut, dann komme ich und hole Sie ab.«

Aber sie schlug ein Café in der Nähe als Treffpunkt vor. Wahrscheinlich wollte sie von ihren Kolleginnen nicht mit mir zusammen gesehen werden. Wer weiß, was für Gründe sie hatte. In puncto Geheimhaltung dachte sie wohl genauso wie ich.

Es blieben noch anderthalb Stunden Zeit. Ich kaufte mir eine Zeitung und ging gleich in das vereinbarte Café, um dort auf sie zu warten. Ich bestellte eine Portion Kaffee, überflog die letzte Seite der Zeitung mit den kurzen Berichten von Skandalen und Unglücksfällen, überflog die

Sportnachrichten und legte die Zeitung wieder weg. Ich hatte einen kleinen Zweiertisch gewählt, an dem man sich ziemlich dicht gegenübersaß, und ich versuchte mir das vorzustellen. Aus dem Brustbild war eine vollständige Frau geworden. Sie hatte mich gleich beim Eintreten gesehen. Ich war aufgestanden und hatte sie empfangen. Immer schon habe ich gefunden, daß es ein besonders aufregender Moment ist, wenn eine immer noch fremde Frau aus dem Hintergrund der unzähligen Möglichkeiten des Lebens hervortritt und zum ersten Mal auf einen zukommt. Aber so konnte ich es ihr nicht sagen, allenfalls später, wenn man mit einander zugewandten Gesichtern auf einem gemeinsamen Kopfkissen lag. Die richtige intime Sprache, das, was sagbar ist, so heißt das wohl, mußte man immer erst allmählich erfinden. Zunächst einmal würde ich es bei einem freundlichen »Schön, daß Sie da sind« belassen. Und sie würde vielleicht erzählen, welche Schwierigkeiten sie gehabt habe, pünktlich zu sein. Danach würde man den gemeinsamen Abend planen. Ich hatte meinen Wagen ganz in der Nähe in der Tiefgarage des Holiday Inn abgestellt. Wir konnten also, wenn sie Lust hatte, in irgendein auswärtiges Restaurant fahren. Aber dort traf ich vielleicht eher auf Bekannte oder Kollegen aus der Klinik, und es war anonymer, in ein kleines Lokal in der Innenstadt zu gehen. Im Grunde war mir das alles gleichgültig. Auf sie war ich gespannt.

Das allein Wichtige war, wo gingen wir nach dem Abendessen hin? Wenn ich sie im Auto nach Hause fuhr, mußte ich hoffen, daß sie mich einlud, noch auf einen Drink mit in ihre Wohnung zu kommen. Vielleicht war das nicht möglich, denn ich wußte ja nicht, wie sie lebte und ob sie überhaupt allein war. Kam also wohl nur die eigene Wohnung in Frage.

Dort war ich der Gastgeber und hatte bessere Möglichkeiten, die Regie zu führen.

Meine Wohnung war nicht groß: zwei geräumige Zimmer, plus Wohnküche und Bad. Ein Zimmer mehr wäre mir lieber gewesen. Aber ich hatte das Apartment gemietet, weil es zufällig frei wurde, als Marlene sich von mir trennte und das große Haus, in dem wir gewohnt hatten, verkaufte, um sich als Internistin niederzulassen, mit all den diagnostischen Geräten, die heute dazugehören. Das Haus war ihr Familienerbe gewesen, und ich hatte, als ich mit Marlene verheiratet war, nie ganz das Gefühl verloren, daß ich darin nur ihr Gast war. Nach unserer Trennung war ich zunächst ganz zufrieden mit der vergleichsweise kleinen Wohnung, denn sie erschien mir nach zwei gescheiterten Ehen als eine Versicherung gegen die Gefahr, es noch einmal zu versuchen.

Für einen Abend zu zweit war sie gut geeignet. Man rückte in ihr von selbst näher zusammen und fühlte sich nicht so verloren, wenn man wieder allein war. Eine meiner Besucherinnen, die mich gefragt hatte, wie ich denn hier so allein lebe, hatte ich geantwortet: My private life is comfort and despair. Sie fand, daß das ein bemerkenswerter Spruch sei, der gut zu mir und der Wohnung passe, was mich dann doch einigermaßen verblüffte.

Ich hatte mir noch eine weitere Tasse Kaffee bestellt und schaute immer häufiger durch das Fenster und die Glastür des Vorraumes mit der Kuchentheke auf den Platz mit dem alten Stadttor hinaus, wo ständig Menschen vorbeigingen, die aus der U-Bahn oder aus einer hier mündenden Einkaufsstraße kamen. Sie mußte von rechts kommen, vom Ring her, an dem die vielen Kinos lagen. Inzwischen saß ich hier wie auf dem Anstand und blickte dauernd zu diesem menschlichen Wildwechsel hinüber, wo ich sie jetzt bald zu sehen hoffte, mit einem, wie ich mir vorstellte, von Erwartung beschwingten, eiligen Schritt.

Es war jetzt eine Viertelstunde über den Zeitpunkt ihrer Ablösung hinaus. So viel Zeit brauchte sie nicht für den kurzen Weg. Also hatte irgend etwas nicht geklappt. Vielleicht war die Kollegin später gekommen, weil sie aufgehalten worden war. Oder die Abrechnung stimmte nicht und mußte noch einmal überprüft werden. Wie auch immer es sich verhielt – mir blieb jetzt nichts anderes übrig, als zu warten. Es kam nicht auf eine Viertelstunde und auch nicht auf eine halbe Stunde an, wenn sie am Ende wirklich kam. Ich würde dann belohnt werden, weil ich gewartet hatte. Bis dahin konnte ich meine Zeitung lesen und mich von den laufenden Weltereignissen unterhalten lassen. Nur daß mich allmählich die Vorstellung beschlich, sie werde mich versetzen. Ich wollte es nicht wahrhaben, aber es war keineswegs mehr unwahrscheinlich. Vielleicht hatte sie Angst bekommen, oder sie hatte von vornherein nicht vorgehabt, auf meine Einladung einzugehen, und dies war ihre Art, aufdringliche Männer abzuwehren. Möglicherweise traf sie sich jetzt mit einem anderen Mann, dem sie erzählte, wie sie mich zum Narren gehalten hatte. »Der sitzt bestimmt immer noch da und wartet«, würde sie sagen, und der andere Mann, den sie mir vorgezogen hatte, würde finden, daß sie eine tolle Frau war.

Nun hör auf, sagte ich zu mir. Es kann so oder so sein, aber es ist auf jeden Fall banal. Ich blickte auf die Uhr. Noch zehn Minuten wollte ich ihr geben. Zehn Minuten und keine Minute mehr. Doch während ich wieder in die Zeitung blickte, mußte ich mir eingestehen, daß ich alles Interesse an dem Abend zu zweit verloren hatte. Nein, ich würde es nicht mehr aushalten, weder die üblichen Präliminarien noch den weiteren Verlauf. Und die Stimme, die mir manchmal lautlos souffliert, gab mir den Satz ein: »Ich will auf keinen Fall mehr hier sein, wenn sie gleich angestampft kommt.« Das veränderte das Bild, das ich mir von ihrem Erscheinen gemacht hatte, so drastisch, daß ich davor zurückwich. Bloß nicht, dachte ich und winkte die Bedienung herbei, um zu zahlen.

Mein Gefühl, aus einer Sackgasse entkommen zu sein, verstärkte sich, als ich an der Ausfahrt der Tiefgarage meinen Parkschein in den Schlitz schob und der hochschnellende Schwenkarm mir die Rampe freigab. Beinahe hätte ich die aufgerichtete Sperre wie einen salutierenden Wachtposten zurückgegrüßt, als ich sie passierte.

Draußen fiel die Dämmerung ein, und die schwindende Helligkeit ließ die Stadtlichter schärfer hervortreten. In der Stadt mußte irgend etwas los sein, denn an den Kreuzungen der Ringe und der Ausfallstraßen staute sich der Verkehr zu langen Lichterketten aus Scheinwerfern und roten Rücklichtern. Ich hatte jetzt nichts mehr zu versäumen und legte, was ich selten tue, eine Kassette ein, um bei Musikbegleitung zu überlegen, wie ich den Abend verbringen wollte. Ich hatte wenig Lust, unter Menschen zu sein, und entschied mich für meine Rodenkirchener Wohnung, wo vom gefüllten Kühlschrank bis zum Rotwein alles vorhanden war, was ich zum Überleben brauchte.

Ich hatte Stoff zum Nachdenken. Wieder einmal hatte ich mich so verhalten, wie es laut Marlene mein fatales Muster war. Du mußt dich immer von anderen Leuten davor bewahren lassen, Dummheiten oder Fehler zu machen. Selbst kannst du das offenbar nicht, vor allem nicht, wenn es sich um eine Frau handelt. So ungefähr hatte sie sich ausgedrückt. Sie, die Frau, um derentwillen ich meine erste Frau und meine beiden Kinder verlassen hatte, und die sich schließlich von mir trennte, als sie glaubte, mich gründlich genug zu kennen, um in allem, was ich tat oder nicht tat, »mein Muster« zu sehen.

Es war schon deutlich dunkler, als ich meinen Wagen in der Garage der Wohnanlage parkte und noch das kurze Stück schräg über die Uferwiesen zum Rhein hinunterging, in dessen dunklem Wasser sich einige verstreute Lichter der Uferbeleuchtung spiegelten. Mit roten und grünen Positionslichtern fuhr die hoch aus dem Wasser ragende dunkle Masse eines leeren Tankschiffes stromaufwärts. Vielleicht würde es in dem nahen Hafen der Godorfer Raffinerie über Nacht vor Anker gehen. Es tuckerte vorbei und ließ als seine Schleppe eine flache Welle ans Ufer plätschern. Das Motorgeräusch wurde schnell leiser und war nicht mehr zu hören, als das Schiff am Campingplatz vorbeifuhr, wo alles still und dunkel war. Als ich mich umwandte und zur Uferstraße zurückging, begegneten mir zwei verspätete Jogger, die aus den Pappelwaldungen des Weißer Rheinbogens kamen. Ich weiß nicht, warum gerade sie ein Gefühl von Einsamkeit in mir aufkommen ließen. Vielleicht, weil sie so schnell und wortlos im Dunkel verschwanden, als seien sie auf der Flucht.

Später dann, in meiner Wohnung, hinter der zweifach verschlossenen Sicherheitstür, machte ich es mir behaglich mit viel Licht und CD-Musik zum improvisierten Abendessen.

Ich konnte allerdings nicht verhindern, daß meine Stimmung sich verschlechterte. Der tote alte Mann auf dem Operationstisch kam mir wieder vor Augen, die vergeblichen Wiederbelebungsversuche, mein gereizter Wortwechsel mit dem Anästhesisten und die Bedrücktheit, in der wir schließlich alle auseinandergingen. Heute, das wußte ich, hatte ich Vertrauen verspielt, nicht weil ich bei der Operation etwas verpatzt hatte, sondern wegen meiner Unbeherrschtheit hinterher. Ich hatte nicht mehr viele Freunde in der Abteilung. Und dann, am späten Nachmittag, als ich vorhatte, ins Kino zu gehen, hast du meinen Weg gekreuzt, auch eine Tote, die als Lebende nicht zu retten war, wie ich es ihr bei Gelegenheit gesagt hatte. Zuunterst in meinem Schrank lag ein großer Umschlag mit ihrer chaotischen Hinterlassenschaft, den mir Marlene geschickt hatte, die die wenigen Zeugnisse eingesammelt hatte, die von Anjas Leben übrig waren. Sie hatte sie mir zusammen mit einem kurzen Brief geschickt, der kein Wort des Vorwurfs enthielt, aber als Geste erschreckend gewirkt hatte, als hätte sie mir das Konvolut vor die Füße geschleudert und gesagt: Da hast du es! Anja hatte sich in Sahlenburg, einem kleinen Ort am Wattenmeer, umgebracht, indem sie sich aus dem 14. Stock eines Wohnturms stürzte, der wie einen ironischen Kommentar auf ihr dort zu Ende gegangenes Leben den Namen »Frische Brise« trug. Ich war bisher nie hingefahren. Aber ich wollte es einmal tun.

2

Spurensuche

Hier war es. Hier ist es geschehen. Nicht unbedingt in dieser
Wohnung, aber in einem der seewärts gelegenen Apartments im 14. Stock des Wohnturms, die offenbar alle den
gleichen Grundriß haben. Es gibt einen großräumigen
Wohnraum, eine Schlafkammer und links neben dem Vorraum mit der Garderobe ein kleines Bad. In dem Winkel
zwischen dem Wohnraum und der kleinen Schlafkammer
befindet sich die Loggia, die ich bisher noch nicht betreten
habe. Zwei zusammengeklappte Liegestühle lehnen dort an
der Wand, die ich wohl bald hereinholen muß. Jetzt, Ende
Oktober, ist es hier an der See schon zu rauh, um sich draußen hinzulegen.

Als ich vor vier Tagen, anders als angekündigt, erst am
späteren Abend hier eintraf, weil ich unterwegs in einen Stau
geraten war, hatte ich schon bei der Anfahrt von der Deichstraße aus gesehen, daß nur in wenigen Wohnungen Licht
brannte und die oberen Stockwerke des Turms dunkel
waren. Auf dem weiträumigen asphaltierten Parkplatz standen nur zehn oder zwölf Autos. Ich konnte mit meinem
Gepäck bis dicht an den Eingang fahren.

Der Hausmeister, ein jüngerer Mann, der vermutlich noch
nicht lange hier war, hatte beim Fernsehen auf mich gewartet. Irgendein Fußballspiel lief hinter seinem Rücken weiter,
während er mich bediente. Er händigte mir die Schlüssel aus,

dazu ein Merkblatt für die Mieter und eine Vereinbarung, die ich ihm am Vormittag unterschrieben zurückgeben sollte. Ich überflog den Zettel und unterschrieb gleich. Während er mir dabei zusah, sagte er: »Da oben sind Sie jetzt alleine.« Ich wußte nicht, weshalb er diese Bemerkung machte. Vielleicht weil ich ausdrücklich ein seewärts gelegenes Apartment im 14. Stock bestellt hatte und er etwas herausbekommen wollte über meine Motive, mich da oben für einige Tage einzunisten. Aber ich nickte nur, und er, schon wieder gleichgültig geworden, wünschte mir einen schönen Aufenthalt.

Der Wohnturm ist nach meiner Schätzung etwa vierzig Jahre alt und wegen der vielen wechselnden Menschen, die ihn in den Sommermonaten bevölkern, innen und außen etwas schäbig und brüchig geworden. Aber ich, ein Mann, von dem man das Gleiche sagen kann, störe mich nicht daran. Meistens sitze ich hinter der grau beschlagenen Panoramascheibe des Wohnraums in einem der beiden Sessel, die nach draußen gerichtet sind und ein wenig einander zugedreht, wie sie zwei Menschen hinstellen würden, die gemeinsam auf das Meer schauen und dabei miteinander sprechen. Ich versuche mir vorzustellen, sie säße hier neben mir in dem anderen Sessel und alles würde erst beginnen. Sie sagt: »Nichts habe ich vorausgesehen. Aber immer schien alles schon vorgesehen. Ich konnte immer nur tun, was ich tun mußte.« Es ist ihre Gedankenstimme, die es sagt, ihre Gedankenstimme, die in meinem Kopf spricht. Und ich antworte: »Nicht vorgesehen war – wenn überhaupt etwas vorgesehen ist –, daß wir uns früher trafen, als alles noch offen war.« Sie antwortet: »Vielleicht hättest du mich nicht gewollt.« Ich antworte nicht, und sie schwindet. Der Sessel neben mir ist leer. Ich sitze hier und baue Sätze, die nie gesprochen wurden und nicht mehr gesprochen werden können, denn sie ist tot. Sie hat allem Reden ein Ende gemacht.

Heute bin ich zum ersten Mal im Aufzug anderen Leuten begegnet, einem älteren Ehepaar, das im achten Stock wohnt. Sie hielten mir die Tür auf, als sie mich kommen sahen. Ich bedankte mich, und wir fuhren schweigend hoch, bis sie aussteigen mußten. Vielleicht hätten sie gerne über das Wetter und das Leben im Turm mit mir geredet. Doch sie merkten, daß ich mit mir selbst beschäftigt war, und behelligten mich nicht.

Wenn ich draußen gewesen bin und alleine in der großen Aufzugkabine in den 14. Stock fahre, habe ich manchmal das Gefühl, ich kehrte in eine selbstgewählte Einzelhaft zurück.

Ich passiere die schwere stählerne Brandschutztür, die mit einem hallenden Schlag hinter mir zufällt, und bin in dem Korridor, an dessen beiden Seiten die Apartments liegen. In dem trüben Minutenlicht sehen die graugestrichenen, mit schwarzen Nummern versehenen Brandschutztüren wie Zellentüren aus. Dahinter verbirgt sich nichts als Dämmerlicht und staubgraue Stille. Die Vorhänge sind zugezogen, der Haupthahn der Wasserleitung ist abgestellt, und in den Sicherungskästen sind die Schalthebel heruntergeklappt, um die Stromkreise zu unterbrechen. Ich gehe auf meine Tür zu, schließe auf und von innen gleich wieder ab, nicht weil ich Angst habe, überfallen und beraubt zu werden, sondern um an den Schlüssel zu denken, wenn ich das Apartment wieder verlasse. Das ist einer der Tricks, die man sich angewöhnt, wenn man alleine lebt.

Als ich nach meiner Scheidung in eine kleinere Wohnung umziehen mußte, habe ich den Vorzug der Beschränkung kennengelernt: Sie konzentriert einen auf das Wesentliche. Hier allerdings spüre ich, wie ich mich verliere. Ich blicke über die Deichstraße und den Strand auf das Wattenmeer, das wie im Atemzug einer ganz anderen Zeit als riesige dunkle Schlickfläche aus dem abrinnenden Wasser auftaucht und ebenso langsam wieder im Wasser verschwindet, wie eine erneut zugedeckte Erinnerung an etwas Dunkles und Wegloses. Die Verwandlung vollzieht sich zu langsam, um sie ständig zu beobachten. Man muß sich zwischendurch abwenden und nach einer Weile wieder hinausschauen, muß den Prozeß in Momentaufnahmen auflösen, um ihn als Ganzes erfassen zu können.

Das ferne Glitzern am Horizont ist das zurückkehrende Wasser. Es kommt auf breiter Front in Rinnsalen und zungenförmigen Ausbuchtungen, überflutet die dunklen Schlickhaufen der eingegrabenen Wattwürmer, führt Federn von Seevögeln, Algenreste, leere Muschelschalen und Treibholz mit. Es läuft in die Priele und kehrt deren Strömung um und füllt die stehengebliebenen Lachen der letzten Flut zu Tümpeln und Seen auf, die allmählich zusammenwachsen. Noch sieht man einzelne Spaziergänger in der weiten Fläche. Sie haben sich umgewandt und waten in Gummistiefeln über den weichen Schlickboden langsam auf das Ufer zu. Hier und da bleiben sie stehen, bücken sich nach etwas oder schauen sich um. Aber das Wasser ist noch weit weg. Der Fahrweg für die Wattwagen, die in den Sommermonaten hinter dem ablaufenden Wasser her zur Insel Neuwerk fahren, ist mit salzverkrusteten Reisigbündeln markiert. Die weiter entfernten besenartigen Zeichen werden bald eins nach dem anderen im Wasser verschwinden, als würden sie von einem geheimnisvollen Mechanismus eingezogen. Nur die näheren ragen noch ein kleines Stück aus dem Wasser und markieren den unwegsam gewordenen Weg, wie ein altes, ungültig gewordenes Versprechen, eine trügerische Lockung.

Ich frage mich, ob sie es auch so gesehen hat. Der Gedanke, dieser Lockung zu folgen, muß sie gestreift haben, hat sie vielleicht sogar hierhergeführt. Doch so ist sie nicht gestorben. Ein anderes Bild hat Macht über sie gewonnen. Sie hat sich von hier oben auf den Parkplatz hinuntergestürzt.

Jetzt ist das Wasser wieder am Strand angekommen, und während seiner allmählichen Annäherung hat sich der Himmel grau bezogen. Es ist eine tiefhängende geschlossene Wolkendecke, unter der einige Seevögel dahinfliegen. Die meisten, die im Watt nach Nahrung gesucht haben, sind verschwunden. Viele versammeln sich während der Flut im Schilf und in den Buchten des kleinen verlandenden Sees, der wenige hundert Meter westlich von hier in einem Kiefernwald hinter den Dünen versteckt ist. Ich gehe manchmal auf dem Rundweg an seinem Ufer entlang und setze mich eine Weile auf eine der Bänke. Vielleicht war sie in den letzten Tagen ihres Lebens auch einmal hier. Oder mehrere Male. Sie kam hierher, weil es ihrer Ziellosigkeit einen Anhaltspunkt gab. Sie hat eine Weile hier gesessen und ist irgendwann wieder aufgestanden, um weiterzugehen, ohne einen anderen Grund als das ständige Hin- und Herschwappen von Unrast und Lethargie.

Wenn ich mir vorzustellen versuche, wie sie dort auf der Bank sitzt und vor sich hinblickt, ist sie nicht viel deutlicher als ein Schatten. Ich weiß nicht, wie sie ausgesehen hat in diesen letzten Tagen ihres Lebens. Die Frau, an die ich mich erinnere, wirkt zerrissen, als bestünde sie aus dunklen und heller beleuchteten Teilen, die sich nicht ineinanderfügen. Und überall, wo ich hier herumgehe, in der Vorstellung, daß sie hier gewesen ist, hat sie mir die leere Gewißheit ihres Verschwindens hinterlassen.

Manchmal aber, wenn ich in dem Sessel am Fenster sitze oder nebenan auf dem Bett liege, streift mich das Gefühl, sie sei anwesend. Es ist eine unkörperliche Heimsuchung, lautlos und unsichtbar, und es geschieht nur, wenn ich einige Zeit nicht an sie gedacht habe, so als habe die Abwesenheit meiner Gedanken ihr den Raum gelassen, den sie braucht. Etwas wallt in mir auf wie die Ankündigung von Glück. Aber ich kann es nicht herbeifordern. Das würde sie sofort vertreiben, weil ich dann denken müßte: Sie ist ja tot.

Inzwischen bin ich unter dem Vorwand, die Liegestühle hereinzuholen, draußen in der Loggia gewesen. Ich trat an die Brüstung, faßte das braune Eisengeländer mit beiden Händen und beugte mich vor, um in die Tiefe zu blicken. Unter mir wiederholte die Fassade in sausender Verkürzung dreizehnmal die Öffnung der Loggia und stieß wie zusammengestaucht auf dem dunkelgrauen Asphalt des fast leeren Parkplatzes auf. In den weiß umrandeten Parktaschen senkrecht unter mir las ich die Nummern 36 und 37. In eine von beiden oder genau auf ihre Trennungslinie könnte sie gefallen sein. Als ich das dachte, hatte ich für den Bruchteil einer Sekunde den Eindruck, die weißen Zahlen flögen auf mich zu, und zurückzuckend stieß ich mich von der Brüstung ab, um in mein Apartment zu gehen. Später habe ich die Liegestühle hereingeholt, ohne noch einmal hinunterzuschauen. Statt dessen überblickte ich die Deichstraße, den Strand und die weite, grau und silbern schimmernde Wasserfläche mit den winzigen Silhouetten sich begegnender Schiffe in der Ferne. Die Szenerie wirkte von hier aus klarer, oder soll ich sagen wirklicher, als beim Blick durch die verschmutzte Panoramascheibe meines Wohnzimmers. Dies also, das Wirkliche in seiner unumstößlichen Gegenwart, hat sie wohl noch wahrgenommen, als sie das letzte und vielleicht auch das erste Mal den Sicherungshebel herumdrehte, mit dem sie die winddicht versenkbare Tür aus ihrer Fuge hob, und nach draußen trat.

Lange Zeit habe ich mir vorgestellt, sie habe sich immer weiter über die Brüstung gebeugt, bis sie das Übergewicht bekam. Später habe ich erfahren, daß dies eine falsche Annahme war. Denn durch einen Zufall ist ihr Sturz in die Tiefe beobachtet worden. Der Zeuge war ein älterer Kurgast, der von Duhnen nach Sahlenburg gewandert war, wo er, noch auf dem sandigen Dünenweg, von ferne den Turm sah und im zweitobersten Stockwerk eine kleine Szene bemerkte, die nicht zu stimmen schien, aber seinen Herzschlag sofort hochjagte: Eine Frau saß dort mit dem Rücken zum Abgrund auf dem Geländer einer Loggia, vollkommen unbekümmert, wie er zu denken versuchte, leichtsinnig jedenfalls oder durch irgend etwas gesichert, was er aus der Entfernung nicht erkennen konnte. Er wollte es nicht wissen, eigentlich gar nicht wahrhaben. Da sah er, daß die Frau das Geländer losließ, beide Arme über den Kopf nach hinten riß und sich mehrfach überschlagend in die Tiefe stürzte. Er habe nicht sehen können, wie sie unten aufschlug, und noch einmal gedacht: Das kann nicht wahr sein. Doch dann sei er keuchend vor Entsetzen losgelaufen und habe sie als erster auf dem Parkplatz gefunden, mit zerschmettertem Schädel und verdrehten, gebrochenen Gliedern in einer großen Blutlache.

Seit ich hier bin, sehe ich oft ihren Sturz, die erste Sekunde, in der sie sich überschlägt und ihr Rock sich öffnet wie eine im Zeitraffer aufspringende Blüte. Gleich danach sehe ich sie zerschmettert auf dem Asphalt des Parkplatzes liegen, so wie der Zeuge sie beschrieben hat. Ich nähere mich diesem Bild, das unversehens mein Bild geworden ist. Ihr Gesicht ist unversehrt, denn sie liegt auf dem Rücken. Wie festgefroren im Augenblick des Aufschlags starren mich ihre weit geöffneten Augen an, und mehr als alles andere sagen sie mir, daß nichts mehr zu ändern ist. Das Bild zerrinnt um so schneller, je mehr ich ihm abverlange. Morgen werde ich abreisen. Es war naiv, hierherzufahren, um der Wahrheit näherzukommen. Es gibt keinen Ort, wo man sie finden kann. Sie ist zerspalten und verborgen in den verschiedenen Köpfen.

3

Aus der Vorgeschichte einer Ehe

Nie zuvor hatte sie daran gedacht zu heiraten, nicht, weil sie
es ablehnte, sondern weil sie annahm, dies sei, wie das ganze
übrige normale Leben, für sie nicht vorgesehen. Sie haderte
nicht damit, sie litt nicht darunter, es war ihr nicht einmal
deutlich bewußt. Ihr Leben hatte seit langem etwas Unfühl-
bares und Gleitendes angenommen. Zwar war ihr nicht alles
leicht gemacht worden, schon gar nicht von Kindheit an. Es
gab Widerstände, Einengungen, Enttäuschungen. Doch
konnte sie nie wirklich glauben, daß sie gemeint war.

Sie war neunundzwanzig Jahre alt, als sie heiratete, eine
Studentin, die im vierzehnten Semester ohne Berufsziel und
ohne Aussicht auf einen baldigen Abschluß Literatur und
Sprachen studierte und zwischen all den jüngeren Studen-
tinnen und Studenten, die mit ihr in den Seminaren saßen,
ein wenig vereinsamt erschien. Sie hatte immer nebenher
gearbeitet (als Kellnerin, Schreibkraft, Verkäuferin und in
anderen Gelegenheitsjobs), denn ihre Mutter, die geschieden
war und ein kleines Modegeschäft betrieb, konnte ihr kein
Geld geben. Der Vater war zu einer anderen Frau gezogen,
als sie vier Jahre alt war, und ihre Mutter hatte sie verpflich-
tet, nie mehr von ihm zu sprechen und keine Verbindung zu
ihm aufzunehmen.

Statt Geld schickte ihr die Mutter gelegentlich ein Kleid
aus ihrem Laden, wenn sie glaubte, ein besonderes zu haben.

Am liebsten trug sie schwarze Kleider mit schwerem Silberschmuck. Ihr sehr dichtes aschblondes Haar ließ sie offen über die Schultern fallen. Ihre Augen, die als empfindlich galten, versteckte sie hinter einer dunklen Sonnenbrille. Sie war schlank, allenfalls mittelgroß, eine zarte Person, die sich bewegte wie jemand, der in seine Gedanken versunken ist und es der unbewußten Erfahrung seines Körpers überläßt, sich im Raum, in der Gegenwart zurechtzufinden. Immer war sie gleichzeitig in der Gegenwart und außerhalb von ihr.

Sie sah ganz anders aus als ihre Mutter, was noch deutlicher wurde, wenn man sie mit Jugendbildern ihrer Mutter verglich. Vermutlich sah sie ihrem Vater ähnlich, von dem es aber keine Fotos mehr gab. Ihre Angewohnheit, eine dunkle Sonnenbrille zu tragen, ließ den unteren Teil ihres Gesichtes wie entblößt erscheinen. Da war etwas Lauerndes, Witterndes um Mund und Nase herum, auch eine große Empfindsamkeit. Ihr Mund, dessen Umriß sie mit einem zarten Schattenriß zu umranden pflegte, war das unruhige Zentrum ihres Gesichtes. Ihr nervöses Rauchen wirkte, als beschwichtige sie ihn. Wenn sie zum ersten Mal die Sonnenbrille abnahm, sah man ihre ziemlich weit auseinanderstehenden Augen noch wie blicklos aus der schützenden Verschattung auftauchen und fühlte sich gehindert, sie unverhohlen anzusehen.

Immer gab es Männer, die sie anziehend und reizvoll fanden. Aber sie zogen sich bald zurück, wenn sie entdeckten, wie schwierig sie war. Es waren verlegene Rückzüge, die sie nicht verstand, mit denen sie aber zu rechnen begann. Einer dieser flüchtigen Bekannten sagte ihr bei seinem wütenden Abschied, daß sie gleichgültig und frigide sei. Das verletzte sie nicht. Sie sah es als einen Vorzug an, wenn es denn tatsächlich so war.

Sie war sich nicht sicher. Es mußte etwas an ihr geben, das die Phantasien der Männer weckte. Manchmal glaubte sie, daß es gerade ihre Zurückhaltung, ihre Vorsicht sei. Sobald sie den fremden Blicken auswich, blieben sie an ihr haften. Sie fühlte sich betrachtet, abgeschätzt, und in ihr regte sich ein Bedürfnis, den fremden Vorstellungen zu entsprechen. Das wurde nur offensichtlicher, wenn sie es zu verbergen versuchte. Sie verstummte, senkte den Blick, und wenn sie ihn langsam wieder hob, stand in ihrem Gesicht ein Ausdruck wehrloser Einwilligung, als habe sie in sich keinen Grund und also auch keine Kraft gefunden, nein zu sagen.

Doch dann verlor es sich. Sie ließ geschehen, was geschah, und nahm die Erregung der Männer aus immer größerer Entfernung wahr. Sobald sie spürte, wie sie sich mühten, sie mitzureißen, glitt sie weg in eine innere Leere.

Nicht anders erging es ihr bei Auseinandersetzungen. Sie hielt immer nur kurz stand, und die Einwände, die sie vorbrachte, klangen von vornherein wie Vorschläge, den Streit zu beenden. Heimlich verließ sie schon die Situation und führte nur mit Rücksicht auf die Gefühle des anderen noch ein kurzes Scheingefecht. Sie hatte gelernt, daß man es von ihr erwartete.

Alle Arbeiten ihrer verschiedenen Jobs erledigte sie zur Zufriedenheit ihrer Chefs. Sie war pünktlich, zuverlässig, unauffällig und freundlich. Man mußte ihr nicht lange erklären, was sie zu tun hatte, und nicht kontrollieren, ob sie es auch wirklich tat. »Ich weiß, Anja, du wirst mich nie enttäuschen«, hatte ihre Mutter gesagt.

Ihre Schwierigkeiten begannen, wenn sie abends in ihre kleine Dachwohnung kam und sich nach einem schnell zubereiteten und achtlos hinuntergeschlungenen Abendessen an ihren Schreibtisch setzte, um ihre seit langem stagnierende Magisterarbeit ein Stück voranzubringen. Die Aufgabe war ehrgeizig formuliert. Sie wollte versuchen, in den Landschaftsmetaphern und Landschaftsszenerien von drei Romanautoren unterschiedliche Geistes- und Seelenlandschaften zu erkennen. Sie hatte lange Listen der Motive zusammengestellt, kam aber nicht weiter, weil die Bedeutungen zu unbestimmt blieben und einander dauernd überlagerten. Als sie versuchte, diese Schwierigkeiten in einem Vorwort zu beschreiben, schien das auf den Nachweis hinauszulaufen, daß ihre Arbeit sinnlos sei. Kurz hatte sie das in aller Schärfe gesehen und sich am nächsten Tag wieder in Einzelheiten vergraben. Es wird schon werden, dachte sie.

Manchmal, wenn sie morgens in ihrer Dachkammer aufwachte, erschien es ihr unmöglich aufzustehen. Nur die Person, der ihre Mutter gesagt hatte: »Ich weiß, Anja, du wirst mich nie enttäuschen«, richtete sich mühsam auf.

Nicht daß sie glaubte, ihre Einsamkeit könne geheilt werden. Aber sie verstand es, damit umzugehen. Als sei sie ihre eigene Gesellschafterin, sagte sie zu sich: »Jetzt wollen wir es uns gemütlich machen.«

Einmal, als sie abends aus einem Vortrag kam, folgte ihr ein Mann. Sie merkte es nicht sofort, weil nach der Veranstaltung viele Menschen auf der Straße waren. Als die Menge sich verlief, blieben hinter ihr diese beharrlichen, dreisten Schritte. Sie vermied es, schneller zu gehen, um den Mann nicht herauszufordern. Aber als sie ihn hinter sich murmeln hörte, packte sie die Angst. Das war vielleicht ein Wahnsinniger, ein Triebverbrecher, den sie auf keinen Fall zu dem Haus führen wollte, in dem sie wohnte. Jetzt ging sie doch schneller, ohne daß der Abstand größer wurde. Ein älteres Ehepaar kam ihr entgegen, das ihre Situation nicht zu bemerken schien. Mit raschen Schritten ging sie auf eine Kneipe zu, in der vielleicht noch Bekannte von der Uni saßen. Im Hereinkommen sah sie nur fremde Leute, und als gleich nach ihr der Mann eintrat, verschwand sie in die Toilette. Lange wagte sie sich nicht hervor, suchte dann vergeblich nach einem anderen Ausgang. Schließlich ging sie quer durch das Lokal und rannte, ohne verfolgt zu werden, bis sie außer Atem war.

Zu ihrem siebenundzwanzigsten Geburtstag brachte der Postbote einen großen flachen Karton aus dem Modeladen ihrer Mutter. Sie öffnete ihn erst abends, als sie von der Universität nach Hause kam, und packte aus dem Seidenpapier ein elegantes, enggeschnittenes Kleid aus. »Vielleicht kannst du es zum Examen tragen«, stand auf der beigelegten Karte. Sie hängte das Kleid in der Wandnische, in der sie ihre Garderobe aufbewahrte, ganz nach hinten.

In einer der folgenden Nächte träumte sie, daß sie in völliger Finsternis und Stille auf einem Notbett in der alten Wohnung ihrer Eltern lag. Lautlos wurde eine Tür geöffnet, und jemand trat ein, den sie nicht sehen konnte. Sie wußte, es war ihr Vater, der sie betrachtete. Er schwand schon wieder unaufhaltsam und konnte sich ihr nicht zeigen.

Der Schrecken kam erst, als sie wach wurde und in der Dunkelheit ihres Zimmers nicht nur nicht wußte, wo sie sich befand, sondern lähmende Augenblicke lang ohne jede Erinnerung an sich selbst war.

Ihren späteren Mann lernte sie kennen, als sie sich auf eine Empfehlung hin um einen Ferienjob bewarb, der wie für sie gemacht zu sein schien. Ein Arztehepaar, das in einem alten Villenviertel der Stadt ein luxuriös eingerichtetes Haus besaß, suchte eine zuverlässige Person, die während einer längeren Auslandsreise des Paares darin wohnte. Viel, so hatte ihre Vorgängerin gesagt, sei nicht zu tun. Sie mußte die Pflanzen gießen, abends das Haus abschließen und die Außenbeleuchtung und die Alarmanlage einschalten. Die meisten Lebensmittel konnte sie in einem Laden in der Nähe kaufen. Einmal in der Woche kam eine Putzfrau, die das Haus in Ordnung hielt.

Sie fuhr an einem Sonntag mit der Bahn zur Endstation und fragte an dem Kiosk nach der Straße, die sie suchte. Sie mußte noch ein Stück gehen, ohne daß sie einen Menschen sah. Hier und da konnte sie durch eine Einfahrt in die Tiefe eines Grundstücks blicken. Das gab ihr das Gefühl, etwas Unerlaubtes zu tun, und sie ging weiter, um nicht aufzufallen. Sie war fremd hier und fühlte sich fehl am Platz. Aber sie wurde von dem Arztehepaar freundlich empfangen und zum Tee eingeladen, anschließend durch das Haus geführt. Ihr wurde ein Zimmer mit hellen Kirschbaummöbeln zugewiesen und ein dazugehöriges Bad, und selbstverständlich konnte sie den großen Wohnraum, das Bibliothekszimmer, die Küche und den Garten benutzen. Sie fühlte sich eingeschüchtert nach diesem Rundgang, als setze das Haus sie einer Prüfung aus, der sie nicht gewachsen war.

Da die Sonne schien und die Terrassentüren geöffnet waren, trat man in den sommerlichen Garten hinaus. Sie wollte noch einen Augenblick im Gespräch standhalten, um den Eindruck ihrer Schüchternheit zu verwischen, als sie in der Einfahrt neben dem Haus ein Auto hörte und kurz danach auf dem Seitenweg ein großer Mann in einem hellen Sommeranzug erschien. Er trug eine grüne Tragetasche und winkte von ferne mit der Vertraulichkeit eines alten Freundes. »Hab mir schon gedacht, daß ihr im Garten seid«, sagte er im Näherkommen. Er hieß Dr. Veith, wurde von seinen Freunden Leonhard genannt und sprach die beiden mit Paul und Marlene an. Als er ihr die Hand gab, knickte er mit dem Oberkörper zu einer knappen Verbeugung ein. Die Bewegung stand im Widerspruch zu seinem unbestimmt fülligen Körper und wirkte auf sie, als grenze er sich gegen sie ab. Sein Gesicht unter der beginnenden Stirnglatze und den dunkelblonden, straff zurückgebürsteten Haaren war leicht gerötet, und die Brillengläser vergrößerten seine blauen Augen. Starrte er sie an? Störte sie ihn?

Sie wollte die Gelegenheit benutzen und sich verabschieden, kam aber nicht zu Wort, weil Dr. Veith seine Freunde sofort für sich beanspruchte und aus der Tragetasche zwei Bücher hervorholte, die er ihnen für ihre Ostasienreise besorgt hatte. Er erläuterte, was er darin für interessant und wichtig hielt. Er sprach mit Nachdruck, als nehme er großen Anteil an dieser Reise und fühle sich verantwortlich für ihr Gelingen, schloß sie damit unwillkürlich aus der Unterhaltung aus. Die Frau neben ihr empfand das wohl, denn sie wandte sich ihr zu und sagte freundlich: »Kommen Sie, ich gebe Ihnen schon mal die Schlüssel.«

Als sie zurückkamen und sie sich verabschieden wollte, schritten ihnen die beiden Männer langsam über die Rasenfläche entgegen, offenbar noch im Gespräch über ostasiatische Tempel und andere Sehenswürdigkeiten. Wieder richtete sich der Blick der durch die Brillengläser vergrößerten blauen Augen auf sie. Es kam ihr so vor, als erinnere sich der Mann erst jetzt wieder an ihre Anwesenheit.

»Ich fahre zurück in die Stadt«, sagte er. »Ich kann Sie gerne mitnehmen.«

Sie wäre lieber zur Haltestelle der Bahn gegangen und alleine zurückgefahren, wagte aber nicht, das Angebot auszuschlagen. Ihre Gedanken waren mit dem Haus beschäftigt, in dem sie vier Wochen lang wohnen würde, und die Gegenwart dieses Mannes störte sie. Er stellte ihr lauter Fragen zu ihrer Person und ihrem Studium, die sie geduldig beantwortete. Sie konnte nicht erkennen, ob er auf diese Weise seine Verlegenheit oder sein Desinteresse überspielte. Schließlich brach er das Fragespiel ab und erklärte unvermittelt, als müsse er zum Ausgleich nun auch etwas von sich preisgeben, er sei Vorsitzender Richter am Landgericht. Sie bildete sich ein, daß dadurch seine Person ein wenig deutlicher wurde, und sagte, daß sie das interessant fände. Er schlug ihr vor, sich einmal einen Prozeß anzusehen, und erzählte von dem Angeklagten seines nächsten Prozesses, der versucht hatte, ein großes Mietshaus durch eine Gasexplosion in die Luft zu sprengen.

»Warum?« fragte sie.

Er zuckte die Achseln. »Es gibt verschiedene Motive. Vielleicht wollte er seine Frau und die Kinder loswerden.«

Sie sah ihn von der Seite an. Er schien mehr vom Leben zu wissen, als sie gedacht hatte. Als sie bei ihrer Wohnung hielten, stieg er zusammen mit ihr aus, griff ihre Hand und sagte: »Ich rufe Sie mal an in Ihrer Einsamkeit.« »Ja, tun Sie das«, sagte sie.

Während sie auf die Haustür zuging, glaubte sie zu spüren, daß er ihr nachschaute, und als sie beim Aufschließen über die Schulter zurückblickte, stand er noch da und winkte. Das war eigentlich zu viel Vertraulichkeit. Sie nickte nur kurz, bevor sie im Haus verschwand.

Vier Tage später packte sie ihre Koffer und fuhr abends in einem Taxi, das die Gastgeber ihr geschickt hatten, zu dem Haus hinaus, in dessen weiten fremden Räumen sie einen Monat lang leben mußte. Die Frau hatte sie gebeten, sicherheitshalber schon am Abend vor ihrer Abreise einzuziehen. Dann konnte man auch noch die eine oder andere Frage klären, die sich vielleicht ergeben würde. Sie fühlte sich beklommen und aufgeregt, als sie ihre kleine Wohnung verließ. Daß es Angst war, gestand sie sich erst ein, als das Ehepaar am nächsten Tag gegen Mittag mit einem Taxi zum Flughafen gefahren war.

Einen Augenblick war sie noch in der Einfahrt stehengeblieben, hatte sich dann losgerissen von dem plötzlich leergeräumten Bild und war in das Haus zurückgegangen, das sie mit seiner Stille und Weiträumigkeit empfing. Sobald sie die Türschwelle überschritt, war sie eingetaucht in eine Atmosphäre, die von allen Seiten auf sie drückte. Etwas Unsichtbares umhüllte die Dinge, ließ die Abstände wachsen und verwirrte sie. Der Koffer! dachte sie. Sie hatte das Gefühl, jemand flüstere ihr hilfreich dieses Wort zu. Plötzlich war eine Schneise durch das fremde Haus geschlagen. Sie lief nach oben in das Gästezimmer und packte die restlichen Sachen aus ihrem zweiten Koffer aus und räumte sie in den Schrank.

Der Nachmittag dehnte sich endlos. Sie war im Garten gewesen, hatte sich in der Küche etwas zu essen gemacht, hatte danach die Plattensammlung und den Bücherschrank angeschaut und lange lesend in einem der Sessel des großen

Wohnraumes gesessen. Die Stille im Haus schien sich zu vertiefen. Sie drang auch in das Buch ein, strahlte ihr aus den Seiten entgegen. Irgendwann schreckte sie aus leerer Versunkenheit hoch. Es war noch heller Tag, aber das Licht hatte sich verändert. Es war weicher geworden, verhaltener, als flösse es durch einen zart-grauen Filter und kündige eine Verwandlung an. Sie stand auf, um die Haustür abzuschließen, und blickte durch das schmale vergitterte Seitenfenster lange in die Einfahrt mit dem dunklen Laub der abgeblühten Pfingstrosenbüsche zu beiden Seiten. Nichts regte sich. Das Grundstück lag am Ende einer Stichstraße, die von zugewucherten alten Gärten umgeben war. Wie den blassen Widerschein des mittäglichen Bildes sah sie das Taxi davonfahren und gleich danach Paul und Marlene, die entspannt nebeneinander im Flugzeug saßen und von einer Stewardeß bedient wurden. Sie fühlte sich schrumpfen. Vier Wochen war sie nun allein hier in diesem Haus, das zwei Menschen gehörte, die viel stärker waren als sie. Waren es die beiden, gegen die sie kämpfte? Sie ging zurück in den Wohnraum und schloß die Terrassentüren. Mehrere Amseln flogen vom Rasen auf. Wenn jemand aus den Sträuchern im hinteren Teil des Grundstücks hervorträte, würde sie schreien.

Bevor es dunkel wurde, ließ sie die stählernen Rolläden im Erdgeschoß herunter und arretierte sie, schaltete Außenbeleuchtung und Alarmanlage ein. Den ganzen Abend saß sie vor dem Fernseher, stand nur einmal auf, um sich einen Tee zu kochen. Nach dem Ausschalten konnte sie sich lange nicht entschließen, schlafen zu gehen.

Etwas leuchtend Blaues wölbte sich in ihren Schlaf: der Vorhang aus schwerer blauer Seide, durchdrungen von hellem Sonnenlicht. Sie stand auf und zog ihn beiseite, um in den Garten zu blicken, der noch feucht vom Morgentau war. Heute werde ich mich einleben, dachte sie.

Nachdem sie gebadet und gefrühstückt hatte, trug sie einen kleinen Gartentisch und einen Klappstuhl zu einem schattigen Platz im hinteren Teil des Gartens und versuchte, in ihre Magisterarbeit hineinzukommen. Sie las die zuletzt geschriebenen Seiten und ihre noch unverarbeiteten Notizen, blätterte dann wieder in den Büchern des Autors, über den sie jetzt schreiben mußte, aber es kam keine Spannung in ihr auf. Sie las und blätterte weiter, las und vergaß alles, obwohl sie noch weiterlas. Sie hatte nichts Eigenes, keinen Kern, der die Sätze zusammenhielt. Wenn sie den Kopf hob, schweifte ihr Blick zu den Sträuchern, Blumenbeeten und zum Haus hinüber. Das alles war stärker als sie. Sie konnte nichts dagegen aufbieten.

Als im Haus das Telefon klingelte, sprang sie auf, als habe sie gewartet. Das mußte er sein! Er machte sein Versprechen wahr, hatte sicher gerade eine Verhandlungspause und rief sie vom Gericht aus an. »Hallo?« sagte sie. »Bist du es, Anja?« fragte eine Stimme. Es war die Studentin, die ihr den Job vermittelt hatte und sich erkundigte, wie es ihr ginge, um dann lange von der Klausur zu erzählen, die sie gestern geschrieben hatte. Sie stand neben dem Telefontisch, lauschte der Stimme, die mit gewohnter Munterkeit redete, und fühlte sich enttäuscht.

Am frühen Nachmittag hatte sie ihre Arbeit noch einmal durchgelesen und gefunden, daß sie nichts tauge. Sie empfand nichts außer einer gewissen Erleichterung. Mechanisch schob sie die Blätter zusammen, trug sie ins Haus und verschloß sie in einem ihrer Koffer. Nun konnte sie wieder nach unten gehen. Stunden später kam der nicht mehr erwartete Anruf. Sie saß in sich versunken in einem der tiefen Sessel des Wohnraumes und stand erst nach mehrfachem Läuten schwerfällig auf.

Er kam am Abend. Sie sah ihn in der Einfahrt halten und aus dem Wagen steigen, sah, wie er sich noch einmal in den Wagen hineinbeugte und einen Blumenstrauß und einen gefüllten Einkaufskorb hervorholte. Er war ein Mann, der an alles dachte und gewohnt war, die Dinge in die Hand zu nehmen.

»Wenn Sie erlauben«, sagte er, »decke ich jetzt den Tisch.«

Das Haus hat uns zusammengebracht, dachte sie später. Er kannte sich hier aus und fühlte sich sicher, und mir gefiel es, in dieser Umgebung mit ihm zu Abend zu essen und mich nachher mit hochgezogenen Füßen in einen Sessel zu kauern und zuzuhören, wie er von seinem letzten Prozeß erzählte. Ich fühlte mich anders als gewohnt, war in einem neuen Film.

Das hatte schon begonnen, als ich mich umzog und darauf verfiel, meine Haare hochzustecken. Es veränderte mich. Ich sah es im Spiegel, sah es auch sofort an seinem Blick. Ich tat eigentlich nichts an diesem Abend, als ihm zuzuhören. Am meisten überzeugte mich, daß er nichts von mir wollte, obwohl es so nahelag in dieser Situation. Ich mußte mir nicht vorstellen, wie es sein würde, mit ihm im Bett zu liegen. Sicher wäre ich darauf eingegangen, wenn er es gewollt hätte, aber er machte keinen Versuch. Es gab so viel anderes, was wir tun konnten in diesen Sommertagen, wenn er manchmal schon am frühen Nachmittag kam. Wir spielten Boccia und Federball im Garten, er mit größerem Ehrgeiz

als ich. Wir saßen auf der Terrasse, tranken Tee und unterhielten uns, wir hörten Musik, sahen uns die Nachrichten
im Fernsehen an. Dauernd ließ er mich wissen, wie er über
das Leben und die Menschen dachte. Es war ein ständiger
Überzeugungsversuch. Er plädierte für ein positives Denken, erklärte mir, daß positives Denken die Grundlage des
Glücks und des Erfolgs sei. Man müsse an sich selbst und an
die anderen Menschen glauben und versuchen, aus jeder
Situation das Beste zu machen. Es gab immer schlechtere
und bessere Möglichkeiten, und man mußte die besseren
suchen und nicht aus dem Auge lassen. Der Mensch, sagte
er, sei ein Wesen mit ungeheurer Zukunft, auch biologisch
gesehen. Nur zehn Prozent unseres Gehirns nützten wir
normalerweise aus. Riesige Reserven warteten darauf, akti-
viert zu werden.

Ich hörte nicht immer genau zu, aber ich ließ mich davon
einhüllen. Hier in dem sommerlichen Garten erschien es so
einleuchtend, daß er recht hatte. Wenn er da war und wir das
Haus und den Garten benutzten, als lebten wir hier, fühlte
ich mich nicht mehr von dieser Welt ausgeschlossen. Paul
und Marlene, seine Freunde, würden auch meine Freunde
werden, denn zu meinem Erstaunen schien er mich immer
mehr in sein Leben einzubeziehen.

Er kam zu jeder Gelegenheit, auch wenn es nur für eine
Stunde war, machte aber keinen Versuch, mir näherzukommen. Wenn wir zum Abschied in der Diele standen, so nah
beieinander, daß es fast unvermeidbar schien, sich zu umarmen, küßte er meine Hand und verschwand. Einmal, als
er die Hand noch festhielt, legte ich meine andere Hand
leicht gegen seine Brust und sagte, es sei ein wunderschöner
Abend gewesen und ich wolle ihm dafür danken. Er antwor-

tete seltsam formelhaft, der Dank sei auf seiner Seite. Dann nahm er meine andere Hand, führte auch sie kurz an seine Lippen und ging. Es war sehr höflich, sehr respektvoll, aber auch ein bißchen so, als fertigte er mich ab. Ich wußte nicht, was ich von ihm halten sollte. Einen Mann wie ihn hatte ich noch nie kennengelernt. Er war so fürsorglich und ernsthaft und überzeugt von der Bedeutung seines Berufes. Es fiel mir nicht auf, daß er mich nicht nach meiner Arbeit fragte, nur einmal zu Anfang, aus Höflichkeit und Konvention oder um eine Gesprächspause zu überbrücken. Ich gab ihm kurz Auskunft, und er kam nie mehr darauf zurück. Literatur interessierte ihn nicht. Und er kannte sich auch nicht damit aus, wohl aber mit der Bildenden Kunst und der Architektur früherer Jahrhunderte. Darin war er im Unterschied zu mir fast ein Experte.

Ich akzeptierte das alles, vielleicht deshalb, weil ich mit meiner Arbeit gescheitert war und er mich davon ablenkte, indem er immer von den Dingen sprach, die ihn beschäftigten. Ich war seit langem in eine Sackgasse geraten. Aber in seiner Nähe fühlte ich mich nicht schuldig, wenn ich nichts leistete, nichts zu sagen hatte. Ich merkte, daß ich meinen Ehrgeiz ablegte wie eine überflüssig gewordene alte Last.

Er schien entschlossen, mir alles abzunehmen, denn dies war seine Art, sich mir zu nähern: nicht direkt, sondern auf dem Umweg über die alltäglichen Dinge. Immer hatte er eingekauft, wenn er kam. Und manchmal vertrieb er mich aus der Küche, weil er mich mit einem Gericht aus seiner Junggesellenwirtschaft überraschen wollte. Alle seine Gesten sagten mir, ich solle mich ihm anvertrauen und von ihm verwöhnen lassen. Ich war mir nicht immer im klaren darüber, ob ich das mochte. Er wurde mir nicht wirklich vertraut, doch ich gewöhnte mich an ihn. Ohne daß mich mein schlechtes Gewissen plagte, lag ich lange im Liegestuhl auf der Terrasse und entspannte mich. Ich sagte mir, daß ich diese Pause brauchte. Und je mehr ich einwilligte in diesen Zustand, um so öfter begann ich zu denken, daß neben mir ein Mann aufgetaucht sei, der mir die Tür zum Leben offen hielt.

An ihre Mutter schrieb sie:

»Liebe Mama, ich habe einen sehr netten gebildeten Herren kennengelernt. Er ist fünfzehn Jahre älter als ich und Vorsitzender Richter am Landgericht. Wir sehen uns mehrmals in der Woche, und er scheint sich ernsthaft für mich zu interessieren.«

Die Mutter antwortete noch am selben Tag:

»Liebste Anja, Dein heutiger Brief war eine freudige Überraschung. Ich wünsche Dir sehr, daß Deine neue Bekanntschaft Zukunft hat. Du hast es wirklich verdient, einen liebenswürdigen und kultivierten Mann zu finden. Ich will den Dingen nicht vorgreifen. Aber wenn es zwischen Euch ernst wird, dann stelle mir Deinen Bekannten bitte bald vor. Ach, ich bin eine neugierige, alte Frau, und ich sollte mich mehr zurückhalten. Du mußt ja selbst herausfinden, was Du willst, und Du weißt, daß ich Dir dazu Glück wünsche. Trotzdem war es lieb, daß Du mich ein wenig eingeweiht hast. Meine guten Gedanken begleiten Dich.«

Sie las diesen Brief, der sie trotz aller Formeln der Zurückhaltung unüberhörbar drängte, mit wachsender Beklommenheit. Jetzt hatte sie schon Erwartungen geweckt, ohne zu wissen, was sie wirklich wollte. War das für sie nicht voraussehbar gewesen, oder hatte sie auf diese Weise über ihre eigenen Zweifel hinwegkommen wollen? Sie konnte sich das Leben mit diesem Mann nicht vorstellen. Es war, als nehme sie eine Schuld auf sich, die sie nicht kannte.

Schuld – erinnerte sie sich später. Ich dachte wirklich, ich nähme eine Schuld auf mich, für die ich einmal zu büßen hätte. Aber daran war ich gewöhnt. Und was auch immer es bedeutete, ich mußte es in Kauf nehmen. Und so sagte ich einfach ja, als er mich fragte. Ich sagte ja, um den Augenblick zu beenden, in dem wir uns gegenüberstanden, er mit beschwörend erhobenen Händen, die meine Antwort hinauszuschieben versuchten: »Antworten Sie nicht jetzt. Antworten Sie morgen oder übermorgen oder nächste Woche!« Aber ich sagte, ich wisse meine Antwort. Ich hatte sie gefunden, als ich begriff, daß ich mehr davor zurückschreckte, »nein« zu sagen und damit alles zu beenden. Nein – das war nur ein Loch, eine Leere, in der alles verschwand. Nein – das war die Angst. Die größere Angst.

»Können Sie sich vorstellen, meine Frau zu werden?« fragte er. Und ich sagte: »Ja.«

An ihre Mutter schrieb sie: »Es ist soweit! Er hat mich gefragt, ob ich seine Frau werden will, und ich habe ja gesagt. Wir heiraten schon im kommenden Monat, gehen anschließend auf Hochzeitsreise. Das schwarze Kleid, das Du mir geschickt hast, werde ich nun nicht beim Examen tragen, sondern auf dem Standesamt. Ich hoffe, Du freust Dich. Leonhard ist ein guter, freundlicher Mensch. Du wirst ihn sicher mögen.«

Von nun an hatte sie es eilig und dachte an nichts anderes mehr. Sie las die Wohnungsangebote, blätterte in Hochglanzzeitschriften über moderne Wohnungs- und Gartengestaltung, die sie im Bücherschrank von Paul und Marlene stapelweise fand. Neugierig stöberte sie im Haus herum, blickte in Schubladen und Schränke.

Ein altes, sorgfältig beschriftetes Fotoalbum geriet ihr in die Hände. Es zeigte Paul und Marlene während ihrer ersten gemeinsamen Reise. Marlene war etwa in ihrem Alter, eine junge Ärztin, die mit Paul, ihrem Freund und Kollegen, in Urlaub fuhr. Damals hatte sie schon kurzgeschnittene Haare gehabt, war aber etwas schlanker gewesen. Paul, einige Jahre älter als sie, wirkte auf den Fotos wie ein durchtrainierter Athlet. Fast immer trug er Shorts. Sein Oberkörper war nackt, oder sein Hemd war weit aufgeknöpft. Einmal, am Strand, saß Marlene lachend auf seinen Schultern. Auf den folgenden Seiten tauchte auch Leonhard auf den Bildern auf. Daneben stand: »Überraschender Besuch von Leonhard. Aussprache und freundschaftliche gemeinsame Tage.« Auf dem letzten Foto hatte sich Marlene bei den Männern eingehängt. Leonhards Gesicht war verschattet durch einen breitkrempigen Sonnenhut. Er stand da wie eingepflockt. Paul dagegen in Shorts, Sandalen und gestreiftem Polohemd, lächelte, und das Lächeln schien sich in der Lockerheit seiner Haltung fortzusetzen. Vielleicht gestört durch Leonhards Hutkrempe, neigte Marlene ihren Kopf, ebenfalls in die Kamera lächelnd, Paul zu, hielt aber beide Männer fest an sich gezogen, als gehörten sie ihr. Sie sah beneidenswert vital und glücklich aus, eine große kräftige Frau in einem blau-grün gemusterten Badeanzug mit einer wunderbar ausgewogenen Figur, die voller Antrieb und Bewegung war.

Lange blickte sie auf das Bild dieser drei Menschen, die zusammen etwas erlebt hatten, von dem sie ausgeschlossen war. Was war damals geschehen? Hatten die Männer um Marlene rivalisiert? War Leonhard der Verlierer gewesen? Hatte Marlene ihn zurückgewiesen oder verlassen? Verwirrt spürte sie, wie ihr das Blut zu Kopf stieg. Sie schämte sich seinetwegen. Ja, er hatte sich vor den beiden lächerlich gemacht und war ihnen nachgereist. Und sie hatten ihn gemeinsam beschwichtigt und getröstet und ihn zu ihrem freundlich geduldeten Anhängsel gemacht. Bis heute war er das geblieben: das Anhängsel dieses Paares, ein langsam alt werdender Junggeselle.

Sie stand auf und trug das Album an seinen Platz zurück. Ich hätte es nicht anschauen dürfen, dachte sie. Sie wollte es auf jeden Fall vergessen.

Am Abend sagte sie ihm, sie wolle sich gerne den nächsten Prozeß ansehen, bei dem er der Vorsitzende war. Gerne, sagte er. Er war sehr erfreut. Es handelte sich um den Prozeß gegen den Mann, der versucht hatte, ein Mietshaus in die Luft zu sprengen, während alle Bewohner, auch seine Frau und seine zwei Kinder, noch schliefen. Die Verhandlung begann in der kommenden Woche.

Ein Wachtmeister hatte sie, zusammen mit einer kleinen Gruppe anderer Leute, über eine Nebentreppe in den großen Schwurgerichtssaal gebracht. Dort setzte sie sich in die zweite Reihe und sah zu dem erhöhten Richtertisch hinüber, auf dem ein Gerichtsdiener die Prozeßakten in gleichen Stapeln vor den Richterplätzen bereitlegte. Es kam ihr so vor, als sei der Bühnenvorhang zu früh hochgegangen und sie sehe den letzten Vorbereitungen des Requisiteurs zu.

Vielleicht war es auch schon der Beginn des Dramas. Dort auf der Bühne wurde schon gespielt. Links wurde jetzt durch eine Seitentür der Angeklagte hereingeführt, ein magerer blasser Mann in Handschellen, der zwischen zwei Wachtmeistern hinter einer Barriere Platz nahm. Er ließ seinen Blick durch den Saal wandern, schaute dann mit gesenktem Kopf vor sich hin und regte sich erst wieder, als der Verteidiger in der Bank vor der Barriere erschien, ihn begrüßte und einige Worte mit ihm sprach. Der Verteidiger schob den Ärmel seiner Robe zurück und blickte auf seine Uhr, während auf der gegenüberliegenden Saalseite der Staatsanwalt und die beiden Sachverständigen erschienen. Man grüßte einander, der Verteidiger lebhafter als der Staatsanwalt, die Sachverständigen tauschten eine Bemerkung aus. Der Verteidiger drehte sich noch einmal dem Angeklagten zu, der sich beflissen vorbeugte und zweimal nickte. Die beiden Wachtmeister neben dem Angeklagten hatten ihre Mützen abgenommen und verharrten zusammen mit ihm in standbildhafter Reglosigkeit. Das Schauspiel kann beginnen, dachte sie. Es lief so ab, wie Leonhard es ihr erklärt hatte. Die Akteure hatten ihre Positionen eingenommen, doch der Text des Dramas ruhte noch verborgen in den Aktenstößen auf dem Richtertisch.

Die Türen des Saales waren inzwischen geschlossen worden, und das Geräusch der Stimmen hatte sich gedämpft. Noch immer geschah nichts. Das Gericht ließ auf sich warten, doch seine Autorität war schon anwesend in den fünf exakt aufgeschichteten Aktenstapeln, die ihr bedrohlich erschienen wie das geheime Schicksalswissen einer übergeordneten Macht. Über der Tür an der Kopfseite des Saales leuchtete jetzt eine rote Lampe auf, das Zeichen, daß das Gericht gleich erscheinen würde.

»Bitte erheben Sie sich!« rief ein Wachtmeister, der am seitlichen Saaleingang stand, und erschrocken, als sei vor allem sie gemeint, stand sie wie alle anderen auf. Es gab ein scharrendes, rumpelndes Geräusch, und alle blickten zu der Tür hinter dem Richtertisch hinüber, die in diesem Augenblick geöffnet wurde.

Zuerst kam er, groß, in seiner schwarzen Robe – der Kragen und die Ärmelstulpen aus schwarzem Samt. Dann folgten zwei andere Richter, die sich rechts und links von ihm aufstellten, ganz außen dann die beiden Schöffen, ein Mann und eine Frau in Straßenkleidung. Sie sah ihn inmitten dieser Menschenreihe, vor der sich alle Leute im Saal erhoben hatten, und fühlte sich schuldig und beschämt, an ihm gezweifelt zu haben.

Die Hochzeit verlief heiter, nicht zuletzt, weil sie sich beim Aussteigen aus dem Auto den Fuß verknackste und gestützt auf Leonhards Arm ins Standesamt humpeln mußte. Alle behaupteten, daß dies ein gutes Omen sei.

Sie fuhren mit dem Nachtzug nach Italien, verabschiedet von Paul und Marlene, die lange mit großen weißen Taschentüchern dem Zug hinterherwinkten.

»Sollen wir im Speisewagen noch etwas trinken?« fragte Leonhard.

Nein, sie war zu erschöpft und mußte sich hinlegen wegen ihres geschwollenen Fußgelenks. Er saß auf ihrer Bettkante, ein wenig vorgebeugt, um sich nicht am Rahmen des oberen Bettes den Kopf zu stoßen.

»Geht es dir gut, mein Herz?« fragte er.

Sie nickte und lächelte ihn an, ein wenig matt.

»Wohl alles ein wenig eng hier für eine Hochzeitsnacht«, sagte er. »Was meinst du, Anja?«

»Laß uns erst in Italien in unserem Hotel sein.«

In der Nacht lag sie wach, gewiegt von den leichten Schwingungen des fahrenden Zuges. Sie spürte das Halten und Anfahren, hörte die Namen der Stationen und hier und da ein Türenschlagen. Sie stellte sich die weggleitenden leeren Bahnsteige vor, die dunklen Häusermassen der Städte, das nächtliche wolkenverhangene Land. Mit den Fingerspitzen betastete sie den Ring. Sie war nun verheiratet. In dem Bett über ihr schlief ihr Mann.

4

Auf der Hochzeitsreise

Sie schrieb von der Hochzeitsreise an ihre Mutter: »Italien ist wie ein Traum.« Das Wort hatte sich aufgedrängt für eine andere Erfahrung, die sie nicht mitteilen, nicht einmal sich selbst eingestehen konnte. Erst Jahre später, als sie sich an die Reise erinnerte, fiel ihr das richtige Wort ein. Sie hätte schreiben müssen: »Ich bin wie betäubt.« Aber auch das hätte sie näher erläutern müssen, damit es nicht mißverstanden wurde als ein anderer Ausdruck für das Überwältigtsein. Nein, sie hatte sich während der ganzen Reise nur oberflächlich anwesend gefühlt. Fast alles, was sie besichtigten, blieb ihr fremd, auch die berühmten Gebäude und Kunstwerke, die sie irgendwann in Abbildungen gesehen hatte und nun wiedererkannte und für die Leonhard von ihr eine ständige Aufmerksamkeit forderte.

Vor allem seine Sprechweise und seine Stimme strengten sie an, der dozierende Ton, mit dem er sich zwischen sie und die besichtigten Kunstwerke und Szenerien schob. Sie war fast immer sofort gelangweilt, gestand es sich aber nicht ein oder versuchte es wenigstens vor ihm zu verbergen. Dies war ihre sorgfältig von ihm geplante Hochzeitsreise, und sie wollte ihn nicht enttäuschen. Daß er meistens belehrend und langweilig sprach, hing natürlich auch damit zusammen, daß sie für ihn nicht die richtige Gesprächspartnerin war. Manchmal sagte sie zwar, daß sie ein Bild schön und ein

Bauwerk großartig fände, wagte sich aber aus Furcht vor ihrer Unzuständigkeit nicht weit über solche Phrasen hinaus. Leonhard schien das nicht zu stören. Ihm war es selbstverständlich, daß er mehr wußte als sie, und wahrscheinlich gewann er daraus seine Sicherheit. Daran wollte sie nicht rühren, nicht während dieser Reise. Sie mußten diese Reise ohne Krisen und ohne Konflikte überstehen, dann würden sie zu Hause einen besseren Anfang finden. Sie wunderte sich darüber, daß sie das dachte. Aber es ging eine gewisse Beruhigung von diesem Gedanken aus.

Die erste Station war Florenz. Sie blieben fünf Tage, einschließlich eines Tagesausfluges nach Siena. Sie wohnten in einer auf einem Hügel am nordöstlichen Stadtrand gelegenen Pension, einem alten Landhaus, von dessen parkähnlichem Garten aus man über eine weite, mit Olivenbäumen bestandene Talmulde zu der bewaldeten Anhöhe von Fiesole hinüberblickte. Die Adresse hatten sie von Paul und Marlene bekommen, die stets einige Tage hier wohnten, wenn sie nach Italien fuhren. Das Haus und der inzwischen mehrfach verkleinerte Park des einst ausgedehnten Landbesitzes gehörte seit Generationen einer deutschen Familie und wurde inzwischen von der Witwe des letzten angestammten Besitzers geleitet, die nur noch einige ausgesuchte alte Bekannte als Gäste aufnahm. Dank der Empfehlung von Paul und Marlene hatte sie mit ihnen eine Ausnahme gemacht, und Leonhard hatte bei seiner telefonischen Anmeldung nicht versäumt zu sagen, daß sie auf ihrer Hochzeitsreise nach Florenz kommen würden. So bekamen sie das schönste Zimmer, in dem zum Empfang für sie ein großer Blumenstrauß stand. Auf den ersten Blick gefielen ihr die weißlackierten Möbel mit den Messingbeschlägen und den Glasfenstern, Entwürfe von van de Velde, wie übrigens auch die Möbel in den Wohnräumen. Leonhard, der es von Paul und Marlene wußte, erzählte ihr das, als fordere er von ihr gebührenden Respekt für die Umgebung, die die erste Station ihrer Hochzeitsreise war. Sie dachte, daß sie ihn küssen sollte, hier in diesem Raum, in dem sie miteinander schlafen würden, aber er war noch dabei, seine Sachen in den Schrank zu hängen, und drängte sie dann, mit ihm in den Garten zu gehen, wo ihre Gastgeberin am runden Steintisch inmitten eines Heckenlabyrinths mit einem Begrüßungstrunk auf sie wartete.

Auch in dem Ristorante, das ihnen die Gastgeberin, Frau Münchmeyer, zum Abendessen empfohlen hatte, schien man zu wissen, daß sie auf der Hochzeitsreise waren. Auf dem Tisch, der für sie reserviert war, standen Blumen, und der Koch, der wohl auch der Inhaber des Lokals war, kam, um sie zu begrüßen und das Speisenangebot und die Weinkarte zu erläutern. Ihre Bestellung nahm er wie einen ehrenvollen Auftrag mit einer Verbeugung entgegen. Beeindruckt durch diesen Empfang und zur »Feier des Tages«, wie er ihr sagte, hatte Leonhard ein viel zu üppiges Menü zusammengestellt, und sie hatte nicht gewagt zu widersprechen.

Als sie in das vom Ober herbeigerufene Taxi stiegen, um in die Pension zurückzufahren, ließ sie sich schwer gegen die Rückenlehne sinken und sagte, daß sie wie gelähmt sei. »Ja, es war üppig«, sagte Leonhard. »Aber das Essen war vorzüglich.« Es klang kurz und bündig wie ein offizielles Urteil über den Abend. Sie schaute aus dem Fenster. Das Taxi fuhr bergauf in einer engen, windungsreichen Straße zwischen hohen Mauern, hinter denen ab und zu das Dach einer alten Villa auftauchte, die sie am Tag durch die Gittertore der

Wageneinfahrten erspäht hatte. Jetzt war alles dunkel. Nirgendwo erhaschte sie ein Zeichen, daß es hinter diesen Mauern Leben gab. Auch Leonhard, der reglos neben ihr saß, war nur eine dunkle Körpermasse, in die sich seine Person zurückgezogen hatte. Zwischen ihnen war den ganzen Abend kein richtiges Gespräch aufgekommen, und das viele Essen hatte dazu gedient, diesen Mangel zu verdecken. Sie hatte sich keine bestimmte Vorstellung von dem Vorabend ihrer aufgeschobenen Hochzeitsnacht gemacht. Jetzt schien ihr, daß sie einen weiteren Aufschub brauchte, um die abgerissene Beziehung zu Leonhard wieder anzuknüpfen. Das wollte sie nicht erst im Bett versuchen. Möglicherweise ging es ihm genauso.

Das Außenlicht am Haus brannte noch und auch das Licht im Eingang. Innen, an der Türklinke der Haustür hing ein Zettel: »Bitte zweimal abschließen und den Riegel vorlegen. Außenlicht bitte anlassen. Im Kühlschrank in der Küche sind Getränke. Gute Nacht!« Es wohnten noch zwei andere Paare im Haus, die offenbar schon schliefen. Auch Frau Münchmeyer hatte sich zurückgezogen.

Während Leonhard die Haustür abschloß, ging sie einige Schritte weiter in den Eßraum, wo schon der Frühstückstisch gedeckt war. Das kommt erst danach, dachte sie. Erst müssen wir die Nacht hinter uns bringen. Leonhard trat zu ihr.

»Alles schläft schon«, sagte er. »Möchtest du noch etwas trinken?«

»Ja, Mineralwasser«, sagte sie. »Und laß uns noch in den Garten gehen.«

Er machte eine Bewegung, als wolle er auf seine Uhr schauen, unterließ es aber.

»Gut, dann müssen wir durch die Küche. Der Haustür-
schlüssel paßt auch für die Küchentür, habe ich mir sagen
lassen.«

Sie nahmen eins der bereitstehenden Windlichter in den
Garten mit. Außerdem zwei Gläser und eine Flasche Pelle-
grino, die Leonhard in die auf dem Kühlschrank liegende
Liste eintrug.

An die Dunkelheit zwischen den hohen Hecken und
unter dem dichten Laubwerk der Baumkronen mußten sie
sich erst gewöhnen, als sie sich an dem runden Steintisch
gegenübersaßen. Leonhard hatte Mühe gehabt, die Kerze
des Windlichtes anzuzünden, die mehrmals wieder erlosch.
Und als sie endlich brannte, war es immer noch so finster,
daß sie sich nur umrißhaft sahen.

Hinter den Hecken in dem von Seerosen fast zugewach-
senen Zierteich quakten und quarrten die Frösche. Am
Nachmittag, als sie den Garten besichtigt hatten, waren
in dem dunklen grünlichen Wasser nur einige kleine Gold-
fische zu sehen gewesen. Die Frösche, die ihre Schritte auf
dem Kiesweg gehört hatten, waren leise platschend ins Wasser gesprungen und untergetaucht. Jetzt, im Schutz der
Dunkelheit, saßen sie wohl alle auf den schwimmenden See-
rosenblättern und erfüllten die Nachtstille mit ihrem viel-
stimmigen Balzlärm, der manchmal wie ein Ausbruch von
gemeinsamer Besessenheit zu einem wilden Unisono an-
schwoll. In der Nähe geisterten Glühwürmchen durch das
Laub der Sträucher, erloschen und leuchteten wieder auf. Sie
wußte nicht, ob es die männlichen oder die weiblichen Tiere
waren, die durch ihr weißliches Licht die Geschlechtspart-
ner anlockten, die unsichtbar im Dunkel herumschwirrten.
Sie wollte Leonhard danach fragen. Aber der hatte gerade

angefangen, von den Uffizien zu sprechen, die er morgen mit ihr besichtigen wollte. Sie dachte daran wie an eine bevorstehende Pflicht. Warum konnte er sich nicht der Stimmung dieser Sommernacht überlassen? Weil er sich vorgenommen hatte, sie zu einer Frau zu machen, die zu ihm paßte? Für ihn war das vielleicht der Sinn dieser Italienreise. Für sie waren es Abschweifungen, mit denen er ihr aus dem Weg ging.

Schließlich brach er ab, indem er sich auf die Wange schlug. Er war von einer Mücke gestochen worden.

»Ich glaube, wir sollten mal schlafen gehen«, sagte er. »Wir dürfen nicht zu spät zum Frühstück kommen. Die Haushilfe ist krank, und deshalb muß Frau Münchmeyer alles alleine machen.«

»Ja, gut«, sagte sie und stand auf.

Ihr war beklommen zumute. Sie hatte das Gefühl, an einem fremden Ort mit dem fremdesten aller Menschen in ein gemeinsames Schlafzimmer zu gehen, und ganz gegen ihren Wunsch fühlte sie, wie sie unempfindlich und gleichgültig wurde. Was in ihm vorging, wußte sie nicht, brauchte es gar nicht mehr zu wissen. Um die anderen Gäste nicht zu wecken, stiegen sie stumm die Treppe in den ersten Stock hoch und gingen durch den Flur zu ihrem Zimmer. Leonhard schloß auf, tastete nach dem Schalter neben der Tür und ließ sie vor sich eintreten. Ihr Blick fiel auf das Bett mit den aufgeschüttelten und ein wenig hochgestellten Kopfkissen und der Zierdecke mit ihrem Spitzensaum, der es wie eine Banderole umschloß. Hier bitte öffnen, schoß es ihr durch den Kopf.

In dem alten Haus mit seinen dicken Mauern gab es in den Zimmern nur einen Waschtisch. Die Toiletten und das

Badezimmer befanden sich auf der anderen Seite des Flurs. Leonhard fragte sie, ob sie zuerst hinübergehen wolle. Aber sie zog es vor, sich im Zimmer zu waschen, und schlüpfte ins Bett. Es dauerte eine Weile, bis er zurückkam in einem neuen schwarz-rot gestreiften Pyjama, der noch die Knickfalten aus der Verpackung zeigte. Den hatte er nicht im Schlafwagen getragen. Also war er wohl für diesen Auftritt bestimmt: eine Robe für die Hochzeitsnacht. Über dem Arm trug er seinen Anzug und seine Wäsche, die er in seiner Schrankhälfte unterbrachte, bevor er das Deckenlicht ausschaltete und in das Bett neben ihr stieg.

Seine Nachttischlampe brannte noch, ein trübes, rötlich gebrochenes Licht, in dem sie sein fleischiges Profil sah. Er hatte die Augen geschlossen, als konzentriere er sich. Wie fremd war dieser Mann, wie undurchdringlich in seiner zeremoniell gebändigten Schwere.

»Soll ich das Licht ausmachen?« fragte er.

»Wenn du willst.«

Nun lagen sie im Dunkeln. Sie konnte die quarrenden Balzrufe der Frösche im nahen Teich hören. Leonhards Hand kam unter ihre Decke und suchte ihre Hand, die er wie eine Beute in seine große Hand einschloß. So lagen sie eine Weile still da. Dann merkte sie, daß er sich mit der anderen Hand vorbereitete oder vielleicht selbst befriedigte. Sie wußte nicht, was es war, und wartete wie gelähmt, bis er zu ihr herüberrollte. Er war hastig und ungeschickt. Sie versuchte ihm zu helfen, aber sie war noch nicht bereit, ihn zu empfangen. Sie mühten sich ab im Dunkeln unter der Decke, die er nicht beiseite geschoben hatte. Sein heftiger Schweißausbruch zeigte ihr, daß er in Panik war. Als er auf ihr lag, schloß sie die Arme um seinen breiten Rücken, während er mit schweren Stößen ihren Leib erschütterte. Beide blieben sie für sich, und sie dachte, daß sie sich wie eine Schiffbrüchige an eine auf und ab wogende Planke klammere, mit der sie in die Dunkelheit des offenen Meeres hinaustrieb, bis die Bewegung mit einem kurzen, schnellen Rütteln zu Ende war.

Er löste sich von ihr, lag noch einige Minuten neben ihr, bis sein Atem ruhiger wurde. Dann küßte er sie auf die Wange und rollte in sein Bett zurück. Wieder kam seine Hand, um ihre Hand zu drücken.

»Jetzt sind wir richtig verheiratet«, sagte er.

Sie biß sich auf die Lippe, um ein Kichern zu unterdrükken. Es war also ein amtlicher Akt, dachte sie.

Wieder drückte er ihre Hand.

»Schlaf gut«, sagte er. »Ruh dich aus. Morgen schauen wir uns Florenz an.«

Sie kam als letzte zum Frühstück, weil sie nach Leonhard aufgestanden war und einige Zeit vor dem Spiegel zugebracht hatte, um die Spuren ihrer Schlaflosigkeit zu beseitigen. Sie wollte unanfechtbar erscheinen und keine Fragen nach ihrem Befinden auf sich ziehen. Alle blickten ihr entgegen, als sie in den Frühstücksraum trat, und überflüssigerweise stellte Leonhard sie als »meine Frau« vor. Mit einem flüchtigen Erstaunen dachte sie, daß auch er sich in der ungewohnten Situation erst noch zurechtfinden mußte. Es war ihm ein gewisser Besitzerstolz anzuhören gewesen.

Während sie sich noch ein wenig zögerlich dem Frühstück zuwandte und erst einmal einen Schluck schwarzen Kaffee trank, setzten die anderen ihre Unterhaltung fort. Leonhard redete mit einem der beiden Männer über den schiefen Turm von Pisa. Der Mann war Baustatiker und hatte an einem internationalen Kongreß über die Sicherung des Turms teilgenommen. Jetzt hängte er zusammen mit seiner Frau eine Woche Urlaub in der Toskana an. Offensichtlich unterhielt sich der Mann gerne mit Leonhard, der genauso angeregt zu sein schien. Er zeigte Interesse und Verständnis für die dargestellten Probleme und konnte aus seiner Sicht witzig damit umgehen.

Leonhard beschrieb den schiefen Turm von Pisa als den berühmten Außenseiter unter den Türmen, der die Toleranz für abweichendes Verhalten auf die Probe stellt. »Ihre Konferenz«, sagte er, »sollte wohl die Grenzen der Akzeptierbarkeit definieren.«

»Es waren leider keine Juristen dabei«, sagte der Statiker. »Wir hatten vor allem den Auftrag, die Schieflage zu sichern.«

»Das ist eine etwas andere Beschreibung für das, was ich meine.«

»Natürlich«, sagte der dritte Mann, der bisher geschwiegen hatte, »es geht ja um eine Sehenswürdigkeit.«

Die beiden andern nickten und gaben ihm Gelegenheit, seine Bemerkung etwas üppiger auszustatten: »Die Pisaner wissen, was sie an ihm haben. Es ist wohl der bekannteste Turm der Welt.«

»Eigentlich ist es ein sehr schöner und vornehmer Turm«, sagte Leonhard. »Aber sieht er nicht aus wie ein Betrunkener?«

»So kann man es sehen«, lachte der Ingenieur.

»Könnten Sie ihn wieder aufrichten?«

»Das ist schwierig. Und es wird von niemandem erwogen.«

»Eines Tages fällt er um wie ein alter Baum.«

»Kann schon sein. Noch ist er aber in sich ziemlich stabil.«

»Sie meinen, er wird nicht auseinanderbrechen. Aber fühlt er sich wohl in seiner Schieflage?«

»Einstweilen ja.«

»Ich sage ja: Es ist der Typ des prominenten Alkoholikers.«

»Schade«, sagte der Ingenieur, »das hätte ich beim Kongreß sagen sollen.«

»Nächstes Jahr gibt es wieder einen, nehme ich an.«

»Ja, dann müssen Sie kommen und einen Vortrag über die Psychologie des Turms halten. Über die Psychologie der Schiefheit. Im Ernst, das ist doch was.«

»Ich werde es mir überlegen«, sagte Leonhard.

Danach wandte sich das Gespräch anderen Themen zu.

Die Frau des Ingenieurs, die neben ihr saß, reichte ihr die Konfitüre und fragte sie nach ihrer weiteren Reiseroute. »Wir fahren von hier aus noch zehn Tage nach Rom«, antwortete sie.

Und dieses »Wir« war in diesem Augenblick mit einem Gefühl von Stolz verbunden. Sie war die Frau des Mannes, der am Tisch das Wort führte. So locker hatte sie ihn noch nicht erlebt. Wenn er mit ihr sprach, war seinen Worten immer eine untergründige Belehrung beigemischt. Er plauderte nicht, war niemals ironisch. Er ließ sie wissen, wie er das Leben sah und beurteilte und worin sie mit ihm übereinstimmen sollte, weil sie jetzt seine Frau war.

Während sie noch eine halbe Tasse Kaffee trank und die beiden anderen Ehepaare zum Aufbruch rüsteten – sie wollten nach Siena oder Lucca fahren –, fiel ihr wieder die mühevolle und gewaltsame Umarmung der vergangenen Nacht ein, nach der sie noch lange wachgelegen hatte. »Jetzt sind wir richtig verheiratet«, hatte Leonhard gesagt und war bald danach eingeschlafen. War es möglich, daß ihm ein Stein vom Herzen gefallen war und er sich deshalb so gelöst fühlte?

Nach dem Vormittag in den Uffizien und in der Accademia, wo sie einige Zeit, gestört von nachdrängenden Besuchergruppen, vor Michelangelos noch halb im Stein gefangenen Sklavenfiguren standen, war ihr Fußgelenk wieder geschwollen. Sie mußte den Nachmittag im Garten der Pension im Liegestuhl verbringen, während Leonhard in die Stadt fuhr, um jenseits des Arnos Michelangelos Festung zu besichtigen und in den Boboligärten spazierenzugehen. Es war ihr angenehm, einige Zeit allein zu sein, auch wenn Frau Münchmeyer, die nach ihr schaute und ihr etwas zu trinken brachte, sich darüber zu wundern schien.

»Nun, wie geht's dem Fuß?« fragte sie und zog einen weißen Gartenstuhl heran, vielleicht weil sie meinte, sich um sie kümmern zu müssen. Schon am Morgen beim Frühstück, während Leonhard mit dem Ingenieur über den schiefen Turm von Pisa sprach und sie stumm ihren Kaffee trank, war ihr aufgefallen, daß Frau Münchmeyers versonnener Blick auf ihr ruhte. Es war ein zurückhaltendes, freundliches Interesse gewesen, das ihr gutgetan hatte, als sei sie von diesen aufmerksamen Augen geprüft und in die Gesellschaft aufgenommen worden. Vermutlich war diese Frau eine Menschenkennerin. Aber sie war schwerhörig, und man konnte nicht immer sicher sein, daß sie einen richtig verstanden hatte. Das ließ auch ihre Fragen abrupter erscheinen, als sie gedacht waren, denn sie schlossen nicht immer an das vorher Gesagte an. Frau Münchmeyer fragte sie nach ihrem bisherigen Leben. Sie antwortete offenbar zu leise und gab nur kurze Auskünfte, als habe sie nichts Besonderes mitzuteilen. Ihre Vergangenheit hatte sich vernebelt, und sie war gerade erst aus diesem Nebel in einem anderen Leben aufgetaucht.

Frau Münchmeyer begann von sich zu erzählen, wie sie, noch als Studentin, auf Grund einer familiären Empfehlung hergekommen sei, um während der Saison im Haushalt auszuhelfen. Verschwitzt von der langen Reise, sei sie mit ihrem bescheidenen Gepäck hier eingetroffen und habe erst zögernd, dann aber gleich forsch am Griff der alten Hausglocke gezogen, und nach einer Weile sei ihr späterer Mann erschienen und habe ihr geöffnet. Er sei ihr sofort sympathisch gewesen. Und er, der schon einige Zeit Witwer war und nach einer neuen Frau Ausschau gehalten hatte, habe ihr später erzählt, er habe sofort gedacht: Das ist sie! Vielleicht sei das eine nachträglich verkürzte Darstellung gewesen, doch im Grunde habe es gestimmt. Von Anfang an seien sie beide aufeinander zugegangen. Und sie hätten es nie bereut.

»Es war eine wunderbare Ehe«, sagte sie. »Wir haben uns manchmal gestritten, aber nie gelangweilt. Das Haus und der Garten sind voller Erinnerungen für mich. Deshalb kann ich mich nur schwer entschließen aufzuhören, obwohl die Arbeit allmählich zuviel für mich wird.«

»Haben Sie Kinder?« fragte sie.

»Einen Sohn, der in Kanada lebt. Das ist natürlich ziemlich weit weg.«

Sie machte eine Pause. Dann sagte sie: »Mein Mann und ich waren vielleicht zu eng aufeinander bezogen. Das kann für ein Einzelkind schwierig sein.«

»Versteh ich«, sagte sie. »Ich habe meinen Vater kaum gekannt.«

»Auch nicht einfach für ein Kind.«

»Nein.«

Frau Münchmeyer lächelte und berührte sanft ihre Hand, die auf der Lehne des Liegestuhls lag.

»Aber jetzt sind Sie auf Ihrer Hochzeitsreise.«

»Erstaunlich, aber wahr.«

»Sie haben es noch gar nicht ganz begriffen, scheint mir.«

»Anscheinend manchmal nicht. Ich weiß noch nicht, was ich begreifen soll.«

»Das weiß man auch erst zum Schluß, wenn man so alt ist wie ich.«

»Dann habe ich ja noch etwas Zeit«, sagte sie und traute sich ein Lächeln zu, das von Frau Münchmeyer ermutigend erwidert wurde.

»So«, sagte sie. »Ich lasse Sie jetzt allein. Ich muß noch Geschäftspost erledigen. Anfragen von Gästen und Behördenkram.«

»Danke, daß Sie mit mir gesprochen haben«, sagte sie. Schon halb im Weggehen, drehte sich Frau Münchmeyer noch einmal um: »Aber hören Sie: Es hat mich gefreut. Ich habe mich durch Sie an so vieles erinnert gefühlt.«

Sie blieb aufgestört zurück, nicht sicher, ob sie sich richtig verhalten hatte. Hatte sie zu viel von sich und Leonhard preisgegeben? Und warum hatte die alte Dame das Loblied ihrer eigenen Ehe gesungen? Hatte sie ihr damit etwas nahelegen wollen, oder waren es nur die verklärten Erinnerungen einer Witwe? Sie hätte gerne länger mit ihr gesprochen, um ihre Meinungen über das Leben zu erfahren. Sie wußte aber nicht, welche Antwort ihr am liebsten gewesen wäre. War es die Antwort: Man muß Glück haben? Oder die andere: Man muß sich sein Glück verdienen? Das konnte wahrscheinlich niemand entscheiden, weil es sich mal so und mal so verhielt.

Sie sah Frau Münchmeyer im Haus verschwinden, und es kam ihr so vor, als nehme sie mit den Fragen auch alle Antworten mit.

Es war schön hier. Der blühende Garten umgab sie, die Zitronenbäume, das dunkelgrüne Laub der Lorbeerbüsche, hinter dem in Ausschnitten die ockerfarbene Hauswand und die verhangenen Fenster des Erdgeschosses zu sehen waren. Die braun-gelb gestreifte Katze des Nachbarn strich durch die Büsche auf der Jagd nach Eidechsen oder Vögeln. Tauben gurrten, Vögel zwitscherten. Und die warme, kaum bewegte Luft hüllte sie ein und ließ sie schläfrig werden. Irgendwo auf den Anhöhen hinter dem anderen Ufer des Arno stand ihr Mann und blickte über die Stadt. Sie wußte nicht, was es für ihn bedeutete. Doch das war ihr Fehler. Sie mußte diesen Fehler korrigieren, um später, wenn sie eine alte Frau war, sagen zu können: Alles war richtig. Meine Ehe war gut. Sie wollte auf jeden Fall dieses Ziel erreichen. Sie würde es erreichen, wenn sie es wirklich wollte.

Jemand hob sie auf und trug sie fort. Es war das Glücksgefühl, das sie manchmal überkam. Ein Taumel, ein Trubel und das Getragenwerden.

Sie fühlte sich benommen, als sie wach wurde und sich im Liegestuhl vorfand. Sie mußte über eine Stunde geschlafen haben. Schwindelig stand sie auf und ging ins Haus, um zu duschen und ein anderes Kleid anzuziehen. Noch immer war sie wie abwesend und setzte sich in den Sessel. Der größere Teil des Tages war hinter einem Graben der Bewußtlosigkeit verschwunden und nur noch blaß in ihrer Vorstellung. Hier bin ich, dachte sie. Manchmal mußte sie sich das sagen, vor allem jetzt, auf dieser Reise.

Als sie nach unten ging, war Leonhard gerade zurückgekommen. Er stand mit Frau Münchmeyer in der Diele, und beide blickten zu ihr herauf. Etwas klickte in ihr, und sie ging wie aufgezogen auf ihn zu, umarmte ihn und gab ihm einen Kuß.

»Da bist du ja schon«, sagte sie.

Er fühlte sich sperrig an, war anscheinend überrascht.

»Wir sehen uns sicher noch am Abend«, sagte Frau Münchmeyer und ging in die Küche.

Sie stand noch an Leonhard gelehnt und schaute ihr nach. In ihr war es taub und dunkel, als sie ihn küßte, und ihm schien es ähnlich ergangen zu sein.

»Komm«, sagte sie, »wir machen noch einen kleinen Spaziergang.«

»Kannst du es denn wieder?« fragte er.

»Ja, ich hänge mich bei dir ein. Wie war's denn? Was hast du erlebt? Konntest du von da oben über die Stadt blicken?« Sein Arm fühlte sich noch hölzern an, als sie aus dem Haus traten und sie an der Mauer des Nachbargrundstücks entlanggingen.

»Ja, über die ganze Stadt«, sagte er. »Und du? Was hast du gemacht?«

»Nichts. Ich habe gefaulenzt, und Frau Münchmeyer hat mir eine Zeitlang Gesellschaft geleistet. Sie ist eine sehr nette Frau.«

»Ja, das ist sie«, sagte er.

Ihre Unterhaltung versiegte, während sie langsam weitergingen auf dem leicht abschüssigen Weg und sie sich fest auf seinen Arm stützte. Sie spürte seine Steifheit. Das Schweigen war zwischen ihnen wie eine Wand.

Ich glaube, ich bin undurchschaubar für ihn, dachte sie.

Vier Tage später fuhren sie nach Rom. Sie wohnten in einem Hotel, von dessen Dachterrasse man einen unverstellten Blick über das Forum romanum hatte. Dort aßen sie oft zu Abend, obwohl es, wie sie mitbekam, im Vergleich zu den gewöhnlichen Trattorien, wo man auch gut essen konnte, sehr teuer war. Aber Leonhard schätzte die vornehme Szenerie und den Ausblick auf die über zweitausendjährige Ruinenstätte, denn er hatte sich wohl vorgenommen, die Tage in Rom zu einem unvergeßlichen Erlebnis für sie beide zu machen. Da ihr Fußgelenk sich inzwischen erholt hatte, nahm sie auch wieder an den täglichen Besichtigungen teil. Das Gelenk war immer noch ein guter Entschuldigungsgrund, wenn sie sich zurückziehen wollte. Ab und zu schickte Leonhard eine Ansichtskarte an Marlene und Paul und bat sie, einen Gruß hinzuzufügen. Es lag ihm offenbar viel daran, daß sie immer als Paar auftraten. Sie ermaß daran, was es ihm bedeutete, verheiratet zu sein. Er redete aber nicht darüber, auch nicht nachts, wenn er zu ihr ins Bett kam. Er hatte inzwischen mehr sexuelle Sicherheit gewonnen, obwohl es immer derselbe Ablauf blieb.

Am vorletzten Tag machten sie Einkäufe in der Via Veneto. Sie bekam eine Handtasche, ein elegantes hellgraues Kostüm und zwei dazu passende Blusen. In dem Koffer, den er ihr für die Reise geschenkt hatte, war dafür gerade noch Platz. Für ihn kaufte sie eine dunkelblaue Krawatte mit einem silbernen Clubstreifen, die sie im Schaufenster eines Herrenausstatters entdeckte.

»Die kauf ich dir«, sagte sie.

»Wenn du gerne möchtest«, antwortete er.

Es störte allerdings, daß er die Krawatte selbst bezahlen wollte.

»Ja, du hast eine arme Frau geheiratet«, sagte sie. »Aber das mußt du mir jetzt nicht unbedingt zeigen.«

»Entschuldige. Das war nicht meine Absicht.«

Sie spürte Lust, mit ihm zu streiten, doch sie unterdrückte das und ging in das Geschäft, um die Krawatte zu kaufen, während er draußen auf sie wartete. Er bedankte sich höflich, als sie mit dem flachen Päckchen zurückkam.

Sie blieben auch vor den Fenstern eines Möbelgeschäftes stehen, weil sie vier Wochen nach ihrer Rückkehr in eine größere Wohnung ziehen wollten, die zur Zeit renoviert wurde. Der italienische Einrichtungsstil gefiel Leonhard nicht. Zu viel Marmor und Brokat, zu viele vergoldete Tischbeine und Beschläge, zu viel farbiges Muranoglas. Ihr hatte es auf den ersten Blick nicht so schlecht gefallen, doch sie hatte sich mit ihrem Urteil zurückgehalten, weil er die neue Einrichtung alleine bezahlen mußte. Sie wußte nicht einmal, wieviel er verdiente. Oder ob er Vermögen hatte. Immerhin – geizig war er nicht. Wenngleich es für sie immer so war, als ob er sie beeindrucken wolle.

Einerseits kannte sie ihn sehr genau, andererseits kannte sie ihn überhaupt nicht. Würden sie sich nur aneinander anpassen oder auch verstehen lernen? Leonhard hatte von ihrem gemeinsamen Leben deutlichere Vorstellungen als sie. Er ging selbstverständlich davon aus, daß er nicht nur für sich, sondern auch für ihr Leben zuständig war. Er war überzeugt, daß sie ihn brauchte. Und sie brauchte ihn, weil sie blind für ihre Zukunft war. Das war immer so gewesen. Als seien die Augen ihres Gefühls verschlossen. Nur manchmal hatte sie diese Anfälle von Angst. Das war dann wie ein jähes grelles Licht, in dem sie überhaupt nichts sah. Vielleicht würde das weniger werden an Leonhards Seite, wenn sie sich ihm anvertraute. Ihr richtiges gemeinsames Leben begann ja erst nach der Reise, wenn sie in die neue Wohnung zogen. Sie konnte es sich nicht wirklich vorstellen. Nichts hatte sie darauf vorbereitet, schon gar nicht diese Reise, die sie in einen anhaltenden Schwebezustand versetzt hatte, vor allem, wenn sie mit Leonhard durch die Zimmerfluchten römischer Paläste gegangen war, deren Wände und Decken bis in den letzten Winkel mit allegorischen, religiösen und mythischen Motiven bemalt waren. Sie hatte Platzangst in diesen Räumen bekommen, weil es ihr völlig unvorstellbar war, in ihnen auch nur einen Tag zu leben. Doch das hatte sie Leonhard nicht sagen können, der das alles großartig fand. Ohnehin spürte sie, daß er von ihrer matten Zustimmung enttäuscht war.

Anders war es, wenn sie einfach durch die Stadt gingen und sie sich nicht genötigt fühlte, alles, was sie sah, zu würdigen und sich einzuprägen. Es würde sicher in sie eindringen und ihr eines Tages wieder vor Augen stehen.

Den Abschiedsabend hätte sie gerne in einer kleinen Trattoria in Trastevere verbracht. Aber Leonhard hatte einen Tisch auf der Dachterrasse des Hotels bestellt. Es war sein Lieblingsplatz, weil man von dort auf das Forum blickte. Ihr war das auch recht. Es war eine Gelegenheit, das neue Kostüm anzuziehen, zu dem sie heute noch korallenrote Ohrstecker gekauft hatte. Er trug wie immer abends, wenn sie zum Essen gingen, seinen dunkelblauen Blazer und dazu die neue Krawatte. Zum ersten Mal fiel ihr auf, daß ihm der Blazer ein wenig eng geworden war. Wenn er nicht achtgab, würde er in zehn Jahren eine schwere voluminöse Erscheinung sein, und wahrscheinlich würde es nicht schlecht zu ihm passen. Schon jetzt hatten seine Bewegungen etwas Gravitätisches. So wie er den Gerichtssaal betreten hatte, trat er auch auf die Hotelterrasse und zog sofort die Aufmerksamkeit des Oberkellners auf sich, der sie zu ihrem reservierten Tisch führte. Wie immer begann das abendliche Ritual mit einem Aperitif und dem Studieren der Karte. Es folgte ein Austausch mit dem Oberkellner, der mit einer Verbeugung die Bestellung entgegennahm. Anschließend gingen sie gemeinsam mit ihren kleinen Tellern am Buffet vorbei und wählten die Vorspeisen aus. Sie ging voran und wartete am Ende des Tisches auf Leonhard, der sich einiges mehr auf seinen Teller lud. Essen war für ihn eine erstrangige Beschäftigung. Es war seine Art von Sinnlichkeit. Und er unterstellte einfach, daß sie, seine Frau, diese Vorliebe teilte.

Als sie sich wieder gegenübersaßen, kam der Oberkellner mit einer von einer Serviette umwickelten Rotweinflasche an den Tisch und enthüllte sie vor Leonhards Augen, um ihm das Etikett zu zeigen. Es sah aus, als teile er ihm in stummer Feierlichkeit ein Geheimnis mit, das einen Moment lang Leonhards Aufmerksamkeit auf sich zog, dann goß er ihm, die Flasche fast am unteren Ende haltend und mühelos beherrschend, eine kleine Probe ins Glas. Sie hatte sich von diesen rituellen Handreichungen abgewandt und in den dunkel blauenden Abendhimmel geblickt, wo Mauersegler mit schrillen Schreien in rasendem kurvenreichen Flug Insekten jagten, und beinahe hätte sie ihr volles Weinglas umgestoßen, als Leonhard ihr sein Glas entgegenhielt und

»Auf dein Wohl« sagte. Sie tranken, setzten gleichzeitig die Gläser ab. Vorsichtig stellte sie ihr Glas ein wenig weiter von sich fort. Es lag für sie etwas Zwanghaftes in diesen spiegelbildlichen Bewegungen des Zutrinkens, und sie hoffte, daß Leonhard etwas sagen würde, was die Formelhaftigkeit auflöste, aber er wandte sich seinem Teller zu. Auch sie begann zu essen, pickte unschlüssig mit der Gabel auf dem Teller herum. »Die Muscheln sind vorzüglich«, sagte Leonhard und zeigte mit der Gabelspitze auf den kleinen Muschelhaufen auf seinem Teller. Sie nickte, sagte ja und dachte, daß sie es nicht aushalten könne, ein Leben lang solche Sätze von ihm zu hören. Bevor sie weiteraß, nahm sie einen großen Schluck Rotwein. Wie gut wäre es, sich zu betrinken, dachte sie, während sie wieder auf ihren Teller blickte. Da lagen lauter Delikatessen, kunstvoll vorbereitete Verwöhnungen. Warum reizte es sie, daß er das betonte?

»Erzähl mir was aus deinem Leben,« sagte sie.

»Aus meinem Leben? Da mußt du schon genauer fragen.«

»Hast du vor mir eine andere Frau geliebt?«

»Das ist lange her. Und ich denke nicht, daß es Liebe war.«

»Was war es dann?«

»Ich weiß es nicht mehr. Und du?«

Sie sah ihn an – seinen steilen Kopf, seine blauen Augen, die sie mißtrauisch musterten, und sie spürte, wie ein nervöses Kichern in ihre Kehle stieg.

»Ich auch nicht.«

»Was meinst du?«

»Ich weiß auch nichts mehr. Alles ist vergessen. Alle meine Liebhaber.«

Der mißtrauische Ausdruck seines Gesichtes verstärkte sich, während sie einen weiteren Schluck aus ihrem Glas nahm. Sie hielt es noch in der Hand, als sie fragte: »Warst du schon mal betrunken?«

»Nicht richtig«, sagte er.

»Ich schon.«

Sie trank wieder und stellte das Glas, in dem nur noch ein Bodensatz war, neben ihren Teller.

»Ich finde, wir sollten uns mal zusammen betrinken. Heute abend zum Beispiel, zum Abschluß unserer Reise. Das würde mir Spaß machen.«

»Mir nicht unbedingt«, sagte er.

Der Ober kam und schenkte ihr nach. Und Leonhard sagte an ihrer Stelle »Danke«, was wohl heißen sollte: Nicht ein weiteres Mal. Der Ober verbeugte sich leicht und verschwand. Sie hatte ihren Kopf, der schwer geworden war, auf ihre Hand gestützt und blickte auf die restlichen Vorspeisen auf ihrem Teller.

»Vergiß es«, sagte sie.

Ein jüngerer Kellner kam und nahm die Teller weg. Die Serviette auf ihrem Schoß hatte einen Rotweinfleck bekommen, aber das neue Kostüm geschützt. Der Anblick ernüchterte sie, und sie fühlte sich schlecht.

»Entschuldige«, sagte sie, »ich habe mich blöd benommen.«

»Ach was«, lächelte er, »halb so wild.«

»Ich wollte dich irgendwie herausfordern, weil du immer so ruhig und überlegen bist. Das war dumm und hysterisch. Du hast ja das Recht, so zu sein, wie du bist.«

Er streckte seine Hand aus, um ihre Hand zu fassen.

»Wir schaffen das schon, Schatz.«

»Ja«, sagte sie dankbar. »Du mußt Geduld mit mir haben.«

Dann ließ er ihre Hand los, um einen Schluck zu trinken. Traurigkeit überkam sie, ein Schwall innerlicher Dunkelheit, der sie überschwemmte und zwang, den Blick zu senken. Nur nicht weinen, dachte sie. Wie gerufen erschienen die Kellner und servierten das Hauptgericht.

Eine Weile aßen sie schweigend. Dann fragte er wie beiläufig, ohne sein Essen zu unterbrechen: »Fehlt dir was?«

Erschrocken sagte sie: »Nein, wie kommst du darauf?«

»Weil du so abwesend bist.«

»Ich habe über alles mögliche nachgedacht. Es war nichts Wichtiges.«

»Was war es denn?«

»Eindrücke von unserer Reise, von Rom. Verschiedenes eben. Ich habe mich gefragt, ob dir die Reise gefallen hat.«

»Mir ja«, sagte er. »Und dir?«

»Für mich war es fast zuviel.«

Sie machte eine Pause, dann sagte sie: »Das Schönste war für mich die Kutschfahrt auf der Via Appia. Und unsere abendlichen Spaziergänge auf dem Palatin.«

»Nicht auch der Garten in Florenz?«

»Doch auch der Garten.«

»Obwohl ich dich allein gelassen habe?«

»Das war nicht schlimm. Ich wußte ja, du kommst wieder.«

»Stimmt was nicht?« fragte Leonhard über den Tisch hinweg, der sie immer weiter auseinanderrückte.

»Ich glaube, ich bin betrunken«, sagte sie.

»Soll ich einen Kaffee bestellen?«

»Nein, bitte bezahl und bring mich ins Zimmer.«

»Gut, bleib ruhig sitzen. Ich mache das schnell.«

Sie hielt sich gerade in dem dunklen Wogen, das sie umhüllte. Nahe dabei, aber in einer anderen Welt, sah sie Leonhard mit dem Ober sprechen und mehrere Geldscheine auf einen weißen Teller unter eine Serviette schieben. Dann war er neben ihr und faßte ihren Arm, führte sie an dem Monument des Obers vorbei und zwischen den Tischen hindurch, an denen sich einige Gesichter mitdrehten. Mit dem Aufzug gelangten sie in ihr Zimmer, wo sie sich auf ihr Bett legte. Ihr Blickfeld hatte sich verengt und verschattet. Eingerahmt von einem kristallenen Rand stand Leonhard neben ihr und schaute auf sie herab. Hoffentlich muß ich mich nicht übergeben, dachte sie, und wie auf das Stichwort wurde ihr schlecht, und sie spürte, daß ihr Magen sich wie ein Pumpwerk zusammenkrampfte und in Schüben gegen ihre zugeschnürte Kehle drückte, die gleich aufbrechen mußte. Kalter Schweiß trat ihr ins Gesicht, während sich die Übelkeit hochwölbte und ihr schwarz vor den Augen wurde. Sie kam gerade noch mit vor den Mund gepreßter Hand ins Badezimmer, wo sie unter unwillkürlichen lauten Schreien alles, was sie gegessen und getrunken hatte und was sonst noch in ihr war, in spritzenden Fontänen ins Klosettbecken erbrach.

Als sie nach einer Weile bleich und zittrig ins Zimmer zurückkam, in dem nur die Nachttischlampen brannten, saß Leonhard steif aufgerichtet in einem der beiden Sessel und schaute ihr entgegen. Er wirkte geschockt, und sie dachte: Ich habe ihm wohl etwas angetan, was er nicht so schnell verarbeiten kann.

5

Marlenes Erzählung 1

Als wir damals von unserer Ostasienreise zurückkehrten und Anja, die unser Haus bewacht hatte, auszahlten und von ihr die Schlüssel übernahmen, hat sie nicht gesagt, daß sie und Leonhard sich während unserer Abwesenheit kennengelernt hatten und bald heiraten wollten. Sie überließ es ihm, uns alles zu erzählen. Schließlich war Leonhard unser Freund und sie für uns noch eine Fremde.

Aber sie wirkte bei unserer Rückkehr lebhafter als am Tag ihrer Vorstellung, bei der sie einen stillen und zurückhaltenden Eindruck machte. Wir fanden allerdings auch damals schon, daß sie einen eigenartigen, nicht leicht zu beschreibenden Charme hatte. Man wußte nicht recht, ob sie eher einfach oder kompliziert war. Denn sie gab einem nicht zu verstehen, wie sie gesehen werden wollte. In ihrer seltsamen Abwesenheit oder Zerstreutheit war sie gegenwärtiger als andere Menschen, die gewohnt waren, sich selbst zu produzieren. Ihr Mangel an Selbstdarstellung war ungewöhnlich und vieldeutig. Man konnte ihn als Schutzlosigkeit und Verborgenheit verstehen. Dazwischen blieb viel Raum für Phantasien.

Wir hatten sie gebeten, schon am Abend vor unserer Abreise bei uns einzuziehen, damit wir sicher sein konnten, daß nichts Unvorhersehbares mehr dazwischenkam. Außerdem wollten wir sie noch ein bißchen besser kennenlernen. Doch damit kamen wir nicht weit. Nach einem improvisierten Abendessen zu dritt und einem Gespräch, das hauptsächlich aus unseren Fragen nach ihrem Studium und ihren schlichten und bescheidenen Antworten bestand, zog sie sich bald in ihr Zimmer zurück. Das konnte höfliche Zurückhaltung sein – vielleicht nahm sie an, daß wir vor unserer Reise noch einiges zu tun hatten –, oder sie hatte sich durch unsere Fragen bedrängt gefühlt.

Am nächsten Tag, im Taxi zum Flughafen, sprachen wir noch über sie. Wir waren uns einig, daß sie vertrauenswürdig sei und nicht unsere silbernen Löffel stehlen würde. In dieser Hinsicht konnten wir ihr das Haus unbesorgt für vier Wochen überlassen. Doch wir wußten nicht so recht, wer sie eigentlich war. Paul nannte das »die Undeutlichkeit ihrer Person«. Es war ein erster provisorischer Ausdruck für das, was sich später immer wieder zeigte. Sie schien manchmal in unwirklichen Situationen zu leben. Oder besser wäre es zu sagen, in einer unbestimmten Leere, in der sie sich selbst abhanden kam.

Ich glaube, daß manche Männer das reizvoll fanden. Es ließ Retterphantasien in ihnen entstehen. Sie wirkte auf sie wie eine Frau, die darauf wartete, daß jemand ihr verborgenes Wesen erriet. Doch sobald sie sich definiert fühlte, begann sie sich zu entziehen. Paul meinte später einmal, daß sie zwar anpassungswillig, aber in einem fundamentalen Sinn nicht vertragsfähig sei. Das war vor allem auf ihre Ehe mit Leonhard gemünzt, die für beide eine Falle war. Paul und ich haben ihnen eifrig geholfen, diese Falle wohnlich einzurichten.

Bei unserer Heimkehr fanden wir das Haus in einem ordentlichen Zustand vor. Unsere Haushilfe war am Tag vorher dagewesen, und Anja hatte für den ersten Tag eingekauft und frische Blumen in die Vasen gestellt. In der Garderobe bei der Haustür standen schon ihre gepackten Koffer. Sie hatte anscheinend nicht viel zu erzählen, und wir hatten eine lange anstrengende Reise hinter uns und wollten erst einmal duschen und uns umziehen. Ich gab Anja noch unser Geschenk, einen seidenen Kimono, den ich in Bangkok gekauft hatte, und die unerwartete Herzlichkeit, mit der sie sich bedankte, ließ mich einen Augenblick bedauern, daß sie so abrupt aus unserem Leben verschwand. Paul holte den Wagen aus der Garage, um sie nach Hause zu fahren.

Er war noch nicht lange wieder zurück, als Leonhard anrief und fragte, ob wir gut angekommen seien. Er sagte, er würde gerne am späten Nachmittag für eine Stunde kommen, falls wir nicht zu müde seien. Wir waren im Augenblick mehr aufgekratzt als müde, aber am Nachmittag würde das sicher anders sein. Und so antwortete ich: »Ja, gut. Aber nicht länger. Sonst besser morgen abend. Dann kommst du zum Abendessen zu uns.«

Darauf hätte er eigentlich eingehen müssen. Er sagte aber: »Ich will euch nur etwas mitteilen. Eine herausragende Neuigkeit.«

»Das hört sich spannend an«, sagte ich.

Wir konnten uns beim besten Willen nicht vorstellen, um was es sich handelte. Für uns war Leonhard eine festumrissene Person, bei der mit großen Überraschungen nicht zu rechnen war.

Er kam herein, wie immer mit der lauten freundschaftlichen Herzlichkeit, die er sich für unsere Begrüßungen angewöhnt hatte, als die stets erneuerte Bestätigung dafür, daß mit uns dreien alles im reinen sei. Er, der in unserem

Freundschaftsbund einmal der Verlierer gewesen war, stimmte immer noch gewohnheitsmäßig den Ton der Versöhnung an, und Paul und ich stimmten gewohnheitsmäßig darin ein. Ja, wir waren Freunde geblieben und sahen das als eine gemeinsame Errungenschaft an. Mit den Jahren aber habe ich begriffen, daß diese Beziehung mit ihren Ritualen und eingemauerten Empfindlichkeiten für uns alle ziemlich anstrengend war.

Leonhard muß das auch so gesehen haben. Das zeigte sich schon in der Eile, mit der er uns die völlig unerwartete Neuigkeit präsentierte, er und Anja hätten sich während unserer Abwesenheit verlobt und wollten im kommenden Monat heiraten. Es war offenbar für ihn der Moment der Rehabilitation. Und für uns eine spontane Erleichterung. In diesem trickhaft wirkenden Moment, als Leonhard nach dem ersten Begrüßungsschluck den Deckel seines Geheimnisses lüftete, wußten wir beide, ohne es jemals vorher bedacht zu haben, daß dies die Gelegenheit war, unser schwieriges Verhältnis zu entkrampfen. Leonhard war nun nicht mehr unser Anhängsel, ein lieber alter Freund im Schatten unserer Ehe, sondern ein gleichrangiger Partner. Er hatte Symmetrie hergestellt und damit ganz neue Möglichkeiten des freundschaftlichen Umgangs geschaffen.

Es ist vielleicht nur mit unseren Schuldgefühlen zu erklären, daß wir eine solche Wendung nie für möglich gehalten haben. Wir haben Leonhard immer nur an unserer Seite gesehen. Er war jemand, den wir verletzt hatten und um den wir uns kümmern mußten. Ursprünglich war ich Leonhards Freundin gewesen und Paul sein bester Freund, bis Paul seine Familie verließ, um mich zu heiraten, für Leonhard, der die Entwicklung nicht hatte sehen wollen, ein schwerer Schock. Er sagte später, er sei sich vorgekommen, als sei er in eine Drehtür hineingeraten, die ihn einmal herumgewirbelt und dann aus seinem Leben hinausgeworfen habe. Plötzlich habe er draußen gestanden. Das wollten wir so nicht zulassen. Und so haben wir ihn wieder in unser Leben hineingeholt als unseren freundschaftlichen Begleiter. Daß er jetzt selbst heiraten wollte, war längst fällig gewesen und ein notwendiger Befreiungsakt. Dem haftete zwar in unseren Augen etwas Abstraktes und Theoretisches an, weil wir uns die Verbindung dieser beiden Menschen nicht vorstellen konnten. Doch die Erleichterung, die wir empfanden, ließ uns von Anfang an zu Mentoren dieser sicher nicht einfachen Ehe werden.

Das galt vor allem für mich. In mir rührte sich ein mächtiger Wiedergutmachungswunsch. Denn ich hatte Leonhard mit seinem Freund hintergangen und Paul veranlaßt, seine Familie zu verlassen. Ich war damals fest davon überzeugt gewesen, daß jeder Mensch das Recht habe, seinem Gefühl zu folgen und um sein Glück zu kämpfen, auch gegen die Hindernisse schon bestehender menschlicher Verbindungen, die eben dann alle noch einmal auf den Prüfstand kamen. Der Übergang von dem alten zu einem neuen Leben war eine furchtbare Zeit der Heimlichtuerei und des Zweifels, in der jeder alleine war. Paul konnte sich nicht von seiner Familie trennen, obwohl er mir versicherte, daß er es wolle. Mir dagegen war schon früher klargeworden, daß meine Beziehung zu Leonhard keine Zukunft hatte, und es drängte mich, ihm das zu sagen, um nicht Gefühle vortäuschen zu müssen, die ich nicht mehr empfand. Doch Paul beschwor mich mehrfach zu warten, bis er mit seiner Frau gesprochen habe.

Wir arbeiteten damals im selben Krankenhaus – ich als Stationsärztin in der Inneren Medizin und Paul als Oberarzt in der Chirurgie. Mittags trafen wir uns manchmal zu einem kleinen Imbiß in einem nahe gelegenen Café, das wir unseren konspirativen Ort nannten. Dort besprachen wir alles immer wieder und drehten uns im Kreise. Und eines Tages sagte Paul mit jener Spitzfindigkeit, die aus der Verwirrung entsteht: »Gesetzt den Fall, ich trenne mich nicht von meiner Familie, jedenfalls nicht so bald, dann brauchst du Leonhard doch nichts über uns zu erzählen, wenn du dich von ihm trennst.« Ich weiß noch, daß ich diesen Gedanken aus Pauls Perspektive verständlich fand. Mir kam er vor wie ein Verrat. Plötzlich sah ich alles mit einer Klarheit und Kälte, als stünde ich außerhalb aller Widersprüche. Das war natürlich erst recht eine Täuschung. Doch in diesem Augenblick glaubte ich es.

»Gut, daß du es mir sagst«, antwortete ich. »Bis jetzt habe ich mir eingebildet, wir hätten nur eine einzige Möglichkeit. Aber es gibt verschiedene, vor allem für dich.«

»Nein, es gibt nur Probleme«, sagte er.

Ich sah, wie zermürbt er war, und sagte, es trüge nicht zur Lösung der Probleme bei, wenn man sich dauernd im Kreise drehe. Ich weiß nicht, woher ich den Mut nahm, ihm Bedingungen zu stellen. Vielleicht war es nur die Einsicht, daß es das einzige war, was ich noch tun konnte.

»Hör zu«, sagte ich, »ich trenne mich auf alle Fälle von Leonhard. Das ist notwendig. Ich weiß das letzten Endes durch dich. Aber ich trenne mich auch von dir, wenn du dich nicht zwischen deiner Familie und mir entscheiden kannst. Denn dann stimmt etwas nicht mit uns.«

»Was heißt denn das schon?« warf er ein. »Was stimmt denn überhaupt in der Welt?«

Ich ging über diesen Einwand hinweg. Es war eine dieser Nebelkerzen, die er manchmal warf, wenn er nicht mehr aus noch ein wußte. Auch daß er auf seine Uhr blickte, war ein Fluchtsignal. Aber ich wollte ihn nicht wieder entkommen lassen und sagte, weil es mir gerade mit der Unwiderlegbarkeit des rettenden Einfalls in den Kopf gekommen war, ich würde mir einen Teil meines Jahresurlaubs nehmen und für drei Wochen nach England fahren. Fast die ganze Zeit würde ich für ihn unerreichbar sein, denn ich wolle ihn eine Zeitlang völlig in Ruhe lassen. In den drei letzten Tagen könne er mich dann in einem Londoner Hotel erreichen, dessen Adresse er noch von mir bekäme. Dorthin könne er mir eine Nachricht schicken oder aber selbst kommen. Das aber nur, wenn er seiner Frau mitgeteilt habe, daß er sich von ihr scheiden wolle. Wenn er sich entschiede, bei ihr zu bleiben, würde ich das kommentarlos akzeptieren. Wenn er aber zu mir käme, würden wir ein Jubelfest feiern, an das wir ein Leben lang denken könnten.

Ich sagte das so emphatisch, um den Wunschtraum in ihm zu schüren und weil ich nicht anders konnte, als es mir so vorzustellen. Paul dagegen hörte sich meine Vorstellungen mit gesenktem Kopf an und nickte stumm, als beuge er sich einem Urteilsspruch, der ihm eine schwere Belastung auferlegte.

Während ich, unerreichbar für ihn, lange einsame Spaziergänge im Lake District machte, sah ich das immer wieder vor mir und glaubte ihn verloren zu haben. Doch nun war es geschehen, und mein Stolz verbot mir, ihn anzurufen, um ihm zu sagen, daß ich meine Bedingungen, die vermutlich für ihn unerfüllbar waren, so nicht aufrechterhielte. Allmählich erfaßte mich ein Fatalismus, der mich zwangsweise ruhigstellte, wie das in unserer Medizinersprache heißt. So kam ich immer noch wie betäubt in das elegante Londoner Hotel im Stadtteil Kensington, das ich ausgesucht hatte für mein Wiedersehen mit Paul und das Jubelfest, das ich ihm versprochen hatte. Mein Wunsch ihn zu sehen war so mächtig, daß ich schon die Verzweiflung vorausfühlte für den Fall, daß ich enttäuscht würde. Was würde ich dann tun? Wie weiterleben, abgeschnitten von der Zukunft? Ich war jetzt überzeugt, daß es so kommen mußte, denn ich hatte mich freiwillig zurückgezogen und Paul dem Einfluß seiner Familie überlassen. Das war wohl der größte Fehler, den ich machen konnte, ein Fehler aus Überheblichkeit.

Als ich an der Rezeption meinen Namen sagte, klang meine Stimme wie zugeschnürt, und ich mußte meinen Namen wiederholen. Während die Empfangsdame in ihrer Liste nachschaute, sagte ich überflüssigerweise, es sei ein double bedroom, und machte sie damit auf die peinliche Enttäuschung aufmerksam, die mir wahrscheinlich bevorstand. »With a french bed?« fragte sie zurück. »Yes, please«, sagte ich. Sie gab mir die Schlüssel und einen unbeschrifteten Umschlag, den ich hastig an mich nahm, aber nicht öffnete. Erst im Lift las ich die eingelegte Karte mit Pauls großer Handschrift: »Ich bin da, zu Deinen Bedingungen, Paul.«

Das Unglaubhafte und Wunderbare war geschehen! Es war nur noch nicht sichtbar. Ich drückte die Karte mit der Schriftseite gegen meine Brust, damit niemand sonst sie lesen konnte, aber es war sowieso keiner da. Wie eine Traumwandlerin ging ich über den dicken Veloursteppich des Flurs und schloß das Zimmer auf: Das breite Bett, die Vorhänge aus rotem Samt, die Sessel, der Sekretär und die Vase mit dem Blumenstrauß – hier würde es sein und hier wollte ich ihn erwarten. Ich wollte ihn verschwenderisch dafür belohnen, daß er gekommen war. Der Hausdiener, in weißem Hemd und grüner Weste, brachte mein Gepäck. Pauls Gepäck befand sich noch nicht im Zimmer – ein Detail, an dem der Rest meiner Angst haftete. Aber ich hatte ja seine Karte.

Wie sah ich eigentlich aus? Ich ging ins Bad, um mich anzuschauen. Ich war blaß vor Aufregung. Und meine dunklen Haare wirkten zerzaust. Die Augen, deren Spiegelbild mich wie eine Fremde anstarrten, und mein großer, gieriger Mund beherrschten mein Gesicht. War das, was ich sah, dasselbe, was ihn manchmal in Entzücken versetzte und ihn dazu trieb, mein ganzes Gesicht mit Küssen zu bedecken? Ich wußte es nicht. Ich war nicht ich. Ich brauchte ihn, um wieder zu mir selbst zu kommen. Ich dachte, das ist die Sehnsucht – man wartet darauf, zu sich selbst erlöst zu werden.

Nach einer halben Stunde kam er. Er war vor mir angekommen und noch spazierengegangen, um die Wartezeit zu überbrücken. Das Warten war ihm draußen in der Stadt vielleicht leichter gefallen als mir hier im Zimmer. Ich hätte es aber nicht anders haben wollen, denn es kam mir so vor, als verließe mich von Minute zu Minute alles, was nichts mit uns zu tun hatte. Als er ins Zimmer trat, hatte ich die vollkommene Ausschließlichkeit erreicht. So schloß ich ihn in die Arme. Er ist mein, er ist mein, dachte ich. Ich wußte, spürte, daß ich ihn halten mußte, denn er hatte wegen mir den sicheren Boden seines bisherigen Lebens, hatte Besitz und moralisches Einverständnis verlassen. Und wir hatten noch nichts dagegenzusetzen, außer diesem Raum und uns selber. Am sichersten waren wir jetzt im Bett.

Über alles, was er hinter sich gebracht hatte, bevor er nach London aufbrach, sprachen wir erst am nächsten Tag. Und noch später, erst kurz vor unserer Abreise, tauchte in unserem Gespräch Leonhard auf. Paul fragte mich, ob Leonhard nicht den Wunsch geäußert habe, zusammen mit mir nach England zu reisen. Ich antwortete, in diesem Fall hätte ich ihm gleich gesagt, daß ich mich von ihm trennen wolle. Aber ich wußte – und das war ein Teil meiner blitzschnellen Überlegungen gewesen, als ich meinen Reiseplan entwarf –, daß Leonhard zur selben Zeit einen großen Schwurgerichtsprozeß und eine Reihe anderer wichtiger Termine hatte.

Leonhard war dabei, Karriere zu machen. Ein wenig fühlte ich mich dadurch entlastet. Sein Beruf als Richter war das Wichtigste für ihn. Ihm widmete er seine ganze Intelligenz und Energie. Während das Privatleben in seinem Verständnis ein Lebensbereich war, für den man einmal eine Gründungs- und Grundsatzentscheidung zu treffen hatte, indem man eine Frau heiratete, und der danach von Regeln geleitet wurde, die man vernünftigerweise nicht in Frage stellte. In historisch gewachsenen Institutionen und Konventionen, pflegte er zu sagen, sei mehr praktische Lebensweisheit enthalten als in den kurzatmigen und wirren Subjektivitäten des modernen Selbstverwirklichungskultes. Er war ein streitbarer Polemiker gegen den »herumstreunenden Individualismus« ohne festen Hintergrund. Und eigenartigerweise stimmte Paul ihm meistens zu, so als verkörpere Leonhard für ihn ein höheres geistiges Prinzip, gegen das er nun schmählich verstoßen hatte, indem er seine Frau und seine Kinder verließ und ihm, seinem Freund, die künftige Lebenspartnerin wegnahm.

Paul, der völlig zermürbt war von den quälenden Trennungsgesprächen mit seiner Frau, schien in einer Panikstimmung nach London gekommen zu sein. Ich vertraute aber darauf, daß sein Selbstgefühl sich erholen würde, wenn wir einige Zeit zusammen waren. Natürlich war er auch gespalten zwischen den Gefühlen, die er für mich empfand, und seinem freundschaftlichen Vertrauensverhältnis zu Leonhard, der anscheinend bisher noch nichts von allem bemerkt hatte, was sich hinter seinem Rücken und schließlich auch vor seinen Augen zwischen uns abgespielt hatte.

Ich machte mir Sorgen um Paul. Er war angeschlagen von den Gesprächen mit seiner Frau und hatte gegenwärtig wohl kaum die Standfestigkeit, um seinem Freund Leonhard mit dem Geständnis seines Verrats gegenüberzutreten. Doch er war fest davon überzeugt, daß das seine Pflicht sei. Ich mußte erst lange mit ihm reden, um ihn davon abzubringen. Ich war die erste, die mit Leonhard sprechen mußte. Von mir sollte er es erfahren. Dann konnte er selbst überlegen, ob er überhaupt noch mit Paul sprechen wolle oder nicht. Ich dachte, wenn ich es ihm in dieser Weise und Reihenfolge vor Augen führte, könne Leonhard das noch als eine Anerkennung unserer persönlichen Gemeinsamkeit verstehen. Es würde ihn jedenfalls weniger kränken, als wenn er es von Paul erfuhr. Und Paul hätte sich vermutlich vor Schuldgefühlen gewunden. Nein, Leonhard und ich mußten das miteinander ausmachen. Und ich fühlte mich dazu stark genug und ohne Angst.

Gleich nachdem wir aus London zurück waren, habe ich Leonhard abends besucht. Wir wohnten noch getrennt, was ursprünglich nicht auf mein Zögern zurückging, sondern auf Leonhards Vorstellung, daß dem Einzug in eine gemeinsame Wohnung vernünftigerweise eine Zeit des Kennenlernens vorausgehen solle, die dann, wenn nichts Entscheidendes dazwischenkam, mit der Hochzeit endete. Ich hatte das immer als sehr konventionell empfunden. Wenn ich aber an die Schwierigkeiten dachte, die Paul mit seinem Auszug aus der ehelichen Wohnung bevorstanden, konnte ich nur dankbar sein.

Leonhard freute sich, mich zu sehen, was mich einen Augenblick irritierte. Ich wußte, daß ich ihn verletzen mußte, sagte mir aber, daß er daran mitschuldig sei, weil er beharrlich seine Augen vor allem verschlossen hatte, fast so, als habe er allen möglichen Problemen Zeit lassen wollen, sich von selbst zu verflüchtigen. Das hatte in mir das Gefühl bestätigt, er nähme mich überhaupt nicht wahr, versuche statt dessen unsere Beziehung einzupendeln auf ein Mittelmaß verläßlicher freundlicher Empfindungen. Und in diesem Ton fragte er mich auch: »Nun, wie war es in London? Was hast du erlebt?«

Sofort antwortete ich, wie ich es mir zurechtgelegt hatte: »Ich habe mich in London mit Paul getroffen.«

Ich sah seine Überraschung, die in Verständnislosigkeit überging.

»Mit Paul?«

Ich sagte erst einmal »ja«, um Zeit zu gewinnen. Alles kam jetzt darauf an, ruhig und sachlich zu bleiben, und so antwortete ich kurz: »Er kam nach London, um mir zu sagen, daß er sich von seiner Familie trennen wird.«

Ich glaubte in diesem Moment zu erkennen, daß Leonhard schon alles verstanden hatte. Doch er wollte es wohl noch nicht wahrhaben und verschanzte sich hinter weiteren Fragen.

»Paul will sich von seiner Familie trennen? Wieso? Und warum kommt er nach London, um es dir zu erzählen?«

»Weil er mit mir zusammenleben will.«

Nun war alles schon gesagt. Alles weitere waren nur noch Erläuterungen. Das Ganze hatte kaum länger gedauert als eine Injektion. Ein kurzer Stich. Dann betupfte man die Einstichstelle und klebte ein Pflaster darüber. Der kurze Schmerz war schon verflogen. So kam es mir vor, bis ich die Veränderung in Leonhards Gesicht sah. Er war erbleicht, und seine Lippen hatten sich wie bei einem bitteren Geschmack zu einem Strich zusammengepreßt. Seine Pupillen waren erstarrt und fixierten mich. Was er dann sagte, erschien mir wie eine Formel aus dem Gerichtsverhör: »Das hat ja wohl eine Vorgeschichte.«

Anscheinend wollte er mich nicht direkt fragen, was ich damit zu tun habe, sondern mir nahelegen, von mir aus alles zu erzählen. Es war ein erster vorsichtiger Schritt der Annäherung an einen schockierenden Sachverhalt, der schon offensichtlich, aber für ihn noch nicht faßbar war. Für einen Menschen wie Leonhard war es zweifellos das Schlimmste, erkennen zu müssen, daß ich und Paul ihn schon längere Zeit hintergangen hatten. Das wurde auch nicht besser, als ich ihm erklärte, ich hätte schon früher mit ihm sprechen wollen, aber Paul sei immer noch unsicher gewesen, wie er sich entscheiden würde, und habe mich mehrfach gebeten, noch nichts zu sagen.

»Also hast du so getan, als sei alles in Ordnung.«

Ich antwortete, ich wisse, daß das falsch gewesen sei, aber mir sei auch nicht sofort alles klar gewesen.

»Was in dir vorgegangen ist, will ich lieber nicht so genau wissen«, sagte er.

Ich sah ihm an, wie der Haß und der Selbsthaß in ihm hochkochten, und fühlte mich ratlos.

Schließlich sagte ich: So falsch und so unklug ich mich auch verhalten hätte, ich glaubte nicht, daß es verantwortungslos war.

»Das mußt du mir bitte erst erklären«, sagte er.

»Es wäre mit uns auf die Dauer nicht gutgegangen, Leonhard.«

»Und wie bist du zu dieser privilegierten Erkenntnis gekommen?«

»Wieso privilegiert?«

»Ich habe diese Erkenntnis nicht gehabt.«

»Ich weiß. Aber das war ein Teil unseres Problems.«

»Auch das mußt du mir erklären.«

»Du hast mich überhaupt nicht gesehen, Leonhard.«

»Eine feinsinnige Behauptung. Sagt man das heutzutage so?«

Ich antwortete nicht. Es war offensichtlich, daß er mich nicht verstehen wollte und einfach nur um sich schlug. Wenn er sich verletzt fühlte, nahm seine Antwort meistens die Form eines höhnischen Sarkasmus an.

»In meinem Verständnis«, sagte er, »beruht das Zusammenleben von zwei Menschen immer auf der Übereinkunft, manche Dinge zu übersehen.«

»Das sollten wir jetzt auch tun«, sagte ich. »Erst einmal trennen wir uns jetzt. Aber ich hoffe, nicht für immer.«

Ich überlegte, ob ich ihn zum Abschied umarmen solle, wagte es aber nicht. Er begleitete mich zur Tür. Wir gaben uns die Hand.

»Ich glaube, ich verstehe dich noch eher als Paul«, sagte er.

Ich antwortete, daß Paul unverändert an ihm hänge und seinen Konflikt, in den er wegen uns geraten sei, nicht habe lösen können.

»Das braucht viel Zeit, und es geht auch nicht ohne dich.«

Ich fürchtete, daß Leonhard wieder etwas Sarkastisches sagen würde. Aber er machte einen abwesenden Eindruck, als habe er sich schon ganz in sich zurückgezogen. Ich wandte mich ab, um zu gehen, und bevor ich mich noch einmal umdrehen konnte, hörte ich, wie er die Tür schloß.

Das war es, dachte ich. Und im ersten Augenblick fühlte ich mich erleichtert. Ich redete mir ein, daß ich jetzt frei sei und meinem zukünftigen Leben mit Paul, jedenfalls von Leonhards Seite, nichts mehr im Wege stehe. Ich war sogar sicher, daß sich unser Verhältnis zu Leonhard wieder einrenken lasse. Es mußte zunächst nur noch etwas Zeit vergehen. Ich wollte auch versuchen, zu Pauls Frau und seinen und ihren beiden Töchtern eine gute Beziehung aufzubauen. Die Mädchen würden sicher irgendwann ihren Vater besuchen wollen. Ich wollte mich dann mit der gebotenen Zurückhaltung, aber freundlich und herzlich um sie kümmern. Die Mädchen sollten bei Paul und mir ein zweites Zuhause haben. Und vielleicht würde Pauls Frau nach einiger Zeit auch wieder einen neuen Lebenspartner finden. Bezeichnenderweise habe ich das nie bei Leonhard gedacht. Für mich war er der geborene Einsiedler. Und ich nahm an, daß das Scheitern unserer Beziehung diese Tendenz in ihm verstärken würde. Ich sprach oft mit Paul darüber, der das genauso sah. Vor allem seit unserem Versöhnungswochenende, bei dem wir unseren Freundschaftsbund zu dritt »in veränderter Konstellation« erneuerten – eine Formulierung, die Leonhard dafür fand –, waren Paul und ich davon überzeugt, er habe den Status des ewigen Junggesellen inzwischen mit einiger Erleichterung als das ihm gemäße Leben angenommen. Um so überraschter waren wir, als er uns eröffnete, daß er beschlossen habe, Anja zu heiraten. Ziemlich bald zeigte sich uns, daß diese unerwartete Ehe ein gut durchdachtes lebensstrategisches Programm von Leonhard war. Er wollte heiraten, weil das seinem Bild eines Mannes in gehobener gesellschaftlicher Position entsprach. Aber nach dem Debakel mit mir hatte er sich umorientiert und eine abhängige und prägbare Frau gesucht. Ich will damit nicht sagen, daß Anja ihm nicht auch sonst gefallen hätte. Sie war eine aparte Frau, mit der er sich öffentlich sehen lassen konnte. Aber es nahm ihm wahrscheinlich einen Teil seiner Unsicherheit, daß er ihr gesellschaftlich und bildungsmäßig in jeder Hinsicht überlegen war. Und bestimmt entsprach es auch seinem strategischen Konzept, daß Anja, als sie aus Rom zurückkehrten, schwanger war.

Das Kind, ein Junge, mußte wegen einer beidseitigen Hüftluxation einige Zeit einen Gipsverband tragen, war aber sonst gesund. Es war wohl nur eine heftige Form der häufigen Wochenbettlabilität, daß Anja in eine Depression abrutschte, die noch medikamentös behandelt werden mußte, als sie schon einige Zeit wieder zu Hause war.

Aber sie war dort in guten Händen. Leonhard hatte für sie und das Kind eine Pflegerin engagiert, eine tatkräftige und erfahrene ältere Frau, die früher Säuglingsschwester in einer gynäkologischen Station gewesen war. Mit ihrer Hilfe erholte sich Anja und entwickelte sich zu einer passablen, wenn auch etwas ängstlichen Mutter. Was ihr das Kind bedeutete, weiß ich nicht. Ich kam zufällig dazu, als sie Besuch von ihrer

Mutter hatte, und konnte beobachten, daß sie deren wortreiche Begeisterung über das Kind schwer ertragen konnte. Ich glaube, sie empfand das als ein demonstratives Entzücken, das direkt an sie gerichtet war. Die Mutter schien ihr ständig vormachen zu wollen, wie sie sich über das Kind zu freuen habe. Anja reagierte darauf mit unterdrückter Gereiztheit und natürlich wiederum mit Schuldgefühlen, die ihre Depression in den nächsten Tagen verstärkten.

Mir gegenüber äußerte sie die Zwangsidee, daß Leonhard von dem Jungen enttäuscht sei. Das war nach meinem Eindruck überhaupt nicht der Fall. Leonhard war befremdet von Anjas Stimmungsschwankungen, auf die er sich nicht einstellen konnte. Er hatte sich Anjas Heimkehr mit dem Kind anders vorgestellt. Zwar machte er ihr keine Vorwürfe, reagierte aber mit Zurückhaltung auf ihre Zustände, gemäß seiner Neigung, es für höflich zu halten, unangemessenes Verhalten einfach zu übersehen.

Ich glaube, er begann zu begreifen, daß er nicht, wie er gedacht hatte, eine leicht prägbare, sondern eine schwierige Frau geheiratet hatte. Aber sie war die Mutter seines Sohnes, und das wog in seinen Augen manchen Mangel auf. Er war kein besonders einfühlsamer Mensch, aber verläßlich und großzügig, und diese Eigenschaften waren fest begründet in seinem Glauben an Institutionen. Verläßlichkeit und Großzügigkeit gehörten für ihn zu seiner Rolle als Ehemann einer von ihm abhängigen Frau. Dieses Ehekonzept war ihm völlig bewußt, nicht jedoch seine damit verbundene eiserne Selbstgerechtigkeit, die unter der Hand seine Großzügigkeit in einen subtilen Druck verwandelte, den Anja ständig zu spüren bekam. Tat er denn nicht alles für sie? Bot er ihr nicht ein schönes, sicheres Zuhause? Hatte er nicht immer dafür gesorgt, daß sie genügend Hilfe hatte, um Zeit für sich zu behalten? Nach der Geburt war es die Pflegerin, später eine Haushaltshilfe, die an drei Tagen in der Woche kam.

Das gab Anja Gelegenheit, eine Nebenbeschäftigung anzunehmen, die ihr ein ehemaliger Studienkollege angeboten hatte, der jetzt beim Fernsehen arbeitete. Sie mußte für die Dramaturgie Romane und Erzählungen lesen und knappe Inhaltsbeschreibungen und Beurteilungen verfassen, aus denen die Redakteure entnehmen konnten, ob die Story für eine Verfilmung oder eine andere Verwertung in Frage kam. Anscheinend machte sie diese Arbeit nicht schlecht, denn man beschäftigte sie nach einer kurzen Probezeit weiter. Leonhard sah Anjas »Gutachtertätigkeit«, wie er es mit leisem ironischem Zungenschlag nannte, als eine Spielerei an, weil noch nie eine ihrer Empfehlungen verwirklicht worden war. Er hielt sich aber mit kritischen Bemerkungen zurück. Auch ich konnte mir nicht vorstellen, daß Anja für diese Arbeit besonders geeignet war, es sei denn, es galt bei diesem Job als ein Vorzug, daß sie nicht dazu neigte, eindeutige Urteile zu fällen. Sie gab mir nie eines ihrer Gutachten zu lesen. Bei den meisten Büchern, die sie zu beurteilen hatte, handelte es sich um Saisonneuheiten, die ich nicht kannte. Ich vermutete, daß ihr ehemaliger Studienkollege, der ihr diese Bücher zur Beurteilung schickte, ein nicht bloß sachliches Interesse an der Zusammenarbeit mit ihr hatte. Doch es gab keinerlei Anzeichen, daß es sich bei ihr ähnlich verhielt. Sie war im Gegenteil bemüht, ihrer Ehe mit Leonhard gerecht zu werden.

Ihre Stimmungsschwankungen wurde sie allerdings nie ganz los. Es gab Tage, an denen sie sich zu nichts aufraffen konnte. Sie wirkte dann unaufmerksam und entschlußlos, ließ Gegenstände fallen oder verletzte sich. Und in Gesellschaft neigte sie dazu, einen Dunstschleier um sich zu legen, indem sie ein Glas zuviel trank. Leonhard, der das wohl eher beiläufig bemerkte, bat mich wiederholt, mich um Anja zu kümmern. Ich sei für sie so etwas wie eine ältere Schwester.

Er hätte mich eigentlich gar nicht erst motivieren müssen. Ich bin ohnehin geschlagen von meinem Gefühl, für schwächere Menschen in meiner Umgebung verantwortlich zu sein. Als Leonhard mich bat, mich um Anja zu kümmern, gab mir das vorübergehend das Gefühl, eine Komplizenschaft mit ihm einzugehen. Denn immer noch hatte ich die Vorstellung, daß Anja an meiner Stelle mit ihm zusammenlebte und ich am Gelingen dieser Ehe interessiert sein müsse. Das war natürlich Unsinn. Es war schließlich allein ihre Entscheidung gewesen, ihn zu heiraten oder sich von ihm heiraten zu lassen, was den Sachverhalt etwas genauer beschreibt.

Damals, ein halbes Jahr nach der Geburt von Daniel, mietete Leonhard ein schönes, geräumiges Reihenhaus aus den dreißiger Jahren in Bayenthal, dem Vorort, der an das Marienburger Villenviertel grenzte, in dem wir wohnten. Paul äußerte sich mir gegenüber ein wenig befremdet über diese unverhoffte Nachbarschaft, aber seine Befürchtung, daß wir nun dauernd Besuch von den beiden bekämen, bestätigte sich nicht. Ich wurde zwar Anjas Beraterin in vielen praktischen Fragen, aber wenn sie mit mir reden wollte, rief sie lieber an, als selbst zu kommen. Und Leonhard war ohnehin ein Mensch, der jedes Treffen lange vorher in seinen Terminkalender einzutragen pflegte. Bei Paul verhielt es sich aus chronischem Zeitmangel nicht anders. Er hatte die Arbeitsstelle gewechselt, weil er glaubte, an der anderen Klinik bessere Aufstiegschancen zu haben. Aber vorerst hatte er sich nur mehr Arbeit eingehandelt. So blieb die Planung unserer gemeinsamen Unternehmungen an mir hängen. Als ich ein wenig darüber stöhnte, bemerkte Paul, meine Power sei eben sozialpflichtig.

»Dann bist du ja wieder fein heraus«, antwortete ich. Und leider bringe es mir nichts, daß ich ihn durchschaute.

»Doch doch, du hast die moralisch überlegene Position«, sagte er.

Dieses ironische Geplänkel hat sich seit langem bei uns eingebürgert. Es ist fast unser normaler Umgangston. Da hat sich viel geändert seit damals in London, als jedes Wort, das wir sprachen, leidenschaftlicher Ernst war.

Nun, ich wurde also die Managerin und Animateurin unseres Gesellschafts- und Kulturlebens. Am ehesten fand ich dabei noch Unterstützung bei Leonhard, der wegen Anja daran interessiert war, unsere gemeinsamen Unternehmungen fortzusetzen. In der Regel gingen wir einmal im Monat ins Theater oder ins Konzert oder sahen uns gemeinsam eine Ausstellung an. Und ebenfalls einmal im Monat trafen wir uns abwechselnd bei uns oder bei Leonhard und Anja zu unserem Jour fixe, dem sogenannten Rommèabend. Er begann mit einem kleinen Abendessen, dann spielten wir einige Runden dieses simple Kartenspiel, bei dem man sich nebenbei noch locker unterhalten konnte, und manchmal, immer öfter sogar, unterhielten wir uns auch nur, behielten aber die Bezeichnung »Rommèabend« bei, um zu betonen, daß wir an diesem Abend einem gemeinsamen Ritual folgten. Völlig neue Möglichkeiten boten sich uns schließlich, als Anjas Mutter aus wirtschaftlichen Gründen ihre Boutique aufgeben mußte. Jetzt konnten wir auch gemeinsame

Exkursionen und Kurzurlaube planen, denn Anjas Mutter war meistens bereit, einige Tage in Leonhards und Anjas Haus zu wohnen und auf Daniel aufzupassen. Wenn es sich dagegen nur um einen Abend handelte, konnte Anja meistens ihre Haushaltshilfe engagieren. Alles lief gut. Wir waren einstweilen im Gleichgewicht. Nachträglich muß ich mir allerdings eingestehen, daß ich nie richtig daran geglaubt habe.

6

Abgleitende Gedanken

Ich weiß nicht, was mit mir los ist. Vorhin habe ich eine Stunde lang aus dem Fenster gestarrt und nichts wahrgenommen. Irgendein Zauber hätte die Straße und die Häuser auf der anderen Seite verschwinden lassen können, es wäre mir nicht aufgefallen. Es waren auch keine Gedanken in meinem Kopf, keine, an die ich mich erinnere.

Es ist still hier. Wenn ich mich konzentriere, höre ich Geräusche: ein fernes an- und abschwellendes Rauschen und irgendwo ein Poltern, Holz auf Holz, als würden Bretter aufgeladen. Vielleicht ist wieder eine Fassade gestrichen worden, und sie brechen das Gerüst ab.

Ich erschrak gestern, als Marlene mich am Telefon fragte: »Was gibt es Neues bei dir, Anja?« Es gibt nichts Neues. Es kann nichts Neues geben. Ich wüßte nicht, was.

Überall geschieht etwas und nichts geschieht. Daniel ist im Kinderhort. Ich habe den Frühstückstisch abgedeckt und gespült. Leonhard ist ins Gericht gefahren. Der Präsidialrat der Richter tagt, um über die Ernennungsliste des Justizministers zu diskutieren und eine Stellungnahme dazu abzugeben, eine geheime Sitzung, die Leonhard sehr wichtig nimmt. Er sagt, er müsse dem Minister Paroli bieten. Der Minister neige dazu, seine Ministerialbeamten auf die freien Stellen zu setzen. Es ginge um die Selbsterneuerung der freien Richterschaft und um einen politikfreien Raum. Ich weiß nicht, woher er die Kraft nimmt, an alles zu glauben, was er tut.

Neulich abends hat er auf einmal alle seine Schuhe geputzt, erst die braunen, dann die schwarzen, zum Schluß die Wanderschuhe aus Wildleder, das er mit der Spezialbürste aufrauhte. Er wollte Radio dazu hören und putzte die Schuhe auf der Fensterbank in der Küche, wo das Transistorgerät gewöhnlich steht. Er hatte die Fensterbank mit alten Zeitungen abgedeckt und sich seine dunkelgrüne Gärtnerschürze umgebunden, um sich nicht schmutzig zu machen. Er hätte die Arbeit auch unserer Haushilfe überlassen können, die dreimal in der Woche für drei Stunden kommt und nicht immer genug zu tun findet. Aber sie macht es ihm nicht perfekt genug, weil sie zu viel Creme nimmt, die dann an den Aufschlägen seiner Hosen Schmutzkanten hinterlassen könnte. Wenn ich mich recht erinnere, ist das nur einmal vorgekommen. Er nahm das zum Vorwand, das Schuheputzen selbst in die Hand zu nehmen. Es ist in meinen Augen eine Demonstration seiner Auffassung, daß das Leben eine große Aufgabe ist, die sich aus vielen kleinen Aufgaben zusammensetzt, die alle die gleiche Aufmerksamkeit und Genauigkeit verdienen. Aber es scheint ihn auch zu befriedigen. Es klingt grotesk – er ist dabei ganz und gar er selbst. Ich weiß, ich bin im Unrecht. Es ist seine besondere Begabung, daß ich immer bei ihm im Unrecht bin. Meistens korrigiere ich mich, bevor er es merkt. Doch daß er es nicht merkt oder einfach darüber hinweggeht, entmutigt mich. Wie soll ich ihn denn jemals erreichen?

Ich saß im Zimmer nebenan, die Tür stand offen, als er beim Schuheputzen einen Radiovortrag hörte. Oder vielleicht muß man es umgekehrt sagen: So konzentriert er zuhörte, so systematisch putzte er alle seine Schuhe, als ob er damit dem Vortrag applaudierte. Ich weiß nicht mehr genau, worum es ging. Es hatte etwas mit Erkenntnisproblemen in der Rechtsprechung zu tun, worüber ich ihn selbst schon reden gehört habe. Er war mit seiner Arbeit ungefähr fertig, als der Vortrag zu Ende ging. Ich sah ihm seine Befriedigung an, als er alle Schuhe, blank und auf Spanner gezogen, wieder in den Schuhschrank stellte. Er ging ins Badezimmer und kam mit sauberen Händen zurück, um mit mir ein Glas Rotwein zu trinken. Mir fielen seine Hände auf, weil er sie ständig rieb, was ich für einen Ausdruck von Zufriedenheit hielt. Aber er hatte sie wohl gerade eingecremt. Ich bildete mir ein, es zu riechen, als er mir sein Glas entgegenhielt, um auf mein Wohl anzustoßen. Seine Gewohnheit, dauernd mit mir anzustoßen, um unsere Gemeinsamkeit zu betonen. Sein Lächeln, das mir sagen will, alles sei gut. Seine gepflegten Hände, umhüllt von einem leichten Cremeduft. Es sind sehr weißhäutige Hände mit flachen Fingernägeln. Sie sind nicht klein, aber ganz anders als Pauls energische Hände mit ihren stark gewölbten Nägeln. Mir fiel ein, im Unterschied zu ihnen Leonhards Hände als salbungsvoll zu bezeichnen. Und dieses Wort schickte mir einen leisen Schauder über den Rücken. Ich nahm mir vor, es wieder zu vergessen. Auf das Vergessen kann ich mich meistens verlassen. Es ist ein Schutz wie die Farbe, mit der der Tintenfisch das Wasser verdunkelt, um darin zu verschwinden. Das Vergessen schützt mich vor mir selbst, auch wenn ich mir dabei abhanden komme. Nein, ich will das Wort nicht denken müssen, wenn er mich berührt. Ich will keine salbungsvollen Zärtlichkeiten. Auch keine plumpen und ungeschickten. Ich will auch nicht an andere Hände denken. Und wenn ich mich selbst berühre, denke ich an nichts. Wenn ich mir etwas vorzustellen versuche, zerrinnt es wieder, als sage eine Stimme in meinem Kopf: Das ist es nicht. Für mich ist das Leben ein fremder, gleichgültiger Film mit blassen undeutlichen Bildern. Er wird von einer Frau gespielt, die mir in allem gleicht und die ich nicht bin. Ich sehe mich in ihr und bin es nicht, als glitte ich unsichtbar neben ihr her. Seltsam, wie wenige Erinnerungen ich habe. Wie wenig Erinnerungen an meine Gefühle, meine Gedanken. Als hätte ich nichts empfunden in all den Jahren, hätte nichts gedacht. Doch, doch, ich liebte mein Kind, ich überschüttete es mit meinen Zärtlichkeiten. Manchmal spürte ich, daß es Daniel zuviel wurde. Er machte sich steif und senkte den Kopf, wenn ich ihn an mich drückte und fragte, ob er mich so lieb habe wie ich ihn. Seine Antwort klang gehorsam. Aber ich hörte einen kleinen verschüchterten Trotz heraus. »Ja«, sagte er.

Ich ließ ihn los und sagte: »Dann spiel schön«, und sah ihm nach, wie er weglief, froh, meiner heftigen, erpresserischen Umarmung entkommen zu sein. Jedesmal hatte ich dann Schuldgefühle. Mit mir stimmte etwas nicht. Ich, die dieses beneidenswerte Leben führte, war unsicher, konfus, unausgeglichen, undankbar – das machte mich mir selber fremd. Wer war ich eigentlich, daß ich so wenig aus meinem Leben zu machen verstand? Was war los mit mir? Ich wußte es nicht, sah nur, daß ich mein Glückssoll nicht erfüllte, und gab mir Mühe, es zu erreichen. Ich gab mir Mühe mit Daniel, mit dem Haushalt, mit dem gesellschaftlichen Leben. Und ich gab mir Mühe, wenn ich mit Leonhard schlief. Ich versuchte mich in der Rolle einer phantasievollen

Bettgenossin. Leonhard ließ sich zögernd darauf ein. Im Grunde mochte er es nicht. Es machte ihn unsicher, und ich wurde ihm nur fremd. Einmal wies er mich zurecht, weil ich ein obszönes Wort gebraucht hatte. Er ergriff diese Gelegenheit, um mich zu beschämen und mich in meine alten Unsicherheiten zurückzustoßen.

Ich war danach gehemmter als vorher, aber er schien damit zufrieden zu sein. Ihm ist etwas anderes wichtig im Leben. Er will für einen bedeutenden Mann gehalten werden. Auch in moralischer Hinsicht sucht er Bewunderung. Er gilt als fortschrittlich, als aufgeklärt. Einige seiner Urteile sind in die Fachliteratur eingegangen. Er scheut sich nicht vor Arbeit, nicht vor Ehrenämtern. Er ist ein Mann, der mit seiner Rolle verwachsen ist. Doch vor allem liebe er sein Zuhause, und seine Familie sei ihm das Höchste, hat er gesagt, als man ihn in der Zeitung nach seinem Leben und seinen Vorlieben befragte. Er wußte natürlich, daß ich das Interview lesen würde. Es war eine indirekte, halboffizielle Mitteilung an mich, eine Verlautbarung.

Was ist mit mir? Warum habe ich Lust, ihm Unrecht zu tun? Warum bin ich so gereizt? Alle scheinen Leonhard anders zu sehen als ich. Er hat Freunde, er ist ein geschätzter Mann.

Das strenge Gesicht meiner Mutter, das aufblüht, wenn sie Leonhard sieht. Ihre Fragen am Telefon: »Wie geht's Daniel, wie geht's Leonhard? Grüß ihn bitte von mir. Sag ihm, er soll sich schonen. Sag ihm, ich hätte das gesagt. Und gib beiden einen Kuß von mir.«

Ich habe den Mann geheiratet, der die Wahl meiner Mutter ist.

»Du hast das große Los gezogen, Anja.«

97

Immer wieder sagte sie es mir. Leonhard, ein guter Hausvater und Ehemann, bei dem Daniel und ich gut aufgehoben sind, ein zuverlässiger, ordentlicher, allgemein geachteter Mann, so viel reifer, so viel erwachsener als ich.

Durch Leonhard lernte ich die Welt kennen. Wenn wir reisten, fuhren wir immer an Orte, die er von einer seiner früheren Reisen kannte. Er führte mich überall herum, erklärte mir alles Wissenswerte. Ich sollte lernen, die Welt mit seinen Augen zu sehen. Ich war für ihn ein leeres Gefäß, bereit, alles aufzunehmen, was er in mich hineinlegte. Von Anfang an gab ich ihm recht. Ich war die Bedürftige, die Beschenkte. Ich hatte noch kein nennenswertes Leben gehabt.

Von überall schickten wir Ansichtskarten an meine Mutter, die sie alle aufbewahrte. Sie schrieb, sie könne sich alles so gut vorstellen, als ob sie uns begleitet hätte.

»Du hast das große Los gezogen, Anja.«

Immer wieder sagte sie es mir, und ich antwortete: »Ja, das habe ich wohl.« Ich lebte mich immer mehr ein in diese Rolle einer glücklichen jungen Frau und versuchte alle davon zu überzeugen. Alle um mich herum sollten es bestätigen. Wenn mich jemand beglückwünschte oder zum Schein beneidete, lächelte ich wie zur Entschuldigung: Ich wisse natürlich auch, daß Glück nicht die Regel sei.

Ich glaubte nicht wirklich, was ich sagte, und versuchte es mir deshalb immer wieder einzureden.

Wenn meine Mutter zu Besuch kommt, hat Leonhard sie vermutlich gerufen. Sie kommt, um mich zu entlasten, weil ich meine Pflichten vernachlässige, depressiv oder neurasthenisch bin. Sie wird sagen: »Überlaß mir mal alles hier. Fahrt ruhig einmal zu zweit weg. Ich glaube, das braucht ihr mal.« Ich kann nicht antworten, daß ich gerade das fürchte.

Nein, ich kann nicht mehr Tage und Wochen mit ihm allein sein. Ich fürchte mein Verstummen, weil ich mein Geständnis fürchte. Ich habe Angst, daß ich alles zerstöre, hoffe immer, daß ich mich wieder fange.

Ich weiß nicht wie.

Marlene hat neulich vorgeschlagen, wir sollten unsere Romméabende wieder aufnehmen. Ich bin überzeugt, daß Leonhard dahintersteckt. Er macht sich Sorgen. Er ist ratlos. Sie haben über mich gesprochen. Ich wittere es. Überall mobilisiert er Nothelfer für unsere Ehe. Er hat eine labile Frau geheiratet, die man unauffällig stützen muß, so sieht er es. Ich fühle mich von seinen hilflosen Gedanken umgeben.

Alles ist jetzt falsch: sein aufmunternder Tonfall, sein Händereiben, sein Rundrücken, sein Geruch, sein häufiges Räuspern und seufzendes Ausatmen, wenn er seine Akten liest. Er leidet, aber er weiß es nicht. Es ist in seinem Bild vom Leben nicht vorgesehen. So höre ich ihn manchmal seufzen. Mein Abscheu ist stärker als mein Mitleid, und ich verurteile mich deswegen, sage mir, daß er unschuldig ist. Doch vielleicht stimmt das nicht. Jeder hat das Leben, das er verdient. Nicht nur ich, auch er. Wir haben das Leben, an das wir uns klammern und über das wir nicht sprechen können.

7

Nach dem Romméabend

Am Abend vor meinem dreiunddreißigsten Geburtstag kamen Paul und Marlene zu Besuch. Es war unser üblicher Romméabend. Wir trafen uns in den letzten zwei Jahren alle vier Wochen, einmal bei ihnen und einmal bei uns. Ich hatte eine kalte Gurkensuppe und Huhn mit verschiedenen Gemüsen im Römertopf gemacht, eines meiner Standardgerichte, deren Rezepte ich von Marlene habe. Zum Nachtisch hatte ich eine Eistorte gekauft, die aber nicht besonders gut war. Dafür tischte Leonhard einen erstklassigen Weißwein auf. Er zelebrierte ihn entsprechend und heimste befriedigt das Lob von Paul und Marlene ein. Leonhard bestand immer darauf, daß man beim ersten Schluck die Gläser hob und einander zutrank. Ich fand das lächerlich, konnte mich aber nicht entziehen. Diesmal griff ich als letzte zum Glas, und sehr zum Ärger von Leonhard stieß ich es um und mußte die nasse Tischdecke mit einer Serviette unterlegen, damit es keine Flecken auf der Politur des Tisches gab.

Ich hatte an diesem Abend Kopfschmerzen und spielte schlecht, wartete nur darauf, daß ich zu den lückenhaften Serien, die ich in der Hand hielt, die fehlenden Karten zog. Marlene massierte mir nach dem Spiel die Schläfen. Sie bildet sich viel ein auf ihre helfenden Hände, und tatsächlich verschaffte sie mir etwas Erleichterung.

Ich sagte es ihr und bedankte mich.

»Es ist nur eine Verspannung«, sagte Marlene. »Das bekommen wir weg.«

»Die wissenden, heilkundigen Hände meiner Frau«, ließ sich Paul hören, und Marlene antwortete: »Komm du noch einmal und willst massiert werden.«

Im Unterschied zu Leonhard und mir, die wir immer vorsichtig und vernünftig miteinander sprechen, neckten sich die beiden oft, wobei Paul in der Rolle des Skeptikers oder Ironikers gegen Marlenes Autorität opponierte, ohne sie je erschüttern zu können, was auch nicht beabsichtigt war. Im Gegenteil, er stellte sie gerade auf diese Weise immer wieder heraus.

»Es tut mir wirklich gut«, sagte ich zu ihm hin, ohne ihn ansehen zu können, da Marlene, die hinter mir stand, meinen Kopf geradeaus richtete. Und er antwortete: »Wem sagst du das? Ich bin eingetragenes Mitglied Nr. 1 im Fanclub meiner Frau.«

Marlene tat, als ob sie das nicht gehört hätte, und bearbeitete weiter mit kreisenden Fingerspitzen meine Schläfen.

»Gut so?« fragte sie, und ich bestätigte es.

»Du liegst genau im Trend, Marlene«, begann Paul wieder. Marlene, die ihre Rolle in dem kleinen Wortwechsel kannte, den die beiden uns zu unserer Unterhaltung boten, wies ihn kurz ab: »Ich bin mein eigener Trend.«

»Gleichzeitig«, sagte er, »bist du eine Repräsentantin deiner Epoche, ob du es willst oder nicht.«

»Aha«, sagte Marlene, die sich ganz auf die Massage meiner Schläfen zu konzentrieren schien. Es hörte sich an, als habe sie gesagt: Mach ruhig weiter mit deinem Unsinn. Bin gespannt, was dir sonst noch einfällt.

»Das ist die aktuelle Magie«, fuhr Paul fort. »Alle Welt schwört heute auf Handauflegen und Hautkontakt.«

»Ich auch«, sagte ich.

»Natürlich«, sagte Paul, »sonst funktioniert es ja nicht. Wir sollten alle mal nach Kalifornien fahren, ins Zentrum dieser Berührungskulte.«

»Warst du schon mal da?« fragte Leonhard, der eine Zeitlang geschwiegen hatte und sich nun meldete, weil er eine Gelegenheit sah, das spielerische Geplänkel zu unterbrechen und dem Gespräch, das an ihm vorbeigelaufen war, eine andere Richtung zu geben. Er hatte sich eine Weile damit beschäftigt, Wein nachzugießen und eine neue Flasche zu öffnen. Als er sich jetzt wieder in die Unterhaltung einmischte, überkam mich wie ein Schwall verbrauchter Luft die Langeweile. Es war mir peinlich, wie wenig Gespür er für die Situation hatte. Wollte er jetzt wirklich Reiseerinnerungen über Kalifornien mit Paul austauschen?

»Nein, ich war noch nie da«, sagte Paul.

»Auch nicht zu einem medizinischen Kongreß? Kalifornien ist doch für Kongresse sehr beliebt.«

»Ich hatte zwei Einladungen, mußte aber leider beide absagen.«

Es entstand eine Pause. Marlenes Fingerspitzen lösten sich von meinen Schläfen und begannen meinen Nacken zu massieren. Ich rechnete damit, daß Leonhard sich über den Sinn und Unsinn von wissenschaftlichen Kongressen verbreiten würde. Statt dessen sagte Paul etwas Merkwürdiges, das ich nicht verstand.

»Kalifornien ist meine Fahrt zum Leuchtturm.«

»Was bitte?« fragte Leonhard.

Marlene, die mit beiden Händen an meinen Halswirbeln entlangstrich und nach Verspannungen suchte, sagte nebenbei: »Paul spielt auf einen Roman von Virginia Woolf an, den ich gerade gelesen habe. Er heißt ›Die Fahrt zum Leuchtturm‹.«

»Es ist Marlenes neues Kultbuch«, erklärte Paul.

»Ja, es ist wirklich ein großartiges Buch«, sagte sie. »Obwohl eigentlich nichts Besonderes geschieht. Kennst du es, Anja?«

Ich sagte nein. Und während sie gleichmäßig mit den Fingerspitzen die Muskelknoten in meinem verspannten Nacken bearbeitete, begann sie zu erzählen:

»Das Buch handelt von einer englischen Dame, die jedes Jahr mit ihrer großen Familie und Freunden einige Wochen in einem Sommerhaus am Meer verbringt. Es ist eine heitere Idylle. Man lebt im Garten, badet, macht kleine Einkäufe im Dorf, eine junge Malerin schlägt ihre Staffelei auf. Und Jahr für Jahr redet man davon, daß man eine Bootsfahrt zu einer kleinen Leuchtturminsel vor der Küste machen will. Aber immer kommt etwas dazwischen. Der Bootsausflug bleibt ein Wunschtraum. Im zweiten Teil des Buches ist dann Mrs. Ramsay, die der Mittelpunkt der Feriengesellschaft war, seit Jahren tot. Ihr alt gewordener Mann fährt noch einmal mit seinen nun fast erwachsenen Kindern in das verwaiste Haus, um endlich die Fahrt zum Leuchtturm zu machen. Er versucht nachzuholen, was man versäumt hat. Aber es ist nicht mehr dasselbe. Man kann nichts nachholen.«

»Scheint ja eine trübe Geschichte zu sein«, sagte Leonhard.

»Es ist ein großartiges Buch«, widersprach Marlene.« Ich war ganz erschlagen davon.«

»Und wozu soll das gut sein? Alle diese Romane von unglücklichen Frauen?«

Ich weiß nicht, ob ich vorhatte, zwischen Leonhard und Marlene zu vermitteln. Jedenfalls sagte ich im Tonfall einer Frage: »Vielleicht wollte die Autorin sagen, man solle nicht solchen Träumen nachhängen.«

»Das glaube ich nicht«, sagte Marlene. »Die Frau, Mrs. Ramsay, ist gar nicht unglücklich. Nur ein bißchen abwesend manchmal. Von der Fahrt zum Leuchtturm träumen die anderen. Vor allem die Kinder und ihr Mann. Sie ist eigentlich wunschlos. Man weiß nicht recht, ist sie erfüllt vom Leben oder auf eine stille und unheimliche Weise gleichgültig – hinter der Anteilnahme, die sie für alle Menschen ihrer Umgebung hat.«

»Vielleicht ist sie beides«, sagte ich.

»Das widerspricht der Logik«, protestierte Leonhard.

»Das tut das Leben mit Vorliebe«, warf Paul ein. »Das mußt du als Richter doch wissen.«

»Nein, nein«, widersprach Leonhard, »in der Tiefe ist alles logisch. Was nicht so erscheint, hat man noch nicht verstanden.«

»Zum Beispiel die Frauen«, sagte Paul.

Das war ein Versuch, die Diskussion abzubrechen, bevor sie philosophisch wurde. Alle empfanden es als einen Ausrutscher, besonders Marlene, die gereizt reagierte: »O Gott, fang nicht wieder damit an!«

»Bitte um Vergebung«, sagte er und hob beide Hände. Dann fügte er hinzu: »Nun, wie sieht's aus? Fliegen wir alle nach Kalifornien?«

»Lieber erst mal ein Wochenende nach Paris«, sagte Leonhard.

»Und was willst du da?« fragte Marlene.

»Gut essen. Und ins Museum gehen. Zum Beispiel in das Museum Gare d'Orsay, wo jetzt die Impressionisten hängen.«

»Amsterdam wäre auch nicht schlecht«, sagte Paul.

»Das wird ja immer komplizierter«, sagte Marlene. »Jetzt lege ich trotzdem noch was drauf. Ich möchte schon lange einmal nach Florida. Und zwar nicht ins Rentnerparadies von Miami, sondern in den nördlichen Teil. Erst verbringen wir eine Zeit am Atlantik, und dann wechseln wir rüber zum Golf von Mexiko. Und bei der Rückreise kann man noch ein paar Tage in New York dranhängen. Das wäre meine Fahrt zum Leuchtturm.«

Sie beendete ihre Massage gleichzeitig mit ihrem letzten Satz, als wolle sie mich freigeben, bevor sie mich fragte: »Und du, Anja, was meinst du?«

»Mich dürft ihr heute nicht fragen. Mir fällt nichts ein«, sagte ich.

»Aber in zwei Stunden hast du Geburtstag.«

»Dazu fällt mir auch nichts ein.«

Sie blieben noch bis Mitternacht und gaben mir zum Abschied ihr Geschenk: eine Grafik von Ivor Abrahams, die zu einer Serie von Parkbildern gehört, aus der ich schon ein Bild hatte. Es sind Montagen von Elementen aus verschiedenen Parklandschaften, die zu neuartigen, befremdlich wirkenden Szenerien zusammengefügt sind. Die Farben sind unnatürlich intensiv und die Größenverhältnisse bizarr. Wenn ich die Bilder anschaue, denke ich immer, so könnte man träumen. Aber das ist mir noch nie gelungen. Noch nie habe ich im Traum eine schwefelgelbe Rasenfläche gesehen, umrahmt von dichtbelaubten Baumkronen, die ohne Stamm auf der Erde stehen. Wahrscheinlich würde es mich erschrecken. Marlene hat das Bild nach längerem Suchen in einer kleinen Galerie für mich aufgespürt. Man sagte ihr dort, der Künstler sei seit Jahren nicht nur vom Markt, sondern auch als Person verschwunden. Vielleicht ist das Bild auch deshalb für mich so geheimnisvoll. Es steckt etwas Bedrohliches darin. Etwas Fremdes, was mich anweht, als ob es auf mich gemünzt sei.

Ich wußte, daß Leonhard das Bild nicht mochte. Doch natürlich sagte er nichts dazu und würde sich auch mir gegenüber mit seinem Urteil zurückhalten. Trotzdem hatte ich Angst davor, bald wieder mit ihm allein zu sein. Ich hatte nichts Bestimmtes zu befürchten, außer dieser Fremdheit, die zwischen uns war. Das war aber nur eine meiner Anwandlungen, die kamen und gingen und keinen Schaden anrichteten, wenn ich sie mir nicht anmerken ließ. Das jedenfalls hatte ich gelernt. Und mehr brauchte es eigentlich nicht, damit unser alltägliches Leben funktionierte.

Als Marlene und Paul sich verabschiedet hatten, von mir wie üblich mit Küssen, wollte mir Leonhard noch seine Geschenke präsentieren. Ich bat ihn aber, bis zum Frühstück damit zu warten, da ich ziemlich erschöpft sei und mich jetzt nicht richtig darauf einstellen könne. Wahrscheinlich enttäuschte ihn das. Er zeigte es nicht und machte auch keine Einwände. Er tat mir leid. Aber ich dachte, daß ich besser wisse als er, was zu tun war. Ich mußte diese Dinge für uns beide entscheiden. Mußte ihm auch sagen, daß es besser sei, wenn wir getrennt schliefen, denn vielleicht brütete ich einen Infekt aus. Und er durfte nicht krank werden. In der kommenden Woche hatte er den Vorsitz bei einem

Schwurgerichtsprozeß. Er hatte mir etwas darüber gesagt, aber ich hatte es mir offenbar nicht gemerkt. Ich ließ das Bild unten und ging in mein Zimmer, erleichtert, allein zu sein. Langsam, mit einem Minimum an Bewegung und Gefühl für mich selbst, zog ich mich aus.

In den letzten Tagen vor meinem Geburtstag hatte sich ein seltsamer Gedanke in meinem Kopf eingenistet. Ich empfand ihn nicht als meinen eigenen Gedanken. Er paßte nicht zu mir und meinem Leben, und ich ahnte, daß ich ihn loswerden mußte. Doch vor allem wollte ich ihm zuhören. Es war ein sanftes, beruhigendes Flüstern, das sich wiederholte. Es sagte: Das meiste ist geschafft. Nun wird alles leichter werden.

Was wird leichter? fragte ich.

Das Leben, dein Leben, sagte der fremde Gedanke.

Und ich antwortete: Es ist doch leicht.

Das denkst du.

Ja, ich denke es, sagte ich.

Und dann, als sei ich wirklich in einem Gespräch mit einer anderen Person und es wäre nicht ich selbst, die ich fragte: Ist es denn nicht wahr?

In der Nacht wurde sie wach. Im Zimmer nebenan weinte Daniel. Sie erkannte die Stimme, die sich aus einem verfliegenden Traum löste, in dem sie das Sirren eines Insektes attackiert hatte, das im Dunkeln um ihren Kopf herumflog, ohne daß sie sich regen konnte und wußte, wo sie war. Sie setzte sich auf, um zu sich zu kommen, und schob die Beine aus dem Bett. Noch schlaftrunken stand sie auf und ging hinüber, öffnete leise die Tür. Undeutlich konnte sie Daniel

in seinem Bett erkennen, denn er wollte nie, daß sie die Vorhänge ganz zuzog, wenn sie ihm gute Nacht sagte. Er hatte
aufgehört zu weinen. Wahrscheinlich war es nur ein kurzes
Aufheulen gewesen, das sie sofort geweckt hatte.

»Mama?« fragte er, als sie an sein Bett trat.

»Ja, ich bin da«, sagte sie und streichelte über seinen verschwitzten Haarschopf. »Was hast du denn? Warum hast du
geweint?«

»Hab was Schlimmes geträumt.«

Undeutlich sah sie, daß er seine Augen wieder geschlossen hatte, als schaue er noch in seinen Traum hinüber.

»Ach, ich habe auch geträumt«, sagte sie. »Weißt du noch,
was du geträumt hast?«

»Ein großer schwarzer Hund hat eine kleine Katze gebis-
sen.«

»Ja, das ist wirklich kein schöner Traum. Aber schau, es ist
gar kein Hund da. Auch keine Katze.«

Vielleicht sollte ich ihm ein Tier schenken, dachte sie. Er
fühlte sich allein. Wir lassen ihn zuviel allein.

»Möchtest du zu mir ins Bett kommen, mein Schatz?«

»Ja.«

»Dann komm.«

Sie hob ihn aus dem Bett, und er schlang seine Arme um
ihren Hals, während sie ihn über den Flur in ihr Zimmer
trug. Sie fragte sich, ob Leonhard das billigen würde. Er
mochte es nicht, daß sie Daniel verwöhnte. Andererseits
liebte er das Kind. Und es kam ihr so vor, als stehle sie ihm
diese Liebe mit unerlaubten Mitteln.

Daniel schmiegte sich an sie und schlief gleich wieder ein.
Sie konnte so schnell nicht wieder einschlafen, weil sie unbe-
quem lag und sein Kopf ihren ausgestreckten Arm abdrück-

te. Doch sie wollte ihn nicht wieder wecken. Es war seltsam, daß Leonhard, dieser große, schwere, etwas beleibte Mann, der Vater dieses zarten, sensiblen Jungen war. Für ihr Gefühl gehörte Daniel vor allem zu ihr. Sie beide waren das Paar. Und Leonhard gewährte ihnen nur Unterschlupf in seinem ganz anderen Leben, das sie als eine weiträumige, gut ausgestattete Höhle empfand, in der sie geborgen und gefangen waren. Vielleicht war das nichts Besonderes. Vielleicht ging es vielen Frauen so. Sie konnte das nur vermuten, denn sie wußte nicht, wie sich andere Menschen fühlten. Sie verstand nur die Rollen, die sie spielten, und die Rollen, in denen sie selbst den anderen gegenübertrat. Es war meistens gar nicht besonders schwer. So als sei man bis zu einem gewissen Grade sowieso längst der, den man den anderen vorspielte. Ja, davon war sie ausgegangen, als sie heiratete. Genau wußte sie es nicht mehr.

Vorsichtig zog sie ihren eingeschlafenen Arm unter Daniels Kopf hervor. Er seufzte einmal, wurde aber nicht wach. Manchmal erschien er ihr als ein völlig in sich abgeschlossenes Wesen, und sie wußte dann nicht, ob sie ihn überhaupt liebte. Aber was hieß das auch schon – ich liebe dich, ich liebe dich? Das waren Worte. Worte, die in eine andere Richtung zeigten, weit von ihr fort. Worte, die ein Leben vortäuschten, in dem alles richtig war. Einfach das Unbenennbare benannten.

Was steht mir heute bevor? dachte sie, um sich zur Ordnung zu rufen. Sie mußte endlich ein seit drei Tagen fälliges Gutachten für den Sender schreiben. Und sie mußte Leonhards Geschenke und Glückwünsche entgegennehmen. Sie hatte sich ein leichtes Plaid gewünscht, weil sie sich nachmittags manchmal hinlegte, wenn sie in der Nacht schlecht geschlafen hatte. Heute konnte sie das wahrscheinlich nicht. Sie mußte endlich das Gutachten schreiben und es spätestens am frühen Nachmittag in den Sender bringen. Sie hatte das schon einmal verschoben, weil sie wie vernagelt gewesen war und keine Linie gefunden hatte, ohne daß es dafür einen sachlichen Grund gab, der sie entschuldigt hätte. Vor allem mußte sie jetzt schlafen, sonst würde sie wieder nichts zustande bringen.

Sie schloß die Augen, sah sich an dem runden Tisch sitzen, auf dem Reihen abgelegter Karten sich ausbreiteten, in der Mitte der Stapel der verdeckten Karten, von dem sie eine neue nahm, die sie nicht gebrauchen konnte und wieder weglegte. Welche es war, wußte sie nicht mehr. Alles entfernte und verdunkelte sich, und sie sackte weg in einen undeutlichen Traum, aus dem sie noch einmal auftauchte, um ihren Kopf noch tiefer in das Kissen zu vergraben. Ins warme Dunkel der Verborgenheit auch vor sich selbst.

Als sie am Morgen wach wurde, mit verklebten, mühsam geöffneten Augen, lag Daniel nicht mehr neben ihr. Neuerdings hatte er die Angewohnheit entwickelt, ihr wegzulaufen und sich zu verstecken. Wo mochte er jetzt sein? Unten bei Leonhard. Oder in seinem Zimmer?

Taumelig stand sie auf und öffnete die Tür. Unten sprach Leonhard mit Frau Schütte, ihrer neuen Haushilfe. Leonhard schien ihr eine Anweisung zu geben und das Haus zu verlassen. Sie hörte, wie die Haustür ins Schloß fiel, und fühlte sich erleichtert. Sicher war er verärgert, daß sie nicht zum Frühstück gekommen war. Allerdings hatte er ihr auch nicht gesagt, daß er heute ins Gericht fuhr. Jetzt hörte sie, daß Frau Schütte mit Daniel sprach, der sich dagegen sträubte, von ihr angezogen zu werden. Bevor die beiden hochkamen, wollte sie noch rasch ins Badezimmer. Als sie herunterkam, lief Daniel mit rutschender Schlafanzughose im Frühstückszimmer herum. Er hatte anscheinend darauf bestanden, von ihr angezogen zu werden, und Frau Schütte hatte ihn in einem ihrer Anfälle von Rigorosität stehenlassen und war nach oben gegangen, um erst einmal die Betten zu machen und die Schlafzimmer aufzuräumen. Daniel, der nackte Füße hatte, würde morgen wieder einmal erkältet sein. Sie brütete anscheinend auch eine Erkältung aus. Die Kopfschmerzen von gestern abend hatten sich verstärkt, und sie hatte Schluckbeschwerden, was bei ihr ein zuverlässiges schlechtes Zeichen war.

Leonhard hatte einen Zettel hinterlassen, daß er ins Gericht fahre und wahrscheinlich mittags nach Hause komme. Die Nachricht lag bei den Geschenken auf dem Sideboard neben dem Frühstückstisch, was wohl ein stummer Wink war, die Geschenke bitte zu würdigen, die er für sie gekauft hatte.

Das Plaid war aus Alpakawolle, das Edelste, was es gab, für den Sommer aber zu warm. Der Seidenschal war auch von guter Qualität, aber ziemlich konventionell. Den Bildband über Florenz mit der Widmung »In Erinnerung an unsere Hochzeitsreise« würde sie sich wahrscheinlich nur einmal ansehen und danach im Regal vergessen. Sie war froh, daß Leonhard nicht sah, wie schnell sie sich von seinen Geschenken abwandte. Sie hatte auch ein schlechtes Gewissen. Aber irgend etwas sperrte sich in ihr, sich über diesen Gabentisch zu freuen. Am ehesten mochte sie noch das Plaid.

»Möchtest du ein Glas warme Milch mit Honig trinken?«
fragte sie Daniel, der auf nackten Füßen neben ihr stand. Er
schüttelte den Kopf.

»Aber vielleicht einen Becher Kakao?«

»Ja«, sagte er.

Sie überlegte, ob sie ihn erst anziehen solle, aber sie war
froh, daß er eingewilligt hatte, einen Becher Kakao zu trinken.

»Gut, dann mache ich uns beiden einen schönen Kakao.
Und dann gibt es Frühstück. Kommst du mit mir in die
Küche?«

Er nickte, folgte ihr stumm. Sie setzte einen Topf mit
Milch auf die Herdplatte und schüttete nach Gutdünken
Kakaopulver in zwei Becher. Er sah ihr zu, und sie erklärte
ihm, was sie tat, als blätterten sie gemeinsam in einem Bil-
derbuch. Er wollte immer alles erklärt bekommen, was er
sah. Manchmal wiederholte es er später bei einer unerwarte-
ten Gelegenheit.

Das Telefon klingelte. Sie überlegte, ob sie hingehen solle,
ging dann schnell beim zweiten Klingeln, weil sie vermutete,
es sei Leonhard, der etwas von ihr wollte. Es war Frank, der
sie schon mit dem ersten Satz nach dem Verbleib der beiden
Gutachten fragte, die sie ihm fest für heute versprochen
hatte. Heute nachmittag war die Besprechung, für die er sie
brauchte. Sie sagte, sie wolle versuchen, die Gutachten am
Vormittag zu schreiben. Sie würde sie ihm am frühen Nachmittag bringen. Sie wollte auflegen. Aber er war sehr ungehalten und erinnerte sie daran, daß sie die Bücher schließlich
schon vor drei Wochen von ihm bekommen habe. »Jaja, entschuldige, ich mach's ja noch«, antwortete sie, um die ärger-

liche Stimme zum Schweigen zu bringen, die noch immer nicht beruhigt war und weiter auf sie einredete, trotz oder gerade wegen ihrer Ungeduld, die sich wohl anhörte, als verweigere sie ein angemessenes Eingeständnis ihrer Versäumnisse. Sie wollte aber nicht noch einmal von vorne anfangen. Sie hatte keine Zeit. Sie mußte jetzt einfach abbrechen. Statt dessen holte die Stimme zu grundsätzlichen Wiederholungen aus. »Ich glaube, du kapierst einfach nicht. Du scheinst nicht zu wissen, was Termine sind.«

Nebenan in der Küche hörte sie ein Scheppern und Daniels hohes kreischendes Schreien und wußte, was passiert war, wußte es in der brennenden Helligkeit ihrer panikartigen Intuition, während sie in die Küche stürzte, wo Daniel schreiend mit nackten Füßen in einer Milchlache stand. Neben ihm auf den braunroten Fliesen lag der leere Topf, den er anscheinend mit der aufkochenden Milch von der Herdplatte gerissen hatte. Und obwohl sie alles auf den ersten Blick erkannte, hörte sie sich rufen: »Was hast du gemacht?! Was hast du denn gemacht?!«

Daniel, der am ganzen Leib zitterte, schrie mit schnatternder Stimme, so daß sie ihn zuerst nicht anzufassen wagte und sich zu ihm niederhockte, um in gleicher Höhe mit seinem schreienden Gesicht zu sein. Aber er schien sie, geschüttelt von Schmerzen, gar nicht wahrzunehmen. Behutsam, damit die verletzte Haut nicht an dem Stoff haften blieb, versuchte sie, ihm das Oberteil seines Schlafanzuges über den Kopf zu ziehen, und enthüllte Stück für Stück große feuerrote Wundmale wie gekocht aussehender Haut. Er hatte sich die Brust und die rechte Schulter, einen großen Teil des Halses und den Spann beider Füße verbrüht. Wie sie das einschätzen mußte, wußte sie nicht. Kochende Milch war jedenfalls schlimmer als kochendes Wasser. Bald würden überall dicke, aufplatzende Blasen entstehen, und die Haut seines kleinen zarten Körpers, den sie in heimlicher Angst sich immer als etwas Unverletzbares vorgestellt hatte, würde anfangen sich abzulösen.

Wirre Gedanken schossen ihr durch den Kopf. Kaltes Wasser sollte gut sein, Brandsalbe nicht, hatte sie gehört. Kaltes, sauberes Wasser zur Kühlung der Haut. Weder Eiweiß noch Eidotter, wie ihr einmal eine Köchin geraten hatte. Sie hatte vermutlich Eiweiß gesagt. Wie kam sie überhaupt darauf? Sie wagte nicht, ihn hochzuheben und nach oben ins Badezimmer zu tragen. Am besten übergoß sie ihn gleich hier in der Küche mit kaltem Wasser. Oder war das nur ihre Panik, die ihr das einflüsterte?

Er schrie immer noch. Fühlte er sich verlassen? Oder war er nicht klar bei Bewußtsein?

Frau Schütte stand in der Tür.

»Um Gottes willen, was ist passiert?«

»Er hat sich verbrüht. Rufen Sie den Krankenwagen!«

Frau Schütte nickte und verschwand. Sie ließ kaltes Wasser in einen Kessel und hörte durch die offene Tür, wie Frau Schütte am Telefon zweimal deutlich Straße und Hausnummer durchsagte. Neben ihr knackte die Herdplatte, die rot zu werden begann. Mit einem schnellen Griff schaltete sie den Herd aus, während sie mit der anderen Hand Daniel an seinem unverletzten Arm festhielt, um dann vorsichtig, als tränke sie eine kleine Pflanze, Wasser über seine flammende Schulter zu gießen. Er zuckte, wollte sich losreißen, und sie überlegte wieder, ob es nicht doch besser sei, ihn ins Badezimmer zu tragen und unter die Dusche zu stellen. Aber vielleicht mußte er vorher etwas trinken, damit er sich beruhigte. Er schrie immer noch, und um den Schmerz zu lindern, goß sie den Rest des Wassers aus dem Kessel über die verbrühte Haut auf Schulter, Brust und Rücken, während sie beschwichtigend auf ihn einredete: »Das tut gut. Das kühlt. Das tut bestimmt gut.« Er stand jetzt in einer wachsenden Lache, die als ein Ausdruck ihrer Panik den Küchenboden überschwemmte, und schien sie überhaupt nicht zu hören, als sie ihn fragte, ob er etwas trinken wolle.

Frau Schütte kam vom Telefon zurück und starrte auf das schreiende Kind und die Wasserlache, bevor sie sagte: »Sie kommen sofort! Wir sollen ihn hinlegen.«

Wenn sie gleich kamen, hatte es auch keinen Sinn mehr, Daniel erst die Treppe rauf- und dann wieder runterzutragen. Das würde ihm nur unnötige Schmerzen machen. Statt dessen hielt sie ihm das Glas an die Lippen und bat ihn, aufzuhören mit dem Weinen und zu trinken, flößte ihm dann einfach etwas Wasser ein, damit er gezwungen war zu schlucken. Fast alles lief ihm wieder aus dem Mund.

»Komm«, sagte sie, »wir gehen nach nebenan, dann kannst du dich da auf die Couch legen, und gleich ist der Doktor da.«

Sie hatte in der einen Hand das Wasserglas und in der anderen seine Hand, an der sie ihn mit sich zog. Frau Schütte kam gerade mit dem Laken die Treppe herunter und breitete es auf der Couch aus, und beide achteten darauf, daß Daniel sich auf die unverletzte Seite legte, schlugen dann vorsichtig das Laken um ihn herum. Besorgt sah sie, daß sich am Schlüsselbein und am Hals die Haut weißlich zu blähen begann. Sie hatte zwar reichlich Wasser über die Stellen gegossen, aber es schien nicht zu helfen. Vielleicht sollte sie ihn nötigen, noch mehr zu trinken. Das war schwierig, weil er auf der Seite lag. Sie stützte seinen Kopf und versuchte ihm etwas einzuflößen. Wieder floß ihm das Wasser zum Mundwinkel heraus. Er wimmerte nur noch und machte einen abwesenden Eindruck, der sie ängstigte. Doch in der Ferne antwortete dem Wimmern jetzt das Horn des Rettungswagens, der sich einen Weg durch das vormittägliche Verkehrsgewühl der Stadt bahnte. Es war ein Doppelton, der immer lauter und fordernder wurde, eine kurze Zeit aussetzte und dann, deutlich näher und lauter, wieder ertönte. Wahrscheinlich überfuhr der Wagen eine nahe Kreuzung, um mit schmetterndem Doppelton in das Wohnviertel einzubiegen. Frau Schütte ging zur Haustür, um zu öffnen, und der letzte Hornstoß drang lauter als alle vorhergegangenen Signale ins Haus.

Da waren sie! Sie hörte Männerstimmen und das Zufallen von Autotüren, gleich danach Frau Schüttes Stimme, die die Leute hereinführte. Es waren zwei Krankenpfleger mit einer Trage und ein junger Arzt mit seinem Notfallkoffer. Er warf einen Blick auf Daniel und ließ sich von ihr kurz erklären, was passiert war und was sie unternommen hatte. Dann schlug er vorsichtig das Laken beiseite, um sich die verbrühten Hautflächen anzusehen. Er war sichtlich beeindruckt.

»Das ist ja heftig«, sagte er.

»Ist es gefährlich?« fragte sie.

Der Arzt wiegte den Kopf, und die Bedenklichkeit seiner Miene verstärkte sich.

»Ich bin kein Spezialist«, sagte er. »Aber das sind mindestens fünfzehn Prozent der Hautoberfläche und das meiste zweiten Grades. Er kommt auf jeden Fall auf die Isolierstation. Ich gebe ihm vorher noch eine Spritze gegen die Schmerzen und zur Beruhigung.«

Sie konnte ihren Puls in den Ohren als ein dumpfes Trommeln hören, während sie zusah, wie der Arzt seinen Koffer öffnete und die Spritze aufzog.

»Ich nehme an, Sie kommen mit«, sagte er zu ihr.

»Ja, natürlich«, antwortete sie.

»Halten Sie ihn bitte einen Augenblick«, sagte der Arzt, betupfte die Einstichstelle und stach die Nadel in das Gesäß. Daniel jaulte auf und begann wieder zu weinen. Der Arzt packte sein Spritzbesteck ein, und die Krankenpfleger breiteten eine dünne Metallfolie, die auf einer Seite silbrig, auf der anderen Seite goldfarben glänzte, hinter Daniels Rücken aus, um ihn dann vorsichtig darauf zu rollen und darin einzupacken. Das sei eine Spezialfolie, an der die verletzte Haut nicht festklebe, erklärte der Arzt. Sie nickte, um zu zeigen, daß sie es verstanden habe und es als sinnvolle Maßnahme anerkenne, doch zugleich schockierte sie der Anblick des metallisch umwickelten Kinderkörpers, den die Krankenpfleger wie ein festlich verpacktes Geschenk auf die Trage legten.

»Wir wollen fahren«, mahnte der Arzt. Aber sie mußte noch rasch nach oben, um ihre Tasche mit Schlüsselbund und Geld zu holen. Frau Schütte stand wartend in der offenen Haustür und flüsterte ihr wie eine geheime Losung »Alles Gute« zu. Der Motor des Rettungswagens lief, als sie in den Transportraum einstieg, der Fahrer startete so plötzlich, daß sie umkippte und der Arzt sie stützen mußte. Sobald sie aus der Wohnstraße heraus waren, schaltete der Fahrer das Martinshorn ein, dessen weithin gellender Doppelton den Weg freimachte. Während der Arzt in kurzen Abständen den Blutdruck kontrollierte, schaute sie in Daniels kleines, wie geschrumpft wirkendes Gesicht. Seine Augen hatten einen glasigen Blick, der ihren Blick nicht mehr erwiderte. Helles Licht flackerte durch die schmalen Zwischenräume der Jalousien und erinnerte sie daran, daß die Stadt von der leuchtenden Helligkeit eines Frühlingstages erfüllt war. Vor einer halben Stunde war noch nichts passiert, dachte sie. Aber zu den Augenblicken, als noch alles zu verhindern war, konnte sie nicht mehr zurück.

Im Krankenhaus, wo Daniel mitsamt der Trage auf ein Rollgestell geladen und eilig durch einen langen Gang in einen Behandlungsraum der Notaufnahme gefahren wurde, während eine Krankenschwester sie in einen Warteraum verwies, verstärkte sich ihr Gefühl, nicht mehr gleichauf mit den Ereignissen zu sein und aus der Zeit, in der Daniels Leben sich abspielte, vertrieben zu werden. Sie saß in einem zum Gang hin offenen Raum zusammen mit einigen wartenden Leuten, die möglichst weit voneinander entfernt Platz genommen hatten, als wollten sie vermeiden, einander zu bemerken. Auf dem Gang eilten Krankenschwestern, Pfleger und Ärzte in beiden Richtungen vorbei, ohne einen Blick in den nischenartigen Raum zu werfen. Ab und zu wurde im Lautsprecher ein Name aufgerufen, worauf einer der Wartenden sich von seinem Sitz erhob und lautlos verschwand.

Dies war wohl nicht der Warteraum des Zentrums für Brandverletzungen, sondern die allgemeine Ambulanz, in die sie irrtümlich verwiesen worden war. Sie wußte nicht, wen sie hier ansprechen sollte, um nach Daniel zu fragen. Man hatte ihn ihr ohne weitere Erklärungen weggenommen. Und sie war ja auch die Schuldige, mit Recht dazu verdammt, zu warten, ob die Ärzte den Schaden an ihrem Kind wieder gutmachten.

Schließlich kam eine Schwester und forderte sie auf mitzukommen. Sie fuhren in den 5. Stock, wo Daniel jetzt in der Isolierstation lag. Wieder mußte sie warten. Diesmal an einem kleinen runden Tisch am Ende des Ganges, wo im rechten Winkel ein weiterer langer Gang abzweigte, der wohl zu einer anderen Station gehörte. Niemand war dort im Augenblick zu sehen. Wie in all den anderen fensterlosen Korridoren strahlten flache milchweiße Lichtkästen an der Decke ihr gleichmäßiges sachliches Licht aus. Es war eine zeitlose, milde Helligkeit, die sich tags und nachts nie veränderte, als bildete sie den grundsätzlichen Widerspruch zu den maroden Körpern in den Krankenzimmern oder den zerlesenen und längst veralteten Illustrierten, die vor ihr auf der Tischplatte lagen. Sie zog das oberste Heft an sich heran, blätterte darin und legte es wieder weg. In dem Seitengang stand inzwischen der Wagen mit den Portionen des Mittagessens, weiße Kunststoffkästen, die von zwei Schwestern in die Krankenzimmer getragen wurden. Leonhard wird jetzt bald nach Hause kommen, dachte sie. Aber sie war hier, unerreichbar für ihn, nicht ansprechbar, nicht haftbar zu machen, nicht jetzt, solange das hier dauerte.

Durch den Gang, an dessen Ende sie saß, schritt eine Ärztin auf sie zu, eine kräftige, mittelgroße Frau mit kupferrot gefärbten Haaren, die ihren weißen Kittel nicht zugeknöpft hatte, als hätte sie ihn eben erst übergezogen. Sie stellte sich als die Stationsärztin vor, setzte sich zu ihr an den Tisch und begann gleich mit den Befunden.

Daniels Zustand sei jetzt stabil. Aber er müsse sicher einige Wochen in der Klinik bleiben. Ob größere Narben zurückblieben, die zu Verwachsungen und Fehlhaltungen führten, sei noch nicht vorauszusagen. Vorläufig müsse er auf der Isolierstation bleiben, denn bei Verbrühungen großer Hautflächen bestehe längere Zeit erhöhte Infektionsgefahr.

»Kann ich ihn sehen?« fragte sie.

»Er liegt hier in der Isolierstation«, sagte die Ärztin. »Besuch kann er vorläufig nicht bekommen. Wenn es soweit ist, rufen wir Sie an.«

»Aber ich will ihn ja nur sehen«, bettelte sie.

»Gut. Wir können von außen einen Blick in das Zimmer werfen. Aber Sie können nicht zu ihm.«

Durch eine schwere Außentür mit brandsicherem Glas traten sie in einen loggiaähnlichen Umgang, der außen an den Fenstern der Isolierstation vorbeiführte.

»Das zweite Fenster«, sagte die Ärztin.

Sie blieben vor der Scheibe stehen und blickten in einen Raum mit zwei Kinderbetten. Das Bett in der Nähe des Fensters war unbenutzt. In dem hinteren Bett, nah bei dem Fenster zum Korridor der Station, in dem nur das gleichmäßige Licht der Deckenbeleuchtung und eine kahle Wand zu sehen waren, lag Daniel. Sein schmächtiger Kinderkörper war nackt und fast zur Hälfte mit Gazestreifen bedeckt. Beide Hände waren mit weißen Stoffmanschetten ans Bett gefesselt. Neben dem Bett stand ein fahrbarer Ständer mit einem Infusionsbeutel, der an Daniels linken Arm angeschlossen war. Andere Kabel führten von seiner Brust und den Armen zu einem Monitor über ihm an der Wand, über den, von der Seite schwer erkennbar, die grüne Zackenlinie seines Herzschlages lief. Daniel lag auf dem Rücken und schien die gegenüberliegende Zimmerwand anzustarren. Sie konnte aber nicht erkennen, ob seine Augen geöffnet oder geschlossen waren. Sie wollte sich bemerkbar machen und an die Scheibe klopfen, aber die Ärztin hielt sie davon ab. Daniel solle sich nicht aufregen und still liegenbleiben.

»Bleibt er allein in diesem Zimmer?«

»Die erste Zeit ja.«

»Und warum sind seine Hände gefesselt?«

»Weil er sich sonst kratzen würde.«

»Natürlich«, sagte sie. Aber sie spürte, daß sie in Gefahr war, ihre Fassung zu verlieren.

»Ich finde es schrecklich, daß er so allein ist.«

»Wir kümmern uns um ihn. Unsere Schwestern haben darin große Erfahrung und sind sehr motiviert. Im übrigen können Sie davon ausgehen, daß Kinder besser mit solchen Situationen fertigwerden als Erwachsene.«

Sie hörte diese Worte und schaute zu Daniel hinüber in der beängstigenden Gewißheit, daß sie in seinem Fall nicht stimmten.

Einen unbestimmt langen Augenblick standen sie schweigend nebeneinander, und sie verstand, daß die Ärztin ihr noch etwas Zeit lassen wollte, Daniel anzuschauen und ihre Gefühle und Gedanken zu ordnen. Aber sie konnte nichts anfangen mit der geschenkten Frist und fühlte sich festgehalten von einer fremden Erwartung. Die Glasscheibe, die sie aus dem Zimmer aussperrte, ließ den gefesselten, mit weißer Gaze bepflasterten Kinderkörper, der reglos auf dem Bett lag, wie die unheimliche Ankündigung eines anderen, endgültigen Bildes erscheinen: Mußte er sterben? Nein, nein, nein, dachte sie – Worte, die wie aufgescheuchte Vögel in ihr aufflogen. Es war gefährlich, das überhaupt zu denken. Vage rechnete sie mit dunklen Mächten, die auf solche Augenblicke wankender Zuversicht lauerten.

Schließlich sagte die Ärztin im Tonfall eines Resümees: »Jetzt wollen wir erst einmal schauen, daß sein Kreislauf stabil bleibt. Der Schock und die Spritze waren ein bißchen zuviel für ihn.«

Damit wandte sie sich zum Gehen und führte sie mit sanfter Bestimmtheit von dem Fenster weg. Im Korridor verabschiedete sich die Ärztin und ging in anderer Richtung weiter, anderen Pflichten entgegen. Sie blickte ihr nach und mußte einen Moment der Starrheit überwinden, bevor sie zum Aufzug ging.

Zusammen mit Patienten und Klinikpersonal fuhr sie ins Erdgeschoß hinunter, und als sie aus der sich öffnenden Stahltür in die große Eingangshalle trat, durch deren Glasfront sie die im hellen Mittagslicht liegende Straße und die dort wartenden Taxis sah, bekam sie einen Angstanfall. Es war, als bräche der innere Halt zusammen, mit dem man normalerweise dem Druck der Welt widerstand, und eine unsichtbare Gewalt, die aus der Luft zu kommen schien, fiel von allen Seiten über sie her und würgte sie, so daß sie wie angewurzelt stehenblieb. Dämmerlicht verengte ihren Blick und ließ nur einen einzigen grellen Gedanken übrig: Ich kann jetzt nicht nach Hause, wo mich Leonhard erwartet. Ich kann nicht! Nein!

8

Ein Richterspruch

Er hatte den Wecker auf sieben Uhr gestellt, und das Klingeln seines altmodischen Weckers zerfetzte seinen Traum wie ein Stück Papier. Nichts war übrig von den versunkenen Szenen außer dem vagen Gefühl, er habe vergeblich mit erhobenen Händen eine widrige und widersetzliche Zusammenrottung grauer Gestalten zu beschwichtigen versucht. Er hatte einen Ausgleich herstellen, eine Spannung beseitigen wollen, aber es war ihm nicht gelungen.

Er brauchte einen Augenblick, um dem zerrinnenden Spuk nachzusinnen, dann streckte er den Arm aus und zog den Vorhang des Fensters neben seinem Bett beiseite. Das helle Morgenlicht beleuchtete die farbigen Buchrücken der bis zur Decke reichenden Bücherwand ihm gegenüber, und wie manchmal verfiel er darauf, die Buchrücken eines Faches durchzuzählen. Waren es 39 oder 40? Er glaubte sich verzählt zu haben und mußte es noch einmal wiederholen, ehe er davon ablassen konnte. Der Sekundenzeiger seines Weckers war indessen noch keine Minute weitergewandert, als sei die Zeit noch nicht in Gang gekommen. Schläfrigkeit schloß ihm wieder die Augen. Hinter den geschlossenen Lidern versuchte er sich zu sammeln.

Heute war Anjas Geburtstag. Und gestern waren Marlene und Paul zum Rommeabend gekommen, um mit ihnen in den Geburtstag hinüberzufeiern. Er war dankbar gewesen, daß sie zugesagt hatten, denn zur Zeit klappte seine Verständigung mit Anja nicht besonders gut, und es war besser, empfindliche Situationen wie ein Geburtstagsessen zu zweit zu vermeiden. In solchen Fällen waren Paul und Marlene, besonders aber Marlene, eine große Hilfe, einfach dadurch, daß sie ihre eigene Lebensstimmung mitbrachten und gute Laune verbreiteten. Sie gaben den Ton an. Und bis zu einem gewissen Grade ließ sich auch Anja darauf einstimmen.

Gestern kam wieder ihre Migräne dazwischen. Sie hatte wirklich blaß ausgesehen. Deshalb hatte er auch akzeptiert, daß sie nach dem Abschied von Paul und Marlene alles stehen- und liegenließ und schlafen ging, ohne vorher seine Geschenke anzuschauen. Sie hatte ihn gebeten, es bis heute morgen aufzuschieben. Er hatte beschlossen, früher aufzustehen und den Frühstückstisch zu decken. Heute vormittag mußte er ins Gericht wegen eines Haftprüfungstermins, bei dem er den Vorsitz hatte. Doch für ein gemeinsames Frühstück blieb auf jeden Fall noch genug Zeit.

Während er sich im Badezimmer wusch und rasierte und wie gewöhnlich ein frisches weißes Hemd anzog und sorgfältig die Krawatte band, hatte er erwartet, daß sich hinter ihm die Tür öffnen und vor ihm im Spiegel Anjas schläfrige Gestalt erscheinen würde. Manchmal stand sie dann da im Nachthemd, mit gelösten Haaren, an den Türrahmen gelehnt, und hielt einen Handrücken vor den Mund, um ihr Gähnen zu verbergen, das ihr als ein kleiner heller Laut entschlüpfte. Und dies war einer der Anblicke, die ihn in den ersten Monaten seiner Ehe sowohl befremdet wie auch immer wieder fasziniert hatten, denn sie kam herein, als träume sie noch und wisse nicht, was sie hier solle. Wie sie da stand, achtlos und unbewußt, erschien sie ihm in erhöhtem Maße sichtbar, weil nicht die geringste Zweckhaftigkeit ihrem Erscheinen aufgeprägt war. Auch wenn sie dann vor den Spiegel trat und ihr üppiges, vom Schlaf zerwühltes Haar mit beiden Händen aus den Schläfen wegstrich und hinter die Ohren zurückschob, konnte er nicht erkennen, weshalb sie das machte und was sie an ihrem von den Haaren freigehaltenen Gesicht betrachtete. Es schien ein illusionsloser Blick zu sein, mit dem sie sich jeden Morgen nach dem Erwachen die tägliche Dosis Ernüchterung holte, die sie brauchte, um den Tatsachen ihres Lebens erneut zu begegnen. In diesen Momenten, in denen er sie stumm von der Seite anschaute, ohne daß sie seine Anwesenheit im Badezimmer überhaupt zu bemerken schien, war immer das Begehren in ihm hochgeschossen, der Wunsch, sie hochzuheben und ins Bett zu tragen, dem er allerdings nie gefolgt war. Es erschien ihm unmöglich, sie in dieser schläfrigen und tastenden Suche nach sich selbst zu stören, indem er sich ihr gewaltsam aufdrängte als ihr Mann, der dazu berechtigt war und in einem peinlichen Kontrast zu ihrer Schutzlosigkeit gewaschen und rasiert, in gebügelter Hose, weißem Hemd und eben erst umgebundener Krawatte in offizieller Korrektheit schräg hinter ihr stand. Obwohl er sich nicht ganz sicher war, fürchtete er, daß er auf sie lächerlich wirken mußte, wenn er seinen Phantasien nachgab und sie vom Spiegel und ihrem Spiegelbild wegtrug, als spiele er eine Szene aus einem melodramatischen Film nach oder richte sich gar nach einer berühmten Mythendarstellung der Bildhauerei – im Palazzo Borghese in Rom hatten sie beide vor Berninis »Raub der Sabinerinnen« gestanden. Vielleicht würde sie sich daran erinnern. Nein, es war unmöglich. Jedenfalls für ihn. Er konnte ihr auch nicht mitteilen, welche

Gedanken er manchmal hatte. Denn das würde ihn dazu verurteilen, diese Gedanken zu verwirklichen, um nicht in ihren Augen als ein Mann dazustehen, der nicht genug Mut und erotische Initiative hatte. Wenn er es dann aber mit ungewissem Ausgang versuchte, war aus einem Akt der Leidenschaft die nachgeholte Ausführung eines angekündigten Programms geworden. Es war eine Sackgasse, in die er sich nicht verlaufen durfte. Das war es, was ihn hinderte. Er hatte es bisher nie so analysiert. Und es war nicht besser dadurch geworden, daß er es jetzt durchdacht hatte. Alles hing natürlich auch damit zusammen, daß sie ihm keinerlei Zeichen gab, nur diese unbewußten Signale ihrer Bewegungen und ihrer Erscheinung, die ihn immer wieder irritierten.

Er ging nach unten, um den Frühstückstisch zu decken, und setzte Kaffeewasser auf. In dem großen bunten Blumenstrauß, den er zu den Geschenken gestellt hatte, ließen schon einige gelbe Rosen ihre Köpfe hängen. Er zupfte sie heraus und warf sie in den Mülleimer. Es waren immer noch genug Blumen. Sie sahen jetzt sogar schöner aus, weil sie nicht so gedrängt standen. Der Kaffee war durchgelaufen. Er stellte die Kaffeekanne auf den Rechaud und goß sich eine Tasse ein, ohne schon ein Brötchen aus dem Korb zu nehmen.

Anja kam nicht. Er hörte sie auch nicht ins Badezimmer gehen. Das wird wohl nichts mit dem gemeinsamen Frühstück, dachte er, und strich Butter und Honig auf eine Brötchenhälfte.

Er hatte einmal in einer psychologischen Zeitschrift eine Ehetheorie gelesen, nach der in Zweierbeziehungen der Partner mit dem weiteren und entwickelteren Bewußtsein das Bewußtsein des anderen Partners in sich einschloß. In der Terminologie des Autors hieß das, einer der Partner hatte die

126

Rolle des Enthaltenden. Der andere, meist der Abhängige und weniger Gebildete, war der Enthaltene. Der Autor hatte dieses Modell in mehreren Varianten durchgespielt. Einige Zeit hatte er selbst gedacht, darin das Grundmuster seiner Ehe mit Anja vor sich zu sehen. Inzwischen wußte er, daß es sich ganz anders verhielt und sie zwei aneinandergrenzende, sich nur wenig überschneidende Kreise waren. Nein, er umschloß sie nicht. Es war ihm nicht gelungen, sie zu einem Bestandteil seiner Welt zu machen. Obwohl sie sich ihm kaum widersetzt hatte, war sie ihm immer wieder entglitten. Und wenn es darauf ankam, sich gegen ihn zu behaupten, hatten sich immer ihre Schwächen als ihre Stärken erwiesen, die er nicht überwinden konnte. Aus ihren Krankheiten und Verstimmungen hatte sie weitreichende Privilegien gemacht, was sich jetzt wieder darin zeigte, daß sie ihn mit seinen Geschenken hier unten warten ließ und nicht zum gemeinsamen Frühstück kam. Vielleicht erschien ihm das nur so skandalös, weil er an der Idee einer Ehegemeinschaft mit weitreichender Übereinstimmung der Gewohnheiten beider Partner festhielt. Allerdings, daß jetzt Daniel ungewaschen, im Schlafanzug und auf nackten Füßen die Treppe herunterkam, ohne daß sich Anja oben bemerkbar machte, war nun wirklich ein Zustand, der an Gleichgültigkeit und Verwahrlosung grenzte. Für den Jungen war das ganz schlecht, nicht nur, weil er sich erkälten konnte, sondern weil er keine Ordnung lernte. Und er selbst wiederum wurde durch Anjas Schlamperei in die Rolle eines pedantischen und strengen Vaters gedrängt.

»Was ist los, Daniel? Warum bist du nicht angezogen?«

Daniel blieb auf den unteren Stufen stehen, stellte einen Fuß auf den anderen und schmiegte sich verlegen an das Treppengeländer.

»Will was trinken«, sagte er leise.

Die ängstliche Scheu, mit der er da stand, rührte ihn, obwohl sie ihm nicht gefiel. Das Kind sah Anja ähnlich. Und wahrscheinlich empfand sie Daniel auch als einen Teil ihrer selbst. Er war ihr zu nah, als daß sie ihn erziehen konnte. Oder war das eine zu freundliche Interpretation ihrer Nachlässigkeit?

»Wo ist Mama? Schläft sie noch?«

»Weiß nicht«, sagte Daniel, ohne einen Schritt weiterzugehen.

»Gut, hol dir die Milch. Sie steht im Kühlschrank.«

Daniel zögerte. Er war dreieinhalb Jahre alt und daran gewöhnt, bedient zu werden.

»Du weißt doch sicher, wo der Kühlschrank ist?«

Daniel rührte sich nicht und schien sich in sich zu verkriechen. Vielleicht war es wirklich unangemessen, von dem Kind zu verlangen, daß es eine Milchflasche aus dem Kühlschrank nahm und herbrachte.

»Setz dich jetzt zu mir an den Tisch«, sagte er. »Wir machen heute eine Ausnahme, weil die Mama noch schläft. Zum Frühstück muß man eigentlich angezogen sein. Ich bin ja auch nicht im Schlafanzug, nicht wahr?«

Daniel stand wie angewurzelt da, ohne zu erkennen zu geben, ob er ihn verstanden hatte. Vielleicht machte er etwas falsch. Doch vermutlich war es bei diesem Kind nicht möglich, alles richtig zu machen. Kleine Kinder lagen ihm nicht. Er brauchte einen Jungen, mit dem er reden konnte.

»Nun komm her«, sagte er, und Daniel kam mit rutschender Hose die beiden letzten Stufen herunter und näherte sich mit kleinen Schritten dem Tisch.

In diesem Augenblick klingelte es an der Haustür. Und mit

einem Gefühl der Erleichterung fiel ihm ein, daß Frau Schütte heute außerplanmäßig kam, um die Überreste von gestern abend aufzuräumen. Peinlich, daß Anja noch im Bett lag. Aber Frau Schütte kannte Anja inzwischen und hatte sich ohne irgendein Zeichen von Mißbilligung an ihre Schwächen und Sonderlichkeiten gewöhnt. Sie war eine der patenten Frauen aus einfachen Verhältnissen, die von früh an gelernt hatten, die Dinge zu nehmen, wie sie kamen, und dabei unbeirrbar an ihren eigenen Überzeugungen festzuhalten. Gut, daß sie jetzt kam. Dann konnte er ihr Daniel überlassen und früher als geplant ins Gericht fahren, damit er nicht in Frau Schüttes Gegenwart erleben mußte, daß Anja unter dem Vorwand, sie sei krank, den halben Vormittag im Bett vertrödelte. Er ließ Frau Schütte herein und sagte bei der Begrüßung wie beiläufig, seine Frau fühle sich leider nicht wohl und sei noch liegengeblieben. Und Daniel liefe noch im Schlafanzug herum, habe auch noch nicht gefrühstückt.

»Ich muß jetzt ins Gericht«, fügte er hinzu. »Aber bei Ihnen weiß ich ja alles in guten Händen.«

Vielleicht hätte er das nicht sagen dürfen, weil es wie eine versteckte Kritik an Anja klang. Doch Frau Schütte faßte es anscheinend nicht so auf. Entweder hatte sie kein Gespür für solche Untertöne, oder sie folgte dem Grundsatz, sich aus den persönlichen Problemen anderer Leute herauszuhalten. Beides schätzte er als solide Grundlage einer funktionierenden Gesellschaft.

»Ich schreibe meiner Frau noch einen Zettel«, sagte er. »Vermutlich bin ich mittags wieder zurück.«

Als er den Wagen aus der Garage fuhr, fühlte er sich schon besser.

Auf den Fluren des Gerichtsgebäudes herrschte lebhafter Publikumsverkehr. Zeugen saßen vor den Gerichtssälen auf den Wartebänken, und Anwälte, die ihre Robe noch über dem Arm trugen, eilten zu ihrem Termin. Er hatte heute einen Haftprüfungstermin, mehr oder minder eine Routineangelegenheit. Die Akte, die auf dem Schreibtisch seines Büros bereitlag, hatte er gestern schon durchgesehen. Der Beschuldigte mit dem Namen Andreas Liebstöckel, der seit eineinhalb Jahren in Untersuchungshaft saß, weil die Ermittlungen sich wegen seiner vielen Straftaten als schwierig erwiesen hatten, war ein gescheiterter Geschäftsmann, der schuldlos durch den Bankrott eines wichtigen Handelspartners in eine schwierige Lage geraten war, die er dann bei dem Versuch, die erlittenen Verluste durch spekulative Geschäfte schnell wieder auszugleichen, noch erheblich verschlimmert hatte. Schließlich waren noch Spielschulden hinzugekommen, die man wohl als das Ergebnis eines letzten, verzweifelten Versuches werten mußte, dem Ruin durch einen großen Glückstreffer zu entgehen. Danach hatte er endgültig die Hoffnung aufgegeben, sein Geschäft auf legale Weise konsolidieren zu können. Er war untergetaucht und hatte eine erstaunliche kriminelle Karriere als Bankräuber begonnen. Er hatte sich auf kleine und mittlere Bank- und Sparkassenfilialen in Süddeutschland, später auch in West- und Norddeutschland spezialisiert, die er, getarnt durch eine schwarze Strumpfmaske, heimgesucht hatte, um danach mit der Beute sofort ins Ausland zu verschwinden. Er hatte an wechselnden Orten in den Niederlanden, in Belgien, in Frankreich und Spanien in kleinen Pensionen und Hotels gewohnt und war nur noch zu seinen Recherchen und Überfällen nach Deutschland eingereist. In den beiden letzten Jahren vor seiner Verhaftung hatte er aber auch wieder Kontakt zu seiner Familie aufgenommen, die er mit Anteilen aus der Beute unterstützt hatte. Weil das Auskundschaften neuer Tatorte der schwierigste Teil seiner Arbeit war und ihn zu längeren Aufenthalten in Deutschland nötigte, war er schließlich dazu übergegangen, Filialen zu überfallen, die er schon von früheren Überfällen kannte. Dabei hatte sich allmählich ein Muster der Wiederholung ergeben, das den Fahndern ermöglicht hatte, ihm eine Falle zu stellen. Ohne Widerstand zu leisten, hatte er sich verhaften lassen.

Von seiner Beute konnten noch knapp sechstausend Mark sichergestellt werden. Alles andere war angeblich durch seine ständigen Ortswechsel und sein jahrelanges Hotelleben und vor allem durch erneute hohe Spielschulden dahingeschmolzen. Diese verlustreichen Besuche von Spielkasinos waren stets der Auslöser für neue Banküberfälle gewesen, was so aussah, als habe er sich auf diese Weise immer wieder selbst unter Druck gesetzt.

Daß Kriminelle ihr erbeutetes Geld bald wieder verspielten, war ein bekanntes psychologisches Phänomen, das Züge einer unbewußten Selbstbestrafung und selbstauferlegten Buße hatte. Laut kriminalpsychologischer Theorie versuchten die Täter ihre Schuldgefühle zu mindern, indem sie sich von dem unrechtmäßig erworbenen Geld wieder trennten. Er glaubte nicht an solche Spitzfindigkeiten, vor allem nicht, wenn er sie gehäuft in den psychiatrischen Gutachten wiederfand. Viel wahrscheinlicher war doch, daß die großen Spielschulden, von denen Liebstöckel bei seinen Vernehmungen durch die Polizei und den Untersuchungsrichter erzählt hatte, Erfindungen waren, mit denen er das Verschwinden des Beutegeldes einleuchtend zu erklären versuchte. Dieser Mann war ein intelligenter Täter. Er hatte der Fahndung, gewissermaßen als Abfindung, einen angeblichen Beuterest von sechstausend Mark angeboten, um mindestens die hundertfache Summe unbehelligt verschwinden lassen zu können. Laut den Vernehmungsprotokollen war ein solcher Verdacht zwar in der einen oder anderen Frage angeklungen, doch offenbar nicht energisch verfolgt worden. Wo allerdings solltc die Fahndung auch suchen, solange man keine Hinweise aus dem Ausland bekam? Das war allerdings eine Schwierigkeit, mit der in diesem Fall zu rechnen war. Dem erfahrenen Geschäftsmann Liebstöckel mußte man zutrauen, daß er im Ausland verdeckte Anlagemöglichkeiten für sein Beutegeld ausgekundschaftet hatte. Im übrigen war es typisch für diese Sorte von Tätern, daß Liebstöckel sich bei seiner Verhaftung erleichtert gezeigt hatte. In seinem Antrag auf Haftverschonung ging der Verteidiger darauf ein und wollte darin das keimende Pflänzchen einer Hoffnung auf Resozialisation des Beschuldigten erblicken. Nun ja, dieser Antrag war nichts als rechtsanwaltliche Routine. Er war entschlossen, ihn abzulehnen wegen Flucht- und Verdunkelungsgefahr. Seine beiden Beisitzer, Herrn Retsch und Dr. Kemna, konnte er sicher dafür gewinnen, sich seinem Urteil anzuschließen, zumal Dr. Kemna gerade erst zum Richter auf Probe ernannt worden war.

Er schloß die Akte und blickte auf seine Armbanduhr. Noch eine halbe Stunde bis zum Verhandlungstermin. Da konnte er rasch noch die Schreibmappe durchblättern und das Protokoll der letzten Sitzung des Schwurgerichts lesen. Aber in der Mappe lagen nur die Briefe, die er unterschreiben mußte, und dahinter die Mitteilung, daß das Protokoll wegen Überlastung des Sekretariats erst einen Tag später zur Vorlage käme.

Was stand heute in der Zeitung? Ein Bauskandal, eine umstrittene Firmenzusammenlegung, Personalprobleme des örtlichen Fußballvereins – nichts, was ihn im Augenblick interessierte. Sollte er noch einmal zu Hause anrufen und Anja fragen, wie es ihr ging? Nein, das war nicht üblich zwischen ihnen. Sie würde vielleicht etwas anderes dahinter vermuten – einen Versuch, sie zu kontrollieren oder Druck auf sie auszuüben. Sie war in letzter Zeit sehr empfindlich geworden, und er wußte nicht, woran das lag.

Er schaute wieder in die Akte vor ihm auf dem Tisch. Das eigentlich Bemerkenswerte an diesem Fall war für ihn die Tatsache, daß Liebstöckel, der nach dem selbstverschuldeten Bankrott seine Familie verlassen hatte, um sein zweites, sein kriminelles Leben anzufangen, in den letzten Jahren laut den Ermittlungen der Polizei wieder Verbindung mit seiner Frau aufgenommen hatte. Sie hatten anscheinend das eine oder andere Treffen vereinbart, und er hatte ihr bei diesen Gelegenheiten Geld gegeben. Wie weit die Frau sich dabei mitschuldig gemacht hatte, war noch ungeklärt. Vielleicht hatte sie ihrem Mann dabei geholfen, das erbeutete Geld verschwinden zu lassen. Ob sie als Person dazu bereit und überhaupt fähig gewesen wäre, war eine Frage, die nicht gestellt worden war. Denn die Version Liebstöckels, er habe das ihm noch verbliebene Geld aus seinen Beutezügen restlos der Polizei übergeben, konnte bisher nicht erschüttert werden.

Immerhin, die Frau hatte zu ihrem Mann gehalten, als sei die Familie ein eigenes moralisches System, das einen unbedingten Vorrang vor der Moral der Gesellschaft und dem

Gesetz hatte. Dieser Zusammenhalt hatte etwas Naturhaftes und Selbstverständliches, das immer schon wortlos begründet schien. Daß der Anwalt in seinem Antrag aus der erneuten Annäherung der Ehepartner die Wünschbarkeit und Unbedenklichkeit einer Haftverschonung ableitete, war zwar nicht grundsätzlich falsch, setzte sich aber über die Möglichkeit hinweg, daß es sich hier auch um ein kriminelles Bündnis handeln konnte, in dem die Frau völlig abhängig vom Willen ihres Mannes war.

Er schlug die Akte wieder zu und stand auf, um sich die weiße Krawatte umzubinden und die Robe überzuziehen. Kurz danach klopfte es, und die Kollegen Retsch und Dr. Kemna traten ein. »Bitte nehmen Sie einen Augenblick Platz in meiner Hütte«, sagte er und wies auf die beiden Stühle mit Armlehnen, die zur Standardausrüstung der Richterzimmer gehörten und von einem Kollegen als abgespeckte Sessel bezeichnet worden waren. Dann drückte er auf die Ruftaste der Wachtmeisterei und sagte zu dem sich meldenden Beamten: »Führen Sie den Beschuldigten Andreas Liebstöckel in Saal 11 zur Verhandlung vor.«

Zehn Minuten später betraten sie, aus dem Beratungszimmer kommend, den Gerichtssaal, stellten sich nebeneinander hinter dem Richtertisch auf, der Vorsitzende in der Mitte zwischen den Beisitzern, und nahmen dann Platz. Auch die Leute im Saal, die beim Eintritt des Gerichts aufgestanden waren, setzten sich wieder.

Seiner Gewohnheit folgend eröffnete Leonhard die Verhandlung, indem er mit monotoner Stimme den Namen des Beschuldigten und die Tatsache, daß sein Anwalt einen Antrag auf Haftverschonung gestellt hatte, aus der Akte vorlas, denn dieses Zitieren aktenkundiger Texte schuf eine unanfechtbare Distanz, die seiner Überzeugung nach die richtige Voraussetzung für die Urteilsfindung war. Man mußte flach und trocken beginnen, um gleich zu Anfang die Emotionen in Schach zu halten. Dem diente auch seine Anordnung, dem Beschuldigten, der ja immerhin ein berüchtigter Bankräuber gewesen war, für die Dauer der Verhandlung die Handschellen abzunehmen.

Andreas Liebstöckel war ein schmächtiger, mittelgroßer Mann mit ergrauenden Haaren, der trotz der beträchtlichen kriminellen Energie, die er bewiesen hatte, unauffällig wirkte und mit gesenktem Kopf neben dem Wachtmeister saß. Ohne die Handschellen schien er einen Augenblick lang nicht recht zu wissen, wo und wie er seine Hände hinlegen solle. Es sah so aus, als wolle er es um jeden Preis richtig machen. Viele Untersuchungsgefangenen zeigten solche kleinen gestischen Verlegenheiten. Eine Minderheit von gröber wirkenden Personen saß stumpf und reglos auf der Anklagebank, als glitte alles an ihnen ab oder als verstünden sie nicht, was vor sich ging. Bei Liebstöckel mußte man nach der Beurteilung des psychologischen Gutachters eine überdurchschnittliche Intelligenz voraussetzen, die aber durch die Labilität seiner Person beeinträchtigt war. Auf die Frage, ob er etwas zu dem Antrag seines Verteidigers sagen wolle, antwortete er mit »Jawohl, Herr Vorsitzender« und sagte dann mit belegter Stimme, er bäte im Namen seiner Frau und seiner Kinder, die ihm verziehen hätten und bereit seien, ihn wieder aufzunehmen, um Haftverschonung bis zur Hauptverhandlung. Das war offenbar eine Formel, die er von seinem Anwalt hatte, der die Wiederherstellung der familiären Beziehungen in seiner Antragsbegründung zum

Hauptargument ausbaute, unterstützt durch die Tatsache, daß Liebstöckel inzwischen anderthalb Jahre in Untersuchungshaft saß, sich gut geführt und bei den Ermittlungen kooperativ gezeigt hatte. Es war ein ziemlich schematisches Plädoyer, dem er anhörte, daß der Anwalt damit nur einer Routinepflicht genügte.

Sobald der Anwalt seinen Antrag verlesen und begründet hatte, unterbrach Leonhard die Sitzung und zog sich mit seinen Beisitzern ins Beratungszimmer zurück. Sie wurden sich schnell einig, daß der Antrag abzulehnen sei. Die Gründe lagen auf der Hand. Angesichts der kriminellen Energie des Beschuldigten, seiner langen Auslandsaufenthalte und der zu erwartenden Haftstrafe von sieben bis siebeneinhalb Jahren war weiterhin Fluchtgefahr anzunehmen. Außerdem bestand Verdunkelungsgefahr, weil von der erheblichen Beute, die der Beschuldigte gemacht hatte, bisher erst sechstausend Mark aufgetaucht waren und die Behauptung, er habe das meiste Geld beim Glücksspiel verloren, als Schutzbehauptung gelten müsse. Überdies könne der Beschuldigte in spätestens einem halben Jahr mit der Hauptverhandlung rechnen. Der Antrag sei damit abgewiesen.

Er schrieb den Ablehnungsbescheid und die Begründung mit der Hand auf ein Blatt Papier, das sie alle drei unterzeichneten. Die Protokollführerin würde es nachher übernehmen und eine Abschrift anfertigen, die in Kopien zu den Akten kam. »Gut, dann können wir ja gehen«, sagte er.

Gemeinsam standen sie auf und kehrten in der hierarchischen Reihenfolge in den Saal zurück. Mit derselben ruhigen Stimme, mit der er die Sitzung vor zwanzig Minuten eröffnet hatte, trug er die Entscheidung vor und konnte einige Sekunden lang eine vertiefte Ruhe im Saal spüren.

Dann ordnete er noch an, den Beschuldigten unverzüglich wieder in die Justizvollzugsanstalt zurückzuführen, und erklärte die Verhandlung für geschlossen. Alle standen wieder auf, als er, gefolgt von den Beisitzern, den Saal verließ.

»Das ging ja heute schnell und schmerzlos«, bemerkte Kollege Retsch.

»Ob schmerzlos, weiß ich nicht«, antwortete er und fing einen zustimmenden Blick von Dr. Kemna auf.

Das Ganze sei ja eine richtige Räuberromanze, sagte Kemna. Vor allem diese geheimen Treffen im Ausland, bei denen Liebstöckel seiner Frau einen Anteil seiner Beute übergeben hatte.

»Erstaunlich diese Treue«, sagte Retsch.

»Da waren wohl noch heißere Gefühle im Spiel«, meinte Kemna. »Schon allein wegen der besonderen Umstände: der Gefahr, entdeckt zu werden. Und auf Gedeih und Verderben miteinander verbündet zu sein.«

»Ja, klar, das war Wasser auf die Mühle«, sagte Retsch, der nie besonders treffsicher formulierte.

»Ich hätte die Frau gerne einmal gesehen«, sagte Kemna. »Vielleicht ist sie eine ganz unscheinbare Person.«

Leonhard hatte der Unterhaltung der beiden zugehört, und um auch etwas beizutragen, sagte er beiläufig, aber mit seiner eingefleischten Routine, abschließende Sätze zu bilden: »Vermuten kann man vieles. Wissen tun wir nur wenig.«

Die Kollegen pflichteten ihm bei, indem sie verstummten. Retsch, der in ein anderes Stockwerk mußte, verabschiedete sich, als sie bei den Aufzügen vorbeikamen.

Er ging weiter, neben sich Dr. Kemna, seinen jungen Beisitzer, den er im Augenblick fast vergaß, weil sich in seinem

Gedächtnis zwei weit auseinanderliegende Geschehnisse berührt hatten: das sekundenlange Schweigen nach dem Verlesen des Ablehnungsbescheides und die dunkle Erinnerung daran, daß er als Junge beim Anblick eines stillen, glatten Gewässers, eines Teiches oder Sees, immer Ausschau gehalten hatte nach einem schweren Stein, den er hineinwerfen konnte, um die sich ausdehnenden Wellenringe zu beobachten. War es vielleicht das, was er wie ein fernes Echo in sich empfand, wenn er ein Urteil sprach und die Spannung im Saal spürte? Oder war das ein abwegiger Gedanke, ein zu weit hergeholter und jedenfalls unstatthafter Vergleich?

Mit der Akte unterm Arm ging er zu seinem Zimmer zurück. Neben sich Kemna, der ihn auf einen Kriminalbericht in der Tageszeitung ansprach. Er hatte die Zeitung wegen der Frühstücksturbulenzen zu Hause noch nicht gelesen und ließ sich informieren. Eine schwangere Frau hatte ihren alkoholisierten Mann mit dem Hammer erschlagen und ihn dann in einer geradezu unvorstellbaren Kraftanstrengung mit dem Fahrrad auf die Landstraße hinausgeschoben und dort hingeschmissen, um einen tödlichen Verkehrsunfall vorzutäuschen. Das war natürlich ein Fall für die 1. Kammer. Damit würden sie über kurz oder lang zu tun bekommen. Im Augenblick interessierte ihn das nicht. Er mußte wieder daran denken, wie oft er schwere Steine von Stegen, Brücken oder vom Ufer aus ins Wasser geworfen hatte. Das war für ihn damals so gewesen, als behaupte er sich und sage vernehmlich: Hier bin ich! Als habe er angeklopft an die Welt. Nun, er hatte natürlich niemanden dabei verletzt. Er hatte nichts Unerlaubtes getan. Aber er hatte immer darauf geachtet, daß er allein war und ihn niemand sah.

Vor der Tür seines Zimmers verabschiedete er Dr. Kemna und ging hinein, um zu Hause anzurufen. Eigentlich hatte er nichts Besonders mitzuteilen, er hatte nur das Bedürfnis, zu fragen, ob alles in Ordnung sei. Es meldete sich niemand. Vielleicht war Anja einkaufen gegangen und hatte den Jungen mitgenommen. Und Frau Schütte war längst weg. Er legte auf. Er wollte ohnehin jetzt nach Hause fahren. Die Akte schloß er in den Schrank ein. Die ungelesene Tageszeitung nahm er mit.

Etwas befremdet war er schon, daß er jetzt um die Mittagszeit niemanden zu Hause vorfand. Später dachte er, es war das Gefühl einer schlechten Vorahnung, das mich beschlich, als ich die Haustür aufschloß und durch die Räume des Erdgeschosses ging, wo alles aufgeräumt war und die Möbel wie in einer Ausstellung herumstanden. Auch oben war niemand zu hören, keine Stimme, keine Schritte, die die Treppe herunterkamen. Er verbot sich, »hallo« zu rufen. Schließlich war das nur unerwartet, aber normal. Er ging in sein Arbeitszimmer und setzte sich in den großen englischen Ledersessel, der dicht beim Bücherregal neben dem Fenster stand. Dazu gehörte ein ebenfalls mit dunklem Rindsleder bezogener Hocker, auf den er die Beine legte, wenn er las. Er schlug die Zeitung auf und las den Artikel über die schwangere Frau, die ihren Mann mit dem Hammer erschlagen hatte. Sie war eine Aussiedlerin aus Polen, die von ihrem alkoholisierten Mann immer wieder drangsaliert und geschlagen worden war, weil sie Geld versteckt hatte, das er vertrinken wollte. Er überflog den Bericht, der auf der letzten Seite stand, blätterte dann die Zeitung von hinten nach vorne durch und las die Überschriften und hier und da die fettgedruckten Zeilen, die den zentralen Sachverhalt, um den es in den Artikeln ging, an den Anfang stellten. Schon im Lesen vergaß er die meisten Nachrichten wieder, und manchmal merkte er, daß er ganze Sätze nur als leere Wortfolgen gelesen hatte. Gleichzeitig hatte er etwas anderes gedacht, das auch schon wieder entschwunden war. Ich brauche einen Kaffee, dachte er.

Auf dem Weg zur Küche kam er am Telefon vorbei. Sollte er vielleicht Marlene anrufen? Möglicherweise hatte sie etwas von Anja gehört. Doch während er wählte, sagte er sich, daß seine Unruhe übertrieben sei, und wollte schon wieder auflegen, als Marlene sich meldete.

Er sagte, daß er Anja und Daniel suche, die nicht zu Hause seien, wo er sie eigentlich zu Mittag erwartet habe.

»Ja, weißt du denn nichts?« fragte sie.

»Nein. Was soll ich denn wissen?«

Er spürte, wie Marlene zögerte, wie sie Luft holte, ehe sie sagte: »Daniel liegt im Krankenhaus in der Amsterdamer Straße. In der Isolierstation. Er hat sich mit kochender Milch verbrüht.«

»Wie ist denn das passiert? War denn niemand bei ihm?«

»Ich weiß es nicht genau. Anja war total aufgelöst, als sie mich anrief. Sie ist wohl vom Sender angerufen worden, und Daniel wartete auf seinen Kakao und hat die kochende Milch vom Herd gerissen.«

Wie in einem kurzen Ausschnitt aus einem Film, der ohne Ton abgespielt wurde, sah er Daniel in seinem Schlafanzug mit der rutschenden Hose in die Küche kommen, wo der Topf mit der überkochenden Milch auf dem Herd stand, den er am Griff anfaßte. Hier erlosch das Bild. Statt dessen glaubte er das Schreien zu hören.

»Sind die Verbrühungen schlimm?« fragte er.

»Ich weiß es nicht. Auf jeden Fall muß er längere Zeit im Krankenhaus bleiben, in der Isolier- und Wachstation.«

»Weißt du, wo Anja ist?«

»Sie hat mich vor einer Stunde aus der Stadt angerufen. Das war alles. Mehr als ich dir gesagt habe, hat sie mir auch nicht erzählt. Sie war total fertig. Hör mal, Leonhard, sei nett zu ihr, wenn sie nach Hause kommt!«

Er antwortete nicht, und Marlene sagte: »Es ist doch nicht ihre Schuld.«

»Da kann man verschiedener Meinung sein«, antwortete er.

Nach dem Gespräch ging er in die Küche, die er blitzsauber und aufgeräumt vorfand. Die Chromleisten der weißen Schränke glänzten, die Spüle aus Edelstahl war trockengewischt, und über die Kochplatten waren die blanken Schutzdeckel gestülpt, als habe jemand alle Spuren des Unglücks vertuschen wollen. Das war Frau Schüttes Handschrift, die wohl noch in der Wohnung gearbeitet hatte, nachdem Anja mit Daniel im Krankenwagen in die Klinik gefahren war.

Er setzte Wasser für einen Nescafé auf und füllte zwei gehäufte Teelöffel von dem braunen Pulver in die Tasse. Die Brühe würde stark genug sein, um die Leere aus seinem Kopf zu vertreiben und die dumpfe, sprachlose Anwesenheit der Dinge zu durchbrechen, die ihn umgaben. Warum war Anja vom Krankenhaus aus in die Stadt gefahren und nicht nach Hause? Er verstand das nicht. Sie hätte doch versuchen müssen, ihn so schnell wie möglich zu treffen oder jedenfalls anzurufen. Vielleicht hatte sie es ja versucht. Dies war wieder einer dieser Augenblicke, in denen er sich als einen Mann erleben mußte, dem seine Frau mehr und mehr entglitt, ohne daß er wußte, woran das lag. Sie vermied offensichtlich, ihn zu provozieren. Und doch geschah es immer wieder, wie jetzt.

Mit der Tasse in der Hand ging er zum Telefon, um im Branchenverzeichnis die Nummer der Klinik nachzuschlagen, und trank einen Schluck, bevor er mit einem Finger die Spalte entlangfuhr. Er wählte die Zentrale, ließ sich weiterverbinden mit dem Zentrum für Brandverletzungen. Eine junge Frauenstimme meldete sich: Schwester Gabriele. Ja, Daniel war da. Es war alles unter Kontrolle. Es gab aber vorläufig keine Besuchserlaubnis. Und die Stationsärztin war im Augenblick leider nicht zu sprechen. Er erkundigte sich nach seiner Frau. Wann sie weggegangen sei. Das konnte ihm die Schwester leider nicht sagen. Sie hatte erst seit zwei Stunden Dienst, und da war seine Frau schon weggegangen. »Schönen Dank«, sagte er.

Kalte Wut stieg in ihm hoch. Und Ratlosigkeit.

Er trank den Kaffee, versuchte, tief durchzuatmen und sich zu entspannen. Erst jetzt wurde ihm bewußt, daß seine Geschenke immer noch unberührt auf dem Sideboard lagen. Das Ganze erschien ihm als blöde Zeremonie – einer seiner Versuche, es ihr recht zu machen. Wenn sie nicht bald kam, wollte er irgendwo essen gehen, statt auf sie zu warten und dann ihr gegenüberzusitzen, essend und vielleicht ohne zu sprechen, nachdem das Nötigste gesagt war.

»Sei nett zu ihr«, hatte ihn Marlene ermahnt. Immer nahm sie Anja in Schutz, als billige sie ihr grundsätzlich Sonderrechte oder mildernde Umstände zu, wenn sie sich wieder einmal gehenließ. Sicher, Anja war jetzt geschockt, und er würde deshalb auch keine Rechtfertigung von ihr verlangen. Aber ein zufälliger, unvermeidbarer Unglücksfall war das in seinen Augen nicht, sondern eine Folge ihrer Schlamperei und der Unordnung, die von ihr ausging. Vielleicht wußte sie das sogar selber. Ja, das war es, was Marlene unterstellt hatte, als sie ihn ermahnte, nett zu Anja zu sein.

Er wollte noch eine Viertelstunde warten, und wenn sie bis dahin nicht kam, alleine essen gehen. Es waren aber noch keine zehn Minuten vergangen, als sie die Haustür aufschloß. Da die Zimmertür zur Diele offenstand, konnte er hören, wie sie mit dem Schlüssel einen Moment im Schloß herumstocherte, bis es ihr gelang, die Haustür zu öffnen, die sie dann hinter sich einfach zufallen ließ. Im Hereinkommen seufzte sie wie jemand, der sich erschöpft fühlt und allein gelassen worden ist mit einer Last, die ihn drückt, aber an die er fast schon gewöhnt ist, weil er sie schon längere Zeit getragen hat. Es war das unbewußte Seufzen eines Menschen, der mit sich allein ist. Wie benommen trat sie ins Zimmer und blieb erschrocken stehen, als sie sich ihm plötzlich gegenüber sah. Sie war auffallend blaß und sah zerzaust aus, wie jemand, der seinen Kopf lange in seine Hände gestützt und aus Unruhe oder Verwirrung seine Haare zerwühlt hatte, ohne sie wieder in Ordnung zu bringen. Als sie langsam und schwerzüngig sagte: »Da sind wir ja wieder«, sah er sie für einen Augenblick deutlich vor sich, wie sie die Ellbogen auf eine Wirtshaustheke stemmte und mit beiden Händen ihren Kopf hielt, damit er nicht mit der Stirn in die verschütteten Getränke zwischen den Gläsern sank.

»Du bist ja völlig betrunken«, sagte er.

»Ja, bin ich«, sagte sie und machte mit der rechten Hand eine langsame, wehende Bewegung, die etwas Störendes, das vor ihr zu stehen schien, wegzuwischen versuchte –

vielleicht eine Ansammlung leergetrunkener Gläser oder Gesichter, die sie anstarrten, oder lästige Gedanken.

»Du weißt ja wohl, was passiert ist«, sagte sie.

»Ja. Ich hab's allerdings durch Marlene erfahren, nicht von dir.«

»Marlene, natürlich, Marlene«, äffte sie ihn nach.

»Du hast mich ja nicht angerufen. Hast du es wenigstens versucht? Oder daran gedacht?«

Er hoffte, sie würde ja sagen, auch wenn es eine Notlüge war. Ein einfaches Ja hätte ihm als ein Zeichen der Verständigung genügt. Aber sie war zu betrunken, um die Situation zu verstehen und auf das Angebot seiner Frage einzugehen. Er sah es an der Ruckartigkeit, mit der sie den Kopf schüttelte, und an ihrem verschwimmenden Blick. Dies also war seine Frau. Niemand konnte ihm fremder sein. Was für eine entsetzliche Schwäche war es, sich so gehenzulassen.

»Das einzig Richtige ist, du legst dich jetzt hin«, sagte er.

»Is nicht richtig«, widersprach sie mit schleppender Stimme und einem kindischen Eigensinn, mit dem sie zu leugnen versuchte, was allzu offensichtlich war. Sie schwankte. Und als habe sie ihren Halt verloren, streckte sie ihren Arm nach der Lehne eines Stuhles aus, der zwischen ihr und dem Tisch stand, und ließ sich schwer auf den Sitz sinken. Nach einer der kurzen Abwesenheiten, die ihre Bewegungen und sicher auch ihre Gedanken unterbrachen, ließ sie sich mit dem Oberkörper gegen die Tischplatte sakken und stützte den Unterarm auf, um Schläfe und Wange erschöpft in der offenen Handfläche zu bergen. Zu seinem Erstaunen schloß sie die Augen, und ihr Gesicht entspannte sich. Plötzlich, sie war wohl wirklich eingenickt, rutschte ihr Ellbogen zur Seite, und sie schreckte hoch.

»Ich glaube, ich brauch 'nen starken Kaffee«, murmelte sie und starrte vor sich auf den Boden, als hoffe sie da etwas zu finden, was sie verloren hatte und woran sie sich nur mühsam erinnerte. Doch jetzt sah sie ihn an, als erkenne sie ihn wieder, und fragte: »Gehn wir zusammen essen?«

Er war nicht auf diesen Vorschlag vorbereitet, gegen den sich alles in ihm sperrte. Aber er wußte nicht, wie er das sagen sollte.

»Bitte«, drängte sie. »Ich erzähle dann auch alles.«

»Nicht nötig«, antwortete er. »Ich habe inzwischen mit dem Krankenhaus telefoniert.«

»Und mit Marlene.«

»Das sagte ich ja schon.«

»Also, gehn wir essen?«

»Nein«, sagte er. »Nicht in deinem Zustand.«

»In meinem Zustand? Was für 'n Zustand?«

Ihre Antwort verschlug ihm die Sprache. Wollte sie ihn provozieren? Oder war sie völlig weggetreten?

»Gehn wir jetzt essen?« fragte sie wieder.

»Nein«, sagte er, »du gehörst ins Bett. Das weißt du ja wohl selbst. Also sei vernünftig und leg dich hin.«

»Scheiße!« schrie sie ihn an. »Warum willst du nicht mit mir reden?«

»Du mußt erst lernen, dich zu beherrschen«, sagte er und ging in sein Arbeitszimmer, schloß hinter sich die Tür. Sein Herz klopfte schnell und schwer. Ein leises Wimmern war im Nebenzimmer zu hören. Oder hatte er sich getäuscht? Die Stille beunruhigte ihn noch mehr. War sie weggegangen? Um der Versuchung zu widerstehen, nachzuschauen, was sie machte und wie es ihr ging, setzte er sich in seinen Sessel. Nach einer Weile zog er die Zeitung heran, hielt sie aber auf seinem Schoß fest, ohne zu lesen. Sie war wohl wirklich nach oben gegangen, wie er es von ihr verlangt hatte. Doch es kam ihm so vor, als habe sie ihn verlassen. Es war ein beängstigendes, aushöhlendes Gefühl, dem er nicht gewachsen war. Aber er wollte nicht hinter ihr herlaufen und sie um Versöhnung bitten. Denn auch dafür würde er am Ende bestraft werden.

9

Marlenes Erzählung 2

Ich glaube, man hat zweierlei Augen: die äußeren und die inneren. Die einen sehen, was man schon weiß. Und die anderen sehen, was man noch nicht weiß. Meistens sind diese zweiten Augen geschlossen. Und wenn sie sich öffnen, sehen sie undeutliche Bilder, die nicht richtig hineinpassen in die klar umrissene Welt der bekannten Tatsachen, über die wir uns einig sind und an denen wir festzuhalten versuchen, weil an ihnen unser gewohntes Leben hängt. Aber eigentlich sollte man diese zweiten Augen die wissenden nennen. Denn was sie sehen, meist undeutlich und schattenhaft, manchmal wie in einem kurzen grellen Lichtschein, ist auch schon da, nur noch unvollständig verhüllt von den gewohnten Tatsachen, wie von einer verrutschenden Maske.

Was mich jetzt beschäftigt, nachdem ich weiß, was ich nicht wußte, sind die kleinen Momente des Aufmerkens, die man wieder zudeckt, weil man sie nicht wahrhaben will und nicht brauchen kann, und dann andererseits der plötzlich aus dem Dunkel auftauchende Wunsch, etwas Beängstigendes wissen zu wollen, um jeden Preis. So jedenfalls war es bei mir. Und einige Zeit danach auch bei Leonhard. Bei den beiden anderen hat sich vielleicht etwas Ähnliches abgespielt. Ich kann es aber nicht erklären, und es ist mir nicht erklärt worden. Ich glaube, daß keiner von beiden es für möglich gehalten hat, bis es plötzlich geschah.

Und ich habe ihnen den Weg freigemacht. Oder ihnen eine Falle gestellt. Ich kann heute nicht einmal sagen: ohne es zu wollen.

Das ist alles immer noch verworren. Ursachen und Wirkungen sind nicht deutlich zu unterscheiden. Begründungen sind Rechtfertigungsversuche, und jeder bastelt an seinen eigenen.

Wir waren ein menschliches Mobile – vier Figuren an unsichtbaren Fäden, pendelnd umeinander kreisend und ständig in Gefahr, sich ineinander zu verhaken. Ich glaubte allerdings, den Mechanismus in der Hand zu haben. Jahrelang ist es ja auch einigermaßen gutgegangen. Für jeden natürlich auf andere Weise und am wenigsten für Anja. Das wußte ich zwar, aber ich sagte mir: Es war ihre eigene Entscheidung. Und sie muß nicht von vornherein falsch gewesen sein.

Daniels Unfall hat einen Riß in Leonhards und Anjas Ehe hinterlassen, das war meine Kurzformel, die ich dafür fand. Richtiger wäre es gewesen zu sagen, der Unfall habe die verborgenen Risse sichtbar gemacht. Wäre es denn nicht erwartbar gewesen, daß ein solches Unglück die Eltern noch enger zusammenführt?

Leonhard ist nie zusammen mit Anja ins Krankenhaus gegangen, um Daniel zu besuchen. Er weigerte sich zwar nie direkt, doch er richtete es so ein, daß Anja nicht dabei war, wenn er Daniel besuchte. Sie bemerkte es natürlich und empfand es als eine stumme Beschuldigung. Er wollte sie nicht in der Nähe haben, wenn er am Bett des Jungen saß.

Allerdings war er laut Anja nur zwei- oder dreimal dort, während sie in den drei Wochen, die Daniel in der Klinik bleiben mußte, jeden Tag hinging. Ich weiß nicht, welche Besuche Daniel lieber waren, denn später hat er sich mehr und mehr Leonhard angeschlossen. Mag sein, daß ihm das ein größeres Gefühl von Sicherheit gab.

Als er entlassen wurde, zeigte mir Anja die dicken roten Narbenstränge an Daniels Hals und Schultern. Es sah schlimm aus, und ich glaube, daß dieser Anblick Leonhard verstört hat, obwohl ich ihm, nicht anders als die Kollegen vom Zentrum für Brandverletzungen, sagte, daß sich bei einem so jungen Körper die Narben noch weitgehend zurückbilden könnten. Ich hatte den Verdacht, daß Daniels verletzter Körper für Leonhard ein heimliches Symbol seiner selbst war. Auch er, dachte ich, fühlt sich als ein Gezeichneter. Deshalb erregte es ihn so, Daniels Narben zu sehen. Die andere, viel schlimmere Gefahr, daß die Narben zu Fehlhaltungen führten, die Daniel in seinem Wachstum behinderten und ihn zu einem Krüppel machen konnten mit schiefem Hals, schiefer Schulter, unterentwickeltem Arm und vielleicht sogar mit einem Buckel und eingefallener, das Atmen behindernder Brust, sah er anscheinend nicht in der gleichen Schärfe. Oder er scheute sich, darüber zu reden.

Immerhin fühlte er sich veranlaßt, Anja einen Polo zu schenken, damit sie mit Daniel täglich zur Gymnastik, zur Massage und wöchentlich zum Arzt fahren konnte. Und er bat seine Schwiegermutter, für einige Zeit zu kommen und den Haushalt zu übernehmen. Ähnlich gründlich und komfortabel hatte er nach Daniels Geburt Anjas Heimkehr aus der Klinik organisiert. Diesmal allerdings war sie nicht depressiv. Mir schien sogar, daß sie sich, angestoßen von Leonhards Verhalten während Daniels Klinikaufenthalt, neu auf ihre Situation eingestellt hatte. Damals hatte ich mit ihr zum ersten Mal ein richtiges Gespräch. Ich hatte einen freien Tag und mußte erst um 16 Uhr im Krankenhaus sein, weil ich Nachtdienst hatte. Anja wußte das und rief mich am Vormittag an. Sie wollte in die Stadt fahren und einige Besorgungen machen und fragte, ob wir uns nicht anschließend zum Mittagessen treffen könnten. Wir verabredeten uns für halb eins in einem italienischen Restaurant, in dem wir einmal abends zu viert gewesen waren. Ich saß schon da, als sie Minuten später eilig hereinkam. Und noch während wir uns umarmten, entschuldigte sie sich für ihr Zuspätkommen: Sie habe leider in der Nähe keinen Parkplatz gefunden.

»Macht doch nichts«, sagte ich und lächelte sie an.

»Ach, ich bin so gedrillt worden, mich immer für alles bei jeder Gelegenheit zu entschuldigen«, sagte sie. »Ich hasse das, aber ich kann nicht anders. Manchmal bin ich dann nachher extra unhöflich. Eigentlich habe ich gehofft, das einmal loszuwerden.«

Wir setzten uns. Ich wußte, wovon sie redete und unter welchem Druck sie zu Hause stand. Aber daß sie es ausdrückte, war schon ein Fortschritt.

»Sei nicht so streng mit dir«, sagte ich. »Alles ist ganz normal.«

»Jetzt muß ich schon wieder an mich halten, um mich nicht bei dir für meine Geständnisse zu entschuldigen«, antwortete sie.

»Dann laß uns erst mal bestellen.«

Wir bestellten jeder nur eine Kleinigkeit – ich Spaghetti Pesto und Anja einen Rucola-Salat mit Parmesan. Dazu tranken wir Mineralwasser. Ich mit Vorbedacht, um Anja, die einen unruhigen, gespannten Eindruck auf mich machte, nicht in Versuchung zu führen, wieder mit dem Weintrinken anzufangen. Sie war keine chronische Trinkerin, die dauernd einen gewissen Alkoholspiegel brauchte, aber sie flüchtete sich in den Alkoholrausch, wenn sie sich nicht gut fühlte. Im Augenblick war sie trocken. Und ich nahm an, daß ihr Leonhard auch deshalb den Polo gekauft hatte, um sie in ihrer Abstinenz zu unterstützen.

Ich fragte sie nach Daniels Befinden, worüber es aber kaum Neues zu berichten gab. Ihre Hauptschwierigkeit war es jetzt, daß sie zu Hause gymnastische Übungen mit ihm machen mußte, denen er sich zu entziehen versuchte, indem er sich keine Mühe gab oder jammerte, daß er Schmerzen habe und nicht mehr könne. Sie war sich nicht im klaren darüber, ob er sich nur anstellte oder sich zu Recht beklagte. Das machte sie zugleich unsicher und ungeduldig. Er war für sie nie ein einfaches Kind gewesen, aber inzwischen kam sie kaum noch mit ihm zurecht.

Während wir darüber sprachen, hatte ich das deutliche Gefühl, daß das nicht die Dinge waren, über die sie mit mir reden wollte. Es sah aber nicht so aus, als würde sie von sich aus zur Sache kommen.

»Wir müssen bald wieder zu viert etwas unternehmen«, sagte ich.

Sie zuckte die Achseln.

»Ich weiß nicht«, sagte sie. »Ich kann's mir im Augenblick nicht vorstellen.«

»Ist deine Mutter noch bei euch?«

»Ja.«

»Dann hast du ja immerhin eine Hilfe.«

»Ja«, sagte sie wieder.

Es hörte sich an, als habe sie viel darüber mitzuteilen, verzichte aber lieber darauf. Eine Weile aßen wir schweigend. Dann sagte sie: »Ich bin einfach abgehauen heute, weil ich die beiden nicht mehr ertragen konnte. Ich wollte nicht mit ihnen essen.«

»Du sprichst von Leonhard und deiner Mutter?«

»Ja.«

Ich wußte nicht, ob sie damit das Thema beenden wollte oder von mir erwartete, daß ich ihr Fragen stellte. Ich war unschlüssig, denn es schien mir nicht angebracht, mit Anja über Leonhard zu sprechen. Das hatten wir bisher immer vermieden. Es gab aber auch keine neutralen Themen, auf die wir hätten ausweichen können. Also schwiegen wir wieder und schoben uns die Reste unseres Essens in die Münder. Es kam mir so vor, als beseitigten wir unsere Vorwände, hier zu sein.

»Mir hat's gut geschmeckt«, sagte ich. »Und wie war dein Salat?«

»In Ordnung«, antwortete sie. »Ich lade dich heute ein.«

»Danke«, sagte ich.

Auf keinen Fall durfte ich die Einladung ausschlagen. Es hätte sie gekränkt. Es war eine ihrer Empfindlichkeiten, daß ich wußte, wie wenig eigenes Geld sie hatte. Sie war die Arme, die Ausgehaltene in unserer Viererrunde.

»Möchtest du noch ein Dessert? Oder gleich einen Kaffee?« fragte sie.

»Ich hätte gerne noch eine Creme Caramel«, sagte ich. »Und den Kaffee trinken wir bei mir zu Hause.«

Ich ahnte, daß wir miteinander reden würden, wenn wir alleine waren, hatte aber ein zwiespältiges Gefühl. Ich wollte nicht an etwas rühren, was einsturzgefährdet war, und doch schienen wir es beide zu wollen, in einer merkwürdigen, ganz unvernünftigen Komplizenschaft. Die Kraft, die uns dahin drängte, ging von ihr aus, von etwas, das sich in ihr angestaut hatte und sich einen Weg bahnte und nicht mehr aufzuhalten war. Ich fühlte mich keineswegs solidarisch mit ihr, und wir hatten schon gar nicht dieselben Interessen. Doch als wir uns im Haus gegenübersaßen, fühlte ich mich genötigt, sie zum Sprechen zu bringen.

»Was ist das eigentlich, das dich so gegen Leonhard und deine Mutter aufgebracht hat?« fragte ich.

Sie schaute mich an, als wolle sie herausfinden, weshalb ich das fragte und ob ein bedenklicher Nebensinn sich dahinter verbarg. Dann senkte sie den Kopf, und als sie wieder aufblickte, sagte sie: »Die beiden sind wie eine Front.«

»Du meinst, sie haben sich gegen dich verbündet?«

»Ich weiß nicht genau, wie ich es sagen soll. Leonhard ist, wie er ist. Und meine Mutter verehrt ihn. Er ist für sie mustergültig und großartig und hat in allem recht. Und wenn ich seinen Erwartungen nicht entspreche, dann schämt sie sich für mich und findet mich unmöglich und undankbar. Solange ich denken kann, hat sie an mir herumerzogen, immer natürlich, weil sie sich Sorgen um mich machte und das Beste für mich wollte. Als ich heiratete, hatte ich gehofft, daß damit nun Schluß sei. Aber nun sitzt sie an unserem Tisch und wirft mir mahnende Blicke zu, wenn ich etwas sage oder tue, was Leonhard nicht gefallen könnte. Und sie strengt sich auch an, mir Daniel abspenstig zu machen. Ich habe keine Lust, mit ihr zu konkurrieren, weder um Leonhard noch um Daniel. Mir ist das eigentlich alles so ziemlich egal.«

»So ganz glaube ich dir das nicht«, sagte ich.

»Kannst du aber.«

»Was hast du denn gegen Leonhard?« fragte ich und war mir schon im selben Augenblick bewußt, daß ich mir von ihrer Antwort eine Bestätigung meiner eigenen Erfahrungen erwartete, und ärgerte mich über mich selbst.

»Entschuldigung«, sagte ich, »das geht mich ja nichts an.«

Sie zuckte die Achseln. Dann sagte sie in einem müden, überdrüssigen Tonfall: »Er ist ein respektabler Mensch. Bloß er animiert mich nicht.«

»Pflegt er noch seine alten Hobbys?« fragte ich.

»Was meinst du?«

»Römische Kriegsgeschichte und stoische Philosophie.«

»Ja, er vergräbt sich darin. Mich verschont er damit.«

Ich wollte es dabei belassen. Doch sie schaute mich so nachdenklich an, als lege sie sich eine Frage zurecht, die sie mir stellen könnte. Am liebsten hätte ich das vermieden, aber ich hatte sie wohl – unbeabsichtigt, doch vielleicht nicht ungewollt – dazu eingeladen.

»Warum hast du ihn eigentlich verlassen?« fragte sie.

Mir war nicht klar, woher sie das wußte. Ich hatte es ihr nicht erzählt. Und ich hätte auch darauf gewettet, daß Leonhard es ihr nicht erzählt hatte oder nur in dem allgemeinen Sinne, daß er von mir als von seiner alten Freundin sprach. Und Paul und Anja hatten außer unseren gemeinsamen Unternehmungen keinen Kontakt miteinander gehabt.

Aber sie wußte es. Und ich sah ihrem Blick an, daß es sie beschäftigte und sie wohl schon lange vorgehabt hatte, mich danach zu fragen. Wahrscheinlich hatte sie sogar eine Zeitlang darauf gewartet, daß ich es ihr erzählen würde. Und da ich das Thema stets sorgsam umgangen hatte, war es zwischen uns zu einem Problem geworden. Auch jetzt hatte ich keine Lust, näher darauf einzugehen. Und so sagte ich kurz und bündig, um dem Thema einen formelhaften und endgültigen Abschluß zu geben: »Ich habe Leonhard wegen Paul verlassen.«

Sie nickte. Es war eine nur angedeutete, undeutliche Bewegung, die wohl nicht an mich gerichtet war, sondern mir so vorkam, als löse sie sich damit aus dem Gespräch und wende sich nach meiner Auskunft ihren Erinnerungen zu, die ihr nun in einem anderen Licht erschienen. Ich glaubte zu wissen, was in ihr ablief. Hier, wo wir uns gegenübersaßen, in diesem Raum, in diesem Haus, wo es noch genauso aussah wie damals, hatte vor mehr als vier Jahren ihr jetziges Leben seinen Anfang genommen. Paul und ich waren zu unserer Ostasienreise aufgebrochen, und sie hatte in dieser Zeit unser Haus gehütet. Und Leonhard, der nach unserer Abreise aufgetaucht war, ein innerlich verletzter und gekränkter Mann, hatte in ihr ein geeignetes Mittel gesehen, um seine Wunden zu heilen. Und so hatte er die Zeit unserer Abwesenheit ausgenutzt, sie auf seine beharrliche und systematische Art zu umwerben, der sie, so ziellos wie sie war, nichts entgegenzusetzen hatte. Sah sie es so? War es das, was sie beunruhigte?

Wir waren vier Figuren auf einem engen Spielfeld und hatten uns nach einer Logik bewegt, die sie, die zuletzt Hinzugekommene, am wenigsten durchschauen konnte. Sie hatte deshalb auch die schlechteste Position in unserer Gruppe bekommen, und ich vor allem hatte versucht, sie in diesem neuen Leben zu bestärken. Forschte sie jetzt nach meinen Motiven? Haßte sie mich deshalb? Zweifelte sie daran, daß ich ihre Freundin war?

Ich hatte, während ich sie ansah, das unangenehme Gefühl, daß sich hinter ihrer Stirn etwas verschob und vor allem ihr Verhältnis zu mir sich unabsehbar veränderte, sah aber keine Möglichkeit, sie darauf anzusprechen. Ich goß ihr Kaffee nach und schob ihr den flachen Korb mit dem Früchtebrot und den Keksen hin. Sie trank einen Schluck und nahm einen Keks, um ein Stück davon abzubeißen. Mir fiel wieder der Gegensatz zwischen dem gedankenverlorenen Blick ihrer Augen und der Beweglichkeit ihrer schön geschwungenen Lippen auf. Ich verstand, weshalb sich manche Männer nach ihr umdrehten, obwohl sie es nie darauf anlegte und es in ihrer Achtlosigkeit meistens auch gar nicht bemerkte. Auch auf mich wirkte ihre schlafwandlerische Sinnlichkeit, nicht zuletzt deshalb, weil man nie wußte, ob es eine Täuschung war. Manchmal hatte ich Lust verspürt, sie in den Arm zu nehmen, es aber stets vermieden, weil ich sie nicht einschätzen konnte. Mehr als freundschaftliche Zärtlichkeit war es wohl nicht, was ich für sie empfand, und ich wollte mir weder die Finger verbrennen noch mich abschütteln lassen.

Um sie wegzuführen von dem heiklen Thema, fragte ich, ob sie inzwischen wieder Lektoratsgutachten für Funk und Fernsehen schriebe. Sie sagte, daß sie bald wieder damit anfangen wolle, aber noch zu sehr mit Daniel beschäftigt sei.

»Aber du hast doch deine Mutter als Hilfe im Haus.«

»Ja«, sagte sie, »ich hoffe aber, sie reist bald wieder ab.«

Ich nickte. Nach einer kleinen Pause sagte ich: »Von deinem Vater hast du mir noch nie was erzählt.«

»Da gibt's auch nichts zu erzählen«, antwortete sie. »Er hat sich davongemacht, als ich gerade vier war.«

»Wie sah er aus? Gleichst du ihm? Deiner Mutter siehst du ja nicht ähnlich.«

»Ich weiß nicht mehr, wie er aussah. Ich habe nie ein Bild von ihm zu sehen bekommen. Meine Mutter hat alle Fotos verbrannt, um die Erinnerung an ihn auszulöschen. Im wesentlichen hat sie das geschafft. Nur manchmal habe ich geträumt, ich schliefe und die Tür meines Zimmers öffne sich lautlos und jemand träte ein, um mich zu betrachten. Ich wußte, daß es mein Vater war, konnte aber nicht die Augen öffnen, um ihn zu sehen.«

»Und deine Mutter hat nie von ihm gesprochen?«

»Doch, sie hat gesagt, er sei tot. Und sie hat angedeutet, daß er ein schlechter Mensch war.«

»Das hört sich so an, als könne es nicht stimmen.«

»Ich weiß es nicht.«

Sie sprach nicht weiter, und die schläfrige Gleichgültigkeit, die ich von anderen Augenblicken der Abwesenheit an ihr kannte, überzog wieder ihr Gesicht. Schließlich sagte sie: »Ich habe noch eine andere Erinnerung an ihn. Aber auch da sehe ich ihn nicht. Ich spüre nur, er trägt mich auf seinem Arm und tanzt mit mir ein paar Schritte. Wir drehen uns im Kreis, und rings um uns sind Leute, die Beifall klatschen. Wenn mir dieses Bild im Einschlafen vor Augen kam, war ich immer sehr glücklich.«

»Träumst du noch manchmal davon?«

»Nein, schon lange nicht mehr. Ich versuche manchmal daran zu denken. Das ist aber nicht dasselbe.«

»Danke, daß du es mir erzählt hast«, sagte ich und wollte einen Moment ihre Hand drücken. Aber sie ahnte es und zog die Hand zurück. Statt dessen griff ich die Kanne, die aber leer war.

»Möchtest du noch?« fragte ich.

»Nein, danke«, sagte sie.

Kurz danach hörten wir Paul nach Hause kommen, geräuschvoll, wie es seine Art ist. Ich hatte nicht damit gerechnet, ihn noch zu sehen, da sein normaler Dienst bis 17 Uhr dauerte. Er hatte aber den ganzen Vormittag operiert und nach dem Mittagessen anstelle eines in einen Autounfall geratenen Kollegen noch eine schwierige Notoperation gemacht und war dann vorzeitig abgelöst worden. Er war offensichtlich erfreut, Anja bei uns anzutreffen, gab mir einen schnellen Begrüßungskuß und küßte Anja auf beide Wangen. Dann warf er sich in einen Sessel und ließ die übliche Tirade über den Ärger und den Streß im Operationssaal vom Stapel. Zwischendurch hob er den Deckel der Kanne, um nachzuschauen, ob noch Kaffee drin war, und ich nahm die Kanne und sagte: »Ich mache noch welchen.«

»Lieber Tee«, sagte er.

»Eine Tasse Tee trinke ich auch noch«, sagte Anja.

»Ich mache euch noch eine ganze Kanne«, sagte ich betont munter, als ich in die Küche ging. Es hatte unecht geklungen: wie eine Phrase gespielter Großzügigkeit, mit der ich schnell etwas übertönt hatte, was mich irritierte. Anjas Wunsch, noch Tee zu trinken, hatte mir einen feinen Stich versetzt. Ich schloß daraus, daß sie noch bleiben wollte, wenn ich in zwanzig Minuten zu meinem Nachtdienst aufbrechen mußte. Aber warum sollten sich Anja und Paul nicht noch eine Weile unterhalten, wenn ich in die Klinik fuhr? Wir waren schließlich seit Jahren miteinander befreundet. Ich konnte gut verstehen, daß Paul nach einem anstrengenden Arbeitstag etwas Ablenkung brauchte. Daß Anja heute wenig Lust hatte, mit Leonhard und ihrer Mutter zusammenzusein, hatte ich gerade von ihr erfahren.

Also setzte ich mich mit dem frischen Tee und dem japanischen Geschirr, das ich auf dem schwarzen Lacktablett hereintrug, wieder zu ihnen und plauderte eine Weile munter weiter, bis ich merkte, daß sich Anja nur noch floskelhaft an der Unterhaltung beteiligte und auch Paul einen zerstreuten Eindruck machte. Ich sah ihn verstohlen von der Seite an und bemerkte, wohin er schaute: Sein Blick war auf Anjas Hände gerichtet, die nervös mit dem dünnen Stoff ihres weiten hellen Rocks spielten und ihn ständig in andere Faltenmuster legten. Zwischendurch korrigierte sie sich und strich den Stoff auf ihren Schenkeln glatt, zupfte aber gleich wieder hier und da und kräuselte ihn, um plötzlich, als wollte sie das Spiel beenden, den Stoff zwischen ihren Schenkeln zu einer dichten, strähnigen Masse zusammenzuschieben, die ihren Schoß für meinen aufgestörten Blick in das Bild einer strömenden Quelle verwandelte. Sie trank einen Schluck Tee und zerstörte danach das Muster mit einer kurzen fahrigen Bewegung, um gleich danach wieder mit dem unruhigen Zupfen und Zerren zu beginnen.

Nach meinem Eindruck war ihr allenfalls schattenhaft bewußt, was ihre Hände da trieben und womit sie Pauls glasig gewordenen Blick auf sich zog. Doch sie spürte seinen Blick, und er sah ihre Unruhe. Und beide versuchten sie, das vor mir zu verbergen, indem sie sich weiter notdürftig an der gemeinsamen Unterhaltung beteiligten. Ich glaube nicht, daß sie wirklich annehmen konnten, ich hätte die Veränderung, die plötzlich mit ihnen vorgegangen war, nicht bemerkt und ließe mich durch unser mühsam durch die letzten Minuten stolperndes Geplauder täuschen. Vielmehr kam es mir so vor, als ob wir in diesen Augenblicken schon alles über uns wußten und nur aus Hilflosigkeit oder Angst vor unabsehbaren Folgen gemeinsam den Schein eines harmlosen, freundschaftlichen Zusammenseins aufrechterhielten. Es war so unerträglich in seiner billigen Durchschaubarkeit, daß ich mich nach dem Moment zu sehnen begann, in dem ich die beiden allein lassen konnte, obwohl ich nicht daran denken mochte, was dann hinter meinem Rücken geschehen würde. Ich hätte natürlich zehn Minuten früher als gewohnt aufbrechen können, aber gelähmt von meinem inneren Widerspruch hielt ich bis zur letzten Minute durch und zwang auch die beiden, mit ihrer Darbietung weiterzumachen, bis ich abrupt auf meine Uhr blickte und sagte: »So, ich muß leider gehen.« Im Moment, da ich es sagte, erwartete ich, Anja würde sagen: »Ich gehe auch.« Sie saß aber da mit gesenktem Kopf, ohne sich zu rühren, und statt dessen hörte ich Paul sagen: »Bleibst du noch ein bißchen, Anja? Wir können uns auch in den Garten setzen.«

Prompt wie ein Echo sagte ich zu Anja: »Ja, bleib doch noch.«

Ich stand seitlich von ihr und hatte mich, im Begriff zu gehen, schon zwei Schritte vom Tisch entfernt, als sie sich mir zuwandte und mich von unten herauf mit einem unterwürfigen und hilflosen Blick ansah, der nichts mehr verschleierte, sondern mich, so schien mir, für das Unvermeidliche, das nun geschehen würde, vorweg um Verzeihung bat.

»Dann bis morgen«, sagte ich und verließ den Raum, hinter mir ein starres Schweigen.

Mein Abgang hatte keine Schwäche verraten, aber ich kann nicht behaupten, daß ich gefaßt war. Ein Gewirr widersprüchlicher Gefühle erfüllte mich: Ratlosigkeit und Staunen und ein lautloses Gelächter. Warum hatte ich das nicht kommen sehen? Warum hatte ich es nie für möglich gehalten?

Du mußt es doch eigentlich wissen, sagte ich mir. Ich hatte Leonhard mit Paul hintergangen und Paul veranlaßt, seine Familie zu verlassen, immer in dem Gefühl, ein besonderes Recht allerhöchsten Ranges zu haben. So war es gerecht, wenn ich jetzt darüber belehrt wurde, daß die hochgeworfene Glücksmünze zwei Seiten hat, auf die sie fallen kann.

Das half mir zwar nicht. Aber ich durfte mich auch nicht verrückt machen. Vielleicht war das Ganze nur ein Flirt, und weder Paul noch Anja würden die Grenzen überschreiten. Dafür hing zu viel daran – unser ganzes gemeinsames Leben, das wohl keiner von ihnen aufs Spiel setzen wollte. Es war nicht gerade ein berauschender Gedanke, aber ein realistischer, und ich war inzwischen bereit, ihn ins Kalkül zu ziehen.

Als ich meinen Wagen in den Hof des Krankenhauses fuhr und auf meinen angestammten Platz stellte, fühlte ich mich schon ruhiger. Jetzt wollte ich mich erst einmal um meine Pflichten kümmern. Ich ließ mir an der Pforte meinen neu aufgeladenen Pieper aushändigen und fuhr in die Station hoch, wo im Dienstzimmer Thomas, mein Kollege, schon auf mich wartete, weil er zur Geburtstagsfeier seiner kleinen Tochter nach Hause wollte. Er informierte mich kurz über die Neuaufnahmen in der Inneren Abteilung – acht in den letzten 24 Stunden –, unter denen einige problematische Fälle waren, unter anderem eine 68jährige Frau mit Herzinsuffizienz und Anfällen von Atemnot, deren Beine ödematös geschwollen waren. Dann gab es einen 74jährigen Mann mit einem schon einen Monat zurückliegenden Schlaganfall, der aus einem anderen Krankenhaus überwiesen worden war. Man hatte bei ihm eine Verschattung in der Lunge festgestellt, offenbar ein bisher übersehenes Karzinom. Nun nahm man an, daß der Tumor möglicherweise gestreut hatte und der Schlaganfall durch Metastasen im Gehirn ausgelöst worden war. Morgen sollte eine Schichtaufnahme gemacht werden. Ferner gab es einen jugendlichen Fixer mit einer Hepatitis, der sich vermutlich mit der Nadel infiziert hatte, und einen älteren Mann mit Nierenversagen und einem extrem hohen Blutdruck von 270, der trotz umfangreicher Medikation immer noch bei 200 lag.

Für die Innere Abteilung war das eher eine unterdurchschnittliche Anzahl an Problempatienten. Ich mußte aber mit weiteren Einlieferungen rechnen. Und natürlich war da auch noch unsere Höllenfürstin, so nannten wir eine Frau Mitte Fünfzig, die eine fortgeschrittene Colitis ulcerosa hatte und wohl bald operiert werden mußte. Es war eine schwarzhaarige, völlig abgemagerte Person mit blauen Lidschatten und dicken Tränensäcken, an deren zerbrechlich wirkenden, dünnen Handgelenken schwere goldene Armreifen hin und her rutschten. Sie hatte ein Einzelzimmer bekommen wegen der hygienischen Kalamitäten und der Ausdünstungen ihrer Krankheit, die sie mit einem schweren Parfumduft zu übertönen versuchte. Den Namen »Höllenfürstin« hatte sie nicht nur wegen ihres Aussehens erhalten, sondern auch wegen ihrer Herrschsucht, mit der sie die Krankenschwestern tyrannisierte.

Manchmal bekam sie Besuch von einem vielleicht zwanzigjährigen Homosexuellen mit einer goldblond gefärbten Bürstenfrisur, der immer weiße Hemden und weiße Hosen trug. Er wurde der »Unschuldsengel« genannt. Gewöhnlich saß er eine halbe Stunde an ihrem Bett und hörte sich ihre Klagen und Beschwerden an, um danach sichtlich erleichtert zu verschwinden. Die Schwestern witzelten über ihn, schienen ihn aber zu mögen, weil er so hübsch und höflich war. Thomas meinte, daß die Höllenfürstin steinreich sei und der Unschuldsengel auf ihren Tod wartete, um sie zu beerben. Ich glaubte das nicht. Abgesehen davon, daß es bis zu ihrem Tod noch etliche Jahre dauern konnte, war das eine zu simple Hypothese, die vor allem dem hausbackenen Realismus von Thomas entsprach. Was diese beiden seltsamen Menschen verband, war nach meiner Meinung viel komplizierter. Vermutlich waren sie sich nicht einmal selbst darüber im klaren und folgten nur ihrem eingespielten Ritual.

Ich sagte das Thomas, der achselzuckend antwortete »von mir aus« und sich damit wie immer als ein Mensch zu erkennen gab, der kein Interesse daran hatte, in einer komplizierten Welt zu leben. Er wollte nur so schnell wie möglich nach Hause zu seiner kleinen Familienfeier, zu der er von Frau und Tochter erwartet wurde.

Als er ging, nahm er etwas weg von meinen Augen, eine Art Blende, die meinen Blick, solange wir miteinander sprachen, auf die von ihm berichteten Tatsachen eingestellt hatte. Kaum daß er gegangen war, erloschen diese Details. Ich blickte auf ein vor mir liegendes Aufnahmeprotokoll mit den anamnestischen Angaben und den üblichen Daten wie Blutdruck, Herzfrequenz, Körpertemperatur, doch während meine Augen darüberglitten und ich mir einbildete zu lesen, sah ich wie ein Schattenspiel im Hintergrund, aber dann deutlicher Anjas Hände, die mit dem Stoff ihres Rokkes spielten und ihn in heimlicher Koketterie auf ihren

Schenkeln zu wechselnden Faltenmustern drapierten. Plötzlich, gebannt von dem Gefühl, alles nehme nun seinen vorbestimmten Verlauf, sah ich Pauls Hände, die sich in das Spiel einmischten und gegen den vorgetäuschten Widerstand von Anjas Händen den Rock von ihren Schenkeln schoben. Und dann, ich wußte es im voraus, denn so hatte er es bei mir gemacht, in London und in manchen Augenblicken unserer Ehe, barg er sein Gesicht in dieser sich öffnenden weichen Zange, und wie in Trance begann sie, seinen Kopf zu streicheln und sanft an sich zu drücken, während ich, als sei der Raum durchsichtig geworden, von meinem fernen Platz aus ihnen bei ihrem stummen Liebeshandwerk zusah. Gegen meinen Willen mußte ich mir vorstellen, daß Anja die Kontrolle über Paul gewonnen hatte und mit ihm machen konnte, was sie wollte, und dieser Gedanke durchfuhr mich in schmählicher Eifersucht wie ein kaum unterdrückbares Zittern.

Im ersten Augenblick wollte ich Paul anrufen, um seine Stimme zu hören und, auch wenn er log, aus ihrem Klang und der Art, wie er mit mir sprach, zu erschließen, was geschehen war. Aber die Angst, mich in meiner Eifersucht bloßzustellen, hinderte mich daran. Vielleicht war ja alles harmlos. Sie hatten Tee getrunken, geplaudert und sich, wie es unter vertrauten Freunden üblich ist, mit einem Kuß verabschiedet, als Anja gegangen war.

Aber war sie gegangen? Das konnte ich vielleicht herausfinden, wenn ich unter irgendeinem Vorwand Leonhard anrief. Das war allerdings ungewöhnlich und kaum zu begründen, und es würde ihn mißtrauisch machen. Er wußte, daß ich mit Anja verabredet war. Und wenn sie dann später als erwartet nach Hause kam und ihm erzählte, ich habe sie zum Abendessen eingeladen, würde er wissen, daß sie log. Nachträglich mußte dann mein seltsamer Anruf für ihn zu einem weiteren Indiz werden, daß da grundsätzlich etwas nicht stimmte.

Vielleicht aber war Anja, bald nachdem ich zu meinem Nachtdienst gefahren war, ebenfalls aufgebrochen und inzwischen wieder zu Hause. Dann würde sie sich wundern, daß ich Leonhard aus dem Krankenhaus anrief, und ihn fragen, was ich gewollt hatte. Oder aber sie selbst war am Apparat. Was konnte ich dann sagen, um meinen Anruf plausibel zu machen?

Nein, es war unmöglich. Ich mußte mich zurückhalten, um nicht alles ins Rutschen zu bringen. Denn dabei konnte ich nur verlieren. Solange alles ungewiß war, durften weder Paul noch Anja, noch Leonhard, schon gar nicht er, etwas von meinem Verdacht wissen. Mein bester Schutz war jetzt meine Arbeit.

Ich hatte heute nacht die fünf Stationen der Inneren Abteilung mit jeweils 25 Betten zu betreuen und machte meine Visite teils vor, teils nach dem Abendessen, zusammen mit den jeweiligen Stationsschwestern oder ihren Stellvertreterinnen. Besondere Vorkommnisse gab es nicht. Aber der frisch eingelieferte Fixer mit seiner Hepatitis war in einer miserablen Verfassung. Sein mageres Gesicht war quittegelb, und er schaute mich mit trüben, gelblich verfärbten Augen an. Als ich mich über ihn beugte, roch ich den typischen süßlichen Geruch des Leberversagens. Anscheinend war er schon lange krank und war nur ins Krankenhaus gekommen, weil man ihn halbtot von der Straße aufgelesen hatte. Vermutlich weil ihm sein Stoff fehlte, war er so unruhig, daß er sich die Infusion schon einmal herausgerissen hatte. Ich prüfte ihren Sitz und die Medikation, eine Glucoselösung mit Vitaminen sowie ein potentes Antibiotikum. Der junge Mann war zwanzig Jahre alt, aber wahrscheinlich bereits ein Todeskandidat. Ebenso die 68jährige Frau im Nachbarzimmer, die in einer fast gegenständlichen Reglosigkeit in ihrem Bett lag und nur müde den Kopf drehte, als ich an ihr Bett trat. Sie hatte einen schweren Herzklappenfehler, der laut Anamnese auf rheumatischem Fieber in der Jugend beruhte, eine Krankengeschichte, wie sie inzwischen selten geworden ist. Sie bekam seit langer Zeit Digitalis. Aber ihr ausgeleiertes Herz gab kaum Leistung her.

Die Frau war eine Verkörperung von Schwäche und Hoffnungslosigkeit. Ihr Gesicht war papierweiß, die dünnen welken Lippen blutleer. In ihrer Lunge brodelte es im Rhythmus ihrer matten Atemzüge. Ich schaute mir die Ödeme an ihren Beinen an und tastete den dünnen Puls. Auf meine Fragen antwortete sie mit schwacher, tonloser Stimme. Ich hatte den Eindruck, die Frau hatte sich aufgegeben. Das war eigentlich schon ein Fall für eine Extrawache. Ich sprach mit der Schwester darüber, die mir versprach, in kurzen Abständen nach der Patientin zu schauen. Außerdem ordnete ich an, der Frau eine Sauerstoffmaske zu geben, und erhöhte die Dosierung des Diuretikums, weil sich in ihrer Lunge wieder Wasser ansammelte.

In anderen Krankenzimmern saßen die Patienten schon beim Abendessen, das wie üblich aus Graubrot, Diätmargarine, einem blassen Aufschnitt und einer oder zwei Käsescheiben und einer kleinen Schüssel mit gemischtem Salat bestand. Das übliche Getränk war der rote Hagebuttentee. Einige Patienten aßen am Tisch, andere im Bett. Ich sprach mit ihnen, schaute in die Krankenakten, und wenn nichts Besonderes vorlag, wünschte ich einen schönen Abend und eine gute Nacht und ging weiter. Hier und da horchte ich ein Herz und eine Lunge ab oder kontrollierte eine Infusion. Dann kam ich ins Zimmer der »Höllenfürstin«, die bereits auf mich wartete, um ihre Klagen und Beschwerden loszuwerden. Sie hatte sich wundgelegen, was bei ihrer Magerkeit kein Wunder war. Ich verordnete ihr eine Salbe und mußte dann noch auf ihren Wunsch ihren Bauch abtasten und ihr zum Einschlafen eine Valium verschreiben. Ich war wieder auf dem Weg in mein Dienstzimmer, wo ich einige Arztbriefe diktieren wollte, als ich über den Pieper in die Aufnahme gerufen wurde. Ein Mann von Anfang 50 mit Verdacht auf Herzinfarkt war eingeliefert worden. Der Mann klagte über starke, in Schulter und linken Arm ausstrahlende Schmerzen hinter dem Brustbein und war sichtlich in Panik. Das gerade geschriebene EKG zeigte die charakteristischen Veränderungen. Er hatte eine Menge Extrasystolen und Blutdruckabfall mit den Anzeichen eines cardialen Schocks. Ich spritzte ihm Morphium und ließ ihn auf die Intensivstation bringen.

Ich hatte danach keine Lust, mich gleich an die Arztbriefe zu setzen, und fuhr erst einmal in die Kantine im 6. Stock, die in einer halben Stunde schloß, um etwas zu trinken und zu essen. Ich ließ mir zwei belegte Brötchen und eine Flasche Mineralwasser geben, und als ich mein Tablett zu einem Tisch an der Fensterreihe trug, winkte mich Sibylle an ihren Tisch, eine Anästhesistin, die früher viel mit Paul zusammengearbeitet hatte. Sie fragte gleich nach ihm und bat mich, Grüße zu bestellen. Dann schloß sich Klatsch über ihren neuen Chef und einige jüngere Kollegen an, und schließlich sprachen wir über unsere Urlaubspläne. Ich fragte sie, ob sie mal in Florida gewesen sei. Das war sie nicht. Aber sie war zweimal auf den Bahamas und wollte in diesem Jahr wieder hin. Als sie ging, schaute ich ihr nach. Sie war schlank und hatte den herausfordernden Gang einer selbstbewußten oder selbstgefälligen Frau, und ich fragte mich, ob sie nicht auch eine von Pauls Liebschaften gewesen war, bevor unsere Geschichte begann, die nun in ein neues Stadium trat, nach dem nichts mehr so sein würde wie vorher.

Zu viert hatten wir immer so getan, als seien wir ein bewährter, festgefügter Freundeskreis, und ich wunderte mich darüber, wie voreilig ich mit der Möglichkeit zu rechnen begann, das alles könne sich plötzlich auflösen. Vermutlich hatten wir alle immer schon geahnt, wie zerbrechlich die Harmonie unseres Zusammenlebens war. Es war ein System ständiger gegenseitiger Rücksichtnahme mit vielen ungeschriebenen Spielregeln, das zusammenbrechen mußte, wenn sich irgendein starkes Interesse querstellte.

So gesehen brauchte ich nur zu warten, dann würde ich früher oder später erfahren, woran ich mit Paul und Anja war. Das war nicht einfach für mich. Ich war schlecht dazu geeignet, in einer unklaren Situation zu leben. Aber vermutlich war es noch schwerer, eine Leidenschaft so zu zügeln, daß sie von der Umgebung nicht bemerkt wurde. Sie würden es irgendwann leid werden, alle die Einschränkungen hinzunehmen, die ihnen der Zwang, sich zu verstellen, auferlegte. Einer würde unvorsichtig werden und den anderen mitziehen und weiterdrängen. So hatte ich es damals mit Paul auch getan. Warum sollte es Anja nicht genauso machen? Ich hatte doch schon jetzt erlebt, wie benommen sie waren, kaum fähig, darauf zu reagieren, daß ich noch bei ihnen saß. Das hatte mich am meisten verstört. Ich erinnerte mich an das wachsende Gefühl von Lähmung und Ohnmacht, mit dem ich in den letzten Minuten zwischen ihnen saß und schließlich ging, weil ich in den Dienst mußte. Auch sie waren sicher noch einen Augenblick gelähmt gewesen, als die Tür hinter mir ins Schloß gefallen war. Aber ihr Schweigen, das ich hinter mir gespürt hatte, als ich sie verließ, war schon ihr gemeinsames Schweigen gewesen, ein wortloses Eingeständnis, daß nichts mehr zu sagen übrigblieb.

Das Rufsignal meines Piepers befreite mich von diesen Gedanken. Ich trank den Rest meines Mineralwassers und ging ans nächste Telefon, um mich zu melden. In der Rettungsstelle war ein Mann Anfang 70 mit akuter Atemnot und Erstickungshusten und der Diagnose »schwere Bronchitis« und »Verdacht auf Lungenentzündung« eingeliefert worden. Ich hörte schon im Korridor seinen Hustenkrampf. Der Mann saß aufrecht im Bett, umgeben von zwei verschreckten Krankenschwestern, die ihm die verrutschte Sauerstoffmaske wieder anlegen wollten. Aber er war in Panik und schwer zu halten. Er hatte blasiges, rötliches Sekret ausgehustet, und ich hörte gleich, als ich eintrat, das Rasseln und Brodeln seiner Lunge. Er war kaltschweißig und blaß, und mir war klar, daß der Mann ein Lungenödem hatte. Möglicherweise steckte ein frischer Infarkt dahinter. Es war aber unmöglich, ihm ein EKG anzulegen, so unruhig wie er war. Ich spritzte ihm Morphium und Furosemid und überlegte, ob ich ihn intubieren und absaugen sollte, entschloß mich dann aber, ihn sofort in die Intensivstation zu bringen.

Ich sagte der Schwester, sie solle dort Bescheid sagen, daß wir gleich mit ihm kämen, und versuchte den Mann so gut es ging zu beruhigen, während die zweite Krankenschwester und ein herbeigerufener Pfleger das Bett auf den Korridor hinausschoben.

Als ich kurz danach in mein Dienstzimmer zurückkam, zog ich meinen befleckten Kittel aus, desinfizierte meine Hände und trank eine halbe Flasche Mineralwasser, bevor ich mich setzte. Ich war stolz auf meine schnelle Diagnose, die offenbar richtig gewesen war. Der Patient würde wahrscheinlich gerettet werden. Ich brauchte jetzt erst einmal eine kleine Pause.

Glücklicherweise wurde es in den nächsten Stunden ruhiger. Ein volltrunkener Alkoholiker wurde eingeliefert. Er hustete, und ich hörte Herz und Lunge ab, während er dauernd unverständliches Zeug lallte. Der Pfleger sagte, daß der Mann schon ein alter Kunde sei. Dann gab es nur noch Routinesachen: Patienten, die nicht schlafen konnten und eine Schlaftablette wollten, darunter die Höllenfürstin, der ich eine weitere Valium zugestand. Einmal mußte ich eine Infusion erneuern, die ins Gewebe lief. Zweimal wurde ich wegen okkulter Schmerzen gerufen, die vermutlich auf innere Spannungen zurückgingen. In beiden Fällen verordnete ich ein Beruhigungsmittel. Wieder zurück in meinem Dienstzimmer, zwang ich mich noch, drei längst fällige Arztbriefe ins Diktaphon zu sprechen. Dann kämpfte ich den Wunsch nieder, Paul anzurufen und, wie wir es früher oft getan hatten, ein längeres Nachtgespräch miteinander zu führen. Aufgelöst vor Müdigkeit, sehnte ich mich nach seiner Stimme und bildete mir ein, alles wäre sofort gut, wenn ich ihm das sagen könnte. Ich wußte aber, daß es nicht stimmte, und daß es auf jeden Fall falsch sei, meinem Bedürfnis nachzugeben, ohne daß ich wußte, woran ich mit ihm war. Plötzlich fühlte ich mich todmüde und ausgebrannt und legte mich hin.

Ich muß sofort angefangen haben zu träumen – wirres Zeug zumeist, an das ich mich nicht erinnern kann, außer an das Bild eines altmodischen Raddampfers, dessen Rumpf mit riesigen Rostflecken besät war. Vom Bug des Schiffes war ein großes Stück abgebrochen, so daß er wie ein aufgesperrtes Fischmaul aussah. Das Ganze begann schon wieder zu verblassen, als die Dampfpfeife des Schiffes einen durchdringenden Pfiff ausstieß, in dem ich, mühsam erwachend und wahrscheinlich mit einiger Verzögerung, das Rufsignal meines Piepers erkannte. Weil ich, völlig umnebelt, nicht sofort den Lichtschalter fand, tappte ich im Dunkeln zum Telefon. Die aufgeregte Stimme der Schwester von Station 11 meldete sich und sagte, Frau Kremer, die alte Dame mit dem insuffizienten Herzen, habe einen Herzstillstand.

»Wann ist es passiert?« fragte ich.

»Ich weiß nicht genau«, sagte die Schwester, »vor einer Viertelstunde hat sie noch geatmet.«

»Geben Sie ihr Sauerstoff und beginnen Sie mit der Herzmassage«, sagte ich. »Ich bin gleich da.«

Als ich in das Zimmer kam, waren die Schwester und ein Pfleger mit dem leblosen Körper der alten Frau beschäftigt, machten mir aber sofort Platz, weil es ihnen nicht gelungen war, den Kreislauf wieder in Gang zu bringen.

Die Patientin hatte das typische eingefallene Totengesicht mit grauer blutleerer Haut. Die Pupillen waren extrem geweitet und reglos. Der Defibrillator wurde gebracht. Ich wußte, daß wir uns das sparen konnten. Ich versuchte es trotzdem, mit einem Schock von 300 Wattsekunden das Auferstehungswunder zu vollziehen. Der Körper der Frau zuckte und fiel gleich zurück in seine Totenstille.

»Hat sie Angehörige?« fragte ich die Stationsschwester.

»Einen Sohn in Stuttgart«, antwortete sie.

»Gut, wir rufen ihn heute früh an«, sagte ich und ordnete an, die Tote noch eine Stunde im Bett liegenzulassen und dann in den Kühlraum des Leichenkellers zu schaffen. Nachdem ich den Totenschein ausgeschrieben hatte, ging ich zurück in mein Zimmer und versuchte wieder einzuschlafen. Gegen Morgen wurde ich zu einem weiteren Todesfall gerufen. Diesmal war es ein Patient, der nicht zu den Problemfällen gehörte, aber anscheinend einen Sekundentod gestorben war. Es war ein Fall für eine Obduktion. Mir oblag es, seine Frau anzurufen, die hier in der Stadt lebte, damit sie ihn noch sehen konnte, bevor er ins Kühlfach kam. Ich zögerte den Anruf etwas hinaus. Sie war völlig verstört, wollte aber sofort kommen, und ich wartete auf sie, um mit ihr zu sprechen. Mir war beklommen zumute. Der Mann war erst Mitte 50 und als Diabetiker zur Beobachtung hier. Ich hatte keine Erklärung für seinen plötzlichen Tod. Immerhin konnte ich der Frau, einer kleinen verschüchterten und sichtlich geschockten Person, mit einiger Glaubhaftigkeit versichern, daß ihr Mann vermutlich im Schlaf gestorben sei. Bemüht, alles richtig zu machen, erteilte sie die Erlaubnis zur Obduktion.

Ich war erschöpft und überdreht, brachte es aber doch fertig, noch zwei Arztbriefe zu diktieren, während im Krankenhaus mit dem Wecken der Tagesbetrieb begann. Ich wartete, bis die Kantine öffnete, und fuhr hinauf, um mit einem Blick über die Stadt den ersten Kaffee zu trinken und zu frühstücken. Als ich wieder ins Dienstzimmer kam, war

Thomas da. Wir gingen zusammen zur Ärztekonferenz, wo ich kurz über den ungeklärten Todesfall berichtete. Um 10.15 Uhr war ich zu Hause. Paul war natürlich längst in den Dienst gefahren. Ich hoffte, eine Nachricht von ihm zu finden, wurde aber enttäuscht.

Wahrscheinlich habe ich einen schweren Fehler gemacht, damals, in der Nacht, als ich meinen Wunsch unterdrückte, Paul anzurufen und mich mit ihm auszusprechen. Wenn ich meine Gefühle und Befürchtungen gestanden hätte und auch die schmerzliche Sehnsucht nach ihm, die ich empfand, und wenn ich ihn gebeten hätte, offen zu mir zu sein, damit wir über alles miteinander reden konnten, dann hätten wir sicher eine gute Chance gehabt, mit unserer Krise fertigzuwerden. Auch wenn Anja und Paul mich damals, als sie allein zurückblieben, hintergangen hatten – er hat das allerdings immer bestritten –, wäre das eine vorübergehende Irritation geblieben, wenn wir uns darüber ausgesprochen hätten. Der erste Schritt dazu hätte von mir getan werden müssen. Ich war aber unsicher und wollte keine Schwäche zeigen. Als Paul gegen Abend nach Hause kam, sprach ich über lauter andere Dinge, und er bemühte sich, auf meinen Ton einzugehen. Wir taten vertraut und waren doch weit voneinander entfernt. Jeder beobachtete den anderen. Jeder versteckte sich hinter geheuchelter Natürlichkeit. Möglicherweise gab es dafür keinen wirklichen Grund. Es war nur der Verdacht, der dieses vorsichtige Verhalten hervorbrachte und unseren Umgang miteinander veröden ließ.

Mehr noch als unter dem möglichen Betrug litt ich unter der Ungewißheit, die ich nicht auflösen konnte. Inzwischen stand alles für mich in Frage, sogar, oder vor allem, die

Unauffälligkeit, mit der sich Anja und Paul benahmen. Manchmal schien es mir, daß sie sich in meiner Gegenwart geradezu aus dem Weg gingen, als wollten sie auf diese Weise das Bild auslöschen, das sie mir einmal geboten hatten. Das hätte mich vielleicht allmählich von meinem Verdacht befreit, wenn ich nicht seit einem Jahr den Eindruck gehabt hätte, daß meine Ehe mit Paul an Substanz verloren hatte. Ich konnte es im Grunde nur so allgemein ausdrücken, denn es gab nichts Bestimmtes, woran es sich zeigte. Unser gemeinsamer Alltag kam meiner aufgereizten Aufmerksamkeit glatter und fadenscheiniger vor, und in unsere Zärtlichkeiten hatte sich etwas Schauspielerhaftes eingemischt, ein routiniertes Als ob zur immer wieder fälligen Bestätigung unserer Harmonie. Nein, wir hatten keine Konflikte. Aber an manchen Tagen glitten wir in unserem Haus aneinander vorbei wie zwei stumme Fische in einem Aquarium.

Dabei ahnte ich, wie es Paul zumute war. Er war beruflich enttäuscht, weil er den angestrebten Chefarztposten nicht bekommen hatte. Und ich hatte ihn im Verdacht, daß er nach Kompensationen suchte. Das waren bei ihm Frauen, die ihn bewunderten und verwöhnten. Vermutlich vermißte er das bei mir.

Über Anja wußte ich nichts, außer daß ihre Ehe mit Leonhard schlecht war und sie inzwischen den Mut gefaßt hatte, das deutlich zu sehen. Ich wußte nicht, wie sie damit fertig wurde. Offenbar gelang ihr das kaum schlechter, als es Paul und mir gelang. Hatte sie sich eine andere, geheime Quelle erschlossen, aus der sie lebte? Seit unserem Gespräch verschloß sie sich, und ich machte keinen Versuch, mich ihr wieder anzunähern.

Dieser sich dahinziehende, geglättete Alltag war der Hintergrund, vor dem ich meinen alten Vorschlag erneuerte, gemeinsam nach Florida zu reisen. Ich dachte, daß ein enges Zusammenleben von zwei Wochen mir zeigen würde, wie Paul und Anja zueinander standen. Ich wollte um jeden Preis die Wahrheit wissen. Notfalls wollte ich sie herausfordern.

Leonhard und Paul ließen sich ziemlich schnell für die Idee erwärmen. Von Anja aber kam Widerstand. Sie drückte sich allerdings nur vage und allgemein aus, als habe sie einfach keine Lust. Ich hatte von Anfang an den Eindruck, daß sie sich vor dem engen Zusammenleben fürchtete, wußte aber nicht, ob sich das auf uns alle oder nur auf Leonhard bezog. Da sie sich nicht klar ausdrückte, konnte sie sich mit ihrer Meinung nicht durchsetzen. Statt dessen brachte sie Daniel ins Spiel. Sie wollte, daß er mitreiste. Leonhard sprach sich dagegen aus. Der Junge sollte die täglichen Behandlungen nicht unterbrechen. Im übrigen verstünde er sich gut mit seiner Großmutter und Frau Schütte, die sicher bereit sei, für die Zeit unserer Reise jeden Tag in der Woche zu kommen. Das war Leonhards gewohnte Art, die Probleme zu lösen. Ich konnte jedoch nicht erkennen, was seine wirklichen Gründe waren. Mehr denn je war Daniel ein Streitpunkt zwischen seinen Eltern. Doch sie trugen ihre Gegensätze nicht offen aus, und meistens, auch diesmal, setzte sich Leonhard mit seiner Meinung durch.

Wir flogen Ende Februar in die Gegend südlich von St. Augustine, der ältesten Stadt der USA. Das Haus, in dem wir zwei Apartments gemietet hatten, hieß Sea Matanza. Es lag auf einer schmalen, langgestreckten Halbinsel mit dem Namen Anastasia Island, die im Osten vom Atlantik und im

Westen von einer schmalen Wasserstraße umschlossen war, in der sich der Matanzas River fortsetzte. Hartnäckig tauchte dieses Wort auf. Später habe ich erfahren, daß Matanza auf deutsch Gemetzel hieß. Hier, wo wir wohnten, hatten 1565 die Spanier eine Armee von sechstausend halbverhungerten schiffbrüchigen Franzosen ins Wasser getrieben und niedergemacht. Als ich das im Reiseführer las, sah ich die Szene wie ein verborgenes Wasserzeichen im Bild dieser schönen Urlaubslandschaft, in der, dreißig oder vierzig Meter von den ausrinnenden Wellen des Atlantiks entfernt, unser gemietetes Haus stand. Sea Matanza. Auf den Wellen schaukelten fischende Pelikane.

Inzwischen weiß ich, wie widersinnig mein eifersüchtiges Kalkül war, denn ich habe erst herbeigeführt, was ich befürchtete und entlarven wollte. Immer, wenn mir die Szenerie wieder vor Augen tritt – der weite, meistens menschenleere Strand und das Haus, das mit den Panoramascheiben des ersten Stocks über die Düne blickt, über die eine meerwärts zur Aussichtskanzel erweiterte Holzbrücke zum Strand hinunterführt, und dann die andere Seite des Hauses mit dem von Palmen und immergrünen Sträuchern umgebenen Swimming-pool, in dem in meiner Erinnerung Anja in nixenhafter Geschmeidigkeit hin und her schwimmt oder sich auf dem Rücken treiben läßt, während Leonhard irgendwo im Schatten sitzt und liest und Paul in seinem blau-roten Trainingsdreß aus dem Haus tritt und sich am Rand des Bassins niederhockt, um Anja zu fragen, ob sie ihn beim Joggen begleiten will –, immer dann, wenn ich mich selbst auf der Aussichtskanzel der Brücke zum Strand sitzen sehe, wo ich dem Flug der Pelikane zuschaue, die in langen Formationen über die Brandung segeln, und dann in der

Ferne zwei kleine Gestalten erblicke, Paul und Anja, die von ihrem täglichen Strandlauf zurückkehren, und ihnen zuwinke, bilde ich mir ein, wir seien damals glücklich gewesen oder hätten es jedenfalls sein können.

Ein allmählich wachsender Verdacht

Dr. Leonhard Veith, Vorsitzender Richter am Landgericht, der viele spektakuläre Kriminalprozesse mit Übersicht und Einfühlung geleitet hatte, war außerhalb seines Amtes ein Mensch ohne Menschenkenntnis. Sein Gefühl, man könnte auch sagen, das System seines unbewußten Denkens, ließ ihn die katastrophalen Lebensgeschichten, die er in seinen Akten studierte und über die er zu Gericht saß, als eine Welt für sich sehen, unvermischt mit seinem eigenen, alltäglichen Leben. Er hatte diese grundsätzliche Unterscheidung nicht durchdacht, denn dann wäre sie ihm zweifellos unhaltbar erschienen. Doch weil er sie für seine Sicherheit brauchte, versperrte er sich dem Gedanken, seine Freunde, Bekannten und vor allem seine Frau könnten im geheimen anders sein, als es ihrer Rolle in seinem Leben entsprach. Nur durch Zufall und erst nach Monaten kam er dahinter, daß seine Frau ihn betrog.

Fast die ganze Nacht hatte er wegen starker Zahnschmerzen nicht schlafen können. An den Wurzeln eines Backenzahnes, der in den vergangenen Tagen schon gelegentlich rumort hatte, mußte sich ein Abszeß gebildet haben, der durch die Bettwärme in Bewegung geraten war. Aus einem klumpigen Druck war ein anhaltendes Bohren und Pochen geworden, und wenn er den Zahn versehentlich mit der

Zunge berührte, spürte er einen Stich bis ins Innere des Ohrs.

Ruhig atmend hatte er eine Weile versucht, den Schmerz innerlich von sich fernzuhalten. Schließlich war er aufgestanden und hatte im Badezimmer eine und dann gleich noch zwei Schmerztabletten im Zahnputzbecher aufgelöst und hinuntergespült. Vorsichtig war er wieder ins Bett gestiegen und hatte seinen Kopf wie ein schwer nach hinten sinkendes Gewicht langsam auf das Kissen gebettet. Allmählich hatte sich der Schmerz verdunkelt, und er war in einen dämmrigen Halbschlaf versunken, dumpf dahintreibend am unscharf gewordenen Rand der Qual, im Inneren seines vernebelten Bewußtseins immer noch nach Schlaf verlangend, als er plötzlich wieder wach war.

Er drückte die Lichttaste seines Weckers und sah den Sekundenzeiger über das schwach beleuchtete Zifferblatt kreisen, als räume er unermüdlich eine unsichtbare Substanz weg, die sich immer wieder dort niederschlug. Es war halb vier. Der Schmerz wühlte und nagte hinter dem Vorhang der Betäubung, und er wußte nicht, was ihn mutloser machte: die noch bevorstehenden Nachtstunden oder der kommende Tag, an dem er den Prozeßplan für das nächste Halbjahr aufstellen mußte, eine Arbeit, die Übersicht und Geduld verlangte und der er sich nicht gewachsen fühlte.

Um etwas zu tun, stand er wieder auf und kühlte im Badezimmer die heiße, geschwollene Wange mit einem Waschlappen, ging dann, den feuchten Lappen behutsam gegen die schmerzende Stelle drückend, in die Küche und suchte in den Schränken vergeblich nach Kamille, um sich einen Tee zu kochen. Anja konnte er deswegen nicht wecken. Vor einem dreiviertel Jahr, als sie krank gewesen war, war sie aus dem gemeinsamen Schlafzimmer ausgezogen, um ihn nicht anzustecken, und bisher hatte keiner von ihnen den Vorschlag gemacht, wieder zusammenzuziehen. Manchmal, wenn er einen Prozeß führte und stark gefordert war, hatte er es auch als angenehm empfunden, von ihrer Unruhe, ihrer häufigen Schlaflosigkeit verschont zu bleiben. Inzwischen, spätestens seit der gemeinsamen Reise nach Florida, mußte er sich eingestehen, daß sie den Kontakt verloren hatten. Er hatte sich die Urlaubszeit in Florida ganz anders vorgestellt und die Tatsache, daß sie zu viert ein Haus am Meer mit zwei großzügig eingerichteten Apartments gemietet hatten, als willkommene Ablenkung und als einen Schutz gegen Anjas Reizbarkeiten und Stimmungsschwankungen betrachtet. Ja, er hatte Angst davor gehabt, zwei Wochen mit Anja allein zu sein, und Marlenes Idee eines gemeinsamen Urlaubs von Anfang an unterstützt. Wenn das Arrangement auch Konflikte zwischen ihm und Anja verhindert hatte – für eine neue Annäherung war es nicht günstig gewesen. Marlene, die die ganze Zeit in einer aufgedrehten Urlaubslaune gewesen war, hatte ihre kleine Gesellschaft durcheinandergewirbelt und häufig anders gemischt. Sie war einige Male mit ihm weggefahren, um in einem der riesigen Supermärkte einzukaufen oder einen Ausflug nach St. Augustine und Jacksonville zu machen, während Paul und Anja am Strand joggten oder im Swimming-pool hinter dem Haus badeten. Marlene hatte manchmal dabei mitgemacht, aber er selbst hatte sich wegen der Schwerfälligkeit und Plumpheit seines massigen Körpers nicht an diesen Vergnügungen beteiligt und sich, mehr als zu Hause, als Außenseiter der Gruppe gefühlt. Es mochte ja sein, daß Marlene das gemerkt und sich deshalb besonders um ihn bemüht hatte. Von Anja hatte ihn diese Fürsorge nur entfernt.

Nur nachts, im Doppelbett ihres Apartments waren sie alleine. Als er sich ihr aber näherte, hatte sie sich geweigert, ihn aufzunehmen, und ihn statt dessen mit der Hand abgefertigt. Das hatte ihm zu seiner Verwirrung außerordentliche Lust bereitet, weit mehr als der nun schon lange zurückliegende normale eheliche Geschlechtsverkehr, bei dem ihn immer das Gefühl der Plumpheit und Schwere seines schwitzenden Körpers gehemmt hatte. Davon hatte sie ihn befreit, als sie es so machte. Aber er hatte das Gefühl gehabt, daß sie es kalt und berechnend tat mit der anrüchigen Geschicklichkeit bezahlter Liebe. Trotzdem hatte er sie bitten wollen, es zu wiederholen. Doch sie hatte es gleich von sich aus getan, als er sich ihr wieder zuwandte. Darüber gesprochen hatten sie nie. Und zu Hause war es bei den getrennten Zimmern geblieben.

Vielleicht sollte er wieder einmal Gebrauch von dem ständigen Angebot seiner Schwiegermutter machen, einige Zeit herzukommen und Daniel zu versorgen. Dann konnte er mit Anja eine Reise zu zweit machen. Bloß war daran vorerst nicht zu denken. Seinen Vorschlag, für vier Tage mit nach Trier zu fahren, wo er bei einer Tagung der Richterakademie einen der Hauptvorträge halten mußte, hatte sie gleich abgelehnt. Das hatte er im voraus gewußt. Obwohl manche Kollegen ihre Frauen mitbrachten, wäre Anja in diesem Kreis ohne Anschluß geblieben, und einen Tag länger zu bleiben, wie er es vorhatte, um die römischen Sehenswürdigkeiten zu besichtigen, vor allem das Amphitheater aus der Zeit Konstantins des Großen, war für sie auch nicht interessant, wie er leider seit langem wußte. Und so wenig er ihre Gutachten für den Sender zur Kenntnis nahm, so wenig würde sie sich für seinen Vortrag interessieren. Er nahm das jedenfalls an.

Wenn die im Programm angekündigten Vorträge alle gehalten wurden, mußte das eine aufregende Tagung werden. Jemand sprach über »Kriterien bei der Beurteilung von Zeugenaussagen«. Ein anderer Referent über »Indiz und Motiv. Zur Logik der Beweisführung«. Er selbst wollte über den nicht abschließbaren Fall sprechen und die Wahrheitsfindung vor Gericht als notwendiges Konstrukt interpretieren. Aber sein Vortrag war noch nicht ganz fertig. Er brauchte eigentlich noch drei vier Tage Zeit und mußte vorher noch den Zeitplan für die Prozesse des nächsten Halbjahres fertigstellen. Vorbereitet hatte er das. Und er hatte gehofft, es am Vormittag abzuschließen.

Es war gegen vier Uhr morgens. Vielleicht konnte er noch ein wenig schlafen, bevor die Schmerzen wieder stärker wurden. Auf dem Weg in sein Zimmer lauschte er einen Augenblick an Daniels Tür, die einen Spalt weit geöffnet war. Der Junge hatte in diesem Jahr mehrere Asthmaanfälle gehabt. Jetzt schien alles in Ordnung zu sein. Die Tür von Anjas Zimmer war zu.

Er stieg wieder in sein Bett und zog die Decke zum Hals hoch. Ich muß mit ihr sprechen, dachte er. Aber zuerst kamen andere Dinge wie der Besuch beim Zahnarzt. Etwas verwirrte sich, weichte auf, verschwand. Ohne einen Einspruch der Vernunft sah er sich hoch über der nächtlichen Stadt auf einem schmalen Gesims liegen. Er war dieser dunkle Körper, den er zugleich von außen sah. Und er, der alles sah, konnte dem Liegenden nicht helfen, konnte ihn nicht daran hindern, eine falsche Bewegung zu machen. Im Stürzen wurde das Traumbild mitgerissen, ein schwarzes Tuch, hinter dem sich nichts verbarg.

Ein Martinshorn heulte durch entfernte Straßen, wahrscheinlich der Notarztwagen oder die Feuerwehr. In diesen frühen Morgenstunden starben besonders viele Menschen, vor allem wenn sie allein waren und niemand Hilfe herbeirief und den Krankenträgern die Tür öffnete. Auch er mußte sich in acht nehmen. Er hatte Übergewicht, zu hohen Blutdruck, zu hohe Zuckerwerte, und er bewegte sich zu wenig. Aber die Vorstellung, Gymnastik zu machen, war ihm fremd. In letzter Zeit fiel ihm manchmal auf, wie schwerfällig und gravitätisch er sich bewegte. Das hieß nicht, daß er ruhig war. Sein Herz schlug auch jetzt wieder viel zu schnell und kam immer wieder aus dem Takt. Manchmal hatte er nach jedem zweiten Schlag einen Aussetzer, dann nach jedem fünften, jedem neunten Schlag. Und dann ging es eine Zeitlang regelmäßig weiter, bis wieder das Stolpern begann. Am besten, er achtete nicht darauf. Dann wurde es vielleicht allmählich besser. Wenn er doch bloß schlafen könnte, um eine Weile wegzutauchen aus den Spannungen, die ihn beherrschten. Schlaf war in schwierigen Situationen immer seine Rettung gewesen. Ein tiefer Schlaf hatte ihn stets wieder heil gemacht.

Nein, es hatte keinen Zweck mehr. Er würde den Rest der Nacht besser überstehen, wenn er sich in seinem Arbeitszimmer in seinen Sessel setzte und etwas las. Schwerfällig quälte er sich aus dem Bett, zog den Bademantel über und ging nach unten. Dämmeriges Morgengrau schien das Erdgeschoß gegen ihn zu verschließen – ein Mehltau aus Stille, der auf allem lag. Er setzte sich in seinen Lehnsessel und knipste neben sich das Licht der Stehlampe an. Auf dem Beistelltisch lag der kleine gelbe Band: Gaius Julius Caesar, Der Gallische Krieg. Er hatte das Buch seit vielen Jahren nicht mehr in der Hand gehabt und davor auch nur, um etwas nachzuschlagen oder einen einzelnen Abschnitt zu lesen, an dem sein Blick beim Blättern zufällig haftengeblieben war. Aber gestern abend, nachdem Anja wieder frühzeitig in ihrem Zimmer verschwunden war, hatte er den Band zwischen den voluminösen Buchrücken seiner Sammlung zur römischen Geschichte herausgezogen und noch zwei Stunden darin gelesen, und seine Alltagssorgen und Mißstimmungen waren in den Hintergrund getreten und verblaßt. Er hatte sich in der Gesellschaft eines nüchternen und klaren Geistes gefühlt, der ihn daran erinnerte, daß das Leben etwas anderes und Größeres sei als die privaten Verstimmungen und Verwirrungen, die ihn umgaben. Und auch jetzt, als er den Anfang des siebten Buches aufschlug, wo sein Lesezeichen steckte, spürte er gleich bei den ersten Sätzen, wie der sachliche, lakonische Stil des berühmten Kriegsberichtes ihn ordnete und entspannte:

»Da in Gallien Ruhe herrschte, brach Caesar, wie er es sich vorgenommen hatte, nach Italien auf, um Gerichtstage abzuhalten. Dort erfuhr er von dem Mord an P. Clodius und wurde von dem Senatsbeschluß in Kenntnis gesetzt, daß alle Wehrpflichtigen in Italien gemeinsam den Fahneneid leisten sollten. Er beschloß daraufhin, überall in der Provinz Truppen auszuheben. Diese Tatsachen drangen schnell in das transalpinische Gallien. Die Gallier schmückten die Gerüchte aus und erfanden noch hinzu, was ihnen aus dieser Situation zwingend hervorzugehen schien: Caesar werde durch Unruhen in der Hauptstadt aufgehalten und könne auf Grund dieser innenpolitischen Kämpfe nicht zum Heer kommen.«

Bis hierhin hatte er gelesen, als er ein Geräusch an der Haustür hörte. Das Schloß wurde von außen aufgeschlossen, und leise kam jemand herein, der die Tür in dem offensichtlichen Bemühen, niemanden auf sich aufmerksam zu machen, fast lautlos wieder schloß. Dann hörte er nichts mehr, als verhielte der andere und lausche wie er. Diese plötzliche Stille hinderte ihn daran, zu erkennen, was vor sich ging. Hatte er sich vielleicht getäuscht? Mechanisch stand er auf und blickte in die Diele. Auf den unteren Treppenstufen stand eine Frau, die ihre Schuhe in der Hand trug und sich erschrocken nach ihm umdrehte. Es war Anja.

»Wo kommst du her?« fragte er.

Nachträglich dachte er, daß er diese Frage nicht wirklich gestellt hatte. Er war viel zu verblüfft oder bestürzt gewesen, um überhaupt eine Frage stellen zu können, von der er erwarten konnte, daß sie ihm diese Situation erschloß. Für ihn war die Szene, die er sah, als er in den Flur trat – Anja ihre Schuhe in der Hand tragend, auf dem unteren Teil der Treppe, sich zu ihm umdrehend mit diesem gejagten, flakkernden Blick –, so undurchdringlich wie ein Traumbild, dessen Bedeutung verborgen blieb, und die Frage, die sich stellte und die er sich im selben Moment stellen hörte, klang in seinen Ohren so, als käme sie aus einem Nebenraum, wo ein für ihn unsichtbarer Film lief.

»Wo kommst du her?«

»Von draußen«, sagte sie. »Ich bin draußen herumgelaufen, konnte nicht schlafen.«

Er starrte auf ihre Schuhe, die sie offenbar ausgezogen hatte, um sich lautlos in ihr Zimmer zurückzuschleichen.

Aber die Frage, die er jetzt stellte, war nur ein Echo auf ihre Antwort.

»Und deshalb läufst du in der Nacht draußen herum?«

»Warum nicht?« fragte sie. »Was ist schon dabei?«

Er sagte nichts. Etwas hielt ihn davon ab, sie weiter zu verhören, bevor er gründlich nachgedacht hatte. Es fehlte ihm etwas, wonach er suchen konnte. Die alte Gewohnheit, alles, was seine Erwartungen verletzte, aus seinem Leben fernzuhalten, hinderte ihn noch daran, sich etwas ganz anderes vorzustellen, als sie gerade gesagt oder vorgegeben hatte.

Erst als er auf dem weit zurückgeneigten Stuhl des Zahnarztes lag und, für einen Moment allein gelassen, auf die Wirkung der Spritze wartete, die der Arzt mit mehreren Einstichen in das geschwollene Zahnfleisch gesetzt hatte, kam der abgewehrte, abgebrochene Gedanke wieder in seinen Kopf und hatte nun die Form des Zweifels angenommen: War es denn möglich, war es wahrscheinlich, daß Anja mitten in der Nacht aus dem Haus ging, weil sie nicht schlafen konnte? Brauchte es dafür nicht einen anderen Grund?

Er wurde abgelenkt, weil der Arzt zusammen mit seiner Assistentin hereinkam, die Betäubung prüfte und mit der Wurzelresektion begann. Auf seinen Wunsch hatte ihm der Arzt die Operation beschrieben, damit er ihr Fortschreiten verfolgen konnte. Zuerst wurde das Zahnfleisch durchschnitten und vom Zahn abgelöst, und das rauhe Raspeln, das in kurzen Stößen seinen Kiefer erschütterte, kam von der Fräse, die den Knochen abtrug, der die Zahnwurzel umschloß. Schon jetzt stellte es sich heraus, daß der Eingriff schwieriger war, als es sich nach der Beschreibung angehört hatte. Der Backenzahn war für die Instrumente des Arztes schwer zugänglich, so daß die Assistentin fast gewaltsam seinen Mundwinkel zur Seite zerren mußte. Da er weit nach hinten gekippt auf dem Stuhl lag, liefen ihm trotz des Absaugerohrs ständig Speichel und Blut und das Kühlwasser des Turbinenbohrers in den Hals. Er verschluckte sich, mußte sich aufrichten und husten. Die Assistentin fuhr mit dem Saugrohr in seinem Mund herum. Und wenn er sich wieder zurücklehnte und der Arzt, dessen gerötete Stirn inzwischen von einem dünnen Schweiß überzogen war, sich erneut über ihn beugte, schloß er die Augen und versuchte an etwas anderes zu denken. Als sei das eine Zuflucht, sagte er sich, daß er zu Hause ein Problem habe, um das er sich kümmern mußte, wenn das hier zu Ende war. Das Problem war nicht genau benennbar, nicht auf seinen Kern zu bringen, stand ihm aber beunruhigend vor Augen, denn es war der Anblick von Anja, wie sie sich auf der Treppe mit einem flackernden Blick nach ihm umdrehte, als er in die Diele trat. Das war im Augenblick das einzige Bild von ihr, das er sich vorstellen konnte, als habe er sie lange Zeit nicht wahrgenommen oder sehe sie überhaupt zum ersten Mal.

Die Operation dauerte länger als erwartet. Die Betäubung mußte verstärkt und die Wundhöhle von einem ausgedehnten Eiterherd und abgestorbenem Gewebe gereinigt werden. Schließlich, nach einigem Zögern, entschloß sich der Arzt auch noch, die alte Füllung des Wurzelkanals herauszubohren und zu erneuern. Dann wurde alles noch einmal desinfiziert und das Zahnfleisch genäht. Zum Schluß spritzte ihm der Arzt ein Antibiotikum.

Als er die Praxis verließ, um zu seinem in der Neben-
straße geparkten Auto zu gehen, taumelte er und mußte ste-
henbleiben. Sein Blickfeld schrumpfte, und einen Moment
fürchtete er zu stürzen. Dann fuhren die automatischen
Türen der Dunkelheit wieder auseinander, und er konnte
langsam weitergehen. Nein, er konnte jetzt nicht gleich ins
Gericht fahren und den Prozeßplan fertigstellen. Erst mußte
er sich ein, zwei Stunden hinlegen.

Umwölkt von Müdigkeit lenkte er den Wagen durch den
Verkehr nach Hause. Anja war nicht da. Daniel wohl im
Kindergarten. Er war so erschöpft, daß er es nur flüchtig
registrierte und an nichts weiter denken konnte. Schwerfällig schleppte er sich die Treppe hoch, zog die Vorhänge zu
und entkleidete sich. Kaum im Bett, versank er schon in
Wärme und Dunkelheit. Schwarze Wolle des Schlafes.

Die Terrasse liegt in einem hellen klaren Licht. Er und Anja
sitzen auf weißen Gartenstühlen in einigem Abstand einander gegenüber. Sie weiß gekleidet, irgendwie makellos und
unberührbar. Auf einmal sieht er, daß überall auf den hellen
Steinplatten der Terrasse grätige Fischgerippe mit Käferbei-
nen sitzen. Die meisten sind reglos, einige bewegen sich zeit-
lupenhaft langsam, als klebten ihre Füße an einer unsichtbaren, zähen Masse fest. Manchmal kommt eins los und zuckt
eidechsenschnell einige Schritte vorwärts und erstarrt. Auch
an den Stuhlbeinen sitzen sie, einige sind übereinander-
gekrochen. Auf der runden Platte des weißen, ein Stück zur
Seite geschobenen Gartentisches haben sie sich zu einer
dichten schwarzen Menge zusammengedrängt. Vorhin
waren sie noch nicht da. Werden es immer mehr? Er blickt
zu Anja hin, weiß nicht, was sie denkt und was er jetzt tun

soll. Mit unbewegtem Gesicht zieht sie aus dem Ausschnitt ihrer Bluse eins der Gerippe hervor und zeigt es ihm.

Er hatte sich den Wecker gestellt, aber was ihn weckte, war das Telefon. Er war noch nicht ganz bei sich, als er sich meldete und Marlenes Stimme hörte, die ihn fragte, ob er geschlafen habe.

»Ja, ich habe mich hinlegen müssen. Ich hatte heute vormittag eine Zahnoperation.«

»Ach du Armer. Und jetzt habe ich dich auch noch geweckt.«

»Nein, das paßt mir gut. Ich muß noch ins Gericht. Ich wäre sowieso gleich aufgestanden.«

»Ich wollte eigentlich Anja sprechen«, sagte sie.

»Ich glaube, sie wollte noch zum Sender. Warte mal, hier liegt ein Zettel. Ja, sie ist beim Funk. Kann ich etwas ausrichten?«

»Es ist nur wegen unseres Rommeabends, der wieder verschoben werden muß. Ich fahre nämlich übernächstes Wochenende zum Onkologenkongreß nach München.«

»Und ich fahre in drei Tagen nach Trier zu einer Tagung der Richterakademie. Ich muß einen Vortrag halten, der noch nicht fertig ist.«

»Dann wünsche ich dir frohes Schaffen.«

»Danke«, sagte er.

Das Gespräch hatte ihm gutgetan, und um es noch einen Augenblick zu verlängern, fragte er: »Rufst du aus dem Krankenhaus an?«

»Nein, ich bin heute zu Hause, weil ich wieder einmal Nachtdienst hatte.«

»Ach so«, sagte er.

Es war eine leere, nichtssagende Floskel, die ihm unterlief, weil ihn plötzlich wie ein warmer Dunst wieder die Müdigkeit überkommen hatte. Er hatte sich dumpf und schwach gefühlt und die Lust verloren, das Gespräch fortzusetzen.

Erst drei Tage später, als er im Zug nach Trier saß und aus dem Fenster in die herbstbunte Eifellandschaft blickte, war ihm dieses Ach so unversehens wieder in den Kopf gekommen, diesmal als ein blitzartiges Aufmerken: Ach so! Marlene war also nicht zu Hause gewesen in dieser Nacht, als Anja, angeblich weil sie nicht schlafen konnte, das Haus verlassen hatte und gegen Morgen, nach wer weiß wie langer Abwesenheit, zurückgekommen war, um sich in ihr Zimmer zu schleichen.

Der Einfall kam so überraschend, daß er den Atem anhielt, um sich gleich danach wie in Notwehr zur Wehr zu setzen: Das kann nicht wahr sein! Das ist absurd! Anjas Behauptung, sie sei draußen herumgelaufen, weil sie nicht schlafen konnte, war gewiß seltsam. Aber war es nicht viel phantastischer, aus der Tatsache, daß Marlene in derselben Nacht Dienst im Krankenhaus gehabt hatte, eine so weitreichende und folgenschwere Erklärung für Anjas Verhalten abzuleiten? War es vorstellbar, daß Anja so wahnsinnig war, sich in der Nacht aus dem Haus zu stehlen, um sich mit Paul zu treffen? Und war es nicht unwahrscheinlich, daß er, auch wenn er der geborene Betrüger war, so etwas mitgemacht hätte? War es vielleicht nur seine unheilvolle Erinnerung an Pauls und Marlenes Verrat, die ihn auf diesen Gedanken brachte?

Das waren Fragen, die er sich nicht beantworten konnte. Noch weniger konnte er hoffen, sie wieder zu vergessen. Ahnte Marlene etwas? Oder wußte sie mehr als er? Sie hatte sich in Florida merkwürdig verhalten. War mehrfach mit ihm weggefahren und hatte Paul und Anja allein gelassen. Wie sollte er das verstehen? Was hatte sie dazu bewogen? War es blindes Vertrauen gewesen oder nur eine jener zufälligen Tatsächlichkeiten des Lebens, die sich jeder Interpretation entzogen, weil sie genausogut anders hätten verlaufen können? Er konnte sich keinen Reim darauf machen, hatte es erst recht in Florida nicht gekonnt, sondern sich einfach von Marlene mitziehen lassen, die in diesem gemeinsamen Urlaub im Unterschied zu sonst einen angespannten und überaktiven Eindruck auf ihn gemacht hatte. Auch das war einer der Gründe für ihn gewesen, sich immer wieder für Stunden zurückzuziehen, seinen Liegestuhl dicht am Spülsaum des Meeres aufzuschlagen, zu lesen oder aufs Meer zu blicken und im Wellenrauschen einzuschlafen. Manchmal hatte ihn Marlene zum Essen gerufen. Anja und Paul waren nie gekommen, um ihn zu holen. Nur durch Marlene schien er mit der Gruppe verbunden zu sein. Er mußte sich aber auch gestehen, daß es seinem Bedürfnis, allein zu sein, entgegengekommen war. Hatte er die anderen nicht wahrnehmen wollen? Hatte er sich gegen sie abgeschirmt, um nicht sehen zu müssen, was sich abspielte und mit wem er es zu tun hatte?

Das alles erschien ihm wie ein ironischer Beleg zu dem Vortrag, dessen Skript in seinem Gepäck lag. Er wollte darin etwas ins Licht rücken, was ihn tief beunruhigte, daß nämlich die richterliche Wahrheitsfindung, trotz Indizien, Beweisen und Geständnissen, immer Züge eines Konstruktes hatte, das der Rechtsgemeinschaft Schutz gegen die unendliche Auslegbarkeit des menschlichen Lebens bot. Das war im Kern problematisch, was anerkannt wurde im Freispruch eines Angeklagten, dessen vermutlicher Schuld unaustilgbare Restzweifel gegenüberstanden. Das war ein Rechtsgrundsatz, für den man mangelnde Klarheit und fortbestehende Ungewißheit in Kauf nehmen mußte. Er teilte aber nicht die weit verbreitete moderne Ansicht, daß dies eine Art von poetischem Zustand sei. Ein halb ernstes, halb spielerisches Gespräch fiel ihm wieder ein, das sie in Florida geführt hatten. Ausgehend von der Unordnung in der Küche, die jeder von ihnen nach Bedarf benutzte, hatten sie über das Chaos gesprochen, und Paul hatte definiert: Chaos sei der Zustand, in dem es gleich wahrscheinlich sei, daß der Kamm in der Bürste oder in der Butter stecke. Das war eine witzige Definition gewesen. Aber für ihn hatte sie etwas Abstoßendes gehabt. Er wollte nicht in einer so beliebigen Welt leben, in der alles gleich wahrscheinlich und also ungewiß war. Er wollte nicht mit allem rechnen müssen, schon gar nicht damit, zweimal hintergangen zu werden von seinem alten Freund.

Doch, er hatte begonnen, damit zu rechnen. Ja, sein Problem hieß Paul. Das hatte für ihn einen anderen Stellenwert als die Schwierigkeiten, die er mit Anjas Labilität und ihren Launen und wechselnden Stimmungen hatte. Denn inzwischen wußte er, daß sie nicht die richtige Frau für ihn war. Mit ihr mußte er leben wie mit einer chronischen Krankheit, die er unter Kontrolle hatte. Er mußte nur verhindern, daß sie schlimmer wurde. Von Paul und Marlene erwartete er etwas anderes, seitdem sie ihre Freundschaft neu beschworen und besiegelt hatten. Freundschaft bedeutete Verläßlichkeit. Vielleicht war der Glaube daran seine letzte Illusion.

Die Schaffnerin kam und kontrollierte die Fahrkarten. Das jedenfalls war ein Stück Ordnung, das funktionierte. Er empfand es als eine wohltuende Unterbrechung seiner Gedanken und lächelte ihr zu, und sie gab ihm die Karte zurück und wünschte ihm eine gute Reise. Das angenehme Gefühl, das diese kleine formelhafte Höflichkeit in ihm hinterließ, zeigte ihm, wie ausgehungert er nach freundlichen Menschen war.

Um sich zu entspannen, blickte er aus dem Fenster. Der Zug fuhr seit einiger Zeit bergan durch ein waldiges Tal, in dem ihm, mal in engen, mal in weiträumigen Schlingen, ein immer wieder vom Ufergebüsch verdeckter Bach entgegenkam, der zum Rheintal hinunterfloß. An manchen Krümmungen hatte das Wasser das Ufer ausgehöhlt, so daß die Wurzeln der Uferbüsche freilagen. Angeschwemmtes fahles Gras hatte sich darin verfangen und hing bärtig über dem Wasser, das zur Zeit ziemlich niedrig war und in schmalen Rinnsalen um die großen dunkelbraunen Gesteinsbrocken herumlief, die in seinem Bett lagen, anstatt sie wie in Regenzeiten oder während der Schneeschmelze schäumend zu überspülen. Es hatte, ungewöhnlich für die Jahreszeit, lange Zeit nicht geregnet. Jetzt näherte sich laut Wetterbericht ein ausgedehntes Tiefdruckgebiet von den britischen Inseln, das heute nacht Westdeutschland mit starken Regenfällen überziehen würde und dem weitere Tiefs folgten. Das waren keine guten Aussichten für seine geplanten Besichtigungen. Aber er wollte an seinen Plänen festhalten und nicht früher heimkehren, als er erwartet wurde, nicht nur, um seinen Interessen zu folgen, sondern auch, um eine mögliche Konfrontation zu vermeiden, auf die er nicht vorbereitet war.

Ja, er mußte sich vorher alles im Kopf zurechtlegen, als bereite er einen schwierigen Prozeß vor. Er mußte den Tatbestand kennen und seine eigene Einstellung und den aus

beiden Positionen sich ergebenden Verfahrensplan. Diese
Reise nach Trier, so bedenklich sie einerseits war, da er nicht
wußte, was hinter seinem Rücken geschah, gewährte ihm
einen Aufschub aller Entscheidungen, was auf jeden Fall ein
strategischer Vorteil war.

Draußen vor dem Fenster war der Bach verschwunden.
Wenn er sich nicht täuschte, fuhr der Zug jetzt langsam
abwärts, dem Moseltal entgegen. Und als habe er nicht nur
in der Landschaft, sondern auch innerlich eine Wasser-
scheide überschritten, begann er sich auf die Tagung in der
Richterakademie einzustellen. Dort würde er viele alte
Bekannte wiedersehen, die nichts von seinen privaten Problemen wußten. Sie unterstellten ihm ein gelungenes Leben,
ohne Affären und dunkle Abwegigkeiten. Für sie war er eine
geschlossene Persönlichkeit. Er spürte, wie ihn das ordnete
und ihm seine alte Fähigkeit wiedergab, immer erst einmal
das Naheliegende zu tun.

Das Hotel lag in der Nähe der Porta Nigra und war vom
Bahnhof aus bequem durch eine Unterführung zu erreichen.
Beim Empfang traf er seinen Duisburger Kollegen Hermann
Aurich, der mit demselben Zug gekommen war und gerade
das Anmeldeformular ausfüllte. Leonhard hatte ihn in der
Unterführung vor sich hergehen sehen, war aber vor dem
Hotel noch einmal stehengeblieben, um einen Blick auf die
Porta Nigra zu werfen, die als ein mächtiges Bollwerk auf
einem etwas abgesenkten inselhaften Terrain stand, das vom
Autoverkehr in einem weiten Bogen umfahren wurde. Er
kannte das berühmte Stadttor von seinen früheren Besu-
chen, ebenso die beiden römischen Thermen, Konstantins
Palastaula und den Dom. Nur das wieder ausgegrabene

Amphitheater hatte er noch nicht gesehen. Er hatte nicht nur wegen der Porta einen Augenblick gezögert, sondern auch, weil er keine Lust hatte, an der Rezeption mit Aurich zusammenzutreffen und die kollegialen Freundlichkeiten austauschen zu müssen. Aber Aurich machte es ihm leicht, indem er sich erfreut zeigte und die üblichen Fragen nach dem Befinden stellte, die man mit »danke gut« beantworten konnte.

Sie fuhren gemeinsam im Lift in den dritten Stock, und Aurich schlug vor, sich in einer Stunde zu treffen und zu zweit mit einem Taxi in die Akademie zu fahren. Ihre Zimmer lagen nebeneinander. Leonhard konnte hören, wie Aurich den Fernseher einschaltete, dann den Ton gleich leiser stellte. Er blickte sich um. Das Zimmer war etwas schmal, ging auf einen Hinterhof hinaus, so daß die Verkehrsgeräusche der Umgehungsstraße nicht zu hören waren. Er packte seinen Koffer aus, hängte seine Jacke in den Schrank, legte das Manuskript seines morgigen Vortrags in das mittlere Schrankfach, streifte die Schuhe von den schmerzhaft geschwollenen Füßen und legte sich auf das Bett. Er war nicht müde, aber er hatte ein Bedürfnis nach Ruhe und Rückzug, bevor er sich in das Gedränge der Tagung begab, wo er vermutlich zahlreiche Bekannte wiedererkennen mußte, die er seit Jahren nicht gesehen hatte. Das war nicht gerade seine Stärke. Es war nur gut, daß er Aurich bei sich hatte, der immer gleich auf die Leute zuging. Wahrscheinlich würde man im Tagungsbüro kleine Namensschilder erhalten, die man sich ans Revers heften konnte. Längst nicht alle taten das.

Wie wäre es, dachte er, wenn ich die Abendveranstaltung schwänzte und Aurich anriefe, um ihm zu sagen, ich fühlte mich nicht wohl? Man würde dann sicher nach ihm fragen und ihn am nächsten Tag besorgt beobachten, einige, die ihn darum beneideten, daß er zum zweiten Mal einen Vortrag hielt, vielleicht sogar mit Schadenfreude. Nein, er mußte das durchstehen, obwohl er sich angeschlagen fühlte und sein Herzschlag wieder stolperte, wie öfter in der letzten Zeit. Das war sicher der vorausgesagte Wetterwechsel, die sich nähernde Sturm- und Regenfront des aus Nordwesten kommenden Tiefs. Noch vor einem Jahr hatte ihm das nichts ausgemacht. Seitdem schien sich grundsätzlich etwas verändert zu haben. Er mußte sich bald einmal untersuchen lassen, von irgendeinem fremden Arzt, jedenfalls nicht von Marlene. Oder vielleicht brauchte er eine Kur. Doch daran war vorläufig nicht zu denken, schon wegen der anstehenden Prozesse nicht. Er versuchte, es bei dieser Begründung zu belassen und seinen unerwiesenen Verdacht aus seinen Überlegungen zu verbannen. Gegen seinen Willen sah er wieder Anjas flackernden Blick, als sie sich auf der Treppe nach ihm umdrehte, mit ihren Schuhen in der Hand.

Das Telefon klingelte, und Aurich meldete sich: »Wenn Sie einverstanden sind, bestelle ich jetzt unser Taxi.«

»Ja gut, ich komme«, sagte er.

Er setzte sich auf die Bettkante und lockerte die Schnürsenkel für den Fall, daß die Füße wieder anschwollen, wenn er bei dem Empfang viel stehen mußte. In etwa drei Stunden würde er wieder hier sein, sagte er sich, denn an den kollegialen Gesprächsrunden, die sich gewöhnlich im Anschluß an die Eröffnungsveranstaltung noch in irgendwelchen Restaurants zusammenfanden, wollte er sich nicht beteiligen. Als er aus dem Lift trat, stand Aurich da und blickte gerade auf die Uhr. »Wir haben noch gut Zeit«, sagte er und ließ ihm mit einer Handbewegung den Vortritt. Draußen war es dämmerig, und ein böiger Wind empfing sie mit einem Regenschauer. Das Taxi stand da mit schlagenden Scheibenwischern.

»Zur Richterakademie«, sagte er.

Der Fahrer, wohl ein Ausländer, nickte und fuhr los.

»Wendland und Gruppe sind übrigens auch da«, sagte Aurich. »Das sind doch Ihre Kölner Kollegen.«

»Wendland nicht mehr. Der ist jetzt in Hagen.«

»Ach, das ist mir entgangen.«

Es entstand eine Pause, in der Aurich über die Versetzung des Kollegen Wendland nachzudenken schien. Dann sagte er: »Ich bin übrigens sehr gespannt auf Ihren Vortrag. Sie trauen sich immer an die fundamentalen Themen heran.«

»Na ja, manche kritisieren das. Aber ich würde mich sonst langweilen.«

»Verstehe ich«, sagte Aurich. Auch er war einer der vielen Meister in solchen Passepartout-Sätzen, die man in den nächsten Stunden im Überfluß hören würde. Es war das Grundgeräusch des Lebens, wenn Menschen in großer Zahl auf engem Raum zusammenkamen.

Als Leonhard, nun doch fast vier Stunden später, in sein Zimmer zurückkam und hinter sich abschloß, empfand er einen Augenblick dankbar die Stille und karge Gesichtslosigkeit des schmalen Raums, der den Stimmenschwall der letzten Stunden in seinem Kopf verebben ließ. Fast jeder, mit dem er ins Gespräch gekommen war, hatte ihn auf seinen morgigen Vortrag angesprochen und großes Interesse an dem Thema bekundet, und einige hatten sich dabei auch auf den Vortrag bezogen, den er vor zwei Jahren in der Akademie gehalten hatte. Nur die Referenten hatten sich untereinander über ihre Vorträge ausgeschwiegen, und wenn er sich nicht täuschte, waren sie sich aus dem Weg gegangen. Die meisten Tagungsteilnehmer saßen jetzt wohl noch zusammen, um sich gegenseitig vor Augen zu führen, daß man dazugehörte. Er hatte das nie getan, nicht einmal, als er noch Assessor war. Doch er hatte auch nie das Fremdheitsgefühl verloren, das er dem Betrieb gegenüber empfand und das ihn stets nötigte, gerüstet zu sein, wenn er sich hineinbegab. Auf keinen Fall durfte man ihm anmerken, daß er keinen sicheren Hintergrund mehr hatte. Auch die Umkehrung galt: Wenn er das hier gut bestand, würde er mehr Sicherheit und Kraft haben, seine privaten Probleme zu lösen. Zur Entspannung trank er noch eine Flasche Bier aus der Minibar und schluckte gegen seine Gewohnheit eine Schlaftablette, bevor er sich hinlegte und das Licht ausknipste. Es überraschte ihn, wie stockfinster der Raum war. So finster wie ein großer Sarg.

Er wurde wach mit dem Gefühl, daß nur eine Minute Zeit vergangen war. Aber es war vier Uhr, als er das Licht anknipste. Draußen klatschte der Regen in heftigen Böen gegen das Fenster, und sein Herz schlug schnell, obwohl sein Kopf sich anfühlte, als ob er von einer gipsernen Bandage umschlungen sei. Er wußte, daß er nicht mehr einschlafen konnte. Aber in wenigen Stunden mußte er sowieso aufstehen. Jetzt konnte er nur noch das Licht löschen und versuchen, im Dunkel ruhig liegenzubleiben. In beiden Ohren hörte er seinen Herzschlag, als sollte ihm etwas eingeprügelt werden, was er nicht denken mochte. Ja, sie waren wahrscheinlich jetzt zusammen, jetzt, da sie wußten, daß er verreist war und sie ihn nicht fürchten mußten. Er konnte sich nicht vorstellen, was sie zueinander führte, aneinander fesselte. Es mußte etwas sein, was sie als einmalig und überwältigend erlebten, Küsse und Berührungen, die alle anderen Erfahrungen auslöschten und an die er nie heranreichte, er, ein plumper, unbeholfener Mann, der sich seit seiner Jugend, als er sich selbst zu sehen begann, an seinen Defiziten vorbeigeschwindelt hatte, indem er alles andere für wichtiger erklärte, und der nun zum zweiten Mal erlebte, daß man ihn hinterging.

Um sich abzulenken, versuchte er, an seinen Vortrag zu denken und den Ablauf seiner Argumentation noch einmal durchzugehen. Es gelang ihm nur schlecht, in einer abgestumpften, ungefähren Form, die er seiner Müdigkeit zuschreiben konnte. Aber das löschte nicht den Eindruck, daß der Vortrag, so wie er ihm jetzt vor Augen gekommen war, zum großen Teil aus aufgeblähten Selbstverständlichkeiten bestand. Er hatte ihn viel zu schnell geschrieben, unterbrochen durch die Arbeit am Prozeßplan und seine Zahnoperation und immer wieder abgelenkt durch seine persönlichen Irritationen. Offenbar hatte sein Bedürfnis, schnell etwas in die Hand zu bekommen, woran er nicht zweifeln mußte, seinen Blick dafür getrübt, daß der Text, den er, aufgeputscht von mehreren Tassen starken Kaffees, ins Diktiergerät gesprochen hatte, allenfalls ein Rohskript und kein besonders gutes war.

Was konnte er jetzt tun? Er hatte noch vier Stunden Zeit, um zu retten, was zu retten war. Aber er fühlte sich gelähmt von der Schlaftablette, die allmählich, als sei der Energiestoß seiner Aufregung verpufft, wieder ihre Wirkung entfaltete und ihm, wenn er nicht gleich das Licht einschaltete, die Lider schließen würde. Halb betäubt rappelte er sich auf und ging ins Badezimmer, um zu duschen. Möglicherweise hörte das Aurich im Zimmer nebenan. Aber der schlief wahrscheinlich fest, weil für ihn, wie für die meisten Tagungsteilnehmer, nichts auf dem Spiel stand. Ihm konnte er notfalls auch erklären, daß ihm noch einige wichtige Korrekturen zu seinem Vortrag eingefallen seien. Doch das war nur möglich, wenn es ihm noch gelang, dem Vortrag eine akzeptable Fassung zu geben.

Als er, notdürftig angezogen und versorgt mit einer Flasche Mineralwasser und einer Tüte Erdnüsse aus der Minibar, an dem kleinen Schreibtisch saß und die ersten Seiten seines Vortragsskriptes las, mußte er erkennen, daß er am Rand eines Desasters stand. Fast alles, was er geschrieben hatte, war so nicht brauchbar. Es war bestenfalls ein mit allen typischen Mängeln einer vorläufigen Rohfassung behaftetes Manuskript. Gleich die erste Seite konnte er streichen. Sie bestand fast nur aus Eröffnungs- und Umgehungsphrasen, weil er offensichtlich nicht gewußt hatte, wie er in sein Thema hineinfinden sollte. Dann folgten viel zu ausführliche Erörterungen über die perspektivische Selektivität von Zeugenaussagen. Aber das war schon das Thema eines anderen Vortrages. Sein eigentliches Thema trat erst auf der vierten Seite im informationstheoretischen Begriff des »Rauschens« hervor. Dazu hatte er auf einem Extrablatt neben anderen Anmerkungen zur Diskussion eine kleine lyrische Marginalie über die Meeresbrandung notiert, die er irgendwann gelesen hatte. Von ihr aus konnte er einen guten Zugang zu seinem Thema finden. Vielleicht war es sinnvoll, sie vorzulesen, auch wenn das für eine Juristentagung ein ungewöhnlicher und befremdlicher Anfang war.

Der kleine Text handelte vom Geräusch der Brandung. Er beschrieb es als eine Unendlichkeit sich überlagernder Stimmen, die sich gegenseitig löschten. Wenn er das poetische Bild so akzeptierte, dann konnte er die Herstellung lebbarer Ordnungen als einen Auswahlprozeß beschreiben, der Inseln von Sinn aus dem Rauschen der Totalität hervorhob. Und das war die Rahmenvorstellung, in der er den Strafprozeß beschreiben wollte, als ein Verfahren zur Sicherung eines Raumes wünschbarer, wechselseitiger menschlicher Erwartbarkeiten, der ständig vom Rauschen abweichender Möglichkeiten gestört und verwischt wurde. Dabei mußte er die Probleme der Wahrheitsfindung und der Legitimation von Urteilen besser herausarbeiten. Und zum Schluß wollte er dann vom unabschließbaren Urteil sprechen und es als einen notwendigen Tribut an die unüberschaubaren Möglichkeiten und Widersprüche des Lebens interpretieren.

Ja, das war eine Formulierung, die er sich gleich merken wollte. Vielleicht würde der ganze Vortrag entscheidend gewinnen, wenn ihm noch einige weitere Präzisierungen gelangen. Viel Zeit blieb ihm nicht mehr, das Nötigste zu tun.

Er arbeitete, Erdnüsse kauend und Mineralwasser trinkend, in fliegender Hast und kam erst gegen Morgen, als die Erschöpfung zunahm, auf den Gedanken, den Nachtportier anzurufen und zu fragen, ob er einen Kaffee bekommen könne. Der Portier wollte schauen, was er tun könne, und brachte ihm eine Viertelstunde später eine Kanne mit starkem Kaffee und ein Gedeck vom Frühstücksgeschirr samt Sahne und Zucker aufs Zimmer und ging zufrieden mit einem Zwanzigmarkschein wieder weg.

Leonhard trank rasch hintereinander drei Tassen von dem starken Gebräu. Es machte ihn ein wenig zittrig, wie er an seiner Schrift sah, aber schließlich brachte er den Text zu Ende. Er rasierte sich, band eine Krawatte um und ging zum Frühstück.

Aurich saß schon da und winkte, als er in den Frühstücksraum trat, und erkundigte sich, wie er geschlafen habe.

»Nicht so prächtig«, sagte er. »Und leider nur knapp die halbe Nacht.«

»Warum? Wegen des Wetters?«

»Vielleicht auch«, sagte er.

Dann fügte er hinzu, als müsse er um Verständnis für seinen Zustand bitten: »Ich mußte meinen Vortrag noch einmal überarbeiten.«

»Ach«, sagte Aurich und schaute ihn erstaunt an.

»Jaja«, sagte Leonhard, »ich habe viel zu spät angefangen. Und dann kam im letzten Moment noch allerhand dazwischen.«

»Wie das so ist«, sagte Aurich, um ihm unbegrenztes Verständnis zu bekunden. Oder war das Ironie?

Warum habe ich das überhaupt erzählt, dachte er, als er zum Buffet ging und sich mit Rührei und Toast bediente. Dann ging er noch einmal zurück, füllte den üblichen Obstsalat mit Joghurt in eine Glasschale und nahm sich ein Glas Orangensaft.

»Wir haben doch noch etwas Zeit?« fragte er, als er sich wieder zu Aurich an den Tisch setzte.

»Absolut«, sagte Aurich. »Wahrscheinlich beginnt es heute sowieso mit Verspätung, denn der Eröffnungsvortrag muß leider ausfallen.«

»Wieso? Ich habe doch Benthaus gestern abend noch gesehen?«

»Ich auch. Wir haben sogar noch längere Zeit zusammengesessen. Er hatte aber heute nacht eine Herzattacke und wurde ins Krankenhaus gebracht.«

»Ein Infarkt?«

»Ich nehme an.«

»Das hätte mir heute nacht auch passieren können. Schon wegen des plötzlichen Wetterumschwungs.«

»Man weiß es wirklich nie«, nickte Aurich.

Dann blickte er auf seine Uhr und sagte: »Entschuldigen Sie mich bitte. Ich muß noch telefonieren.«

Leonhard bestrich eine Scheibe Toast mit Butter und bepackte sie mit Rührei. Ja, das hätte mir auch passieren können, dachte er. Ich bin dicht daran vorbeigeschrammt. Vorsichtig, damit kein Rührei herunterfiel, biß er ein Stück von dem Toast ab und kaute langsam, als müsse er prüfen, was er im Mund hatte. Er fühlte sich flau. Und der Tag, der ihm bevorstand, belastete ihn wie ein schweres Gewicht, das man ihm umgehängt hatte. Aber wie schon oft hatte er sich selbst damit beladen, als er sich den Vortrag aufdrängen ließ. Doch damals, Monate vor der Floridareise, war er in einer anderen Verfassung gewesen und hatte sich seine jetzige Lage nicht vorstellen können. Nun war er in einen Engpaß geraten und stand in Gefahr, seinen Ruf zu verlieren. Trotz der Überarbeitung war der Vortrag immer noch ein flüchtiges Elaborat, ausgestattet mit schnell zusammengetragenen Lesefrüchten. Einen Text wie diesen mußte man locker vortragen, am besten frei. Dazu war er heute nicht fähig. Es war aber kaum einfacher, den Text abzulesen, den er in der Nacht mit vielen, nicht gerade leserlichen Korrekturen, Einschüben,

Umstellungen und Streichungen in einen Parcours mit dicht aufeinanderfolgenden Hindernissen verwandelt hatte.

Er löffelte seinen Obstsalat, als Aurich zurückkam.

»Ich habe mit der Akademie telefoniert. Da ist jetzt großer Wirbel wegen der notwendigen Programmänderung. Dr. Schorn hat mich gebeten, Ihnen auszurichten, daß man Sie wahrscheinlich bitten wird, heute den Anfang zu machen.«

»Ja, gut«, sagte er.

Um so schneller ist es vorbei, sagte er sich. Doch das konnte er sich nicht vorstellen.

»Dann bestelle ich jetzt das Taxi«, sagte Aurich.

Als sie in der Akademie eintrafen, war der Vortragssaal schon fast besetzt, und der sichtlich nervöse Tagungsleiter, der zusammen mit zwei Kollegen vor den geöffneten Saaltüren auf sie wartete, kam auf sie zu.

»Gut, daß Sie da sind, Herr Veith! Herr Aurich hat Sie ja wohl schon darauf vorbereitet, daß wir umdisponieren mußten. Wir wollen heute mit Ihrem Vortrag beginnen, weil er sich von der Thematik her am besten zur Eröffnung unseres Programms eignet. Es tut mir leid, daß wir Sie so überfallen müssen.«

»Das ist doch nur eine verständliche Verschiebung und kein Überfall.«

»Richtig, ganz richtig. Ich bin Ihnen sehr verbunden.«

»Wie geht es dem Patienten?« fragte er.

»Wir haben keine neuen Nachrichten. Aber es ist wohl ein Herzinfarkt.«

»Gestern abend habe ich noch bis gegen eins mit ihm zusammengesessen. Mir ist nicht das Geringste aufgefallen«, sagte Aurich. »Es war wohl dieser gewaltsame Wetterumschlag.«

»Den habe ich auch gespürt«, sagte Leonhard.

Sie traten in den Saal, in dem ein Stimmengewirr herrschte. Offenbar hatte sich die Nachricht vom Herzinfarkt des vorgesehenen Referenten inzwischen verbreitet. Und nun, da er vom Tagungsleiter zu einem reservierten Platz dicht beim Rednerpult begleitet wurde, sahen alle, daß er den Eröffnungsvortrag halten würde. Er hielt sein Manuskript, dessen Blätter er im Hotelzimmer noch einmal durchgezählt und geordnet hatte, mit der Vorderseite nach unten auf dem Schoß, um die wilden Korrekturen der Nacht vor fremden Blicken zu schützen, wollte sie auch selbst nicht sehen. Er fühlte sich wie versteinert, unfähig, einen Gedanken zu fassen, und nickte nur automatisch, als Schorn ihm zuflüsterte: »Wir warten noch ein paar Minuten wegen der unvermeidlichen Nachzügler.«

Nach einer Weile glaubte er zu hören, daß die Saaltüren geschlossen wurden. Das Stimmengewirr verebbte, ließ einen Augenblick einzelne Stimmen in der Nähe hervortreten, die dann auch verstummten. Schorn, der sich vorhin umgeblickt und damit vermutlich dem Hausmeister das Zeichen zum Verschließen der Saaltüren gegeben hatte, erhob sich und ging zum Rednerpult.

Er begrüßte die Versammlung zum Beginn des heutigen Tagungstages und kam gleich darauf zu sprechen, daß der im Programm angekündigte Vortrag des Kollegen Volker Benthaus leider ausfalle, da der Referent vergangene Nacht mit Kreislaufproblemen in ein örtliches Krankenhaus eingeliefert werden mußte. Die Tagungsleitung glaube im Sinne aller Teilnehmer zu handeln, wenn sie dem Kollegen eine baldige vollständige Genesung wünsche. Er machte eine kurze Pause für den zustimmenden Applaus.

Als er wieder begann, hatte seine Stimme einen neuen optimistischen Klang. »Dankenswerterweise«, so begann er, »haben wir durch die Bereitschaft unseres geschätzten Kollegen Dr. Leonhard Veith, seinen erst für den Nachmittag vorgesehenen Vortrag schon jetzt zu halten, für die Eröffnung des heutigen Tagungsprogramms einen vollwertigen Ersatz gefunden. Dies ist, lassen Sie mich das sagen, das Gegenteil einer Notlösung. Denn der Vortrag, den wir nun hören werden, hat, wie schon sein Thema verrät, ähnlich fundamentale Aspekte wie der ausgefallene Vortrag und kann damit ebenso optimal zur Grundlegung der spezielleren Themen des heutigen Tages dienen. Darf ich Sie bitten, Dr. Veith?«

Schwerfällig und mit Verzögerung erhob sich Leonhard von seinem Sitz und ging, im Rücken den gedämpften Begrüßungsbeifall des Saales, zum Rednerpult, wo er sein Manuskript bereitlegte und das Mikro, seiner Größe entsprechend, neu einstellte, bevor er sich der Kraftprobe unterzog, das ihn anstarrende Publikum anzublicken. Er räusperte sich, nahm noch einen Schluck Wasser und blickte auf sein Skript. Obenauf lagen die Gedichtzeilen, die er im Anhang seines Skripts vermutet hatte. So war also alles entschieden. »Ich möchte Ihnen zu Anfang einige Zeilen eines Gedichtes vorlesen«, begann er. »Sie handeln vom Geräusch der Meeresbrandung, und ich werde erst nachher die Beziehung dieses Textes zu meinem Thema darlegen. Hören Sie erst einmal zu.«

Langsam, ohne jede Emphase, las er Zeile für Zeile:

»Das Geräusch der Brandung:
unvorstellbar viele Stimmen
reden darin, doch
keine kommt zu Wort.
Jede erzählt ihre eigene Geschichte.
Alle zusammen
sind sie das Rauschen
des immergleichen Traums.«

Er machte eine kleine Pause. Im Saal herrschte eine
gespannte Ruhe. Während er las, hatte er gespürt, wie eine
tiefere Aufmerksamkeit die Zuhörer zusammenfügte. Und
als ströme ihm dies als eine neue Kraft zu, hatte er sich entschlossen, das wirre Skript beiseite zu lassen und frei zu
sprechen.

»Ich glaube«, begann er, »daß jeder, der wie ich immer
wieder, meist außerhalb der Badesaison, am Meeresstrand
gewesen ist, die Faszination des Wellenrauschens kennt. Es
ist ein Naturgeräusch, dessen betäubende Macht gerade
darin besteht, daß es in alle Ewigkeit keinen artikulierten
Sinn hervorbringen wird: kein ja und kein nein, kein gut
und kein böse, kein häßlich, kein schön, nur das Einerlei
des Rauschens. Sinn bedeutet Unterscheidung, Abgrenzung
und Widerspruch. Das Rauschen ist die gleichförmige
Monotonie des Ununterscheidbaren.

Das Gedicht macht nun die Unterstellung, daß in diesem
Rauschen zahllose, sich gegenseitig überlagernde Stimmen
eingeschlossen sind, die etwas Eigenes zu erzählen haben,
aber nie zu Wort kommen. Das hat mich, als ich es zum
ersten Mal las, merkwürdig berührt, ich habe es aber nicht
verstanden.

Jetzt sehe ich darin zwei ineinander verschränkte Weltzu-
stände – die elementaren Naturgeräusche, vertreten durch
das Meeresrauschen, die mehrere Milliarden Jahre ungehört
verhallt sind, bevor die Geschichte des Lebens begann, die
sich nach und nach immer vielstimmiger in den Lockrufen,
Brunstschreien und Drohlauten der verschiedenen Tierstim-
men zur Geltung brachte, und dann, nach einem neuen Evo-
lutionsschritt, in der menschlichen Sprache. Die Tierstim-
men sind noch ganz Ausdruck und Unmittelbarkeit. Mit
der menschlichen Sprache beginnt die Reflexion. In ihr setzen wir uns darüber auseinander, wie wir uns sehen und wer
wir sein wollen, und was die gemeinsamen Regeln und
Bedeutsamkeiten sind, mit denen wir unsere Welt als eine
Insel von Sinn gegen das große Schweigen oder Rauschen,
das uns umgibt, erhalten und erneuern können. Unsere
Tagung ist ein gutes Beispiel dafür, daß wir unser gesellschaft-
liches und individuelles Leben als ein veränderliches und
auch problematisches menschliches Konstrukt von Lebens-
sinn verstehen, das zu seiner Legitimation und zu seiner
Neuanpassung an die veränderliche Außenwelt der ständigen Diskussion und Reflexion bedarf.«

Er hatte seine Stimme sinken lassen, um anzudeuten, daß
seine Vorrede beendet sei. In ihm vibrierte die Erregung seiner plötzlichen Inspiration, während das Publikum, geordnet in viele Reihen gleichgerichteter Gesichter, ihn reglos
anstarrte. Das war die bange Aufmerksamkeit von Zuschauern, die einen Akrobaten beobachteten, der mit ersten
tastenden Schritten ein weit gespanntes Seil betreten hatte,
unter dem sich kein Auffangnetz befand. Er hatte zwar sein
Skript vor sich liegen. Aber wenn er sich daran festhielt,
würde er sich an eine noch unzulängliche Fassung seines

Themas binden, die er mit seinen einleitenden Worten bereits überschritten hatte. Daran wurde er jetzt gemessen.

Weiter, dachte er, weiter.

Dauerte die Pause schon zu lange? Oder befand er sich in einer schneller voranschreitenden Zeit als das Publikum, das sich bisher nicht gerührt hatte? Er blätterte die beiden ersten Seiten seines Skripts um, ohne einen Anhaltspunkt zu finden, blätterte weiter, merkte, daß er gar nicht las, und blickte wieder auf. Dann sprach er und hörte seine vom Mikrofon verstärkte Stimme einen Moment lang wie die Stimme eines anderen Redners, bis er ihren Klang einholte und mit ihr verschmolz.

»Um es noch einmal zu wiederholen«, so hatte er begonnen – »Kulturen und Gesellschaften möchte ich in Übereinstimmung mit der modernen Soziologie als Systeme verstehen, die sich ständig selbst interpretieren müssen, um zu entscheiden, was zu ihnen gehört und was nicht. Mein Beispiel, über das ich reden werde, ist der Strafprozeß.«

Jetzt konnte nichts mehr passieren. Ruhig, mit der sonoren Sicherheit seiner wiedergefundenen Stimme, begann er den Strafprozeß als ein Sprachspiel mit verteilten Rollen darzustellen, bei dem es darum ging, den Spielraum des erlaubten menschlichen Verhaltens am individuellen Beispiel so gesetzestreu wie realitätsgerecht jeweils erneut zu definieren. Er beschrieb das Dialogische und Perspektivische der Urteilsbildung als eine dynamische Entsprechung zur Komplexität des Lebens und legte dar, daß es keine Wahrheitsquelle außerhalb dieses Verfahrens gebe. Daß vielmehr jeder Prozeß sich durch seine Umsichtigkeit und die Rationalität seines Verfahrens selbst legitimieren müsse. Er sprach über Irrtum und Befangenheit, über unentscheidbare Fälle und die immer wieder sich ergebende Notwendigkeit von Revisionen. Aber er ließ keinen Zweifel an der grundsätzlichen Notwendigkeit, immer wieder Urteile zu fällen. »Denn damit«, so schloß er, »bedienen wir nicht nur lebenspraktische Bedürfnisse, sondern erneuern auch den unverzichtbaren Anspruch auf die Idee eines rechten Lebens.«

Der Beifall begann zögerlich und plätschernd, wurde dann rasch stärker, ohne daß sicher schicn, daß er nicht gleich wieder verebben würde. Mir ist es egal, dachte er, ich habe es hinter mir. Sollen sie doch denken, was sie wollen. Ich bin müde, werde mich schlafen legen.

Jetzt sah er, daß Schorn sein höfliches Klatschen einstellte, nach vorne zu dem zweiten Mikrofon ging, sich für den interessanten Vortrag bedankte und die Diskussion eröffnete. Alle hatten sofort aufgehört zu klatschen, aber Diskussionsbeiträge schien es nicht zu geben.

»Will niemand den Anfang machen?« fragte Schorn.

In der dritten Reihe hob Aurich die Hand, und Schorn sagte mit betonter Liebenswürdigkeit »Bitte sehr, Herr Aurich«, und fügte hinzu: »Nehmen Sie bitte das Mikrofon.«

Das Mikro, vom Hausmeister herbeigebracht, wurde wie das Hoheitszeichen der Sprecherwürde durch die Reihe gereicht. Aurich blies zur Probe hinein, ohne daß etwas zu hören war. Sein Nachbar zeigte ihm den Schalter. Aurich nickte und stand auf.

Er sagte, der Vortrag habe ihn fasziniert als ein kühn und weiträumig angelegter Versuch einer Neubeschreibung des Strafprozesses, die geeignet sei, die professionelle Engführung der juristischen Alltagsroutine aufzubrechen. Er möchte jetzt nur noch anmerken, daß der Referent sich etwas zu pauschal auf die moderne Soziologie bezogen, genaugenommen aber deren systemtheoretische Variante gemeint habe. Im übrigen danke er für die vielen Anregungen, die er durch den Vortrag bekommen habe.

Er setzte sich. Zwei weitere Wortmeldungen folgten, die sich auf Details bezogen und ergänzende Beispiele brachten. Die Spannung stieg erst wieder, als sich Hecker meldete, ein Universitätsdozent aus Münster und gefürchteter Diskussionsredner. Er könne dem Kollegen Aurich nur zustimmen, daß der Vortrag der Versuch einer Neubeschreibung des Strafprozesses gewesen sei. Auch er habe das Oszillieren zwischen Poesie, Anthropologie und Informationstheorie genossen, mit dem der Referent wie ein brillant improvisierender Klavierspieler das Plenum unterhalten habe. Er wolle trotzdem so uncharmant sein, die Frage nach dem Ertrag zu stellen. Ein Versuch einer Neubeschreibung sei es gewesen, aber habe er auch Neues gebracht? Er selbst habe nur ein modern inszeniertes konservatives Ordnungsdenken entdecken können, das sich zum Schluß in der kalenderspruchreifen Formel von der Idee des rechten Lebens zu erkennen gegeben habe.

Schweigen folgte. Schorn forderte zu weiteren Wortmeldungen auf, aber niemand meldete sich. Schließlich fragte er:

»Möchten Sie noch etwas sagen, Dr. Veith?«

»Eigentlich nicht«, sagte er. »Außer daß es mich sehr ehrt, mit einem brillant improvisierenden Klavierspieler verglichen worden zu sein. Das war nämlich ein Jugendtraum von mir, der sich leider nicht erfüllt hat.«

Er löste Gelächter und großen Beifall aus, und Schorn sagte zum Abschluß: »Sehen Sie, Herr Veith, man soll die

Träume nie aufgeben, dann erfüllen sie sich schließlich noch auf andere Weise.«

Dann bat er die Teilnehmer zu einer verlängerten Kaffeepause in den Vorraum.

Leonhard stand dort mit seiner Kaffeetasse, umgeben von bekannten und unbekannten Kollegen, die ihm Komplimente machten. Auch Schorn kam und sagte: »Wir haben glücklicherweise alles auf Tonband. Das wird ein ganz wichtiger Beitrag für unser Jahrbuch.« Kurz vor Ende der Kaffeepause trat Aurich auf ihn zu und drückte ihm die Hand. »Großartig«, sagte er. »Ist doch alles wunderbar gelaufen.«

Sie gingen zusammen in den Vortragssaal zurück. Es folgte ein Vortrag über das Thema »Wirklichkeit und Verdacht«, den er vor Müdigkeit kaum noch verstand, obwohl ihn das Thema interessierte. Einmal horchte er auf, weil der Vortragende ein kurioses Beispiel brachte, das ohne Zusammenhang in der Schwebe blieb wie ein verpuffender Witz: »Ein Realist sagt: In diesem Raum befindet sich kein Rhinozeros. Der Eifersüchtige antwortet: Man kann es nur noch nicht sehen.«

Jaja, dachte er, das stimmt. Aber es blieb so matt, daß es ihn nicht berührte. Bis zum Schluß des Vortrags kämpfte er dagegen an, daß ihm die Augen zufielen. Am gemeinsamen Mittagessen nahm er noch teil. Dann entschuldigte er sich bei Schorn und fuhr ins Hotel, um sich ins Bett zu legen. Erst am späten Nachmittag wurde er wach, benommen, aber ausgeruht und in dem Gefühl, wieder allen Anforderungen gewachsen zu sein. Bevor er in die Akademie fuhr, rief er zu Hause an. Er wußte eigentlich nicht genau, weshalb. Aber er hatte den Wunsch, etwas von sich mitzuteilen, etwas, das ihn zu Hause einen Moment anwesend sein ließ.

Frau Schütte meldete sich, die gewöhnlich nur vormittags kam.

»Ihre Frau ist leider nicht da«, sagte sie.

»Ach so«, sagte er. »Wissen Sie, wo sie ist?«

»Sie sagte etwas von einer Veranstaltung beim Sender. Aber Genaues weiß ich nicht. Auch nicht, wann sie nach Hause kommt. Soll ich ihr etwas ausrichten?«

»Nein, danke, das ist nicht nötig«, sagte er.

Er fühlte sich keineswegs erschüttert, nicht einmal aufgeregt, eher ganz ruhig, als klärten sich die Dinge.

II

Am fremdesten Ort

Jedesmal, wenn Paul sich verspätet hatte, was oft der Fall war und sich nicht verhindern ließ, bewegte er sich in einem Fluidum von Vorahnung auf sie zu. Draußen waren die Straßen der Stadt, die er flüchtig registrierte, um den gewohnten, den kürzesten Weg einzuschlagen, aber er war, ohne Geduld für Einzelheiten, sich immer schon voraus, gebannt von einem Bild, das den Eindruck ankündigte, den er erwartete, Wiederholung des Augenblicks, mit dem irgendwann ihr Spiel begonnen hatte und der sich seitdem immer wieder mit kleinen, unvorhersehbaren Veränderungen erneuerte: Sie erwartet ihn im Bett, das breit und beherrschend in dem kleinen, nichtssagenden Zimmer steht. Sie liegt dort auf der Seite, mit dem Rücken zur Tür, durch die er leise eintritt, und es sieht aus, als schliefe sie. Auf der faltigen weißen Bettdecke liegt ihr nackter Arm, vollständig dargeboten von der Hand bis zur Schulter, in der Gelöstheit tiefer Entspannung. Das von dem Baumwollvorhang vor dem Fenster gefilterte Licht löst die Konturen nicht auf, aber verschmilzt sie zu einem Bild in sich gekehrter, inwendiger Stille. Sein Blick erfaßt Arm und Schulter zusammen mit dem Strudel ihrer Haare auf dem weißen Kissen.

Schläft sie wirklich? Will sie, daß er sie weckt, indem er sich leise nähert und ihre nackte Schulter oder, die Haare beiseite schiebend, ihre schlafwarme Wange küßt? Er weiß es nie, wenn er eintritt, weiß nicht, was heute ihr Spiel sein wird, weiß nicht einmal, ob es überhaupt ein Spiel ist oder jenseits aller Absicht, Ausdruck ihrer Empfindungen in diesem Augenblick.

Eilig, mit klopfendem Herzen, ist er die Stufen des schäbigen Treppenhauses hochgestiegen und hat im 3. Stock leise wie ein Einbrecher die Tür des Einzimmerapartments aufgeschlossen, das er für unbestimmte Zeit gemietet hat. Dort vor der Tür ist alles von ihm abgefallen, was sein alltägliches Leben bestimmt und ihn für andere Leute zu einer fest umrissenen Person macht. In ihm ist nur noch die Furcht, sie könne schon wieder gegangen sein, weil er sich verspätet hat, und in diesem Augenblick denkt er, daß er es schwer ertragen könnte, wenn das Zimmer leer wäre.

Wie immer hat sie sich eingeschlossen und ihren Schlüssel abgezogen und zusammen mit ihrer Halskette neben sich auf den Nachttisch gelegt. Auch ihre drei Ringe hat sie abgestreift, darunter ihren Ehering. Sie will keine Zeichen ihres üblichen Lebens mehr an sich haben, wenn sie sich umarmen. Er vergißt das meistens und sieht es erst nachher, wenn sie die Kette wieder umlegt und die Ringe auf ihre Finger schiebt: Insignien ihrer Gefangenschaft, in die sie sich zurückbegibt. Er hat es bisher vermieden, etwas dazu zu sagen.

Zweimal dreht er seinen Schlüssel im Türschloß. Noch immer ist es, als schließe er eine geheime Kammer auf, in der ihn das vollkommen Unglaubhafte erwartet, zu dem sie oder vielmehr ihre gemeinsame, geheime Geschichte in den Tagen, in denen sie nichts voneinander gehört haben, wieder geworden ist. Sie ist da! Hier, wo niemand sonst sie vermutet, niemand außer ihm. Und in diesen ersten Sekunden, in denen sie sich nicht rührt, als schliefe sie wirklich, scheint sie keine Existenz außerhalb dieses Raumes zu haben. »Schläfst du, Anja?« fragt er.

»Nein«, sagt sie leise mit einer flachen Stimme. Es klingt, als sei sie noch benommen in ihrer seltsamen Versunkenheit. Und erst jetzt dreht sie sich um und schaut ihn an.

»Du hast mich lange warten lassen.«

»Ja«, sagt er, »ich konnte nicht früher weg. Es gab noch eine Komplikation. Das kommt immer wieder vor.«

»Du brauchst es mir nicht zu erzählen«, sagt sie. »Komm jetzt lieber her.«

Während er sich über sie beugt, um sie zu küssen, haben sich ihre Lippen ein wenig geöffnet. Die Berührung, ein weicher, zuckender Druck, ist nur eine Andeutung von allem, was sie erwartet. Doch sie scheint sich damit genommen zu haben, was sie braucht, um die kurze Zeitspanne zu überdauern, die sie noch getrennt sind. Er denkt das, während er sich auszieht und dabei ihr Gesicht betrachtet, in dem sich die Augen wieder geschlossen haben. Ihr Mund ist immer noch leicht geöffnet und scheint voller geworden zu sein, als hätten sich die Lippen im Vorgefühl erwarteter Berührungen ein wenig nach außen gewölbt, ungeschminkte Lippen, deren feuchtes Rot sich abhebt von ihrem blassen Gesicht. Es ist ein verschwenderischer, intuitiver Mund, der einen eigentümlichen Kontrast bildet zu der Zartheit ihrer Augenlider, der Sanftheit ihrer Schläfe, die halb verdeckt von ihren Haaren ist. Sie sieht jetzt aus, als sei sie überschwemmt von einem Traum, in den sie ihn gleich hineinziehen wird.

Gleich denkt er, gleich sind wir zusammen.

Und sie? Wo ist sie? Am fremdesten Ort der Welt. Nur dort kann es geschehen. Nur dort, wo alle Verbindungen durchschnitten sind. Eigentlich haßt sie es, hierherzukommen. Denn sie kommt nicht zu sich, sie geht von sich weg. Sie strebt einem Außer-sich-sein zu, das sie spaltet, denn sie muß wieder zurück. Auch Paul stellt das nicht in Frage. Und sie hat verstanden, daß dies für ihn die Bedingung ist: Sie treffen sich einmal in der Woche und manchmal auch in noch weiteren Abständen für zwei, drei Stunden an diesem verborgenen Ort, und danach kehrt jeder in sein eigenes Leben zurück.

Als sie aus Florida heimkehrten, noch berauscht von ihren schnellen heftigen Umarmungen in den Dünen oder in dem ihnen manchmal für kurze Zeit überlassenen Haus, hatten sie beide gedacht, daß es nun zu Ende sein müsse. Und das hatten sie auch nicht grundsätzlich widerrufen, als sich ihnen zu Hause unerwartete, und meistens riskante Gelegenheiten boten, zusammenzusein. Alles war erst anders geworden, seit Paul das kleine Apartment gemietet hatte, das jetzt ihr heimlicher Treffpunkt war. Im Unmöglichen war nun eine kleine Höhle des Möglichen eingerichtet, eine eng begrenzte Ausnahmesituation. Sie konnte nicht raus aus dieser Umklammerung und spürte, daß ein gebieterischer Taktschlag ihr Leben zu dirigieren begann. Sie kam, sie ging. Und mußte jedesmal, wie auf Zuruf, eine andere sein.

Anfangs hatte sie gehofft, ihr alltägliches Leben besser ertragen zu können, wenn sie ab und zu eintauchte in diesen anderen Zustand der Selbstvergessenheit. Und für kurze Zeit hatte sie sich befreit und gestärkt gefühlt, wenn sie mit Paul zusammengewesen war. Doch das verflog meistens schon, wenn sie auf dem Heimweg war. Oder es brach in ihr zusammen, sobald sie im Haus Leonhards Stimme hörte. Jedesmal versuchte sie dann, sich zurechtzuweisen. Sie spürte aber nur ihre wachsende Gereiztheit gegen alles, was sich ihren Wünschen in den Weg stellte.

Paul kam mit diesem Doppelleben offensichtlich besser zurecht, weil er stärker in seinem Beruf und in seiner Ehe mit Marlene verankert war. Sie wußte das, ohne daß sie es miteinander besprochen hatten. Er vermied solche Gespräche und zog es vor, an unlösbaren Problemen vorbeizuleben. Solange sie zusammen waren, schien ihnen nichts zu fehlen. Er vor allem sagte das. Die Leidenschaft lebe von Trennungen, behauptete er. In der Alltäglichkeit der Ehe erlösche sie. Das war leichthin gesagt, in Augenblicken des Überschwangs. Aber sobald sie sich verabschiedet hatten, riß der Kontakt. Weder zu Hause noch in der Klinik konnte sie ihn erreichen, und von Tag zu Tag nahm der Druck zu, dem sie sich zu Hause ausgesetzt fühlte. Manchmal konnte sie das nur aushalten, wenn sie sich betrank.

Sie kämpfte dagegen an, weil sie glaubte, es Paul schuldig zu sein. Aber auch weil Leonhard, der häufig zu Hause arbeitete, sie mißtrauisch beobachtete, seit er sie durch Zufall erwischt hatte, als sie in den Morgenstunden nach Hause gekommen war. Damals hatte er ihre Erklärungen akzeptiert, weil er abgelenkt war durch seine Zahnschmerzen und eine bevorstehende Reise zur Richterakademie, wo er einen Vortrag halten mußte. Seitdem war er verändert. Und sie wußte, daß sie sich keine weitere Blöße geben durfte, um nicht alles aufs Spiel zu setzen.

Wenn sie trank, tat sie es in ihrem Zimmer. Sie schüttete ein Glas nach dem anderen hinunter, bevor sie sich benebelt schlafen legte. Am nächsten Morgen ließ sie die Flasche im Mülleimer verschwinden. Stets waren es Weinflaschen aus dem Supermarkt und nicht aus den Regalen im häuslichen Weinkeller, die Leonhard vermutlich kontrollierte. Vielleicht hatte er im Mülleimer eine ihrer Flaschen gesehen, denn eines Tages trat er ihr auf der Treppe entgegen, als sie sich mit einer Flasche Rotwein in ihr Zimmer zurückziehen wollte.

»Was willst du mit der Flasche?« fragte er.

»Was schon?« sagte sie. »Ich brauche einen Schlaftrunk.«

»Dann kannst du ja mit mir zusammen ein Glas trinken.«

»Entschuldigung. Ich bin nicht in der Stimmung, um zu reden. Ich möchte gleich ins Bett.«

»Gut, wie du willst. Aber gib mir die Flasche.«

Er streckte die Hand aus. Als wiche sie einem Angriff aus, zog sie die Flasche dicht an ihren Körper heran.

»Gib mir jetzt die Flasche!« sagte er scharf.

Eiseskälte und Wut stiegen in ihr hoch, und sie konnte sich gerade noch zurückhalten, ihn anzuschreien: »Du bist doch der Grund, weshalb ich trinke! Du allein!«

Wortlos gab sie ihm die Flasche und drängte sich an ihm vorbei in ihr Zimmer, schloß hinter sich ab. Das hatte er sicher noch gehört, bevor er hinunterging und die Flasche wegtrug, die sie jetzt nur noch dringender brauchte. Wenn er schlief, konnte sie vielleicht in den Keller schleichen und eine Flasche aus den Regalen entwenden. Aber das würde noch stundenlang dauern. Jetzt jedenfalls saß er unten und bewachte die Treppe. Es war lächerlich und entwürdigend. Aber was konnte sie tun? Sie schaute sich um und biß sich auf die Fingerknöchel. Sie war seine Gefangene. Sie konnte nicht einmal in Daniels Zimmer gehen, um sich eine Weile an sein Bett zu setzen und sich dabei zu beruhigen. Nein, sie durfte das auch nicht tun. Sie war viel zu gespannt und zerrissen. Das spürte Daniel. Und es verwirrte ihn. Mehr und mehr sperrte er sich, wenn sie ihn mit ihren Zärtlichkeiten überfiel. Auch das war alles längst verkehrt. Und nun mußte sie damit rechnen, daß Leonhard seine Überwachung verschärfte und sie hindern würde, Paul zu sehen. Dann allerdings kann ich nicht mehr leben, dachte sie. Was tun? Das einzige, was ihr jetzt helfen konnte, war wegzulaufen und sich in Pauls Arme zu werfen. Aber sie wußte, daß er sich zurückziehen würde, wenn sie sich nicht an die Regeln hielt.

Es klopfte.

Leonhard stand vor der Tür und sagte: »Komm bitte für eine halbe Stunde herunter, Anja.«

»Wozu?« fragte sie.

»Darüber will ich mit dir reden.«

Seine Stimme war wieder ruhig geworden. Es war die Stimme, mit der er seine Verhandlungen führte.

»Ich komme gleich«, sagte sie.

Sie hörte ihn die Treppe hinuntergehen mit seinen schwerfälligen, vorsichtigen Schritten. Sie mußte warten, bis ihr Herzschlag ruhiger wurde, bevor sie hinunterging.

Er saß dort, hatte zwei Gläser auf den Tisch gestellt und die Flasche entkorkt. Es war ein Friedensangebot, das er ihr machte, aber auch Zurschaustellung seiner Macht. Bereit, gleich wieder aufzustehen, setzte sie sich ihm gegenüber.

»Ich war etwas autoritär vorhin«, sagte er. »Entschuldige.«

Sie antwortete nicht, sah ihn abwartend an. Er kam ihr so banal vor, so vollkommen berechenbar, wie ein Fahrzeug auf Schienen. Und sie spürte, daß sie es nicht ertragen könnte, wenn er jetzt sagte: »Ich wollte nur dein Bestes.«

Denn das war so hoffnungslos weit entfernt von der Einsicht, daß das Beste für sie nicht hier war, egal was er tat und was er wollte.

Aber er sagte nichts. Statt dessen griff er die Flasche und hielt sie halbhoch über ihr Glas, als warte er auf ihre Zustimmung, bevor er eingoß. Sie rührte sich nicht. Ihre Hände lagen in ihrem Schoß, und ihre rechte Hand preßte die Finger ihrer linken zusammen.

Minutenlang konnte sie es aushalten, so hier mit ihm zu sitzen, aber nicht unter dem Gewicht des Gedankens, daß dies hier ihr normales Leben war.

Er goß ein, füllte die Gläser einen Finger breit über die Hälfte, wie er es immer machte, in unerschütterlicher Routine. Sie wartete nicht ab, bis er ihr zutrank, sondern stürzte den Wein bis auf einen kleinen Rest in einem Zug hinunter und schob ihm ihr Glas wieder hin.

»Bitte«, sagte sie.

Er goß nach. Und jetzt erst konnte sie denken, daß auch er litt und daß sie einander nicht helfen konnten.

Ja, er trank ihr zu, denn er brauchte Rituale, an die er sich halten konnte. Er war geschlagen worden durch das Leben, als Marlene ihn verließ. Und nun ahnte er, ohne es zu verstehen, daß ihm wieder eine Frau entglitt. Er war der geborene Verlierer. Das war es, was sie nicht ertragen konnte. Sie konnte keinen anderen Mann aus ihm machen, sondern tat ihm etwas an, was ihn zerstören mußte, wenn er es erfuhr.

Sie sah seine Ratlosigkeit. Es war wie ein inneres Gewicht, das seine Bewegungen langsam und unentschlossen machte, was ihm aber wohl nicht bewußt war. Sie mußte jetzt dafür sorgen, daß seine Beunruhigung nicht die Form eines Verdachts annahm. Nur so lange blieb es möglich, daß sie sich mit Paul ab und zu traf. Aber die Anspannung, das Stillhalten fielen ihr immer schwerer.

Er hatte angefangen zu reden. Er mache sich Sorgen. Er sehe, daß es ihr nicht gutginge und irgend etwas sie belaste. Und natürlich müßten sie sich zugeben, daß ihre Ehe nicht in Ordnung sei. Sie seien zwar viel hier im Haus zusammen, doch sie lebten zunehmend aneinander vorbei. Ihm stünde in der kommenden Woche ein großer Schwurgerichtsprozeß bevor. Danach könne er sich eine Woche frei nehmen. Dann könnten sie eine kleine Reise machen. Außerdem sei es an der Zeit, Marlene und Paul wieder einmal einzuladen. Sie seien schon seit längerem an der Reihe. Wie denke sie darüber?

Sie hatte das Gefühl, in einer Falle zu sitzen, die sich allmählich schloß. Möglicherweise stellte ihr Leonhard verfängliche Fragen, um zu beobachten, wie sie reagierte. Vielleicht tappte er auch nur im dunkeln herum.

»Ich werde Marlene in den nächsten Tagen einmal anrufen«, sagte sie.

Wieder schob sie ihm das leere Glas hin, damit er ihr eingoß. Er tat es ohne Widerspruch und füllte auch sein eigenes Glas, obwohl es noch nicht leer war.

Sie tranken. Nach zwei, drei schnell getrunkenen Gläsern Wein fühlte sie immer, wie die Panik von ihr wich und die Menschen in ihrer Umgebung an Bedeutung verloren. Aber es war schwer aufzuhören, wenn sie einmal begonnen hatte. Irgendwann mußte sie sich dann auch selbst zum Verschwinden bringen. Deshalb trank sie auch nie, wenn sie mit Paul zusammenwar.

»Ich finde es nicht gut, wie wir in der letzten Zeit miteinander leben«, sagte Leonhard.

Es war ein unbeholfener und bei ihm völlig fremd klingender Satz, dem sie anmerkte, wie sehr es ihm zuwider war, über Eheprobleme mit ihr zu sprechen, die es nach seiner Auffassung gar nicht geben durfte und die er auch nicht verstand.

»Ach, es gibt viele Möglichkeiten, miteinander zu leben«, antwortete sie.

»Sicher. Aber nicht alle sind gut.«

Er machte eine Pause, vielleicht weil er erwartete, daß sie etwas dazu sagen würde. Sollte sie ihn jetzt anschreien: Gut ist nur eins für mich! Diesen stummen Satz, den sie in sich verbarg, weil niemand ihn hören durfte? Und den sie manchmal, und auch jetzt wieder, kaum noch zurückhalten konnte? Warum mußte sie sich martern lassen von diesem Mann, der so bedachtsam versuchte, ihr mühsam von Tag zu Tag durchgestandenes Leben zurechtzurücken, ohne zu ahnen, was er damit in ihr aufwühlte?

Leonhard sah sie nachdenklich an. Dann machte er einen neuen Anfang.

»Ich habe den Eindruck, daß du in letzter Zeit öfter im Sender zu tun hast. Oder irre ich mich da?«

»Nein, das stimmt. Die Arbeit hat zugenommen.«

»Ich nehme an, das gefällt dir?«

»Ja, es gefällt mir. Sonst würde ich es ja wohl bleiben lassen.«

Wieder machte er eine Pause. Aber anscheinend nicht, weil sie so schroff geantwortet hatte, sondern weil er erst jetzt zur Sache kam.

»Wo kann ich dich eigentlich erreichen, wenn du im Sender bist?«

»Wozu willst du das wissen?« fragte sie überrascht.

»Es kann ja mal nötig sein. Zum Beispiel wegen Daniel.«

Das Argument hat er sich vorher zurechtgelegt, schoß es ihr durch den Kopf. Aber was will er? Kontrollieren, ob ich auch da bin? Oder hat er einen anderen Verdacht? Kann ich ihn in eine falsche Richtung lenken? Das war dann vielleicht eine Chance, ihre heimlichen Treffen mit Paul eine Zeitlang vor seinem Mißtrauen zu schützen.

»Ich möchte nicht, daß du mich im Sender anrufst. Ich rufe dich auch nicht im Gericht an.«

»Aber das hast du doch schon einige Male gemacht«, sagte er verblüfft.

Ja, es war ein haltloses Argument, aber vielleicht gerade deshalb kein schlechtes. Ein Nebenweg, eine falsche Fährte. Es täuschte eine Täuschungsabsicht vor.

»Ich finde deine Frage seltsam«, sagte sie. »Ich möchte nicht, daß du mich im Sender anrufst. Und mein Redakteur möchte das sicher auch nicht.«

»Du kannst mir doch seinen Namen sagen. Das ist einfach nur selbstverständlich.«

»Für dich ist vieles selbstverständlich, Leonhard, was für andere Menschen anders aussieht.«

»Ich glaube, darüber sollten wie jetzt nicht streiten. Ich habe dich schließlich nur um eine simple Information gebeten.«

»So siehst du es. Ich finde, daß du dich zu sehr in meine persönlichen Belange einmischst.«

»Sind das deine persönlichen Belange – der Name deines Redakteurs und die Telefonnummer der Redaktion?«

»Ursprünglich nicht – aber du machst es dazu. Das verstehst du leider nicht. Es hat übrigens auch keinen Zweck, mich im Sender anzurufen, denn ich treffe mich mit Frank meistens in einem Café.«

»Um das Nützliche mit dem Angenehmen zu verbinden?«

»Ja«, sagte sie.

Dann fügte sie hinzu: »Ich bin dir immer zu weit entgegengekommen. Das ist mein Hauptfehler.«

»Und ich nehme an, du willst mir sagen, daß ich daran schuld bin?«

»So habe ich es eine Zeitlang gedacht. Das tue ich aber nicht mehr.«

»Na gut, das wäre ja ein Fortschritt.«

Sie wollte antworten, er brauche das nicht im Konjunktiv zu sagen. Statt dessen griff sie nach ihrem Glas und trank es leer.

Die Flasche stand dicht bei Leonhard, außerhalb ihrer Reichweite. Es war noch ein Rest darin, der für knapp zwei Gläser reichte. Diesmal zeigte Leonhard keine Bereitschaft, ihr Glas nachzufüllen. Wahrscheinlich wollte er noch länger mit ihr reden, hatte aber Bedenken, eine weitere Flasche Rotwein aus dem Keller zu holen. Konnte sie jetzt einfach aufstehen und gehen? Sie wußte nicht, wie sie es begründen sollte, weil der einfachste Grund, daß sie müde sei, ihr selbst wie ein Vorwand erschien. Leonhards Versuch, mit ihr über ihre Ehe zu sprechen, war berechtigt, aber er kam zu spät. Obwohl es ihnen auch zu einem anderen Zeitpunkt nicht geholfen hätte.

Sie starrte auf die dunkelrote Flüssigkeit. Ein Zittern drang in ihre Glieder, das sie nur mühsam beherrschen konnte. Das lag vor allem an Leonhards bedrückender Gegenwart. Nun redete er wieder. Er sagte, daß ihr Gespräch sinnvoll und nützlich gewesen sei. Sie müßten es unbedingt fortsetzen bei nächster Gelegenheit. Sie hörte nur halbwegs

225

zu, gerade so viel, daß sie ja oder nein oder ich weiß nicht
sagen konnte, wenn es erforderlich war. Ein lähmendes
Gefühl von Aussichtslosigkeit überkam sie, während er auf
sein Resümee zusteuerte. Gleich würde er den restlichen
Wein ausschenken und mit ihr anstoßen wollen. Sie sah
schon diese unvermeidliche Geste, mit der sich die Hoffnung auf Erleichterung verband, die sie mit in den Schlaf
nehmen wollte. Mit geschlossenen Augen wollte sie ihr
Einschlafbild beschwören: Am Ende eines langen Korridors von mehreren Tagen Zeit sieht sie, wie eine von Dunkelheit umschlossene Ikone, das fremde Zimmer, wo sie im
Bett liegend darauf wartet, daß sie die leise Drehung von
Pauls Schlüssel im Türschloß hört und vorübergehend
gerettet ist.

Wie immer bangt sie an dem Tag der Verabredung, daß er
nicht kommen kann. Es ist noch nie eingetreten, aber es
wird eines Tages geschehen. Sie muß jedesmal daran denken, wenn sie die fremde Haustür aufschließt und das enge,
halbdunkle Treppenhaus sie empfängt, die schmalen grauen
Steinstufen und das eiserne Geländer mit dem Handlauf aus
glattem Kunststoff, den sie nicht berühren mag. Sie hofft
immer, daß ihr niemand begegnen wird, während sie die
Treppe hochsteigt, aber es ist auch unheimlich, daß es noch
nie geschehen ist. Anscheinend ist das Haus tagsüber leer.
Sie hat Paul nie gefragt, wie er an dieses kleine Apartment
gekommen ist und was er dafür bezahlt. Und schon deshalb
ist ihr das Haus fremd geblieben. Aber es muß jemanden
geben, der ab und zu das Zimmer saubermacht und das Bett
bezieht. Da sie immer zuerst kommt, trifft sie die wenigen
Möbel und Gegenstände stets in der gleichen unverrückten

Ordnung an und fühlt sich aus der Zeit hinausgeworfen, als wiederhole sich ständig derselbe Augenblick.

Wie eine Schlafwandlerin zieht sie sich aus und schlüpft unter die Bettdecke, birgt ihren Kopf in das Kissen, das sich dicht vor ihren Augen zu einer Schneewehe aufwölbt und sie gegen das Zimmer abschirmt. Sie schließt die Augen, und in dem wohltuenden Dunkel flauen auch die Straßengeräusche ab, bis auf die ferne Dünung des Verkehrs auf der Stadtautobahn.

Als Paul einige Zeit nach ihrer Rückkehr aus Florida dieses Apartment gemietet hatte, war die ständig drohende und immer wieder zwischen ihnen beredete Notwendigkeit, Schluß zu machen und sich zu trennen, erst einmal beiseite geschoben, und sie hatte angefangen zu hoffen, daß sich für sie beide die Tür zur Zukunft ein Stück weit geöffnet habe. Inzwischen weiß sie, daß sie in ein Versteck verbannt worden ist. Abgeschnitten vom Leben und allen Belebungen, die die Liebe braucht, kommt sie her zu dem einzigen Zweck, ein- oder zweimal mit Paul Sex zu machen und wieder auseinanderzugehen. Doch so eingeengt sie sich auch fühlt, wartet sie auf ihn in der Angst, er würde nicht kommen, oder sie könne in der kurzen Zeit seinen Erwartungen nicht entsprechen. Vor allem diese zweite Angst erfüllt sie, und sie verkriecht sich ins Bett, um sie einzuschläfern. Sie will für ihn eine Frau ohne Vorgeschichte, ohne Vorurteile, ohne jeden störenden Gedanken sein. Tagelang hat sie sich nach dem Augenblick gesehnt, wenn er zu ihr unter die Decke schlüpft und ihre Körper sich aneinander schmiegen. Jetzt spürt sie sein Erschauern, aber in ihr ist noch ein Rest von Abwesenheit, den sie vor ihm verbergen muß. Er hat einen Arm unter ihren Kopf geschoben, und ihre Stirn liegt an seiner Wange. Sein freier Arm umfaßt sie, und seine Hand streichelt ihren Rücken. Sie stellt sich seine festen Finger mit den kurzgeschnittenen Nägeln und den breiten, von blauen Adern durchzogenen Handrücken vor, während sie ihren Kopf zurückbiegt und ihre Lippen auf seine Wange drückt. Es ist ein wenig rauh dort, und sie schiebt ihren Mund an sein Ohr. So liegen sie jetzt still. Vermischt mit seinem Hautgeruch riecht sie den leichten Geruch einer medizinischen Seife an seinen kräftigen, schwarz behaarten Unterarmen, der sie daran erinnert, daß er unmittelbar aus dem Operationssaal zu ihr gekommen ist. Sie versucht sich ihn vorzustellen – eine der dunkelgrün gekleideten Larvengestalten unter der großen metallischen Lampe, die um einen geöffneten Leib versammelt sind. Wenn sie jetzt Zeit hätten, wenn er nicht schon bald wieder fortmüßte, könnten sie reden. Sie könnte ihm von Leonhards mißtrauischem, verdecktem Verhör erzählen. Aber besser, sie verschweigt es, denn es könnte Pauls Ängste wecken.

Meistens löst sie sich nach einiger Zeit aus seiner Umarmung und beugt sich über ihn. Langsam und nachdenklich, als weide sie auf seiner Haut, beginnt sie sein Gesicht und seinen Hals zu küssen. Er läßt sich treiben, hält und stützt mit einem Arm ihren warmen Leib, der sich an ihn drängt. Auf ihre Berührungen wartend, spürt er ihren Atem auf seinem Gesicht. Er weiß, daß sie weiß, wie ihre zärtliche Heimsuchung ihn verwandelt. Aber noch verleugnet er das wachsende Drängen, denn er will, daß sie ihn anfaßt, als fordere sie ihm ein Geständnis ab. Und er wird die warme, feuchte Mulde suchen, wo sie ihm das gleiche Geständnis macht.

Sie kennt diese Spiele aus Frage und Antwort und ausgetauschten Unterschieden und Ähnlichkeiten, die zu einem gemeinsamen Wissen verschmelzen: Ich nehme wahr, daß du mich wahrnimmst, und ich weiß du weißt wir wissen es. Sie erkennen sich in den Wiederholungen und ebenso in den Veränderungen. Auf jedes Jetzt folgt ein weiteres Jetzt. Das macht sie blind für das Ende, und das ist es, was sie jetzt wollen.

Diesmal will er, daß sie auf dem Rücken liegt, denn er möchte die Verwandlungen ihres Gesichtes sehen, die Wetterfronten der Lust, die darüber hinziehen, während sie ihre Augen geschlossen hält. Es ist ein Widerspruch, den er nicht auflösen kann, daß sie ganz in sich zurückgezogen scheint und doch bis in jede Pore ihrer Haut für ihn geöffnet ist. Er liest in diesem Gesicht eine fremde Botschaft über ihr verborgenes Leben, und in diesem Augenblick liebt er sie. Als habe sie es gespürt, öffnet sie kurz die Augen und schaut ihn an. Ja, sie sind da, beide, bevor sie wieder in ihr Dunkel gleiten. Nein, wir haben keine Zukunft, hat er noch gedacht. Für Augenblicke ist sie weit weg von ihm und sich selbst und hört das Stöhnen des Mannes, der sich in ihr bewegt, als kämpfe er sich unter Qualen einem fernen Ziel entgegen und stemme sich zugleich dagegen an. Manchmal scheint er sie strafen zu wollen für die Auflösung, der er entgegentreibt. Aber sie zieht ihn dichter an sich heran, und neue Wellen der Lust reißen sie gemeinsam fort. Und nun fällt alles von ihnen ab: die Ängste, die Selbstbehauptung, alles, was sie an die äußere Welt gefesselt hat. Aneinander geklammert, ineinander verschränkt, den Atem des anderen atmend, treiben sie unaufhaltsam weiter, bis ein jäh sich öffnendes, verschwenderisches Jetzt sie durchströmt und zu einer dunklen Einheit verschmilzt. Sekunden später – aber es ist in einer anderen Zeit – tauchen sie auf, eng umschlungen, doch jeder wieder für sich, zwei Menschen, die sich behutsam voneinander lösen.

»O Gott, das war gut«, sagt er.

Sie sagt nichts, will nur so bleiben. Ein friedvolles, sanftes Gefühl erfüllt sie, als setze sie sich aus einer Wolke von Schwebeteilchen langsam wieder zusammen. Sie streckt die Hand nach ihm aus, berührt seinen Arm. Ja, er ist da, gleich neben ihr. Das ist alles, was sie braucht.

Eine halbe Stunde später – sie liegen jetzt vertraut beieinander: ihr Kopf auf seinem Arm – schaut er unauffällig auf seine Uhr.

»Mußt du gehen?« fragt sie.

»Ja, gleich«, sagt er.

Als sie bald danach gemeinsam aus dem Haus treten in das gelbliche Licht des späten Nachmittags, hat sich die Straße noch mehr belebt – ein Menschengedränge, dicht genug, sie unauffällig aufzunehmen. Sie haben sich zum Abschied im Zimmer geküßt, bevor sie, ohne noch etwas zu sagen, hintereinander die enge Treppe hinuntergestiegen sind. Unten auf der Straße tauschen sie nur noch einen kurzen Kuß und gehen dann in verschiedenen Richtungen auseinander.

Anja wird zu Hause von Leonhard mit der Nachricht empfangen, daß Daniel mit Halsschmerzen und leichtem Fieber im Bett liege. Das hat ja schon mittags angefangen, sagt er. Es hört sich wie eine unausdrückliche Kritik daran an, daß sie trotzdem in die Stadt gefahren ist.

»Hast du den Arzt gerufen?« fragt sie.

»Nein, ich glaube, das ist nicht nötig. Ich habe ihm was zum Gurgeln gegeben und ihn ins Bett geschickt.«

»Gut, ich schau ihn mir an«, sagt sie. »Vielleicht gebe ich ihm über Nacht ein halbes Aspirin.«

»Nun, was macht mein Schatz«, sagt sie, als sie in Daniels Zimmer tritt.

Er antwortet mit schwacher Stimme, und seine Stirn fühlt sich heiß an, aber als sie mißt, ist das Fieber nicht besonders hoch. Während sie das Aspirin auflöst und mit Apfelsaft mischt, schweifen ihre Gedanken ab, kehren zurück zu dem Nachmittag und den Erinnerungen, die in ihrem Körper nachglühen. Es ist ein schwindender Vorrat von Glück, den sie so lange wie möglich bewahren muß, um davon zu leben. Schon jetzt rinnt alles fort wie der Sand in einer Eieruhr. Nach dem kleinen imbißartigen Abendessen mit Leonhard, der sich auf seinen nächsten Prozeß vorbereiten muß und wieder zu seinen Akten zurückkehrt, geht sie in ihr Zimmer und beginnt an Paul zu schreiben. Es ist nur Ersatz, aber eine Möglichkeit, mit ihm zu leben, wenn er nicht da ist. Sie schreibt, als habe sie ein Strom erfaßt, der lange versperrt war. Ihre Hand fliegt über das Blatt.

»Liebster, ich bin wieder allein in meinem Zimmer. Deine Worte und Deine Zärtlichkeiten sind noch dabei, sich einen Weg in mir zu bahnen. Du hast mich begehrt, weil ich Dir ähnlich bin. Du irrst Dich nicht! Alles, was Du suchst, wirst Du in mir finden. Hör deshalb nie auf, immer mehr von mir zu fordern. Ich brauche Dich, sagtest Du. Ich habe mir nie vorgestellt, daß ich diesen Satz von Dir hören würde. Es war für mich der am meisten verbotene Gedanke. Und nun hast Du es gesagt. Das stärkt in mir das blinde Wissen, daß ich für Dich entstanden bin und außerhalb, fern von Dir, keine Bedeutung habe. Ich warte auf Dich wie auf eine Gefahr. Binde mich! Mein Körper will nichts als die unsichtbaren

Fesseln, die Du in der Hand hältst. Wo bist Du jetzt? Was tust Du? Wenn ich es mir vorzustellen versuche, kommen nur verschwommene Bilder in meinen Kopf, nur ein einziges ist deutlich: Das Geheimbild Deines Körpers, nach dem ich mich sehne. Liebster, ich schicke Dir meine Küsse, alle, die Du magst.«

Noch nie in ihrem Leben hat sie einen solchen Brief geschrieben. Zum ersten Mal hat sie sagen können, was sie denkt und fühlt. Und Paul würde es lesen und es auch wissen. Nun mußte sie noch den Mut haben, den Brief abzuschicken. Sie wollte ihn an Pauls Klinik adressieren und ihn morgen früh in den Kasten werfen. Irgend etwas würde der Brief auslösen, irgend etwas würde in Bewegung geraten.

Paul verbrachte den Abend in einer Runde von Marlenes Kollegen, in die er zufällig hineingeraten war. Sie hatten in dem Restaurant, in dem er ungestört zu Abend essen wollte, einen Tisch für eine kleine kollegiale Feier reservieren lassen und gerade festgestellt, daß ein Platz frei geblieben war, als er das Lokal betrat. Er sah sie zuerst nur als eine lebhafte, ein wenig zu laute Gruppe im Hintergrund des Raumes und blickte sich nach einem Tisch in einem anderen Teil des Lokals um, als sie ihn erkannten und heranwinkten, und einer, ein Oberarzt aus der Chirurgie, den er noch aus der Zeit kannte, als sie beide Assistenzärzte waren, stand auf und kam auf ihn zu:

»Hallo Paul, das trifft sich ja gut! Wo kommst du her? Suchst du Marlene?«

»Marlene hat heute Nachtdienst«, sagte er.

»Aha, und du treibst dich herum. Das gefällt mir. Nein, im Ernst, wir haben ganz übersehen, daß Marlene Nachtdienst hat. Jetzt haben wir einen Platz frei. Den kannst du an ihrer Stelle würdig besetzen. Es ist eine kleine gemütliche Zusammenkunft unter Kollegen.«

»Feiert ihr etwas?«

»Der Kollege Wollitz geht nach Marburg an die Uniklinik auf eine Chefarztstelle. Wir feiern das nicht gerade. Aber er fällt die Treppe rauf.«

»Du, ich wollte eigentlich nur eine Kleinigkeit essen, Rainer«, sagte Paul.

Der Vorname war ihm gerade eingefallen, und er nahm die Chance wahr, ihn schnell einmal zu gebrauchen, um in den vertrauten, freundschaftlichen Ton einzustimmen, in dem der Kollege mit ihm redete. Der nahm seinen Einspruch als halbe Kapitulation und fegte ihn beiseite.

»Essen und trinken kannst du auch mit uns.«

Er hatte den Abend allein verbringen wollen, um über sich und Anja nachzudenken. Er hatte sich in ihr und in sich selbst verschätzt. Zwischen ihnen war eine Leidenschaft ausgebrochen, die sich vielleicht nicht mehr begrenzen ließ. Als er das Apartment mietete, hatte er das noch geglaubt oder sich eingeredet, weil er sich nicht lösen konnte. Er hätte Schluß machen müssen und hatte sich statt dessen in eine Falle manövriert. Das trug er seit einiger Zeit als ein unbewegliches Wissen mit sich herum. Doch wenn er wie jetzt von Anja kam, fühlte er sich wieder berauscht von der alle Bedenken zerstäubenden Ausschließlichkeit, mit der sie sich umarmt hatten. Niemand weiß, woher ich komme, dachte er, als er an den Tisch der alten Kollegen trat, die ihn lebhaft begrüßten und in ihre Runde aufnahmen.

Er erhielt einen Platz neben Sibylle, die sich offensichtlich freute, ihn zu sehen. Sie war die Anästhesistin, mit der er

früher, als er am selben Krankenhaus war, viel zusammengearbeitet hatte, eine hübsche, schlanke, blonde Frau aus Hamburg, fast so groß wie er, deren Ausstrahlung er, so animiert
wie er sich fühlte, sofort empfand. Er hatte einmal während
eines Ärztekongresses mit ihr geschlafen. Daran wollte sie ihn
anscheinend gleich erinnern, denn als er sie zur Begrüßung
auf die Wange küßte, sagte sie: »Warum so förmlich?«, und
hielt ihm ihren Mund zu einem richtigen Kuß hin. »Du siehst
fabelhaft aus«, sagte sie, als sie sich gesetzt hatten. Und er antwortete aus Überzeugung: »Du aber auch. Wirklich, du siehst
großartig aus. So elegant wie immer und noch schöner.«

»Danke. Ich will's dir mal glauben«, sagte sie.

Ja, sie war eine elegante Frau. Der platinfarbene Hosen-
anzug sah zusammen mit ihrem Goldschmuck luxuriös
aus. Sibylle war der Typ, der so etwas tragen konnte. Sie
hatte Klasse, und das wußte sie. Sie hatte die sichere Schönheit einer erwachsenen Frau, die noch lange schön bleiben
würde, unangefochten durch die Zeit und durch das Leben.

»Du mußt mir viel von dir erzählen«, sagte sie.

Der Ober kam und fragte, was er ihnen als Aperitif servie-
ren dürfe. Sie blickte kurz in die Karte und sagte: »Einen Kir
Royal.«

»Mir auch«, sagte er.

Dann schauten sie in die Speisekarten, die der Ober
gebracht hatte. Er spürte auf einmal, daß er Hunger hatte.

»Ich glaube, ich werde mir ein Hammelkotelett mit grünen Bohnen genehmigen«, sagte er.

»Du glaubst?« fragte sie. »Du wirst es tun. Du bist doch
jemand, der sich seine Wünsche erfüllt.«

Er schaute sie an und sagte: »Aber manchmal brauche ich
Ermutigung.«

Sein altes, längere Zeit verschüttetes Gefühl, daß das Leben in den Geheimfächern der Zukunft immer neue, andere Möglichkeiten für ihn bereithielt, begann sich wieder in ihm zu regen.

Es wurde ein angenehmer, angeregter Abend, und als sie fast vier Stunden später aufbrachen, fühlte er sich trotz des abschließenden doppelten Espressos ein wenig umnebelt von dem schweren Bordeaux, den er getrunken hatte, und entschloß sich, zu Fuß nach Hause zu gehen. Es war ein Weg von einer guten halben Stunde, und es würde ihm guttun, sich zu bewegen. »Laß von dir hören«, hatte Sibylle zum Abschied gesagt und leiser, gewissermaßen persönlich hinzugefügt: »Vor allem, wenn du wieder einmal zu einem Kongreß fährst.« Sie hatte eine kühne, riskante Art zu reden, die vieles andeutete, aber alles offenließ. Es war ein Spiel mit Möglichkeiten, bei dem nie ganz deutlich wurde, wie ernst es gemeint war. Immerhin hatte sie ihm zum Abschied wieder einen Kuß gegeben. Auch das konnte sie auf ihre elegante doppeldeutige Art vor anderen Augen als eine spielerische Extravaganz erscheinen lassen. Es hatte sich für ihn aber anders angefühlt.

Seltsam, die ganze Zeit hatte er nicht an Anja gedacht. Und als sie ihm jetzt wieder einfiel, sah er sie ferner gerückt, wie von einem anderen Ufer aus. Das kollegiale Milieu, dem er im ersten Augenblick fremd gegenübergestanden hatte, als er von Anja kam, hatte ihn so fest umschlossen, daß er sie vorübergehend vergessen hatte. Sie war natürlich längst zu Hause bei Leonhard und ihrem Kind, gezwungen, sich einem alltäglichen Leben anzupassen, das sie immer weniger ertrug. So konnte er es von sich nicht sagen. Seine Ehe mit

Marlene hatte nicht mehr das Feuer der ersten Jahre und war durch die Affäre mit Anja etwas in den Hintergrund geraten. Aber er hatte sie, außer in manchen Augenblicken, nie in Frage gestellt. Er mußte nur sorgsam die Klippen umschiffen, an denen er mit seinem Doppelleben scheitern konnte. Morgen, wenn Marlene sich von ihrem Nachtdienst ausgeschlafen hatte und er aus der Klinik nach Hause kam, würde er ihr von dem netten Abend unter Kollegen erzählen, an dem er an ihrer Stelle teilgenommen hatte. Vielleicht würden sie auch zusammen essen gehen. Sorgen machte ihm nur der anstehende Abend zu viert, denn er mußte fürchten, daß Anja das nicht durchstand. Auch er hatte kein Interesse mehr daran. Diese Freundschaft zu viert war eine Konstruktion, die immer brüchiger wurde. Nur Leonhard und Marlene, vor allem aber Marlene, hielten an dieser Tradition fest, vielleicht weil sie nicht wußten, wie man sie beenden konnte.

Wieder fiel ihm Anja ein. Wie sollte er diese Geschichte beenden, ohne daß es eine Katastrophe gab? Sie war eine völlig andere Frau als Sibylle, mit der man vermutlich nie in eine solche Zwangssituation geraten konnte, weil sie zu selbstgefällig und zu unabhängig war. Mit Anja war das anders, ganz anders. Sie war eine Freiheitsberaubung, aber mit der wundersamen Kraft, ihn dazu zu bringen, sich immer wieder danach zu sehnen.

Er hatte leichte Kopfschmerzen und war ziemlich müde. Er genoß es trotzdem, durch die Dunkelheit und die immer noch milde Nachtluft zu gehen, alleine und ganz für sich, eine Zeitlang. Das Treffen mit Anja, das Abendessen mit den Kollegen, alles war weggerückt wie eine Erinnerung an einen schon länger vergangenen Tag. Er war jetzt in dem Villenviertel angelangt, in dem sie wohnten. Zwei Straßen weiter, ein wenig abgerückt von der Straße, lag das Haus, das Marlenes elterliches Erbe war. Gelegentlich fühlte er sich in dem großen Gebäude immer noch als Gast, besonders wenn er am späten Abend allein nach Hause kam, wie jetzt. Um vorzutäuschen, daß es nicht leer stand, hatte Marlene ein Nachtlicht brennen lassen, eine matte, geisterhafte Beleuchtung, die wohl kaum einen Einbrecher abschreckte. Doch es gab auch noch eine Alarmanlage. Er schloß auf und trat durch die Diele in den großen Wohnraum und schaltete die Deckenbeleuchtung an. Mitten auf dem Teppich fand er ein weißes Blatt Papier, auf das Marlene in großen Druckbuchstaben geschrieben hatte:

WIE LANGE WILLST DU MICH NOCH BETRÜGEN?

12

Risse

In dem Moment, da er Marlenes Frage las, die ja vor allem die Mitteilung enthielt, daß sie schon seit einiger Zeit von seiner Beziehung zu Anja wußte, war Paul geschützt durch seine Müdigkeit und unfähig zu erschrecken. Es kam ihm sogar so vor, als würde die Spannung, in der er sich seit der Floridareise befand, vermindert und Marlene böte ihm eine neue Chance, aus seinen Widersprüchen herauszufinden.

Er blickte auf das Blatt mit Marlenes großer schwarzer Schrift, der er trotz ihrer plakativen Klarheit ansehen konnte, wie erregt sie gewesen war, als sie ihm diese provozierende Frage stellte. Es war eine ungewöhnlich pathetische Handlung für sie, wahrscheinlich ein Augenblicksimpuls, weil sie vergeblich auf ihn gewartet hatte, bevor sie zu ihrem Nachtdienst ins Krankenhaus mußte. Es war gut, wenn noch etwas Zeit verging, bevor sie miteinander redeten. Obwohl er morgen erst um zehn im Operationssaal sein mußte, wollte er es so einrichten, daß er schon weg war, wenn sie von ihrem Dienst nach Hause kam.

Er faltete das Blatt und schob es in die Innentasche seiner Jacke, ging dann nach oben, um sich auszuziehen, zu waschen und ins Bett zu legen, alles mit einer unveränderlichen Routine, die ihm das Gefühl gab, daß das Leben so oder so weiterging: mit Marlene, ohne Marlene, vielleicht

238

sogar mit Anja oder allein. Von allem fühlte er sich gleich weit entfernt.

Er lag einige Minuten auf dem Rücken und ließ die Szenen des Tages an sich vorbeiziehen. Aber alles blieb flüchtig und blaß, und als er sich auf die Seite drehte, schlief er sofort ein. Gegen Morgen wurde er wach, schwer vor Müdigkeit in der Vorstellung, daß er aufstehen müsse. Dann erkannte er neben sich auf dem Nachttisch die Leuchtzeiger seines Weckers, die auf halb fünf zeigten, und schlief wieder ein. In wechselnden Traumszenen, die in einer Folge von engen, aber unüberschaubaren Räumen stattfanden, drängte sich ihm eine Frau auf, die er nicht kannte. Anja war es nicht, eher Sibylle, die das Kommando zu übernehmen trachtete und ohne Rücksicht auf alle anderen, die als Schattengestalten im Hintergrund zusahen, seine Auslieferung an Untreue und Verrat verlangte, was ihn außerordentlich erregte. Mehrmals boten sie den Zuschauern, die er nur ahnte und nie zu sehen bekam, das Schauspiel einer schwierigen, immer unzulänglichen Vereinigung. Dann verging alles, ohne daß es zu einem Abschluß kam, und er wurde wach. Es war kurz vor halb acht, Zeit für ihn aufzustehen. Kurz danach klingelte sein Wecker.

Wie immer begann er den Tag mit einer Reihe von gymnastischen Übungen und einem Hanteltraining und ging dann unter die Dusche. Fit zu sein, war seine erste Lebensregel und die einzige, an die er sich zuverlässig hielt. Er brauchte das als Operateur. Der Blick, mit dem er morgens nach dem Training seinen muskulösen Körper betrachtete, diente vor allem seiner Selbstvergewisserung. Er sah heute nicht anders aus als vor zehn Jahren, vom Gesicht einmal abgesehen, das eher gewonnen hatte, wie er fand. Sein dunkles, immer noch dichtes Haar war leicht gewellt und so fest, daß es sich mit wenigen Bürstenstrichen in Form bringen ließ. Seine Stirn über den kräftigen Augenbrauen war breit und drückte Energie aus, und im Kinn hatte er ein kleines Grübchen, was, wie er wußte, viele Frauen anziehend fanden. Einige allerdings nicht, weil sie es zusammen mit seiner dunklen, rauhen Stimme für ein Zeichen von Aggressivität hielten. Dabei mochte er es, wenn Frauen die Initiative ergriffen und ihn herausforderten und verwöhnten, bis das Spiel sich dann plötzlich drehte.

Während er sich rasierte und mit den Fingerspitzen die Glätte seiner Haut prüfte, erinnerte er sich daran, wie Anja, neben ihm liegend und eng an seine Seite geschmiegt, mit ihrer zarten, fast gewichtslosen Hand seine Brustmuskeln betastet hatte, als überprüfe sie beiläufig, mit der unbewuß-ten Neugier ihrer Hand, deren Form und Festigkeit. Die scheinbare Achtlosigkeit ihrer Berührungen hatte lustvolle Empfindungen in ihm geweckt, die wie ein um sich greifen-der Schwelbrand seinen ganzen Körper durchströmten. Noch als sein Atem sich vernehmlich zu ändern begann, hatte sie weiter so getan, als bemerke sie nicht, was sie in ihm auslöste, und war ihm leichthin und immer noch wie gedankenverloren mit Lippen und Zunge über die Wange, den Mundwinkel und das Ohr gefahren, bis sie sich plötz-lich wie in einem einzigen Impuls einander zugedreht und sich gegenseitig umschlungen hatten.

Die Art, wie Anja ihn berührte und küßte, unterschied sich von den Zärtlichkeiten der meisten anderen Frauen, die er gekannt hatte. Es kam ihm manchmal so vor, als schriebe sie etwas in ihn ein – einen fundamentalen Text, in dem geschrieben stand, wer er war und wer er sein konnte, dessen Geheimschrift aber nur sie lesen konnte und der ohne sie erlöschen mußte. Auch mit anderen Frauen hatte es intime Geheimnisse gegeben. Sie erschienen ihm aber, wenn er sich zu erinnern versuchte, als Bestandteile eines einzigen konventionellen Repertoires. Das mochte damit zusammenhängen, daß es an Gefühle keine verläßlichen Erinnerungen gab, so daß die Frauen in seinem Gedächtnis allmählich einander ähnlicher geworden waren, obwohl es damals immer Gründe gegeben hatte, von einer zur anderen zu wechseln. An seine erste Frau hatte er so gut wie keine intimen Erinnerungen mehr, als habe sich die Ehe, aus der zwei Kinder hervorgegangen waren, in einem körperlosen Schattenreich abgespielt. Und auch seine und Marlenes ehemals stürmischen Zärtlichkeiten hatten inzwischen etwas Formelhaftes bekommen. Manchmal erschienen sie ihm wie Zitate aus den Gründungsjahren ihrer Ehe, die jetzt vor allem dazu dienten, die gewohnten Vorgänge abzukürzen. Ihre immer noch bestehende Vertrautheit war in der eingespielten Alltäglichkeit ihres gemeinsamen, gut eingerichteten Lebens begründet. Sie kannten die Vorteile, die es ihnen brachte, daß sie zusammenhielten.

Mit Anja verhielt es sich anders, geradezu umgekehrt. Außer den gemeinsamen Unternehmungen zu viert hatten sie keine alltäglichen Gemeinsamkeiten. Sie waren ein Paar, das sich für kurze Zeit aus allem löste und in der Selbstvergessenheit suchte und fand. Danach hatte sich für ihn der alltägliche Abstand jedesmal wieder hergestellt, und er war in die vertrauten Gewohnheiten seiner Ehe und seines Berufes zurückgekehrt.

Wurde ihm jetzt vielleicht die Frage gestellt, worauf er verzichten könne? Er war darauf nicht vorbereitet. Zwar hatte er sich manchmal gesagt, daß es so nicht weiterginge, doch er hatte stets versucht, eine Entscheidung zu vermeiden. Inzwischen mußte er sich eingestehen, daß er bis auf den Grund gespalten war.

Er blickte auf die Uhr. Es war nicht wahrscheinlich, daß Marlene innerhalb der nächsten Stunde nach Hause kam, aber er wollte dann auf jeden Fall fort sein. Frühstücken konnte er auch in der Klinik.

Noch hatte er keine Vorstellung, was Marlene wußte. Es sah aber nicht so aus, als habe sie nur einen Verdacht, den er noch widerlegen konnte. Allenfalls konnte er versuchen, alles etwas harmloser darzustellen, als es tatsächlich war. Oder verhielt es sich sogar umgekehrt, daß letzten Endes alles so war, wie man es darstellte?

Er wollte gerade aus dem Haus gehen, als in der Diele das Telefon klingelte. War das vielleicht Marlene, die ihm etwas sagen wollte, zum Beispiel, wann sie nach Hause kam? Oder war sie auf Versöhnung aus? Einen Augenblick war er unschlüssig, was er tun sollte, dann ging er zurück.

»Ja bitte?« sagte er.

»Bist du noch allein?« flüsterte Anja.

»Im Augenblick ja. Ich wollte gerade in die Klinik fahren.«

»Wie gut, daß ich dich noch erreicht habe. Weißt du noch, daß ich dich liebe?«

»Was für eine Frage am frühen Morgen!«

»Mach nicht deine blödsinnigen Kommentare. Sag lieber ja.«

»Ja«, sagte er.

»Was: ja?« fragte sie.

»Ja heißt ja.«

Er merkte an ihrem Verstummen, daß sie nicht bereit war, auf seine Neckereien einzugehen, und fragte: »Was ist los, Anja? Du wirkst so angespannt. Ist Leonhard in der Nähe?«

»Nein, ich bin alleine. Leonhard hat Daniel zu meiner Mutter gebracht und ist anschließend ins Gericht gefahren.«

»Und du bist im Bett geblieben, nehme ich an.«

»Ja, ich konnte nicht aufstehen. Nicht bevor Leonhard mit Daniel aus dem Haus war. Jetzt sitze ich hier im Sessel, immer noch im Nachthemd, weil ich keine Lust habe, mich anzuziehen. Ich sehne mich nach dir.«

»Gib auf dich acht«, sagte er. »Mach dich nicht selbst verrückt.«

»Manchmal denke ich, du weißt gar nichts über mich«, sagte sie. »Das macht mich nicht gerade glücklich. Ich muß dir etwas sagen, was mir angst macht. In letzter Zeit habe ich manchmal, wenn ich bei dir war, die Zwangsvorstellung, daß ich Leonhard schlagen werde, wenn er wagt mich anzufassen. Ich könnte es einfach nicht ertragen. Ich atme schon nicht mehr richtig, wenn er in meine Nähe kommt. Wenn ich dann mit dir sprechen könnte, wäre das eine Erleichterung. Aber ich weiß ja meistens nicht, wie ich dich erreichen soll.«

»Das ist auch für mich nicht einfach«, sagte er. »Wie war es denn gestern abend? Hattet ihr Streit?«

»Nur zu Anfang, weil ich etwas trinken wollte, um mich zu entspannen. Danach hat er sich um Verständigung bemüht. Es war eine seiner üblichen Nummern – die große verständnisvolle Belehrung eines reifen älteren Mannes für seine unreife Frau. Ich wäre am liebsten weggelaufen.«

»Sei bitte vorsichtig, Anja. Steigere dich da nicht hinein. Das können wir im Moment überhaupt nicht gebrauchen.«

»Wieso im Moment?« fragte sie.

Er zögerte sie einzuweihen, weil sie offenbar in einem Zustand war, der sie unberechenbar machte. Aber er hatte ja schon begonnen, sie zu informieren, und konnte nicht mehr zurück. Es war vermutlich auch besser so.

»Marlene ist uns auf die Spur gekommen«, sagte er.

Es entstand eine lange Pause, bevor sie fragte: »Woher weißt du das? Hat sie es dir gesagt?«

»Nein, gestern, als ich nach Hause kam, habe ich einen Zettel von ihr gefunden. Aus dem geht hervor, daß sie es schon länger weiß. Heute abend werde ich mit ihr darüber reden müssen.«

»Hast du Angst davor?« fragte sie.

Er glaubte herauszuhören, daß sie ihm sagen wollte, sie selbst habe keine Angst. Doch das konnte eigentlich nicht stimmen bei ihrer Abhängigkeit und dem Respekt, den sie vor Marlene hatte.

»Ich bin ratlos«, sagte er. »Ich habe auch nicht die geringste Ahnung, was Marlene sagen wird.«

»Das ist doch nicht schwer zu erraten«, sagte sie. »Sie will dich natürlich behalten. Und sie wird verlangen, daß du mit mir Schluß machst. Und dann werden die Zügel angezogen.«

Der mißgünstige, höhnische Tonfall alarmierte ihn. Das hatte sich angehört wie unterdrückter Haß, und er glaubte, Marlene dagegen verteidigen zu müssen. Doch das würde Anja nur reizen.

»Vielleicht hast du recht«, sagte er matt.

»Und du? Was denkst du?«

»Ich sagte doch: Ich bin ratlos.«

Sie schwieg, als habe seine Ratlosigkeit auch sie ergriffen. Doch als sie weitersprach, klang ihre Stimme ruhig und ver-

244

nünftig wie die einer erfahrenen Beraterin, die keinen Zweifel daran hatte, daß sie sich im Grunde einig waren und dasselbe wollten.

»Liebster«, sagte sie, »du kannst nicht unvorbereitet in dieses Gespräch gehen. Dazu ist es viel zu wichtig. Es entscheidet über unser weiteres Leben. Vielleicht bekommen wir plötzlich eine Chance.«

Das verschlug ihm die Sprache. Zwar hatten sie manchmal davon phantasiert, wie wunderbar es wäre, immer zusammenzusein, doch er hatte stets durchblicken lassen, daß das für ihn Gedankenspielereien waren. Anscheinend hatte sie das überhört oder inzwischen vergessen. Und nun, da er ihr gesagt hatte, daß Marlene alles wußte, sah sie offenbar keinen Grund mehr, ihre Wünsche zu verleugnen.

Wie sollte er darauf reagieren, ohne zu wissen, was er eigentlich wollte?

Er schaute sich um. Dies war das Haus, in dem er seit vielen Jahren mit Marlene lebte, ihr Haus, in das sie ihn aufgenommen hatte. Für ihn war sie hier in allen Gegenständen anwesend, und er hatte keinen Zweifel, daß es ihr mit ihm seit langer Zeit genauso ging. Dies hier war ihr gemeinsamer Ort, und Anjas Stimme an seinem Ohr kam ihm wie eine unerlaubte Einmischung vor.

»Du siehst auf einmal alles sehr einseitig«, sagte er. »Es geht doch nicht alleine um uns.«

»Ich weiß, ich weiß«, antwortete sie. »Schon seit langem sage ich mir, daß ich endlich mit Leonhard sprechen muß. Ich habe nur Angst, daß ich Daniel verliere, wenn ich Leonhard verlasse. Das hat mich bis jetzt gelähmt, mit Leonhard zu sprechen.«

»Du willst Leonhard verlassen?«

»Ja. Ich werde es ihm heute abend sagen.«

Er hatte den Eindruck, daß sie sich erst im Augenblick, da sie es sagte, dazu entschlossen hatte und nun nicht mehr davon abzubringen war. Er hörte einen Triumph in ihrer Stimme und mußte an den Jubelschrei einer Läuferin denken, die mit hochgerissenen Armen über die Ziellinie rannte und ihm taumelnd entgegenkam, damit er sie auffing. Es war nur noch eine automatische Abwehrbewegung, daß er sagte: »Überleg dir das bitte und fahr nicht einfach alles gegen die Wand.«

»Ich habe alles überlegt«, antwortete sie ruhig. »Viel zu lange habe ich das getan. Ich habe mir immer wieder gesagt, es komme nicht auf meine Gefühle an. Ich bin zum Gehorsam erzogen worden und zur Dankbarkeit. Dankbar sein für das Falsche: Dafür bin ich immer von meiner Mutter gelobt worden. Und ich habe mich zufriedengegeben mit diesem falschen Lob, weil ich kein anderes bekam. Auch du hast alles getan, um mich in meinem kaputten Leben einzusperren.«

»Weil es unverantwortlich wäre, alles einzureißen, ganz egal, was das für die anderen bedeutet.«

»Ach, ausgerechnet du mußt mir das sagen! Du hast doch selbst eine Frau mit zwei Kindern verlassen. Und Marlene, die kluge und gerechte Marlene, ist Hals über Kopf von Leonhard zu dir übergelaufen.«

»Das macht es jetzt aber keinesfalls leichter«, wandte er ein, mit einer Stimme, die zugab, daß es ein schwaches Argument war.

»Ja, es ist nicht leicht«, sagte sie. »Wie kannst du erwarten, daß es leicht ist. Aber man muß auch wissen, was es kostet, es nicht zu tun. Es gibt Augenblicke im Leben, die man nicht verpassen darf.«

»Was macht dich eigentlich so verdammt sicher?« fragte er.

»Ich bin gar nicht immer sicher«, sagte sie. »Ich habe oft schreckliche Angst, daß ich ins Leere laufe, wie ich es manchmal träume. Ich irre zwischen hohen Mauern herum und komme nirgends an. Glaubst du, daß Träume etwas bedeuten?«

»Kann sein. Aber das meiste ist wohl nur Seelenmüll.«

Sie schwieg, als habe sie sich wieder in ihren Alptraum verloren. Doch in einem ihrer raschen Stimmungswechsel, auf die er sich nicht einstellen konnte, wandte sie sich ihm wieder zu.

»Warum bist du so still? Denkst du nach?«

»So kann man es nicht nennen. Ich komme keinen Schritt weiter.«

Beruhigend, als vertraue sie ihm etwas von ihrem geheimen und überlegenen Wissen an, sagte sie: »Wir sind schon viel weiter, als du glaubst.«

Vielleicht hat sie recht, dachte er. Was war, wenn sie recht hatte? Gab es etwas, das er mehr fürchten mußte?

Wieder hörte er ihre verschwörerische Einflüsterung: »Wenn wir jetzt Mut haben, können wir alles gewinnen«, sagte sie, und ein verworrenes, mit Neugier durchmischtes Gefühl beschlich ihn, alles sei schon in unaufhaltsamer Veränderung, nicht nur die gewohnten, bisher für sicher gehaltenen Umstände seines Lebens, sondern auch er selbst. Und mit der erstaunlichen Intuition, mit der sie oft zu spüren schien, was in ihm vorging, sagte sie leise, wie dicht an seinem Ohr, »hallo, mein Liebling« und machte das spielerische Kußgeräusch – ein Fiepen und Zischen von mit gekräuselten Lippen eingesogener Luft, mit dem sie ihn manchmal, wenn sie sich gegenüberstanden, herausforderte. Es war ein Laut zärtlichen Einverständnisses, mit dem sie ihn an frühere Küsse erinnerte und neue versprach und so einen Augenblick der Gewißheit schuf, in dem sie sich nur anschauten. Wieder hörte er das Lippengeräusch, diesmal heftiger als ein kurzes Schmatzen, und er glaubte zu sehen, wie sich ihr Mund dabei öffnete und wieder schloß. Es war ein zeitlupenhaftes Bild in dem Nebel seiner Benommenheit, aus der ihn gleich danach die unerwartete Sachlichkeit ihrer Stimme aufschreckte: »Wir müssen uns unbedingt noch sehen, bevor du mit Marlene sprichst.«

»Das ist nicht möglich«, sagte er.

»Warum nicht? Ich warte am Nachmittag in unserem Zimmer auf dich, und du kommst, sobald du kannst.«

»Und wozu soll das gut sein?«

»Wir müssen uns noch einmal fest in die Arme nehmen, damit du weißt, was für uns auf dem Spiel steht.«

»Entschuldige, das möchte ich nicht.«

»Wieso nicht?« fragte sie erschrocken.

»Ich möchte nicht von dir aus direkt zu diesem Gespräch mit Marlene gehen. Du verstehst das vielleicht nicht. Aber respektier das bitte.«

Plötzlich war Panik in ihrer Stimme.

»Dann muß ich dich jetzt noch sehen! Bitte! Nur ein paar Minuten!«

»Wie denn? Wo denn?« fragte er ungehalten.

»Wo du willst. Ich komme überall hin.«

Er blickte auf die Uhr.

»Tut mir leid, Anja. Ich muß jetzt in die Klinik.«

»Gut«, sagte sie, »dann fahr doch auf den Besucherparkplatz. Da komme ich dann auch hin und steige kurz zu dir

248

ins Auto. Ich bringe dir auch den Brief mit, den ich dir gestern abend geschrieben habe.«

Er wollte nein sagen, weil es eine peinliche und sinnlose Verabredung war, bei der er von niemandem gesehen werden wollte. Aber als sie ihn anflehte, sie nicht wegzustoßen, schien es ihm besser, auf sie einzugehen und zu versuchen, sie zu beruhigen, damit sie nichts Unüberlegtes tat.

»Gut«, sagte er, »ich bin in einer halben Stunde da und versuche, in einer der hinteren Reihen zu parken. Ich habe aber nur einige Minuten Zeit. Meinen Wagen kennst du ja.«

»Danke«, hörte er sie sagen. »Ich liebe dich.«

Dann ertönte das Besetztzeichen. Wohl um zu verhindern, daß er es sich noch anders überlegte, hatte sie aufgelegt.

Er spürte, wie der Druck von ihm wich. Noch hatte er alles in der Hand. Sollte er Marlene eine Nachricht hinterlassen? Das war wahrscheinlich besser, weil es sie ein wenig beruhigen würde. Neben dem Telefon lagen die Notizzettel, zusammengeklammert vom Maul eines gelb-schwarz gestreiften kleinen Holztigers, den er vor Jahren in einem Kunstgewerbeladen gekauft hatte. Aber die Zettel waren zu klein und konnten vielleicht von ihr übersehen werden. Sicherer war es, wenn er seine Nachricht auf das Blatt mit ihrer Frage schrieb, das in seiner Jackentasche steckte. Er strich es glatt und schrieb unter ihre großen Druckbuchstaben: »Ich komme zwischen 17 und 18 Uhr nach Hause. Dann reden wir und klären alles. Bis dahin – Paul.«

Einen Augenblick zögerte er. Konnte er das so stehenlassen? Es las sich, als wolle er andeuten, daß alles nur ein Irrtum sei. Das würde Marlene vielleicht gegen ihn aufbringen. Aber er konnte es jetzt nicht ändern. Er mußte weg.

Auf dem Besucherparkplatz der Klinik fand er eine Lücke in der vorletzten Reihe, drehte den Schlüssel auf Parkstellung und wartete. Kurz danach sah er im Rückspiegel Anjas roten Polo auf den Platz fahren und in einer anderen Wagenreihe verschwinden. Dicht hinter seinem Wagen ging eine Krankenschwester vorbei, die er flüchtig kannte, die aber seinen Wagen hier nicht beachtete. Aus der anderen Richtung sah er eilig Anja kommen, die sich suchend nach ihm umschaute. Er schaltete kurz das Standlicht ein und aus, kein besonders deutliches Signal bei dem hellen Tageslicht, aber sie bemerkte es sofort und nickte, und er neigte sich zur Seite, um die Beifahrertür für sie offenzuhalten und sie zu sich hereinzulassen.

Sie trug den weißen Leinenrock, von dem sie wußte, daß er sie gerne darin sah, und in dem engen Innenraum des Wagens spürte er sofort wieder die irritierende Anziehung, die von ihr ausging. Es war eine schwirrende Erregtheit, die wie ein plötzlicher Wetterwechsel mit ihr in den Wagen gekommen war. Doch weil er fürchtete, hier im Auto mit ihr in einer verfänglichen Situation gesehen zu werden, gab er ihr nur einen angedeuteten Begrüßungskuß.

»Nein, so nicht«, sagte sie, schlang ihren Arm um seinen Nacken und zog sich an ihn heran. Dicht vor sich sah er ihre Augen sich schließen, als sich ihr Mund seinem Mund näherte und mit ihm verschmolz. Alles zog sich zusammen in dieser drängenden Weichheit und Feuchte, die sie aneinanderband, bis er plötzlich spürte, daß ihre Hand nach seinem Geschlecht tastete, und er sie schroff zurückstieß.

»Laß das bitte! Was soll das jetzt?«

Sie starrte ihn an.

»Entschuldige«, sagte sie. »Warum bist du auf einmal so prüde?«

Er wußte, daß er übertrieben reagiert hatte, aber seine Nerven vibrierten, und er konnte sich nicht zurückhalten, ihr zu sagen, was sie ohnehin wußte – daß er Arzt in dieser Klinik sei und jeder ihn hier kenne und sie auf diesem Parkplatz wie auf dem Präsentierteller standen. Daran hätte sie schließlich auch einmal denken müssen und nicht immer nur an ihre Wünsche.

»Was regst du dich so auf, Paul? Niemand hat etwas sehen können«, sagte sie.

»Ach, niemand hat etwas sehen können?! Wie weit wolltest du es denn noch treiben?«

Er machte eine Pause, um sich zu beruhigen, befremdet und beschämt von seiner aufbrausenden Wut, die immer noch in ihm bebte.

»Okay«, sagte er, »ich muß sowieso jetzt gehen. War keine gute Idee, hierherzukommen.«

»Haßt du mich jetzt?« fragte sie.

»Nein, das nicht«, sagte er, ohne sie anzusehen.

»Ich habe den Brief dabei, den ich dir gestern abend geschrieben habe. Willst du ihn noch haben?«

»Ja, gib ihn mir. Ich lese ihn später.«

Sie kramte aus ihrer kleinen Handtasche einen Umschlag hervor, und er steckte ihn in seine Jackentasche.

Beide schwiegen sie. Dann sagte sie leise: »Du willst dich also heute abend mit Marlene versöhnen, nehme ich an?«

»Nein, ich hab's dir doch gesagt. Ich weiß nicht, was ich will.«

»Wenn du dich heute nicht entscheiden kannst, werde ich auf dich warten«, sagte sie.

»Gut«, sagte er. »Und sei vernünftig. Tu nichts Unüberlegtes.«

»Ich werde ganz fest an dich denken. Und vielleicht versuchst du das auch.«

Er antwortete nicht. Sie streckte die Hand aus und berührte seine Schulter, ohne daß er reagierte.

»Ich muß jetzt los«, sagte er.

»Ich bin immer für dich da«, sagte sie leise. Dann stieg sie aus.

Als er den Wagen startete und zurücksetzte, um zu seinem Stellplatz auf dem Ärzteparkplatz zu fahren, stand sie noch da und winkte. Vielleicht bildete er sich das ein – aber ihr Gesicht sah aus wie zerrissen von einem in ihr sitzenden tiefen Schrecken. Am Rand seines Blickfeldes glitt sie vorbei.

Es blieb ihm noch eine Viertelstunde, um in der Kantine etwas zu frühstücken. Vielleicht hätte er sich nach einem guten Frühstück weniger aufgeregt. Zwei schwere Operationen standen ihm heute bevor, und es war höchste Zeit, daß er sich sammelte und ruhig wurde. Marlene war vielleicht schon zu Hause. Ja, er hatte »zu Hause« gedacht.

Das war jetzt nicht wichtig. Marlene las seine Antwort, und wahrscheinlich legte sie sich hin, um einige Stunden zu schlafen. Anja war in ihren Polo gestiegen und ebenfalls nach Hause gefahren oder zum Funk. Es war jetzt nicht wichtig. Er aß eine Salamisemmel, löffelte seinen Joghurt, trank zwei Tassen Kaffee und aß eine Banane, die schon ziemlich fleckig war. Es war jetzt nicht wichtig. In einer Viertelstunde begann die erste Operation. Es handelte sich um einen 55jährigen Mann, der vor vier Tagen mit schwerer Gelbsucht und Schmerzen im Oberbauch eingeliefert worden war und bei dem man ein Karzinom im Hauptgang der Bauchspeicheldrüse festgestellt hatte. Das bedeutete aller

Wahrscheinlichkeit nach, daß eine Totalresektion des Pankreas, samt Zwölffingerdarm, Milz, Gallenblase und einer Teilresektion des Magens, unvermeidlich war, die weiträumige Entfernung der Lymphdrüsen natürlich eingeschlossen. Das war ein brutales Programm von gut vier Stunden Arbeit mit vielen abzuklemmenden Gefäßen, durchtrennten Nervenbahnen und wahrscheinlichen Verwachsungen des Bauchfells, die vorsichtig gelöst werden mußten. Zum Schluß mußten Restmagen und Lebergang mit dem Dünndarm verbunden, Wundränder vernäht und Drainageschläuche gelegt werden – das alles bei einer Überlebensrate von 15 Prozent. Aber jeder hatte nur ein Leben – Grund genug, darum zu kämpfen, wenn es auch nur um wenige Jahre mit schwersten Beeinträchtigungen ging. Das war jedenfalls die geltende Moral, und er war ein technischer Spezialist in ihrem Dienste. Er hatte keinen Anlaß, an dieser Rolle zu zweifeln.

Als er aufstand, verspannte sich sein Rücken. Das fehlt mir jetzt noch, dachte er, und eine Welle von Erbitterung schwappte in ihm hoch. Das kam alles von dem Streß, den er heute morgen hatte. Anja war einfach nicht zu bremsen gewesen, so deutlich er ihr auch gesagt hatte, daß er jetzt keine Auseinandersetzungen und keine leidenschaftlichen Beteuerungen gebrauchen konnte. Das jedenfalls wäre ihm mit Marlene nicht passiert. Vorsichtig reckte er sich und stützte mit beiden Händen seinen Rücken, bevor er ging. Ich muß diesen Tag überstehen und dann alles in Ordnung bringen, sagte er sich.

Im Aufzug traf er Dr. Ricken, seinen ersten Assistenten, der ihm am Operationstisch gegenüberstehen würde. Ricken war ein zuverlässiger Arzt, der bei ihm gelernt hatte und inzwischen auch selbständig operierte. Leider hatte er die Angewohnheit, immer auf die letzte Minute zu kommen. Früher hatte er dazu schon mal eine kritische Bemerkung gemacht, aber inzwischen ließ er das. Gemeinsam traten sie in den Vorraum, wo sie die Hose und das kurzärmelige dunkelgrüne Hemd ihrer sterilen Operationskluft anzogen und mit der sorgfältigen Waschung und Desinfektion ihrer Hände und Unterarme begannen. Er richtete es so ein, daß Ricken vor ihm fertig war und vor ihm durch die Schleuse ging. Alle standen schon in ihren Positionen am Tisch, als er als letzter kam und ihm die Operationsschwester in den Kittel half, den sie in seinem Rücken zuknöpfte, bevor sie ihm einzeln die bräunlichen Latexhandschuhe hinhielt, damit er seine Hände hineinschieben konnte. Er bewegte seine Finger, letzte Probe, daß er gerüstet war, und trat mit einem kurzen Gruß an den Tisch, auf dem der Patient lag. Sein Kopf, neben dem der Anästhesist saß, war hinter einer Sichtblende verborgen. Von dem mit sterilen Tüchern bedeckten Körper war nur das freigelassene Operationsfeld des Bauches zu sehen. Kurz und gewohnheitsmäßig betastete er die entspannte Muskulatur. Es war eigentlich überflüssig, aber er empfand es als eine Begrüßung des Patienten, der ihm in den nächsten Stunden anvertraut war. Dann ließ er sich das Skalpell geben und zog quer über den Oberbauch einen tiefen Schnitt durch die Bauchdecke. Aus den Wundrändern quoll ein wenig Blut, das sofort weggetupft wurde. Beide Assistenten und die zweite OP-Schwester zogen mit Wundhaken die Bauchdecke auseinander. Er schnitt nach und legte das Bauchfell frei, das Verwachsungen zeigte. Jetzt brauchte er vor allem Geduld. Abwechselnd ließ er sich Skalpell und Schere geben und begann das Bauchfell zu lösen. Ohne aufzublicken, sagte er: »Der Patient bewegt sich«, und der Anästhesist machte sich am Perfusor zu schaffen. Ein kurzer Signalton zeigte die neue Dosierung an. Er blickte kurz auf den Überwachungsmonitor: Puls und Blutdruck waren normal. Stück für Stück schob er das gelöste Bauchfell hoch, und dann blickten sie in die feuchte Tiefe des Bauchraumes mit seinen dunkelbraunen, grünen und gelb-rosa gefärbten Organen. Der Pankreaskopf war sichtlich verformt durch die Geschwulst. »Da haben wir die Bescherung«, sagte er.

»Wollen wir noch Schnellschnitte vom Lymphgewebe machen?« fragte Ricken.

»Eigentlich nicht nötig«, sagte er. »So wie es aussieht, müssen wir den halben Laden leerräumen, wenn der Mann noch eine Chance haben soll.«

Es war kurz nach 18 Uhr, als Paul nach seiner zweiten Operation, der Anlage eines Anus praeter nach Mastdarmresektion bei einer sechzigjährigen Frau, den OP verließ und auf der Station den Kollegen Kurt Lemmert traf, der braungebrannt von seinem Urlaub auf Rhodos zurückgekommen war und heute Nachtdienst hatte. Er fragte, wie es gewesen sei, lobte, wie gut Lemmert aussähe, ließ sich etwas über das Hotel, den Strand und die historischen Sehenswürdigkeiten der Insel erzählen und nahm einen Gruß an Marlene mit. Lemmert war ein umgänglicher Kollege. Und es war immer wichtig, etwas für die guten Beziehungen innerhalb der Abteilung zu tun. Aber das freundliche kollegiale Geplauder war ihm diesmal schwergefallen, weil er sich erschöpft und zerstreut fühlte.

Als er in sein Auto stieg, um nach Hause zu fahren, mußte er daran denken, wie er Anja zurückgestoßen und aus dem Wagen vertrieben hatte. Das war für sie eine brutale Verstoßung gewesen. Er hatte es ihrem Gesicht angesehen, als er an ihr vorbeigefahren war. Es war nicht auszuschließen, daß sie jetzt durchdrehte und irgend etwas anstellte. Wahrscheinlich machte sie ihre Absicht wahr und erklärte Leonhard, daß sie ihn verlassen wolle. Als sie heute morgen telefonierten, war das ihre Phantasie gewesen: Alles sollte auf den Tisch kommen, damit alles sich änderte. Das war es, was sie als ihre Chance sah. Es war nicht auszudenken, wie Leonhard und Marlene reagieren würden. Irgendwo hatte er gelesen, daß die meisten Menschen unfähig seien, eine langsam sich anbahnende Katastrophe zu erkennen. Das Beispiel, das der Autor brachte, war ein Frosch, der in einem Kochtopf mit Wasser schwimmt, das langsam erhitzt wird. Biologisch hat der Frosch nicht die Fähigkeit entwickelt, langsame Temperaturveränderungen zu bemerken, weil das in seiner natürlichen Umgebung nicht von lebenserhaltender Bedeutung ist. Also schwimmt er weiter, bis er gekocht ist. So war es ihnen auch ergangen. Leonhard war so ein Frosch. Ein häßlicher, dicker, alter Frosch, der mit stoischer Geduld in seinem Kessel schwamm. Er selbst war aber auch in einen solchen Kessel geplumpst, als er das Apartment mietete, in dem er sich mit Anja traf. Mit Marlene verhielt es sich anders. Sie wußte ja offenbar mehr und schon seit langem.

Er fuhr den Wagen in die Garage und betrat das Haus durch einen Seiteneingang neben der Küche, wo er Marlene vorfand. Sie saß am Tisch, vor sich eine Teekanne, eine halbleere

Tasse und einen gläsernen Aschenbecher mit einigen ausgedrückten Zigarettenstummeln, und rauchte. Das war kein gutes Zeichen, denn sie hatte sich das Rauchen gerade wieder abgewöhnt. Da sie nicht mit dem Blick zur Tür am Tisch saß, drehte sie ihm, als er eintrat, mit einer trägen Bewegung ihr Gesicht zu, und die Verzögerung ihrer Reaktion machte ihm deutlich, wie verschlossen sie aussah.

»Es hat leider etwas länger gedauert«, sagte er. »Im OP ist eine Leuchte installiert worden. Danach mußte natürlich alles desinfiziert werden. Ich konnte erst um zehn Uhr beginnen. Und dann kam es gleich ziemlich dick. Du rauchst wieder?«

»Wie du siehst«, sagte sie. »Nimm dir eine Tasse, wenn du Tee möchtest.«

Er ging zum Geschirrschrank, kam mit Tasse und Untertasse zurück, und setzte sich ihr gegenüber.

Sie nickte kurz, drückte dann ziemlich gewaltsam die halbgerauchte Zigarette im Aschenbecher aus.

»Scheiß Zeug«, sagte sie. »Aber keine Angst, ich gewöhn's mir wieder ab. Das ist das Wenigste, was ich mir abgewöhnen muß.«

»Laß uns in Ruhe miteinander reden«, sagte er.

»Ich weiß nicht, ob wir's nicht besser bleibenlassen. Ich bin so geladen: Ich könnte an die Decke gehen.«

»Ist was Besonderes?« fragte er.

»Was?!« fuhr sie ihn an. »Bist du noch bei Trost?!«

»Entschuldige, das war das falsche Wort. Mir kam es nur so vor, daß du dich gerade über etwas Bestimmtes aufgeregt hast.«

»Ja, etwas Bestimmtes, zusätzlich zu dem ganzen Schlamassel, den du angerichtet hast. Ach es ist widerlich. Ich komme mir auch selbst widerlich vor, weil ich mich nicht einfach davon lösen kann.«

»Also, was ist es? Sag's mir bitte.«

Sie schaute ihn an mit einem Blick, als wolle sie prüfen, wer ihr dort gegenübersaß. Dann schüttelte sie einmal langsam den Kopf und blickte auf ihre Hand, die vor ihr auf der Tischplatte lag, eine leere Hand, die sich langsam um etwas Unsichtbares schloß. Als sie wieder aufblickte, sprach sie.

»Ich habe dich und Anja schon seit langem beobachtet«, sagte sie. »Spätestens seit unserer Floridareise war mir klar, daß sich etwas verändert hatte zwischen euch. Es war aber nicht ganz eindeutig. Ich konnte dir nichts nachweisen. Und ich wollte uns nicht in eine Situation bringen, in der du mich belügen würdest. Das war es, was ich am meisten fürchtete, weil das für mich bedeutet hätte, daß etwas Grundsätzliches zerstört war, etwas, das uns zusammenhielt, trotz allem. Weißt du, ich fand immer noch, daß unsere Ehe nicht so schlecht sei, eigentlich sogar gut. Und was du mit Anja angefangen hattest oder sie mit dir, war für mich eine vorübergehende Geschichte. So habe ich es mir jedenfalls immer wieder gesagt, bis ich vor ein paar Tagen durch Zufall euer Liebesnest entdeckt habe.«

»Durch Zufall?« fragte er, weil er wollte, daß sie weitersprach. Denn er mußte wissen, woran er mit ihr war.

»Ja«, sagte sie, »ich war in der Stadt und habe in dem Straßencafé gegenüber einen Kaffee getrunken und plötzlich auf der anderen Seite Anja kommen sehen. Ich wollte eigentlich winken. Aber sie schaute nicht rechts noch links und ging in das Haus hinein. Und nach einer Weile bist du gekommen.«

»Warum hast du mich nachher nicht darauf angesprochen?«

»Ich habe dir den Zettel hingelegt.«

Sie machte eine Pause und zündete sich eine neue Zigarette an, ehe sie weitersprach.

»Das Eigenartige ist, daß ich mich heute gefreut habe, als ich deine Antwort las. Ich bin in die Stadt gefahren, habe mir einen neuen Blazer gekauft und bei Fischer am Ring für den Abend einen Tisch bestellt. Ich habe mir gesagt, nun da die Heimlichtuerei vorbei ist, können wir alles klären. Ich bin dann noch einmal an dem Haus vorbeigegangen und habe mir die Hausnummer aufgeschrieben. Und erst als ich wieder zu Hause war und auf dich wartete, ist mein ganzes Vertrauen zusammengebrochen.«

»Warum?« fragte er.

»Ich habe in deinen Kontoauszügen gestöbert, und auf einmal ist mir alles klargeworden. Du hast dir ein zweites Leben eingerichtet und mich beibehalten als eine bequeme Selbstverständlichkeit, um die du dich nicht zu kümmern brauchtest.«

»So ist es nicht. Das siehst du falsch.«

»Ach, ich sehe es falsch? Klar. Ich kann nicht erkennen, daß du völlig richtig handelst. Das ist natürlich mein Fehler. Du nimmst alle Vorteile deines gewohnten Lebens wahr und genehmigst dir nach Belieben deine Extrarechte. Du glaubst nämlich, es stünde dir zu. Und was andere Menschen empfinden, ist dir einfach egal.«

»Nein, überhaupt nicht«, sagte er. »Weshalb hätte ich es sonst versteckt?«

»Begreifst du nicht, was du sagst? Du stellst dir doch selbst ein Armutszeugnis aus. Was du getrieben hast, ist egozentrisch, primitiv und verantwortungslos, vor allem gegenüber Anja und Leonhard. Von mir rede ich erst gar nicht.«

»Rede bitte auch von dir.«

»Ich muß mich ja nicht erklären. Du stehst hier zur Diskussion.«

»Nein, nein, du stehst nicht zur Diskussion. Natürlich nicht! Das wäre ja absurd! Ich bin es selbstverständlich, der primitiv und verantwortungslos ist. Von dir kann ja jeder Mensch nur das Gegenteil sagen.«

Sie schaute ihn an.

»Du bist wohl ziemlich in Panik«, sagte sie.

»Ja«, sagte er. »Anja ist dabei durchzudrehen, seit sie weiß, daß du über uns Bescheid weißt.«

»Ach, das hast du ihr gleich erzählt. Bevor du mit mir sprechen wolltest, hast du dich schnell mit ihr verständigt. Das ist wirklich interessant.«

»Es ist absolut blödsinnig von mir, die totale Verwirrung. Aber als ich gestern abend deinen Zettel las, dachte ich: Das ist jetzt die Gelegenheit, Schluß zu machen. Trotzdem habe ich nichts unternommen, bis sie mich anrief. Dann habe ich es ihr gesagt.«

»Daß es vorbei ist? Das glaube ich dir nicht.«

»Dazu ließ sie mir gar keine Gelegenheit. Sie fing sofort damit an, daß sie sich von Leonhard trennen will. Und sie hofft, daß du mich davonjagen wirst – sofort in ihre Arme.«

»Möchtest du das?«

Er brachte es nicht fertig, nein zu sagen, und schüttelte nur den Kopf. Dann sagte er: »Ich bin in die Geschichte reingestolpert und habe nicht mehr gewußt, wie ich wieder rauskommen sollte.«

»Du glaubst doch nicht, daß ich Mitleid mit dir habe? Du hast ja gewußt, was für eine labile Person sie ist.«

Sie machte eine Pause, und als dämmerten ihr erst jetzt die weiteren Konsequenzen, sagte sie: »Für Leonhard ist das absolut schrecklich.«

»Ja, das ist wahr. Aber im Grunde läßt es mich kalt. Die Ehe war von Anfang an verlogen, und er hat es einfach nicht sehen wollen.«

»Ach, und du hast ihm die Augen öffnen wollen. Das ist ja edelmütig.«

»Wenn du diesen Ton beibehalten willst, können wir auch Schluß machen.«

»Ja, anscheinend können wir uns nur noch verletzen. Ich wollte eigentlich noch etwas anderes sagen. Für mich ist es absolut schrecklich, daß du mit Anja dasselbe inszeniert hast wie damals mit mir. Damit machst du auch unsere Geschichte unglaubwürdig und lächerlich. Hast du überhaupt jemals daran gedacht?«

»Nein, das waren nicht meine Gedanken. Ich sagte doch, ich bin da reingestolpert und habe mich bemüht, es unter Kontrolle zu halten.«

»Und weil du Angst hattest, hast du gedacht: Ich habe noch Marlene im Hintergrund. Die ist ja immer für mich da.«

»Kann schon sein, daß ich so etwas empfunden habe.«

Er merkte, daß es ihn erleichterte, alles zuzugeben, was sie ihm unterstellte. Es war ein seltsames Bedürfnis, sie zu zwingen, ihn mit all seinen Widersprüchen und Schwächen wahrzunehmen. Und um es zu übertreiben, fuhr er fort: »Ich habe auch daran gedacht, dich zu verlassen, manchmal. Mit oder ohne Anja. Das war in diesen Momenten egal. Es war nur das Gefühl, alles ist so verdammt harmonisch und vernünftig bei uns, wenn du verstehst, was ich damit meine.«

»Ich versuch's gerade. Aber ich habe eigentlich keine Lust mehr dazu. Mit Anja ist wahrscheinlich alles ganz anders. Wie ist sie zum Beispiel im Bett? Was hat sie dir zu bieten? Sie ist ja eine Hysterikerin. Das kann vielleicht aufregend sein.«

Er schwieg eine Weile. Dann sagte er: »Wenn du es unbedingt wissen willst: Sie ist intuitiv und leidenschaftlich.«

»Wie fabelhaft für dich«, sagte sie. »Dann ist ja alles klar.«

Beide schwiegen sie. Dann stand sie auf, um aus der Küche zu gehen.

»Wo willst du hin?« fragte er.

»Ich bestelle den Tisch ab. Ich habe keine Lust mehr, mit dir essen zu gehen. Und ehrlich gesagt, möchte ich dich überhaupt nicht sehen.«

Er blieb am Tisch sitzen. Alles war schiefgegangen. Anja allerdings hätte triumphiert, wenn sie das Gespräch belauscht hätte. Wieder hörte er ihre insistierende Stimme: »Vielleicht bekommen wir jetzt eine Chance. Wir sind viel weiter, als du denkst.« Das waren beschwörende Worte gewesen, denen er im Augenblick, gegen den Einspruch seiner Vernunft, eine magische Wirkung zutraute. Und wie in einer nachträglichen Reaktion, spürte er wieder ihre Hand, die nach seinem Geschlecht tastete. Sie macht mich verrückt, dachte er. Er ahnte, daß es damit zusammenhing, Marlenes Schutz verloren zu haben. Er war der Frosch im Kessel, der im immer heißer werdenden Wasser um sein Leben schwamm.

Vor ihr stand der Aschenbecher mit den vorzeitig ausgedrückten Zigaretten, denen er die heftigen stoßenden Bewegungen ansehen konnte, mit denen Marlene die Glut gelöscht hatte. Zwei Zimmer weiter klingelte das Telefon,

und er dachte flüchtig, es könne Anja sein, die es nicht aus-
hielt zu warten, wie seine Aussprache mit Marlene verlaufen
würde. Doch es war wohl nicht Anja. Denn jetzt hörte er
Marlene am Telefon sprechen, und es klang anders, als sie
mit Anja gesprochen hätte. Er konnte aber kein Wort verstehen. Alles klafft immer weiter auseinander, dachte er. Es ist
ein Puzzle, in dem nichts zusammenpaßt, weil es dafür kein
Bild mehr gibt. Er war im Augenblick so müde, daß er nur
mit einer Willensanstrengung sein Bedürfnis unterdrücken
konnte, sich hinzulegen. Marlene sprach noch, mit längeren
Pausen, ohne daß er etwas verstand. Die Müdigkeit leerte
seinen Kopf und stülpte die Welt um – das Innere nach
außen –, wie man das Taschenfutter herauszog, um zu
beweisen, daß die Tasche leer war. Es war ein Bild wie ein
altes, fehlbelichtetes Foto, auf dem nur die Geste deutlich zu
sehen war: er mit beidseitig herausgezogenen leeren Taschen, umschlossen von dem hellen Nebel der Fehlbelich-
tung. Nein, er hatte niemandem etwas zu bieten, weil seine
Taschen leer waren, leergeräumt wie sein Kopf, den er mit
Kinn und Wange in seine leere Hand stützte. Alles verschmolz miteinander: die Einzelheiten, die Erinnerungen,
die beiden Frauen. Ich bin eigentlich immer von außen mit
Gefühlen und Gedanken gefüllt worden, dachte er. Das war
es, wozu ich die Menschen gebraucht habe, auch die beiden
Frauen. Sie jedoch waren sich einig, daß er zwischen ihnen
wählen müsse. Das war eine Zumutung, die nicht zu ihm
paßte. Sie waren beide überzeugt, die einzig Richtige für ihn
zu sein. Beide gaben sie ihm zu verstehen, daß er falsch lebte.
Aber das richtige Leben gab es vielleicht nicht.

Warum hatte Marlene nie etwas gesagt, wenn sie ihn und
Anja schon so lange verdächtigt hatte? Vielleicht hatte sie

angenommen, er würde alles abstreiten. Oder sie hatte es kränkend und unerträglich gefunden, überhaupt darüber zu sprechen. Auch sie war ratlos gewesen und unschlüssig, genau wie er. War das eine Möglichkeit, das unterbrochene Gespräch wieder zu beginnen? Und wollte er das?

Wieder überkam ihn eine Welle von Müdigkeit, die die Begriffe auflöste. Das richtig Falsche und das falsche Richtige – Strudel, die an ihm vorbeitrieben. Dann wurde ihm bewußt, daß er Marlenes Stimme seit einer Weile nicht mehr gehört hatte, und als er den Kopf hob, stand sie in der Tür. »Leonhard hat angerufen«, sagte sie. »Er wollte wissen, ob Anja bei uns ist. Sie ist nämlich nicht nach Hause gekommen.«

»Dann hat sie ihm also noch nichts gesagt?«

»Nein, aber er war sehr in Sorge. Und du mußt davon ausgehen, daß er sich seine Gedanken macht.«

Er zuckte die Achseln.

»Ich finde, wir sollten jetzt etwas essen.«

»Mach dir was. Ich möchte nichts«, sagte sie.

Marlenes unerwartete Mitteilung war für Leonhard wie ein Schlag vor den Kopf gewesen, ein dumpfer Schlag, der ihn betäubte und wanken ließ. Schmerz, Wut und Empörung würden erst später kommen. Zunächst empfand er nur Verblüffung. Marlene hatte auf seine Frage, ob Anja vielleicht bei ihnen sei, mit einem seltsam schroffen Nein geantwortet, so daß er sich genötigt gefühlt hatte, zu erzählen, daß sie seit dem Vormittag verschwunden sei. Darauf hatte Marlene »Auch das noch« gesagt und nach kurzem Zögern hinzugefügt: »Ich weiß nicht, ob ich es dir sagen soll. Aber ich finde, du mußt es wissen, damit du dich darauf einstellen kannst:

Paul und Anja haben ein Verhältnis, schon seit längerer Zeit.« Weiter schien sie nichts dazu sagen zu wollen. Dann fuhr sie doch fort: »Er ist hier nebenan. Wir haben uns gestritten. Er hat gesagt, er sei da hineingestolpert und habe versucht, die Geschichte zu beenden, es aber wegen Anja nicht fertiggebracht.«

Er hatte die kalte Wut in Marlenes Stimme gehört und aus Ratlosigkeit gefragt: »Und du? Was denkst du darüber?«

Sie hatte geantwortet, alles sei bodenlos. Sie fühle sich ausgenutzt und hintergangen. Auch weil das Ganze ein so unglaublicher Verrat an ihrer jahrelangen Freundschaft sei. Darin fühle sie sich jetzt hineingezogen, auch ihm gegenüber. Alle Glaubwürdigkeit sei mit einem Mal zerstört. »Verstehe«, hatte er gesagt, immer noch in dem Gefühl, daß es eigentlich um sie ging und für ihn eine Geschichte am Rande war oder der Keim einer Krankheit, die anscheinend noch nicht ausgebrochen war, weil sie ihm keine Schmerzen machte. Er wußte, daß er sie schon lange in sich trug: die kränkende Krankheit, ein Mann zu sein, den die Frauen mit anderen Männern betrogen, weil in ihren Augen an ihm etwas Entscheidendes falsch und unannehmbar war. Es war ihm zum zweiten Mal drastisch bestätigt worden, beide Male durch denselben Mann. Das reichte, um es sich gesagt sein zu lassen. Ja, es war genug.

»Was rätst du mir?« hatte er gefragt.

»Ich kann dir genauso wenig raten wie du mir«, hatte sie geantwortet. Dann hatte sie noch hinzugefügt: »Ich werde Paul nicht sagen, daß ich dich informiert habe. Ich will ihm seine Probleme nicht mehr abnehmen. Ich wollte nur, daß du Bescheid weißt.«

»Danke«, hatte er gesagt.

Etwas später dachte er: Ich werde mich scheiden lassen. Für die Zeit bis dahin mußte er eine vorläufige Vereinbarung formulieren, die festlegte, daß Anja ausziehen und ihre gesamte persönliche Habe aus dem Haus entfernen müsse, Daniel aber bei ihm bleiben solle. Dafür wollte er ihr, bis zur endgültigen gerichtlichen Entscheidung, ein freiwilliges monatliches Salär aussetzen. Er mußte sich erkundigen, was angemessen war, denn er wollte auf jeden Fall korrekt sein, gegen spätere Vorwürfe und Selbstvorwürfe gefeit.

Ja, er wollte die Trennung unter allen Umständen. Bei Marlene hatte es trotz ihrer Erregung anders geklungen. Sie war offenbar schwer getroffen, anders als er. Das hing damit zusammen, daß er Anja nicht geliebt hatte. Seine Ehe mit ihr war ein gescheitertes Projekt. Nur solange er daran festgehalten hatte, konnte sie ihn verwunden. Am besten verschwand sie für immer zusammen mit Paul, obwohl auch das vermutlich nicht halten würde. Beide waren sie unzuverlässige Menschen mit wenig moralischer Substanz. Paul würde Anja verlassen, und dann würde sie zugrunde gehen – wie die amtliche Formel sagte: mit an Gewißheit grenzender Wahrscheinlichkeit. Er würde keinen Anlaß haben, das zu bedauern, dachte er mit leiser Rachsucht, ein Gefühl, das er sich genehmigte, weil er spürte, daß es ihm half. Paul war ein anderes Problem. Er war der Verführer und Betrüger, den man früher zum Duell herausgefordert und erschossen hätte. Jetzt hatten Leute wie er einen Freibrief für ihr Treiben, denn die Gesellschaft hatte sich moralisch aus diesen Bereichen des Lebens zurückgezogen und sie der Willkür und der allgemeinen Unordnung überlassen. Jeder durfte jeden tödlich verletzen, wenn es nicht gerade mit dem Messer oder der Pistole geschah.

Aber er war nicht verletzt, nicht durch Anja. Es war vor allem damals durch Marlene geschehen. Und Anja war das Pflaster auf der Wunde gewesen, das ihm nicht geholfen hatte und das er sich nun abreißen würde als eine endgültig überwundene Täuschung. Nein, er hatte sie nicht geliebt, und es war nur gerecht, daß auch sie ihn nicht geliebt hatte. Es war ja sowieso nur ein Wort, unter dem jeder etwas anderes verstand. Was der Sinn des Wortes war, mußte man selbst herausfinden und es für sich selbst bewahren. Er liebte Daniel als ein zartes, empfindliches Abbild seiner selbst, was ein ziemlich egozentrischer Grund für Liebe war. Aber wahrscheinlich gab es keinen anderen.

Schon eine Zeitlang schaute Anja zu den Häusern der anderen Straßenseite hinüber. Die meisten Fenster waren inzwischen erleuchtet, und hier und da konnte sie die Bewohner der Häuser sehen, die sich wie graue Schatten in den Räumen bewegten. Darsteller geheimnisvoller Selbstverständlichkeiten, die ihr alltägliches Leben ausmachten: ein Mann, der einen Schrank öffnete und wieder schloß und sich danach mit einer Hand den Nacken massierte, bevor er aus dem Zimmer ging. Eine Frau, die ins Nebenzimmer trat, in der Mitte stehenblieb und wieder kehrtmachte. Ein junges Mädchen im Nebenhaus, das einen Fensterflügel öffnete und in beide Richtungen auf die Straße blickte und sich dann umdrehte, weil eine Person ins Zimmer getreten war und etwas zu ihr sagte, bevor sie wieder verschwand. Alle bewegten sich in gespenstischer Sicherheit und schienen von Augenblick zu Augenblick das zu sein, was sie taten, während sie selbst, die Beobachterin, einen Schritt hinter ihrem schmutzigen Fenster stehend, sich allmählich abhanden kam, bis sie einen Arm ausstreckte und mit einem Ruck den Vorhang schloß. Da war sie wieder, allein in dem kargen Zimmer mit dem zugedeckten Bett, auf dem die abgeschabte graue Wolldecke lag. Paul war nicht gekommen. Wahrscheinlich war er mit Marlene in eine Auseinandersetzung geraten, die noch andauerte. Er hatte sie gebeten, erst nachher mit Leonhard zu reden. Nun konnte sie nicht mehr nach Hause fahren, weil sie nicht erklären konnte, wo sie so lange geblieben war. Und auch, weil sie getrunken hatte, um sich zu beruhigen. Sie war nicht betrunken. Dazu war sie zu aufgeregt. Hatte Paul vielleicht vergessen, daß sie hier wartete? Hatte er sie falsch verstanden? Oder hatte sie es nicht gesagt? Dauernd kam ihr das große Haus aus dunklen glasierten Klinkern mit den weißen Sprossenfenstern der Vorderfront vor Augen, in dem Paul und Marlene jetzt miteinander sprachen. Als sie das Haus zum ersten Mal gesehen hatte, war es ihr wie eine Festung erschienen. So kam es ihr jetzt wieder vor – bedrückend in seiner Mächtigkeit, seiner Symmetrie und seiner gediegenen Eleganz – so recht ein Ort, wo über Besitztümer, alte Rechte und die Vorzüge eingelebter Gewohnheiten gesprochen wurde, ein Ort, wie geschaffen für Pauls Selbstaufgabe, wo jetzt beschlossen wurde, daß er sie verwerfen mußte.

Nein, so durfte sie nicht denken! Sie mußte sich innerlich dagegen anstemmen.

Auf der Straße waren laute, streitende Stimmen junger Männer zu hören, die aus einer Gastwirtschaft kamen. Eine andere, gesetzte Stimme versuchte sie zu beruhigen, und allmählich entfernten sie sich. Das Haus war still, als sei sie dessen einzige Bewohnerin oder als habe ihr Warten ringsum alles Leben gelähmt. Paul würde auch mitten in der Nacht kommen, wenn sich alles zu ihren Gunsten entschieden hatte. Bis dahin wollte sie warten und an ihn denken. Sie wollte ihm einen langen Brief schreiben, in der Hoffnung, daß ihre Gedanken, die sie dem Briefblock anvertraute, ihn auf geheimnisvolle Weise erreichten. Ja, das war es, was sie tun wollte.

»Mein Liebster«, schrieb sie, »seit Stunden warte ich in unserem Zimmer, daß Du kommst, obwohl ich längst verstanden habe, daß Du nicht kommen kannst, nicht jetzt, nicht heute, nicht bald. Was soll ich sagen? Was kann ich überhaupt noch tun? Ich kann nicht immer mit mir allein sein, denn unsere Trennung, die uns von anderen aufgezwungen wird, ist ein Irrtum. Sie ist wie ein schlimmer Webfehler in der Welt. Doch plötzlich, nachdem Du mich verlassen hattest und mich finstere Augenblicke lang denken ließest, alles sei zu Ende, hat eine unsichtbare Hand hinter meinem Rücken etwas hervorgezogen: die verrückte, unbegründete Hoffnung, daß Du mich liebst. Wie gut war es, Dich zu sehen, so falsch und so schmerzlich es zunächst auch schien. Dich anzusehen, nur Dich anzusehen, macht mich glücklich. Du bist der einzige Mensch, der mich mir selbst zurückgeben kann. Alles, was ich sein möchte, kann ich nur sein, wenn ich es Dir bringen darf. Als ich Dich noch nicht kannte, hast Du mir schon gefehlt. Ach, die kurzen Augenblicke vollkommenen Wachseins, wenn ich bei Dir bin! Nicht sie sind geträumt, sondern die langen Trennungen, wenn ich zitternd vor Sehnsucht in mein Bett krieche, und diese Dunkelheit frühmorgens, wenn ich wach werde, diese lichtlose Dämmerung, als versänke man im Tod. Oft möchte ich schreien nach Dir: Rette mich! Ich habe Angst, mir plötzlich nicht mehr vorstellen zu können, daß es Dich gibt. Ich wäre so gerne für Dich brauchbar. Warum greife ich in diese Leere, wenn ich Dich fühlen möchte? Ich möchte Deine Schritte neben mir hören und Deine Gegenwart spüren, wenn ich die Augen schließe. Sag mir: Was ist der Preis dafür? Wovon muß ich mich trennen, um Dich zu gewinnen? Was muß ich tun?«

Sie schrieb und schrieb, als dürfe sie nie aufhören.

13

Augenblicke der Wut

Da ist etwas. In der Nähe. Aber sie kann sich nicht rühren. Wenn sie es nicht beachtet, wird es verschwinden. Wie das kleine iltisartige Tier, das neben ihr aus dem Gestrüpp gekommen ist und sie angefaucht hat, ein häßliches Tier, das mit einem Mal alle seine Haare verlor, ein räudiges nacktes Tier.

Da ist es wieder. Ein metallisches Scharren, dann ein Klopfen, das offenbar sie meint. Sie ist aber noch wie betäubt, obwohl es heller Tag ist und das Licht vom Fenster ihre geschlossenen Augen reizt. Immerhin weiß sie jetzt, daß sie auf dem Bett liegt, in ihren Kleidern, verschwitzt und betrunken, Grund genug, sich nicht zu rühren.

»Hallo, bist du da, Anja? Mach doch auf!«

Sie hat die Augen kurz geöffnet, das Tageslicht durch den fadenscheinigen Vorhang gesehen, und die Lider, schwer und fühllos, sind ihr zugefallen. Sofort ist das Tier wieder da. Das fauchende Tier aus dem Gestrüpp. Es hat sich verändert. Seine Haut – oder ist es eine künstliche Hülle – besteht aus vielen kleinen, nachlässig zusammengenähten und wieder aufgerissenen Lederflicken, und seine Augen quellen seitlich aus dem Kopf, glänzende schwarze, unaufhörlich wachsende Beeren, die Augen einer riesigen Libelle, in denen sich alles spiegelt – sie selbst und das Zimmer, kugelrund verzerrt. Das Zimmer ist zugewuchert von

Gestrüpp, so daß sie es nicht durchqueren kann. Vielleicht ist sie tot. Liegt tot im Gestrüpp. Das ist es, was die Libelle sieht.

Klopfen. Eine Stimme. Ja, ich bin da. Ich liege hier, auf den Grund gesunken, unfähig aufzutauchen, denn ich habe Angst. Die Angst ist ein schweres Gewicht, das sie festhält in der dunklen Tiefe, in der sie verborgen ist.

»Anja, hörst du mich? Mach bitte auf!«

Das ist Pauls Stimme. Paul ist gekommen! Er kann die Tür nicht aufschließen, weil innen ihr Schlüssel steckt. Wieder das Klopfen. Seine Stimme. Durch die wattigen Schichten ihrer Betäubung hört sie die Dringlichkeit, die aufschießende Angst. Ohne die Augen zu öffnen, murmelt sie:

»Ich komme.«

Mühsam setzt sie sich auf und kämpft gegen den Schwindel an. Auf dem Boden verstreut liegen die vielen Blätter, die sie heute nacht beschrieben hat.

Ja, sie hat die ganze Nacht geschrieben bis zum Morgengrauen. Hat geschrieben und getrunken und dann in einem Anfall von Wut und Verzweiflung alles vom Tisch gewischt und sich angezogen auf das Bett fallen lassen.

Nun ist es Tag. Vor der Tür steht Paul.

»Ich komme«, sagt sie etwas lauter und tappt um das Bett herum zur Tür, um aufzuschließen.

Gleich wird sie erfahren, wie über sie entschieden wurde.

Er war erstaunt, wie klein sie war, als sie die Tür öffnete und vor ihm stand, eine Frau in einem zerdrückten hellen Leinenrock mit zerzausten Haaren. Die Augen in dem bleichen verschwollenen Gesicht schienen ihn nur undeutlich wahr-

272

zunehmen. Später dachte er, sie hatte jenen Ausdruck von Verstörtheit, mit dem Überlebende eines Unglücks dem ersten Retter begegnen.

»Entschuldige, ich habe geschlafen«, sagte sie.

»Anscheinend sehr tief.«

Um den Ton von Kritik in seiner Stimme zu überdecken, küßte er sie flüchtig auf ihren schlafwarmen Mund, bevor er mit ihr in das Zimmer trat. Der Vorhang war zugezogen, das Fenster wohl seit langem geschlossen. Es roch ungelüftet nach verbrauchter Luft und dem Schlafdunst, der ihren Kleidern entstiegen war, als er sie küßte. Er schaute sich um. Unter dem kleinen Tisch, neben der Fußleiste stand eine leere Rotweinflasche, eine zweite, zu zwei Dritteln geleerte, stand auf der Tischplatte neben einem dickwandigen Wasserglas mit einem roten Bodensatz. Das waren die Spuren der einsamen Nacht, die sie in dem kleinen Raum verbracht hatte. Aber der Eindruck, daß er die Zeugnisse einer Katastrophe sah, ging von der heruntergerissenen Bettdecke und den vielen über den Boden verstreuten, mit ihrer Handschrift bedeckten Blättern aus. So hätte es aussehen können, wenn er sie hier tot gefunden hätte.

In letzter Zeit hatte er sich das oft vorstellen müssen. Es war ein Bild, das sich immer wieder eingestellt hatte, wenn er zu ihren verabredeten heimlichen Treffen kam. Er würde sie nackt im Bett vorfinden – den erkalteten Körper, das spitze graue Totengesicht mit den geöffneten, aber erloschenen Augen. Wenn sich nichts änderte, würde sie es eines Tages tun. Mit ihrem Tod würde sie das Schweigen durchbrechen, das er über sie verhängt hatte. Nun allerdings war es durchbrochen. Marlene und inzwischen auch Leonhard

273

wußten Bescheid. Und so war es vielleicht nicht mehr nötig, sich umzubringen. Sie konnte jetzt hoffen. Für ihn war das eine zwiespältige Erleichterung.

Er hatte sich auf einen der beiden Stühle gesetzt. Sie auf das Kopfende des Bettes, mit angezogenen Knien. Der weiße Rock war an ihren Schenkeln hochgerutscht. Nie wußte er, ob das Berechnung war.

»Komm zu mir«, sagte sie. »Erzähl mir, wie es dir ergangen ist.«

Sie hatte den Platz neben sich freigelassen. Dort saßen sie jetzt zusammengedrängt wie Kinder in ihrer selbstgebauten Hütte. Wieder roch er den Schlafdunst ihres Körpers und spürte, wie ihn das erregte.

»Ich habe dich heute nacht erwartet«, sagte sie. »Warum bist du jetzt gekommen?«

»Ich habe deinen Brief gelesen. Die ganze Zeit, während ich mit Marlene geredet habe, hatte ich ihn ungeöffnet in der Tasche. Wir haben uns gegenseitig verletzt und dann nur noch angeschwiegen. So ist sie heute morgen in den Dienst gefahren.«

»Und du mußt nicht in den Dienst?«

»Glücklicherweise habe ich heute Nachtdienst. Das macht es erst einmal leichter.«

»Ja«, sagte sie, »das macht es viel leichter, vor allem für uns. Siehst du, wir können auch Glück haben. Du hast also meinen Brief gelesen?«

»Ja, sofort, nachdem Marlene ins Krankenhaus gefahren war. Wort für Wort. Danach bekam ich solche Sehnsucht, daß ich dich sofort sehen mußte. Ich hatte nur Angst, du könntest nicht da sein.«

»Ich habe die ganze Nacht auf dich gewartet und dir geschrieben. Meine Gedanken sollten dich umgeben und stärken. Gegen Morgen habe ich mich hingelegt.«

»Da ist noch etwas«, sagte er. »Leonhard hat gestern abend Marlene angerufen. Er wollte wissen, ob du bei uns seist. Ich habe das Gespräch nicht mitgehört. Aber sie hat ihm wohl auch von unserem Treffpunkt erzählt.«

Sie schwieg einen Augenblick. Dann sagte sie: »Jetzt ist doch alles klar. Laß uns die Koffer packen und verschwinden.«

»Du bist eine Phantastin«, sagte er.

»Sag das nicht, Liebster. Sonst denke ich, du willst dich in Sicherheit bringen. Wir dürfen jetzt beide keine Angst haben.«

»Mit Angst hat das nichts zu tun. Ich habe Dienst. Zum Beispiel heute nacht.«

»Dann ziehen wir eben in ein Hotel. Du machst weiter deinen Dienst, und ich erwarte dich in einem schönen großen Doppelbett.«

Sie küßte ihn. Noch immer war ihr Mund aufgeweicht vom Schlaf.

»Ich sehe dir an, was du denkst«, flüsterte sie. »Vergiß es jetzt.«

»Woher willst du wissen, was ich denke?«

»Ich kenne deine Gedanken, weil ich sie verstehe. Aber sie sind falsch.«

»Was ist mit Leonhard? Müssen wir nicht damit rechnen, daß er herkommt?«

»Ich weiß zufällig, daß er heute einen Prozeß hat. Er kann uns nicht stören. Und das würde er auch sowieso nicht tun.« Sie küßte ihn wieder. Dann sagte sie: »Entschuldige mich. Ich bin gleich wieder da.«

Er schaute ihr nach, wie sie in dem kleinen Toiletten- und Duschraum verschwand, und stand auf, um einen Fenster-flügel zu öffnen, ließ den Vorhang aber zu. Dann setzte er sich auf einen Stuhl und beugte sich vor, um die auf dem Boden liegenden Blätter aufzuheben und auf den Tisch zu legen. Sie waren beidseitig beschrieben und nicht numeriert. Ihre Schrift war eilig, aber klar, und nirgends gab es größere Verbesserungen. Eines der Blätter, das er zu den anderen legen wollte, begann mit dem Satz: »Tag und Nacht lebe ich mit Dir, denn ich bin in einem tieferen Sinne längst und immer schon Deine Frau.«

Ja, das waren ihre Gedanken, ihr heißer, innerer Kern, aus dem sie entstanden wie ein Lauffeuer. Er las weiter: »Du und ich, wir sind aus demselben Stoff gemacht. Deshalb haben wir uns gefunden und werden bald ganz zueinander-kommen. Es ist unaufhaltsam. Auch Du bewegst Dich auf mich zu, vorsichtig, wie jemand, der noch fremde Lasten trägt. Aber bald wirst Du sie abwerfen und nur Du selbst sein. Noch weiß ich es besser, als Du es wissen kannst. Ich fühle es in meinem Herzen und in meinem Leib als eine Schwere und eine Süße. Manchmal aber, wenn ich Dich nicht sehen und nicht erreichen kann, ist es noch so wie bloß geträumt, und ich bin allein auf einer Insel, umgeben von dunkler Nacht. Dann rede ich mir zu, daß Du kommst und mich rettest, und genauso wird es sein.«

Er legte das Blatt zu den anderen, blickte auf das nächste und das übernächste, das er vom Boden aufhob. Es war ein Text ohne Anfang und Ende, der in unaufhörlicher Variation um etwas Ungreifbares kreiste, das immer wieder zerrann und das er immer wieder zu beschwören und zu erschaffen versuchte, ein Wirbel, ein Strudel, dessen Mittelpunkt er selbst war. Es war ein pausenloser Text, unendlich vielfältig und doch monoton, wie eine endlose Bewegung, für die es kein Ziel gab. Er las es mit wachsendem Widerwillen, wie einen sich ausbreitenden Wahnsinn, der auf ihn überspringen wollte, ihn aber immer kälter, immer nüchterner zurückließ: Nein, so konnte er nicht leben. Der Liebeswahn dieser Frau war eine Falle, die das Leben für ihn aufgestellt hatte. Sie war speziell für ihn gemacht. Damit hatte sie recht. Doch es mußte die Hölle sein, mit den Hysterien dieser Frau Tag für Tag und Nacht für Nacht in einer Wohnung zusammenzuleben, ausgesetzt dieser kranken Unersättlichkeit, mit der sie immer wieder nach Liebe verlangte – Liebe, Liebe, Liebe! War er denn verrückt gewesen, seine Ehe mit einer so schönen und klugen Frau wie Marlene dafür aufs Spiel zu setzen? Und alles zu gefährden, was dazu gehörte, das große Haus, in dem sie wohnten, die gesellschaftlichen Verbindungen, vielleicht sogar seine Chancen im Beruf? So wie Marlene reagiert hatte, mußte er damit rechnen, daß er alles schon verspielt hatte. Was wog dagegen der Satz, den er hier auf dem nächsten Blatt las: »Wenn Du mich verläßt, werde ich in vollkommener Dunkelheit zurückbleiben, als wäre ich gestorben.« Das waren doch alles nur Worte, an denen sie sich berauschte, weil sie süchtig nach großen Gefühlen war.

Er legte das Blatt weg und blickte auf, denn er hatte sie gehört. Da stand sie in der Tür und schaute ihn an. Sie war nackt. Der Ausdruck ihres Gesichtes hatte sich in eine leere Trance verwandelt, bis auf den dunklen Blick, der unverwandt auf ihn gerichtet war. Da ist sie! Wenn es sie nicht gäbe, wäre alles gut. Sein Blick richtete sich auf das gewölbte, fahlblond behaarte Dreieck ihres Schamhügels und die helle Haut der Schenkel. Wenn es sie nicht gäbe … Aber es gab sie – eine Art Trugbild seines eigenen Wahns. So kam sie auf ihn zu. Ihre nackten Fußsohlen machten auf dem glatten Bodenbelag ein leises saugendes Geräusch. Dann stand sie dicht vor ihm. Ihre Brüste, die matt schimmernde Haut. Mit beiden Händen stützte sie sich auf seine Schultern und setzte sich mit gespreizten Beinen rittlings auf seine Schenkel. Als wolle sie ihn einschläfern oder bannen, küßte sie ihn sanft auf die Augenlider, bevor sie langsam, mit der Ausdrücklichkeit und Sorgfalt einer rituellen Handlung sein Hemd aufknöpfte und es dann ringsum aus dem Gürtel zog. Schau an, dachte er, wie sie mir klarmacht, was sie will. Wie sie mich beherrschen will. Aber es ist die Abschiedsvorstellung. Ich werde Schluß machen. Es ist das letzte Mal. Das denkwürdige letzte Mal!

Ohne ein Wort zu sagen, hob er sie hoch und trug sie auf das Bett. Ihre Augen, weit aufgerissen, erwarteten ihn. Er hat Angst, sie schlagen zu müssen in dieses unbelehrbare Gesicht. Aber er kann die Wut auffangen, kann sie in seinem Körper zusammenhalten, in den wilden Stößen seines Leibes gegen ihren Leib. Ist es das? Willst du das?! Und das? Und das?

Er hat es nicht gesagt. Aber er hört ihr Keuchen, das ihm antwortet.

»Ja!! Ja! O ja!«

Nichts führt hinaus aus dieser Verrücktheit. Es ist eine endlose Schleife, in der alles von ihr zurückkommt, was er ihr gibt. Ein Echo, ein Schattenspiel. Er starrt in ihren weit geöffneten Blick, der alles zu begreifen scheint und alles haben will, was von ihm kommt. Er kann ihr auch seine Wut geben. Die aufbrandende Panik und Raserei, mit der er sie durchdringt und von sich stößt.

»Bring mich um!« flüstert sie. »Bring mich um! Bitte, bring mich um!«

Danach lagen sie reglos nebeneinander, ohne daß einer von ihnen etwas sagte. Es war geschehen, etwas Unvorhergesehenes und Unsagbares, und nun hatte er sich gegen sie verschlossen. Hatte sie etwas falsch gemacht? Hatte sie etwas nicht verstanden, daß er so völlig von ihr zurückwich? Sie hatte die plötzliche Wut gespürt, mit der er sie gepackt hatte, und für sie war es im Augenblick eine Lösung gewesen. Er hatte etwas in ihr aufgedeckt, was sie immer wie ein Schatten begleitet hatte – der Wunsch, ein Ende zu machen, und sie hatte gedacht, noch nie so einig mit ihm gewesen zu sein. Statt dessen war er von ihr abgerückt. Es war unmöglich geworden zu sprechen.

»Ich muß gleich fort«, sagte er und stand auf, um unter die Dusche zu gehen. Jetzt spült er alles von sich ab, alles was ihn an mich erinnern könnte, dachte sie. Nach einer Weile kam er seine nassen Haare frottierend zurück und begann sich anzuziehen. Auch sie zog sich an. Stumm wie zwei Menschen nach einer gemeinsam begangenen Untat, dachte sie.

Er hatte einen abweisenden Ausdruck, als er, seine Hemdknöpfe schließend, sagte, daß er den Mietvertrag des Apartments nicht verlängern werde. Sie antwortete nicht, bückte sich nach ihrem zweiten Schuh, der unter das Kopfende des Bettes gerutscht war.

»Wirst du heute mit Leonhard sprechen?« fragte er.

»Natürlich«, sagte sie, ohne ihn anzusehen.

»Eins mußt du wissen«, sagte er. »In mir hast du keinen Mann, der besonders geeignet ist, lebenslang für eine Frau zu sorgen. Mit Leonhard bist du viel besser dran.«

Sie blickte nicht auf, nickte, als läge die Antwort vor ihr auf dem Boden. Dann ging sie zu dem Tisch, auf dem er die Blätter aufgeschichtet hatte, die sie ihm in der Nacht geschrieben hatte, und begann sie sorgfältig in kleine Fetzen zu reißen. Mit dem letzten Blatt preßte sie die Fetzen zu einem Klumpen zusammen und ging damit in die Toilette. Er hörte die Wasserspülung. Was für eine lächerliche, übertriebene Theatralik, dachte er. Warum mußte ich an diese Frau geraten? Ich bin nicht geschaffen für diese großen Gefühle. Es war etwas Neues für mich. Es nimmt mir aber alles, was ich sonst noch vom Leben brauche. Es ist einförmig und ausweglos. Es höhlt mich aus.

Er wartete, daß sie zurückkam, unsicher, wie er sich verhalten sollte. Im Grunde verstand er nicht, was geschehen war. Er hatte doch nur eine Warnung ausgesprochen, eine Warnung vor falschen Vorstellungen, die die Wirklichkeit wieder ins Spiel brachte. Aber die Wirklichkeit war fremd und verhaßt für sie, und sie hatte ihre ganze Gefühlskraft dafür aufgewandt, ihn aus der Wirklichkeit wegzulocken.

Wo blieb sie jetzt? Ging das Drama weiter, das sie ihm vorspielte? Wie weit wollte sie es treiben? Er ging zu der Toilettentür und klopfte in dem unangenehmen Gefühl, lächerlich dazustehen, falls er von ihr eine banale Antwort bekam. Aber er hörte nichts. Klopfte noch einmal, drehte sich brüsk um und setzte sich auf einen Stuhl, um abzuwarten. Nach einer Weile kam sie ins Zimmer zurück und sagte: »Du wolltest doch gehen.«

Hatte sie wirklich angenommen, er würde gehen, ohne sich zu verabschieden? Hatte sie ihm das nahelegen wollen, indem sie sich so lange eingesperrt und nicht geantwortet hatte? Ihre Haltung hatte etwas Steifes und Eng-Umgrenztes und drückte Abwehr aus, eine Anstrengung, die sie zu überfordern schien, und ein bekümmertes und besorgtes Gefühl für sie glomm in ihm auf.

»Ich wollte nur sehen, ob du okay bist«, sagte er.

Sie schaute ihn immer noch an. Ihr Blick war starr und leer, und er sah erstaunt, daß sie sich geschminkt hatte. Es wirkte absurd und puppenhaft und wie ein greller Ausdruck von verleugneter Verzweiflung, obwohl es vielleicht nur eine rasche Inszenierung war, mit der sie sich oberflächlich ins Gleichgewicht gebracht hatte.

»Wirklich, Anja, bist du okay?«

»Verschwinde«, sagte sie.

Verständnislos schaute er sie an. Das mußte er falsch verstanden haben, obwohl eigentlich kein Irrtum möglich war. Er hatte aber einen Anspruch darauf, daß sie es ihm erklärte. »Was meinst du?« fragte er.

»Ich will, daß du gehst!« schrie sie ihn an. Ihre Stimme überschlug sich: »Hau ab und komm nicht mehr zurück!«

Das traf ihn wie ein Schlag ins Gesicht, und ein schiefes Grinsen, das er nicht unterdrücken konnte, zwang ihn, den Kopf zu senken. Gut, er mußte das hinnehmen. Es war der Preis dafür, daß alles zu Ende war, viel schneller und einfacher, als er es sich hätte vorstellen können. Er durfte jetzt nur nicht den Fehler machen, noch etwas zu sagen, sondern mußte aufstehen, stumm an ihr vorbei zur Tür gehen und verschwinden, wie sie es gesagt hatte. Er fühlte eine tiefe Beschämung, die er vor ihr verbergen mußte und, wenn es möglich war, auch vor sich selber. Aufrecht, in der Haltung eines Mannes, der zu innerer Klarheit zurückgefunden hatte, verließ er das Zimmer. Er war nicht unverletzt geblieben, hatte genug Scherben aufzuräumen in seinem Leben. Wenn er noch eine Chance hatte, seine Ehe zu retten, war das jetzt seine letzte. Jeder mußte sich jetzt um sich selber kümmern, sie auch. Sie hatte ja gewußt, daß sie ein großes Risiko einging, und sie hatte ihn immer tiefer hineingezogen. Aber schließlich hatte sie ihn jetzt freigesprochen. Daran mußte er festhalten. Das war der Schlußpunkt, den er gebraucht hatte, auch wenn er schwer zu verdauen war. Sie hatte ihn wahrscheinlich nur beleidigen wollen, weil er sie verletzt hatte. Und noch im Zimmer, als er an ihr vorbeigegangen war, hatte er im Rücken ihr Schweigen wie einen Sog gespürt, als einen erstickten, zurückgehaltenen Schrei, der ihm noch im Treppenhaus nachzuhallen schien, ihr Schrei: Er solle umkehren. Alles sei ein Irrtum. Sie liebe ihn. – Doch die Vorstellung, alles würde mit Tränen und Küssen und verzweifelten Umarmungen wieder von vorne beginnen, trieb ihn weiter. Erst auf der Straße fühlte er sich freier.

Zu Hause rief er Marlene in der Station an. Sie wurde von einer Schwester herbeigeholt, und er mußte eine Weile warten. Dann meldete sie sich kurz: »Ja, was ist?«

»Ich wollte dir nur sagen, ich habe mit Anja Schluß gemacht. Den Mietvertrag des Apartments kündige ich gleich auch noch.«

»Dazu kann ich jetzt nichts sagen«, antwortete sie.

»Ich wollte nur, daß du es weißt. Entschuldige. Es tut mir leid.«

Es kam keine weitere Antwort, und er legte auf.

Alles, was er tat und sagte, war falsch. Er war an einem Punkt in seinem Leben angekommen, wo es nichts Richtiges mehr gab. Wieder spürte er den Sog der phantastischen

Erwartungen, vor denen er geflohen war. Jetzt konnte er nicht mehr zurück.

Sie stand mitten im Zimmer und biß sich auf die Lippen. Jetzt war er im zweiten Stock. Jetzt im ersten. Jetzt trat er auf die Straße und entfernte sich. Sie hatte ihn nicht zurückgehalten, nicht hinter ihm hergeschrien. Alles war abgelaufen wie ein Trick, plötzlich und ohne daß man es verstand. Sie blickte sich um. Muß noch das Zimmer aufräumen, dachte sie. Nichts sollte hier zurückbleiben, was an sie erinnerte.

Das Seltsame war, daß sie keine Zukunft mehr hatte. Jetzt, da sie ging, kam es ihr vor, als ginge sie ständig auf eine dunkle Wand zu, die Schritt für Schritt vor ihr zurückwich, immer gerade bis zum nächsten Augenblick. Es war ein traumloses Träumen mit offenen Augen, das sich auch nicht wesentlich änderte, als sie im Auto nach Hause fuhr. Der Verkehr umgab sie und glitt an ihr vorbei. Unversehens öffneten sich vor ihr Lücken und schlossen sich wieder. Sie blieb in der Spur und starrte mit vor Müdigkeit schweren Augen auf die ab und zu aufleuchtenden Bremslichter des vor ihr fahrenden Wagens. Neben ihrer Beifahrertür drehten sich bedrohlich nah die mächtigen schwarzen Reifen eines Lastzuges, rückten langsam vor und blieben wieder zurück.

War es denn möglich, daß alles vorbei war, wie weggeweht? Ja, natürlich, alles war vorbei. Sie konnte sich nicht einmal mehr Pauls Gesicht vorstellen und sah ihn als eine steife Marionette an sich vorbeigehen und das Zimmer verlassen. Seltsam, wie die Welt um sie herum weitermachte, als sei nichts geschehen.

Sie hatte das Gefühl, von einer weiten, verworrenen Reise in das Haus zurückzukehren, als sie leise die Haustür aufschloß und lauschte, ob sie etwas hörte. Es war wohl niemand da. Im großen Garderobenspiegel der Diele kam sie sich lautlos entgegen, eine verwahrlost wirkende, verstörte Frau, die ihr erschreckend alt erschien.

Ich bin total fertig, dachte sie. Unbedingt mußte sie bald etwas essen und sich dann für zwei, drei Stunden hinlegen, bevor Leonhard nach Hause kam.

Sie rief einen Pizza-Dienst an und bestellte einen Nudelauflauf.

»Pasta mista della casa?« fragte die Stimme.

»Ja, gut, bringen Sie mir das.«

Sie hatte kaum aufgelegt, als das Telefon wieder klingelte. Es meldete sich die aufgeregte Stimme ihrer Mutter.

»Da bist du endlich, Anja! Weißt du eigentlich, was du angerichtet hast? Leonhard hat mich eben vom Gericht aus angerufen und gesagt, daß er sich von dir trennen will. Ich bin noch völlig fassungslos. Er sagte, daß du ihn monatelang mit Marlenes Mann betrogen hast.«

»Das stimmt«, sagte sie. »Nur das Wort gefällt mir nicht. Betrogen habe ich mich selbst, als ich Leonhard geheiratet habe. Viele Jahre habe ich mich betrogen. Ich hätte es ihm längst sagen müssen.«

»Ich verstehe dich nicht. Du hast es doch gut bei ihm gehabt. Er ist ein so nobler und großzügiger Mensch.«

»Das mag ja alles sein«, sagte sie. »Aber das hat es nur schlimmer gemacht.«

»Du bist wie dein Vater, Anja. Du erinnerst mich immer mehr an ihn.«

Sie antwortete nicht. Ihr Herz schlug heftig und dumpf

bis in die Ohren. Etwas Verborgenes zog sich in ihr zusammen – ein alter, nie überwundener Schmerz und die Erinnerung an frühe angstvolle Einsamkeit.

»Das hat mir noch gefehlt, daß du mir das vorwirfst«, stieß sie hervor und legte auf.

Zitternd vor Aufregung stand sie noch neben dem Telefon, als es wieder klingelte. Zögernd hob sie ab.

»Entschuldige Anja«, tönte die Stimme ihrer Mutter aus dem Hörer. »Es tut mir leid. Es ist mir so rausgerutscht, weil ich so durcheinander bin.«

»Laß mich bitte mit Daniel sprechen«, sagte sie.

»Er spielt gerade mit dem Nachbarjungen. Ich glaube, wir tun gut daran, ihn möglichst aus allem herauszuhalten. Das ist auch Leonhards Meinung.«

»Ich will ihn trotzdem sprechen.«

»Gut, ich sage es ihm.«

Sie hörte die Stimme ihrer Mutter und Daniels helle Stimme im Hintergrund, konnte aber nichts verstehen. Nach einer Weile kam ihre Mutter zurück.

»Er will nicht«, sagte sie. »Er kommt nicht ans Telefon.«

»Hast du ihm freundlich gesagt, daß ich mit ihm sprechen möchte?«

»Ja, natürlich.«

»Ihr könnt mich alle mal«, sagte sie.

»Anja«, sagte ihre Mutter, »Anja, komm zu dir. Du machst dich doch nur selbst kaputt. Bitte, wenn du heute abend mit Leonhard sprichst, dann denke daran, was auf dem Spiel steht. Vielleicht läßt sich alles wieder in Ordnung bringen.«

»An deiner und seiner Ordnung habe ich kein Interesse«, sagte sie.

»Dann mach doch, was du willst«, schrie ihre Mutter. »Du bist wirklich wie dein Vater. Du fällst immer auf die falschen Menschen rein.«

Noch mit dem Nachhall der Stimme im Ohr hörte sie das Besetztzeichen. Etwas stimmte an diesen Vorwürfen, etwas, das nicht zu ändern war. Ihr Leben war ein Fehlschlag. Das scheinbar Richtige hatte sich immer als falsch erwiesen. Die Müdigkeit brannte in ihren Augen, und sie fühlte sich, als ob sie leichtes Fieber hätte – schweißig und fröstelnd, mit dumpfem Kopf. Der ganze Wirrwarr der letzten Tage hatte sich in diesen Zustand verwandelt. Gut, sie war damit einverstanden. Vielleicht schützte es sie ein wenig, wenn Leonhard nach Hause kam. Auf alle Fälle mußte sie sich vorher noch die verklebten, strähnigen Haare waschen.

Sie war auf dem Weg nach oben, als der Bote vom Pizza-Dienst klingelte. Es war ein junger Mann, aber kein Italiener, der ihr die in Alufolie verpackte Pasta mista mitsamt einem gelben Faltblatt reichte, das über das erweiterte Firmenangebot und die neuen Preise informierte. Sie zahlte und ging mit dem Päckchen in die Küche und aß den zerkochten lauwarmen Pamp aus mit Tomaten- und Bechamelsauce durchweichten Nudeln direkt aus der Plastikschale und trank mehrere Gläser Mineralwasser dazu. Die zusammengeschobenen Reste kratzte und kippte sie in die Toilette.

Danach ging sie nach oben in ihr Zimmer, um sich eine Weile hinzulegen, sah aber schon von der Tür aus auf dem Schreibtisch den weißen Umschlag mit Leonhards großer herrischer Schrift. Es ist wohl nötig, daß ich das lese, bevor er kommt, sagte sie sich. Auch wenn sich herausstellte, daß es vorteilhaft für sie gewesen wäre, den Brief noch nicht gelesen zu haben. Das konnte sie dann noch immer vorgeben, denn der Umschlag war nicht zugeklebt. Sie setzte sich damit auf ihr Bett.

Es war ein kurzer handgeschriebener Brief, der ohne Anrede begann:

»Nimm zur Kenntnis, daß ich weiß, wie systematisch Du mich seit längerer Zeit mit Paul hintergangen hast. Ich will hier nicht weiter darüber reden, schon gar nicht über ihn, der sich als mein Freund ausgegeben hat und der sich mir als ein Mensch gezeigt hat, den ich so schnell wie möglich aus meinem Gedächtnis tilgen will. Was uns angeht – so will ich nicht über Schuld reden. Auch ich habe vermutlich meinen Teil zu unserem Desaster beigetragen. Wir können jetzt nur noch so schnell wie möglich die nötigen Konsequenzen ziehen. Ich werde die Scheidung einreichen. Ehe es soweit ist, wird einige Zeit vergehen, die wir in beiderseitigem Interesse und auch im Interesse von Daniel nicht mehr im selben Haus verbringen sollten. Ich schlage vor, Du ziehst vorübergehend mit dem Nötigsten in eine Pension und suchst Dir eine eigene Wohnung. Ich werde Dir ein Übergangsgeld geben und ein monatliches Salär aussetzen. Daniel wird bei mir oder Deiner Mutter bleiben.

Das alles gilt vorbehaltlich der späteren gerichtlichen Regelung unserer Scheidung. Ich habe die in diesem Brief formulierten Vorschläge in einer schriftlichen Vereinbarung zusammengefaßt, die von Dir und mir unterschrieben werden sollte. L.«

Unter dem Brief stand noch ein P. S.:

»Wenn ich heute am späten Nachmittag nach Hause komme, sollten wir noch einen ruhigen Abend miteinander verbringen und morgen auseinandergehen.«

Wie vernünftig das ist, dachte sie. Wie logisch, wie beruhigend. Aber es war nur ein weites Netz mit riesigen Zwischenräumen. Das Leben blieb nicht darin hängen. Es kam darin nicht vor. Das war vermutlich der Sinn der Sache. Es war ein Netz, durch das man hindurchfiel mit seiner ganzen Geschichte, seinen Gefühlen, seinen Träumen. Davon hat er nie etwas wissen wollen. Er hat mich organisiert, kontrolliert, indem er sein Netz ausspannte zu meiner Sicherheit und seiner eigenen Beruhigung. Auch jetzt wieder. Ich unterschätze das nicht. Er ist umsichtig und fair. Ich brauche nur zu unterschreiben, und das, was von mir in seinem Netz hängenbleibt, bekommt ein neues Leben. Was ist denn schon verlorengegangen? Es war ja alles nur geträumt. Und was konnte verkehrt sein in einer Welt, in der es nichts Richtiges gab? Es fiel ihr schwer, den Gedanken festzuhalten und überhaupt zu verstehen, weil sie unendlich müde war. Das Verkehrte in einer Welt, in der nichts richtig war. Was bedeutete das? War alles gleich? Konnte man alles tun oder bleiben lassen?

Sie ließ den Kopf auf das Kissen sinken. Müßte mich eigentlich vorher ausziehen, dachte sie. Doch sie wollte ja nur ein wenig so liegen. Liegen, ohne nachzudenken. Vielleicht sollte sie noch ein Aspirin nehmen wegen der Kopfschmerzen? Ja, das war vernünftig. Sie raffte sich noch einmal auf und ging ins Badezimmer, kam mit dem Wasserglas und der sprudelnden weißen Tablette zurück, trank auf dem Bett sitzend die bittere Flüssigkeit in einem Zug. Vielleicht unterschreibe ich die Vereinbarung, dachte sie. Etwas anderes konnte sie schließlich gar nicht tun.

Als sie nach zweieinhalb Stunden wach wurde, war Leonhard schon einige Zeit im Haus. Sie hatte vor Erschöpfung tief und traumlos geschlafen und ihn nicht kommen gehört. Sie stand schwindelig auf, duschte, wusch und fönte sich die Haare, fühlte sich aber nicht grundsätzlich besser, als sie nach unten ging, wo Leonhard Zeitung lesend auf sie gewartet hatte. Er hatte gemerkt, daß sie im Haus war, weil sie vergessen hatte, die Alufolie des Pizza-Dienstes wegzuräumen. Er musterte sie, sagte, daß sie etwas mitgenommen aussehe. Sie dachte, »hergenommen« wäre das genauere Wort. Wahrscheinlich meinte er das auch.

Er schaute auf seine Armbanduhr und sagte: »Wenn es dir recht ist, fahren wir in den Bitzer Hof zum Abendessen. Da sind wir vor einigen Jahren schon einmal gewesen. Erinnerst du dich?«

»Nein«, sagte sie.

»Der Bitzer Hof in Immendorf, ein ehemaliger Bauernhof, der jetzt ein ländliches Restaurant ist.«

»Tut mir leid, ich erinnere mich nicht.«

»Ist ja auch nicht wichtig.«

In seiner behäbigen Schwere stand er aus dem Sessel auf, legte die zusammengefaltete Zeitung auf den Tisch und sagte: »Komm, dann laß uns fahren.«

»Jetzt schon?« fragte sie. »Ist das nicht zu früh?«

»Wir machen vorher noch einen kleinen Spaziergang«, sagte er.

Verfüg bitte nicht einfach über mich, wollte sie sagen, unterließ es aber. Es war klüger, sie vermied jeden Streit. Es kam auch nicht mehr darauf an. Schon morgen würde sie das Haus verlassen. Wenn sie daran dachte, war dieser letzte Abend mit Leonhard eigentlich schon bedeutungslos.

Sie fuhren die alte Köln-Bonner Landstraße in Richtung Süden. Links von der Straße ragten einige Dächer des Villenviertels Hahnwald über die Mauern und das Laub der Büsche und Bäume. Es war eine verschlossene Welt mit bewachten, einbruchsicheren Häusern in riesigen Grundstücken, wie sie gehört hatte. Rechts von der Straße erstreckte sich eine Baumschule mit langen Reihen von Blautannen und Tujabäumen. Dann folgten die Glasbauten eines Autohändlers und ein Möbelhaus. Die dazugehörigen Parkplätze waren jetzt fast leer.

Sie hatte das Seitenfenster heruntergefahren, schloß es aber wieder, weil der Gestank der Godorfer und Wesselinger Raffinerien in den Wagen drang. In Godorf bogen sie nach rechts ab und kamen durch öde ehemalige Dorfstraßen mit gesichtslosen Häusern. Am Rand der Ortschaft rechts und links neuere Häuser mit schmalen Vorgärten hinter niedrigen Mauern. Überall zugezogene Gardinen, Topfpflanzen hinter den Fensterscheiben, Haustüren mit schmalen Lichtschlitzen aus Preßglas. Außerhalb des Ortes kreuzten sie in einer Unterführung den Damm der Autobahn, auf dem sie hochblickend die vorbeiflitzenden Dächer einiger Wagen sah, die in Richtung des Kölner Verteilerkreises fuhren. Während der ganzen Fahrt hatte Leonhard noch kein Wort gesprochen. Irgendein Gedanke schien ihn in Beschlag zu nehmen, so daß nur so viel Aufmerksamkeit übrigblieb, wie er brauchte, um den Wagen durch die Straßen dieser unübersichtlichen zersiedelten Landschaft zu steuern. Sie fuhren noch nicht zu dem Landgasthof, von dem er gesprochen hatte und an den sie sich nicht erinnern konnte. Aber wohin sie jetzt fuhren, hatte er ihr nicht gesagt, und sie hatte sich inzwischen mit seiner merkwürdigen Stummheit abgefunden und blickte ohne Interesse nach draußen, in dem einzigen Bedürfnis, sich zusammenzuhalten und gegen den Druck, der von ihm ausging, zu verschließen.

Wieder bog Leonhard in eine andere Straße ab, die durch eine Ortschaft führte, und mit einem Mal befanden sie sich in offenem Gelände. Rechts und links waren erntereife Getreidefelder und dazwischen, mit einigem Abstand von der Landstraße, ausgebaggerte, mit Grundwasser vollgelaufene Kiesgruben, deren Ränder und Halden von Gestrüpp und Unkraut überwuchert waren. In der Ferne war klein wie ein Miniaturspielzeug die unregelmäßige Silhouette eines vielstöckigen Wohnsilos zu sehen und noch weiter entfernt der flache, bewaldete Höhenzug der Ville.

Noch immer hatte Leonhard kein Wort gesagt. Er fuhr nur langsamer, nach beiden Seiten Ausschau haltend, die Straße entlang, die sich in sanften Kurven durch die Landschaft wand, und hielt überraschend in einer kleinen Ausbuchtung kurz vor der nächsten Kurve, die von einem völlig zerfallenen und von Gestrüpp zugewucherten Haus verdeckt wurde.

»So, hier sind wir«, sagte er und schaltete den Motor ab, um auszusteigen.

»Hier?« fragte sie.

»Ja, ich erklär's dir. Steig erst mal aus.«

Sie standen neben dem Wagen, um ein Auto, das aus der Gegenrichtung kam, vorbeizulassen. Dann faßte er sie am Oberarm und führte sie auf die andere Straßenseite, um von dort aus das Haus zu betrachten und ein paar Aufnahmen zu machen.

»Das ist ja phantastisch«, sagte er.

Das mit Eternitplatten verkleidete Haus war umgeben von Holunderbüschen und Brombeergestrüpp. Das Dach war zum Teil abgedeckt, und die Fenster zur Straßenseite waren zugemauert. Als sie ein Stück um das Haus herumgingen, sahen sie, daß die seitlich zur Grundstückseinfahrt gelegene Haustür mit Brettern vernagelt war. Auf der anderen Seite der Einfahrt stand im rechten Winkel zum Haus ein ebenfalls verfallener Schuppen.

»In diesem Haus«, sagte Leonhard, »das auch damals schon eine Bruchbude gewesen sein muß, hat vor zwei Jahren eine schwangere Frau ihren Mann, der ein Säufer und Nichtsnutz war, mit dem Hammer erschlagen. Wir haben sie heute unter Anrechnung ihrer zweijährigen Untersuchungshaft aus der Haft entlassen.«

»Und warum hast du mich hierhergefahren?« fragte sie.

Er schaute sie an, kalt und abschätzend, und wie ihr schien, mit ungestilltem, unverhülltem Rachedurst.

»Ich wollte dir nur einmal zeigen, was für unterschiedliche Problemlösungen es gibt.«

»Aha«, sagte sie und versuchte, seinem Blick standzuhalten und das Zittern zu unterdrücken, das in ihr saß.

Er lächelte jetzt, aber nicht begütigend, sondern als genösse er den Erfolg seiner Absicht, sie zu erschrecken, und weide sich an der Wehrlosigkeit, in der sie vor ihm stand.

»Komm«, sagte er, »wir gehen ein Stück die Landstraße zurück bis zu den Einfahrten in die Kiesgruben, und ich erzähle dir, was hier passiert ist.«

»Ich will's gar nicht wissen«, sagte sie.

»Doch komm. Etwas nicht wissen zu wollen ist falsch. Das habe ich ja gerade erfahren müssen. Komm, es sind nur zweihundert Meter oder etwas weniger. Die Strecke muß man aber gegangen sein, um den Vorgang ermessen zu können.«

»Warum?« fragte sie.

Sie hatte ihren Widerstand aufgegeben, weil es ihr klüger erschien, auf ihn einzugehen und ihn reden zu lassen. Er erzählte ihr, wie es zu der Tat gekommen und wie es geschehen war. Der Mann war Platzwart bei den Kiesgruben gewesen und hatte gerade geheiratet, als die Gruben vor dreieinhalb Jahren stillgelegt wurden und er seine Arbeit verlor. Er hatte immer schon getrunken, aber jetzt war es rapide mit ihm bergab gegangen. Seine Frau, eine Spätaussiedlerin aus Polen, die als Putzfrau arbeitete, hatte versucht, das Geld zusammenzuhalten. Er hatte sie aber immer wieder mit Schlägen und Tritten gezwungen, ihm Geld für seine Sauftouren zu geben. An jenem Abend war er schon betrunken nach Hause gekommen und hatte mehr Geld von ihr verlangt und sie in den Leib getreten, als sie sich weigerte. Danach hatte er sich umgedreht, um zu dem Versteck zu gehen, das sie ihm aus Angst verraten hatte. In dem Moment hatte sie neben sich im Regal den Hammer erblickt und ihm von hinten mit Wucht auf den Schädel geschlagen. Er war nicht sofort umgefallen, erst beim zweiten Schlag. Doch sie hatte immer weiter auf den Kopf des am Boden liegenden Mannes eingeschlagen, bis der ganze hintere Schädel eine blutige Masse aus Haut, Haaren und Knochensplittern war. Der Gutachter hatte das dem Gericht an dem präparierten Schädel demonstriert und damit einen Beweis für die Panik dieser Verzweiflungstat erbracht.

Danach hatte die Frau den toten Körper ihres Mannes an den Füßen aus dem Haus geschleift und in einer zähen Anstrengung auf ihr immer wieder wegrutschendes, umfallendes Fahrrad gebunden. So hatte sie ihn gegen ein Uhr nachts vom Haus weggeschafft und zur Vortäuschung eines Unfalls auf die Straße gekippt.

»Das muß ungefähr hier gewesen sein, hier, wo wir jetzt stehen. Es sollte aussehen, als sei er von einem Auto angefahren worden. Sie hat auch noch extra auf den Speichen herumgetrampelt, ohne viel auszurichten.«

Er machte eine Pause.

»Laß uns noch ein Stück weitergehen bis zu dem Baggerloch.« Er wies auf einen lehmigen Weg mit vom Regen ausgewaschenen, jetzt ausgetrockneten Fahrspuren. Ein Schild warnte: Baden verboten. Beim Betreten der Böschungen Lebensgefahr. Ein Maschendrahtzaun, der fast ganz von Brombeergestrüpp und dichten Brennesselbüschen verdeckt war, grenzte einen Seitenarm des Baggerlochs vom Weg ab, hörte nach vierzig oder fünfzig Metern aber auf. Je näher sie dem Ende des Weges kamen, um so mehr weitete sich der Blick auf die unregelmäßig und tief in die Landschaft eingeschnittene Wasserfläche, die ringsum von steilen grünen Böschungen umgeben war. Dort unten schien kein Lufthauch zu wehen. Das Wasser war ein glatter grauer Spiegel. An seinem Ufer, auf einem sandigen Plateau, wo der Abbau anscheinend überstürzt beendet worden war, stand ein Transportband, dessen Eisenteile tiefbraun vor Rost waren.

Leonhard hatte neben ihr hergehend geschildert, wie die Frau von der Landstraße in das Haus zurückgekommen war und dann erst entdeckte, welche Spuren ihre Hammerschläge auf den blutenden Kopf des sterbenden Mannes hinterlassen hatte. »Buchstäblich das ganze Zimmer«, so sagte er, »Fußboden, Wände, Vorhänge und Möbel, sogar die Zimmerdecke und natürlich ihre Kleider waren mit Blut bespritzt. Sie hatte mit blutigen Händen die Tür zum Hof geöffnet und den blutüberströmten Toten in den Hof geschleift und auf das Rad gebunden. Nach dem ersten Schrecken hatte sie sich daran gemacht, alles abzuwaschen und abzuseifen, und als in der Frühe die Leute klingelten, die ihren toten Mann auf der Landstraße gefunden hatten, glaubte sie es geschafft zu haben. Aber die Leute waren gleich nach den ersten Sätzen verstummt, denn sie hatten überall noch Blut gesehen.«

Nur noch nebenbei hatte Anja der Erzählung zugehört. Nun standen sie stumm nebeneinander am Rand der Grube und blickten hinunter. Sie mußte daran denken, daß sich das Grundwasser auf der Höhe des Wasserspiegels unter dem Land fortsetzte. Das verstärkte in ihr ein Gefühl von Bodenlosigkeit. Warum stand sie überhaupt hier? Weshalb hatte er sie hergeführt?

»Warum hast du mir das alles so genau erzählt?« fragte sie. »Ich wollte es überhaupt nicht wissen.«

»Weil du so zartbesaitet, so feinfühlig bist?«

»Nein«, sagte sie, »weil ich merke, daß du mich wie immer beeindrucken und belehren willst. Diese Frau ist für dich wahrscheinlich eine Heldenmutter.«

»So würde ich es nicht nennen. Aber es stimmt. Sie hat das Leben ihres Kindes verteidigt. Das verdient Respekt.«

»Und deshalb hast du sie freigesprochen?«

Im Tonfall überlegener Sachlichkeit korrigierte er sie: »Ein Schwurgericht von fünf Personen hat sie unter meinem Vorsitz vorzeitig auf Bewährung aus der Haft entlassen. Das Urteil war einstimmig. Sie hat übrigens während der Untersuchungshaft im Gefängniskrankenhaus ihr Kind geboren und zieht jetzt in eine kleine Sozialwohnung.«

»Wenn das kein Happy-End ist für deine Schauerge-
schichte!«

Er schaute sie an und sagte: »Ich verstehe dich nicht.«

»Und ich verstehe dich nur allzu gut.«

»Was willst du damit sagen?« fragte er in einem ruhigen,
interessierten Ton.

Sie zuckte die Achseln.

Dann fügte sie hinzu: »Siehst du: Es ist wieder schiefgegangen mit uns. Das ist doch wenigstens konsequent.«

Wieder verstummten sie, gelähmt von dem nur mühsam
unterdrückten Zwang, sich immer weiter verletzen zu müssen. Schließlich sagte er: »Komm, wir gehen zurück.«

Beim Abendessen im Bitzer Hof, wo Leonhard einen Tisch
bestellt hatte, waren sie beide bemüht, jeden weiteren Streit
zu vermeiden. Leonhard machte ihr seine Vorschläge für die
Trennung, die der erste Schritt zu ihrer Scheidung sein sollte.
Er wollte ihr 20.000 Mark als Übergangsgeld geben, damit
sie sich erst einmal neu einrichten konnte, und dazu ein
monatliches Salär von 1.800 Mark. Dabei unterstellte er, daß
sie, wie bisher, durch ihre Lektoratsgutachten eigenes Geld
verdienen würde. Sie sollte mit ihrer gesamten Habe aus
dem Haus ausziehen, und sobald sie eine dauerhafte Wohnung gefunden hatte, die Möbel ihres Zimmers bekommen.
Der Hintergrund dieser Entscheidung war eine Überlegung,
die sie überraschte. Er wollte ihrer Mutter vorschlagen, in
das Haus einzuziehen – aus finanziellen Gründen und damit
immer jemand für Daniel da sei. Während er redete und sein
Konzept begründete, hatte sie das Gefühl, immer durchsich-
tiger und leichter zu werden, als schwebe sie in einem schwerelosen Raum. Von Ferne sah sie zu, wie Leonhard ihr bishe-

riges Leben auflöste und nach eigenem Gutdünken ein neues für sie zusammensetzte, in das sie sich hineinfinden sollte. Sie sah sich nicht darin. Es war nur ein abstrakter Raum oder ein Kokon, um sich einzupuppen und darin zu überleben. Das konnte wohl nicht anders sein.

»Ich muß darüber schlafen«, sagte sie, als er mit seinen Erläuterungen zu Ende war.

»Ja natürlich«, antwortete er. »Das hast du auch nötig. Du siehst elend aus.«

Sie versuchte wegwerfend zu lächeln, aber das mißlang. »Behalt mich nicht nur so in Erinnerung«, sagte sie.

14

In the summertime when the weather is fine

Ende Juli – die Mauersegler und Schwalben sind gerade
nach Süden abgeflogen – stabilisiert sich über der Nordsee
ein ausgedehntes Hoch, das mit vierzehn ununterbroche-
nen Sonnenstunden am Tag und mit Temperaturen zwischen 30 und 35 Grad eine Licht- und Wärmeglocke über
ganz Mitteleuropa stülpt. Der Wetterbericht des Fernse-
hens, gewöhnlich ein Inbegriff von Veränderung, bleibt bis
in einzelne Formulierungen von Tag zu Tag gleich. Trok-
kene, in Flußtälern schwülwarme Hitze durchglüht bei fast
vollkommener Windstille das Land. Nur an der Küste weht
zeitweise ein leichter Wind aus Nordost, und am Nordrand
der Alpen kommt es zu vereinzelten Wärmegewittern.
Über dem Flachland ist der Himmel zartblau, oft am Horizont durchzogen von einem weißlichen Dunst, mit dem die
letzte Feuchtigkeit aus dem Boden steigt. Ab und zu bilden
sich weiße Wölkchen, die reglos im windstillen Raum
schweben und in den warmen Aufwinden bald wieder vergehen. Abends das Schönwetterzeichen eines rosigen Son-
nenuntergangs. Über dem Rhein hängen wie vertäute Luft-
schiffe einige langgestreckte, blaugraue Wolken. Kurze Zeit
färben sich ihre Ränder in einem klaren Pfirsichrot, bevor
sie sich eintrüben und langsam verdunkeln. Verstreute Lichter im Fluß, dessen Wasser auf die schwarze Silhouette der

alten Bogenbrücke zutreibt, über die Tag und Nacht die Güterzüge rollen. Unter ihr erscheint ein festlich erleuchtetes weißes Ausflugsschiff, auf dem getanzt wird. Eine hallende, aber unverständliche Lautsprecherstimme und hämmernde Technomusik dröhnen zu beiden Ufern hinüber, während das Schiff langsam mit gedrosseltem Motor stromaufwärts fährt.

Seit Beginn der Hitzewelle schlüpfen beim Dunkelwerden in dichten Schwärmen die winzigen dämmergrauen Kriebelmücken aus dem Uferschlamm. Sie bilden, im rasenden Kreiselflug auf- und absteigend, unsichtbar in der Luft schwebende Netze und setzen sich späten Radfahrern und Inlineskatern, die die schwirrende Barriere durchstoßen, ins Gesicht und in die Augenwinkel. Die andere Ausgeburt der Uferzone ist die sogenannte Rheinmücke, eine grasgrüne, fast durchsichtig wirkende Eintagsfliege, die in den flußnahen Straßen in Wolken die Hängelampen der Straßenbeleuchtung umtanzt und als ein wirres Gewimmel an den Scheiben erleuchteter, aber schnell geschlossener Fenster auf und ab flügelt, um nach und nach in den Nachtstunden zu sterben. Falls nicht ein leichter Luftzug sie wegweht, liegen morgens die Reste auf den Fensterbänken.

Da keine Wolkendecke die Wärme festhält, kühlt die Nachtluft über dem Land allmählich ab. Die Stadt bewahrt in den Zimmern ihrer Häuser noch lange die warme, stikkige Luft. An den erleuchteten Fenstern sieht man, daß viele Bewohner sich später als sonst schlafen legen. Wer einen Dachgarten hat, kann sein Lager in der milden Nachtluft unter einem sternklaren Himmel aufschlagen. Und vielleicht steht täuschend nah zwischen schwarzen Baumwipfeln und über den plumpen Scherenschnitten der Dächer und Kamine ein glasheller Vollmond, der die Narbenschatten seiner riesigen Krater zeigt. Allmählich gehen überall die Lichter aus. Doch manche Schläfer werden wieder wach, weil das Mondlicht in ihre Träume scheint. Andere reden im Schlaf oder bewegen lautlos die Lippen in schwachen Eruptionen unverständlichen Sinns.

Bald kann sie nichts mehr bedrängen. Die dunklen Windstöße der Angst haben nachgelassen, und bald wird sie schlafen und vorübergehend in verschwommene Träume entkommen. Die halbe Nacht hat sie getrunken und geschrieben, und langsam hat sich der Alkohol in ihr ausgebreitet wie ein schattenhafter Diener, der im Haus herumgeht und die Vorhänge zuzieht, hinter denen die Welt ist. Viele Blätter hat sie beschrieben und gleich wieder zerrissen. Auf dem letzten, das sie in der Hand hält, steht: »Ich starre in das Dunkel, während mein Herzschlag die Sekunden zählt. Was ist geschehen? Wer hat das angerichtet? Alles könnte gut sein, und alles ist vorbei.«

Sie greift den Stift und schreibt darunter: »Sag mir, daß alles nur ein böser Traum ist.« Und nachdem sie den Punkt gesetzt hat, zerreißt sie das Blatt. Sie stürzt ein letztes Glas Wein hinunter, zieht sich aus und legt sich auf das Bett. Im Dunkeln, bei geschlossenen Lidern, beginnt das Schwanken und Kreisen des kleinen Raumes, während draußen mit einem zarten rosigen Leuchten der nächste Sommertag erscheint, den sie nicht sehen und nicht hören will. Aber es wird schon wieder warm, jeden Tag schneller.

Beim Frühstück im Radio Staumeldungen von den Autobahnen und danach eine heitere Melodie, ein Oldie aus den sechziger Jahren: In the summertime when the weather is fine. In der anschließenden Presseschau tauchen vermehrt die Worte Sommerloch und Sommertheater auf. In den Nachrichten ein schwerer Busunfall, verursacht durch menschliches Versagen, und vergebliche Großfahndungen der Polizei nach einem Triebverbrecher und mehrfachen Mörder. Seit Tagen bringt die Zeitung neue Berichte über Hundertschaften von Polizisten, die in der Gluthitze, angetan mit schußsicheren Westen, ohne Erfolg Maisfelder und Tannenschonungen durchkämmt haben. Das übliche Sommerfoto der Zeitung mit Kindern, die in einem Springbrunnen plantschen, kommt nicht gegen den Eindruck an. Wohl aber die blonde Nachbarin, die im gelben Badeanzug auf ihrem Balkon erscheint und ihre Blumenkästen begießt. Städtische Sprengwagen wässern die neu gepflanzten Straßenbäume, deren Laub schon zu vergilben beginnt, und die Lieferwagen der Getränkevertriebe sind pausenlos unterwegs, um Kneipen, Kioske und Restaurants mit Nachschub zu versorgen. In den Büros schrillen die Telefone: »Wo bleibt eure Lieferung? Wir sind bald auf dem Trockenen.« Auf allen Werbeflächen leuchten riesige goldhelle Biergläser mit weißer Schaumhaube und glitzernder Tropfenspur. Daneben lachende, glückliche Gesichter. Alles, was der Mensch braucht, ist trinken, trinken.

Gegen ihren Willen wird sie wieder wach. Sie will es nicht, klammert sich an den Schlaf wie an eine schützende Hülle, die ihr zu entgleiten droht. Ihr Gesicht ist mit klebrigem Schweiß bedeckt. Sie fühlt sich elend und schwach, und die bleierne Schwere ihres Körpers hindert sie daran, sich zu bewegen. Sie kann nur versuchen, sich innerlich abzuwenden und davonzustehlen aus allem, was sie hier umgibt. Manchmal, doch längst nicht immer, wenn sie es braucht, gelingt es ihr. Sie stellt sich vor, daß es ein geheimes Fenster in der Zeit gibt, das sie mit der Kraft ihres Wunsches öffnen kann. Und dort, weit weg, sieht sie sich – ein kleines Mädchen auf den Armen ihres Vaters, der mit ihr vor aller Augen tanzt. Denn sie sind auf einem Fest. Sie sind der Mittelpunkt dieses Festes. Alle anderen Paare sind stehengeblieben und schauen ihnen zu. Nein, eigentlich sieht sie es nicht, sie denkt es nur. Es ist nur eine ausgedachte Geschichte, die immer blasser wird, wie ausgebleicht von dem Sonnenlicht, das durch den Vorhang dringt und ihre Augenlider empfindlich zucken läßt. Wenn sie die Augen einen Spalt weit öffnet, sieht sie dicht vor sich die aufgestapelten Transportkisten, die vorgestern gekommen sind. Die Arbeiter der Spedition, Männer in blauen Overalls mit aufgenähtem gelbem Firmennamen auf der Brust, haben die Kisten auf einem Rollgestell nacheinander in ihre Wohnung gefahren und überall, wo noch freier Platz war, aufgestellt. Sie haben sich den Lieferschein unterschreiben lassen und wollten wissen, wann sie die leeren Kisten wieder abholen sollten. Das hatte sie nicht beantworten können. Sie hatte sich überrumpelt gefühlt wie durch einen Überfall. Noch keine einzige Kiste hat sie geöffnet. Wozu? Sie hat keinen Platz für die Sachen, und sie weiß nicht, ob sie irgendeine Zukunft hat.

Es ist das letzte Wochenende vor dem Ende der Schulferien. Der Rückreiseverkehr hat eingesetzt. Noch gibt es freie Parkplätze in den Straßen der Wohnviertel. Die Busparkplätze an der Rheinuferstraße sind wieder mit Reisebussen aus dem In- und Ausland besetzt. Ausflügler aus dem näheren Umland und weitgereiste Reisegruppen stauen sich an den Anlegestellen der Ausflugsboote. Unter den Sonnenschirmen der Altstadtrestaurants werden die hin und her eilenden Bedienungen von Wartenden behindert, die zwischen den Tischen nach frei werdenden Plätzen Ausschau halten. Träge Menschenströme, gebremst durch ihre Dichte und Masse, schieben sich durch die Geschäftsstraßen der Innenstadt, beidseitig flankiert von Schaufensterpuppen in dramatischen Posen, die zu Schleuderpreisen die auslaufende Sommermode präsentieren. Gleich hinter dem Eingang steht der Kaufhausdetektiv, erkennbar an seinem seriösen Anzug und seinem schläfrigen Ernst. Ein Ladendieb schlüpft gerade an ihm vorbei. Ein Sektenprediger, dem niemand zuhört, ruft zu Umkehr und Einkehr auf, während nicht weit von ihm entfernt ein kalkweiß geschminkter Pantomime in einem silbernen Gewand langsame fließende Bewegungen vollführt, als schwebe er in einem schwerelosen Raum.

Alles scheint ständig zu stocken, alles geht weiter. »Gottes Zorn ist nah!« ruft der Prediger. »Aber seine Gnade ist unendlich!« Ein vorbeikommender junger Mann sagt zu seiner Begleiterin: »Such dir was aus.« Immer mehr Menschen! Was wollen sie? Menschen suchen das Menschengedränge, das Gewühl des Lebens. Es ist Mittagszeit. In den Parks und am Ring, wo vor allem Jugendliche flanieren, sind die zinkgrauen Abfallbehälter mit Plastikbechern, Cola-Flaschen, platt gedrückten Getränkedosen, mit Ketchup beschmierten Papptellern und Pommes frites überfüllt. Bei einigen Behältern ist die Bodenklappe mit Gewalt geöffnet worden, und der ganze Fast-food-Müll liegt auf dem Boden herum. Hochbetrieb in den Freibädern und an den Stränden der

Badeseen. Am Fühlinger See findet eine Ruderregatta statt, am Otto-Maigler-See ein Beachball-Wettbewerb. Überall liegen im Schatten der Bäume eng umschlungene Liebespaare. Über der Szene schwebt ein silbergraues Luftschiff mit der Aufschrift »Fuji Film«.

Sie hat sich notdürftig angezogen, um nach der Post zu sehen. Im Kasten steckten nur die Zeitung und einige Postwurfsendungen. Sie hat alles mit nach oben genommen und in der Zeitung blätternd etwas gegessen und Wasser getrunken. Danach hat sie sich wieder hingelegt. Das ist inzwischen ihr Rhythmus: Nachts bleibt sie lange auf und schläft erst gegen Morgen ein. Den Vormittag, manchmal den ganzen Tag, verbringt sie im Bett. Was soll sie auch sonst tun zwischen den Transportkisten, die Leonhard ihr geschickt hat, ohne zu fragen, ob sie Platz für die Sachen hat und ob sie sie überhaupt haben will. Laut der beigefügten Liste hat er nicht nur Bücher, Akten, Schreibmaschine, Bettwäsche und Garderobe eingepackt, sondern auch Blumenvasen, Bilder, alles, was ihn an sie erinnerte. Alle Spuren ihres gemeinsamen Lebens hat er getilgt. Nun gut, sie will sich nicht darum kümmern. Sie hat sich mit der Vorstellung vertraut gemacht, zwischen den Kisten zu leben wie in den Gängen eines höhlenhaften Verstecks. Leonhard wird sein Pfandgeld vorläufig nicht zurückbekommen.

Zum Schutz gegen das Licht hat sie sich einen nassen Lappen auf das Gesicht gelegt, der schon wieder warm geworden ist. Aber sie kann sich nicht aufraffen aufzustehen, um ihn wieder naß zu machen. Im Halbschlaf hört sie mal nah, mal fern die Martinshörner der Rettungswagen und der Polizei. Seit Beginn der Hitzewelle häufen sich die Kreislaufzusammenbrüche und Infarkte, auch Unglücksfälle und Gewalttaten. Sie hat in der Zeitung die Berichte gelesen. Eine schwerhörige alte Frau ist unter eine Straßenbahn geraten. Ein Radfahrer ist die Uferböschung des Rheins hinabgestürzt und unten auf den Steinen mit Becken- und Schädelbruch liegengeblieben. Zwei Jugendliche sind in einer Kiesgrube ertrunken. Ein eifersüchtiger Mann hat seine ganze Familie ausgelöscht. Bis vor kurzem hat sie solche Schreckensberichte vermieden. Jetzt liest sie fast nichts anderes mehr. Das fremde Unglück macht sie ruhig. Obwohl die Berichte mattgraue Bilder in ihr auslösen, fühlt sie sich selbst, solange sie liest, unsichtbar und unangreifbar, als lebe sie außerhalb der Welt der täglichen Ereignisse.

Sie hat eine Hand zwischen die Beine gelegt und streichelt sich, als sei sie eine Fremde. Die Fremde, die es tut, und eine Fremde, die es hinnimmt, obwohl es ihr kaum Lust verschafft. Sie kann es aber tun und an etwas anderes denken: Florida. Die schönen Strandhäuser in Summer Haven. Die fliegenden Pelikane. Die Fahrt im Glasbodenboot durch den Mangrovenwald von Silver Springs. Paul, der sanft ihren Arm faßt, um ihr beim Einsteigen in das Boot zu helfen, was gar nicht nötig ist. Aber er suchte immer Gelegenheiten, sie zu berühren, auch wenn Marlene und Leonhard in der Nähe waren. Noch waren sie geschützt durch die Annahme, alles sei nur ein harmloser Flirt.

Wie spät mag es sein? Ihre Armbanduhr muß noch auf der Ablage vom Waschtisch liegen. Es ist jedenfalls Nachmittag. Aus dem nahe gelegenen Römerpark dringen ein paar Takte Musik herüber. Das ist die Band, die heute dort ein Konzert gibt. In den Schaufenstern mehrerer Geschäfte hat sie Zettel mit der Ankündigung gesehen. Jetzt ist es wieder still. Gegen Abend wird sie in den Park gehen. Einerseits scheut sie die vielen Menschen, die dort auf dem Rasen lagern, grillen, mit ihren Kindern Ball spielen und ihre Hunde ausführen, andererseits weiß sie, daß sie hier fremd ist und niemand sie beachten wird. Nein, sie hört nichts mehr. Vielleicht hat sie sich getäuscht. Irgendwo hat jemand sein Fenster geöffnet, einen Schwall von Musik herausgelassen und das Fenster gleich wieder geschlossen.

Die sieben Musiker der Band sind inzwischen eingetroffen und haben auf der Wiese neben dem Mittelweg des Parks ihre Instrumente ausgepackt. Die beiden Gitarristen spielen einige Takte. Die anderen reden miteinander, verständigen sich vielleicht noch einmal über das Programm. Vor ihnen auf dem Rasen lagert ein Publikum aus jungen Leuten oder steht in kleinen Gruppen herum. Auf der anderen Seite des Mittelweges, wo die große Platane, der mächtigste Baum des Parks, steht, haben Familienclans oder Freundesgruppen Kühltaschen mit Getränken, Grillgeräte und zum Teil auch Klapptische und Klappstühle herbeigeschleppt. Grauer Rauch kräuselt sich über den eng mit Würsten und großen Fleischstücken belegten Rosten, und ein würziger Holz- und Fleischgeruch durchzieht den Park. Kleine Kinder laufen auf tapsigen Beinen vom Lagerplatz weg, fallen hin und werden von ihren Müttern oder einer älteren Schwester zurückgeholt. Etwas abseits spielt ein junges Paar Federball. Sie zählen die Schläge, mit denen sie den Ball einander zuspielen und in der Luft halten, denn so viele Jahre werden sie zusammenbleiben. Einundzwanzig ... zweiundzwanzig ... dreiundzwanzig ... vierundzwanzig ... fünfund ... »He, den hättest du kriegen müssen!« »Du hast ihn viel zu kurz zurückgeschlagen.« »Und du bist einfach stehengeblieben. Hast dich kein bißchen angestrengt.«

Auf der anderen Seite des Mittelweges ertönt eine schwerverständliche Lautsprecherdurchsage. Die Band, sagt der Sprecher, will aus Freude über das schöne Wetter ihr Konzert mit einem passenden Oldie beginnen. Er singt mit parodierter Heiterkeit den Anfang des Textes ins Mikro: »In the summertime when the weather is fine.« Danach werden die angekündigten spanischen Liebeslieder kommen. »Also, ab geht die Post«, sagt er, dreht sich um und schlägt auf der Stelle wippend mit dem Zeigefinger den Takt, weist dann auf den Schlagzeuger, der mit einem einfachen trockenen Trommelschlag den Rhythmus übernimmt, und nach weiteren sieben Takten setzt die Band mit einem Tutti ein.

Nebenan im Wohnzimmer klingelt das Telefon und schreckt sie aus dumpfer Betäubung auf. Sie hat der Musik im Park gelauscht und ist darüber eingeschlafen. Vielleicht – es ist ihr, als habe sie es im Halbschlaf gehört – klingelt das Telefon schon seit einiger Zeit. Wer kann das sein? Leonhard, Marlene, ihre Mutter? Oder vielleicht auch Paul? Mehrere Tage, bevor sie aus der Pension hierhergezogen ist, hat sie allen ihre neue Adresse und Telefonnummer mitgeteilt. Keiner hat angerufen. Auch Paul nicht, dem sie einige Worte geschrieben hat, schnell hingeschriebene, beschwörende Worte: »Bitte vergiß unseren Streit! Ich bin jetzt hier allein und bin endlich frei. Und ich weiß nichts anderes zu tun, als auf Dich zu warten! Bitte melde Dich bald!« Er hat sie nicht angerufen, bisher nicht. Vielleicht jetzt? Ihr Herz klopft heftig. Und einen Augenblick zögert sie, bevor sie den Hörer abhebt.

Eine aufgeregte, fordernde Frauenstimme will Sebastian sprechen. Sebastian! Sie spricht den Namen wie eine Parole aus. Wo steckt Sebastian, wo versteckt er sich? Und wer ist sie? »Sebastian Weber?« fragt sie. Ja, das ist der Name ihres Vormieters. Er ist vorige Woche ausgezogen. Nun wohne sie hier. – Die Frau will ihr das nicht glauben, weil sie offenbar aus langer schlechter Erfahrung spricht. Für sie ist das Ganze ein Rückzugsmanöver, ein Wortbruch, eine Flucht. Der Mann hat ihr Vertrauen mißbraucht. Sie hat ihm eine große Geldsumme geliehen. Jetzt ist er weg. Vielleicht heißt er gar nicht Sebastian Weber? Noch einmal muß sie der Frau alles erklären: daß sie den Vormieter nicht gekannt habe und nur seine plötzlich frei gewordene Wohnung bekommen habe. Vielleicht wisse der Hausmeister mehr. Die aufgeregte Frau scheint immer noch an ein Komplott zu glauben. Schließlich aber murmelt sie eine Entschuldigung und legt auf.

Was jetzt? Sie blickt sich um, als könne sie im Raum wieder einen Anschluß an ihr eigenes Leben finden. Wie ein Windstoß ist das Gespräch durch ihren Kopf gefahren und hat als seinen mehrfach zurückgeworfenen Widerhall ein leeres Gezeter in ihr zurückgelassen. Um sie herum stehen die Kisten, in denen ihr vergangenes Leben verpackt ist. Die meisten sind so schwer, daß sie sie nicht von der Stelle rücken kann. Warum und wohin ist der fremde Mann so plötzlich geflohen? Und was macht sie nun hier? Was macht Paul? Hat er beschlossen, zur Rettung seiner Ehe über alles, was zwischen ihnen gewesen ist, hinwegzugehen? Er muß doch ihre Nachricht längst bekommen haben. Warum schweigt er? Warum kommt er nicht, um mit ihr zu reden? Immer noch hört sie die aufgeregte fremde Stimme:

»Sebastian! Sebastian! Ich will sofort Sebastian sprechen.«
Sie hätte längst auflegen sollen. Aber sie konnte sich nicht
wehren gegen die wütende Verzweiflung dieser Stimme.
Um sie herum gab es keinen Halt, keinen Anhaltspunkt für
Unterscheidungen. Alles war zurückgewichen, und einen
Augenblick lang waren sie verschmolzen in einem unge-
wollten, peinvollen Klageschrei: »Sebastian! Paul!« Gleich
danach hat sie es abgeschüttelt. Nein, sie weiß die Adresse
nicht. Vielleicht kann der Hausmeister Auskunft geben. Sie
hat nichts damit zu tun. Nun allerdings, nach einer kurzen
Stille, in der sie sich abhanden gekommen war, taucht alles
wieder auf. Sie ist hier allein. Vergessen. Totgeschwiegen.
Verurteilt, weiterzumachen oder aufzuhören mit allem. Aufzuhören, damit es aufhört, diese Lähmung, das langsame
Erstarren. Sie schaut in den Spiegel, aus dem ein blasses,
gedunsenes Gesicht, umgeben von verschwitzten, strähnigen Haaren, ihr entgegenblickt. Wie häßlich sie geworden
ist in wenigen Tagen. Ist alles so taub wie sie sich fühlt? Mit
den Fingerspitzen betastet sie ihre Backenknochen und die
Mundwinkel, das Feste, das Weiche. Bin ich das? Wieder
beginnt das Wehen und Sausen der Angst. Ich muß hier
raus, sonst werde ich verrückt!

Wie Paul es erwartet hatte, waren in der Stichstraße
zwischen dem Römerpark und dem Gebäude der alten Universität noch einige Parkplätze frei. Er lenkte den Wagen in
eine Lücke, von der aus er in die Achse des Parks blicken
konnte, in dem wegen des prachtvollen Sommerwetters viel
Leben war. Im Vordergrund, unter den Platanen, deren
Äste früher einmal in die Breite gezogen worden, dann
aber wieder in die Höhe geschossen waren und inzwischen

annähernd ihre normale Höhe erreicht hatten, spielte eine Gruppe von Männern Boccia. Weiter weg, neben dem Mittelweg, hatten sich viele Menschen um eine Band versammelt, die anscheinend ein spanisches Lied spielte, wenn er den verwehten Text der Sängerin, den er nur in Bruchstücken hörte, richtig verstand. Er hatte das Seitenfenster heruntergefahren und seinen nackten, schwarz behaarten Unterarm auf den Türrahmen gelegt – eine lässig protzende Haltung, die er instinktiv eingenommen hatte, um sich gegen alles zu behaupten, was ihn in Frage stellte. Noch immer, wenn er unsicher oder irritiert war, hatte er in seinem Körper einen Rückhalt gefunden, der ihn stärkte. Dazu mußte er aber allein oder unter fremden Menschen sein. Mit einem Seitenblick schaute er, wie spät es war, indem er sein Handgelenk ein wenig drehte. Er hatte noch viel Zeit, um sich darüber klarzuwerden, was er tun wollte.

Eigentlich hatte er zusammen mit Marlene zu dem abendlichen Treffen der Ärzteclique gehen wollen, das diesmal in dem großen Biergarten an der Schönhauser Straße stattfand. Es wäre richtig gewesen, wieder einmal zu zweit im Kollegenkreis aufzutreten, nicht weil es schon nötig gewesen wäre, den immer möglichen, schnell in Umlauf kommenden Gerüchten über ihre vermutliche Entfremdung vorzubeugen, sondern vor allem, um sich selbst davon zu überzeugen, daß sie in den Augen ihrer Freunde und Kollegen noch immer ein gestandenes, gut verständigtes Paar waren, an dem man nicht zweifeln konnte. Man hatte keinen festen Anspruch darauf, so gesehen zu werden, sondern mußte das Bild in gewissen Abständen erneuern, indem man sich ab und zu gemeinsam in der Gesellschaft zeigte. Früher einmal waren sie in solchen Auftritten perfekt gewesen, vor allem

Marlene, der er die Kunst der Selbstdarstellung abgeschaut hatte, die darin bestand, nicht als Kunst zu erscheinen, sondern als entwaffnende, formvollendete Natürlichkeit oder auch als natürliche Eleganz.

Ja, es war ein zur Natur gewordener Stil, der ihm als ein besonderes, ausgeprägtes Verhalten meistens erst nachträglich deutlich geworden war, wenn sie von einer Einladung nach Hause kamen und Marlene sich in einen Sessel fallen ließ und die Füße hochlegte, gähnte oder, damals noch, eine Zigarette rauchte und ihn bat, ihr ein Glas Mineralwasser oder ein Glas Rotwein zu bringen. In diesen Momenten, wenn sie sich gehenließ, weil die Kraft ihrer Ausstrahlung, die sie in Gesellschaften zu einer dominierenden Person machte, vorübergehend erschöpft war, hatte er sich immer bevorzugt gefühlt. Es war sein Privileg, daß er beide Seiten ihres Wesens erleben konnte, denn nur in der Spannung dieses Gegensatzes konnte man erkennen, was für ein Mensch sie war.

Er glaubte inzwischen auch zu wissen, daß er seine Anziehung auf Frauen wie Sibylle oder Anja nicht nur sich selbst verdankte, sondern auch der Tatsache, daß er Marlenes Mann war. Bei Sibylle hielt sich das in den Grenzen üblicher weiblicher Konkurrenz. Bei Anja war das jahrelang verdeckt geblieben, dadurch daß sie Leonhard geheiratet hatte. War es aber ganz falsch zu vermuten, daß es ihr dabei vor allem darum gegangen war, in Marlenes und seiner Nähe zu bleiben? Er traute ihr das zu. Nicht als bewußten, intriganten Plan, aber als einen lange verleugneten Wunsch, dem sie wie eine Schlafwandlerin gefolgt war, bevor sie ihn sich eingestand. Der mächtige Sog, der von ihr ausging, war eigentlich gar nicht anders zu erklären als durch ein über Jahre oder vielleicht lebenslang gewachsenes Begehren, einen Mann zu finden, der alles, was er hatte und war, für sie aufgab, auch eine Frau wie Marlene, gegen deren bewunderte Überlegenheit in allen Belangen des Lebens sie nichts auszurichten vermochte, außer in diesem einen empfindlichen Punkt, daß sie ihr den Mann wegnahm.

War es so? Oder bildete er sich das ein? War vielleicht alles von selbst so gelaufen und hatte allmählich diese zerstörerische Bedeutung bekommen? Er hatte geglaubt, alles kontrollieren zu können, aber sie hatte ihn immer tiefer hineingezogen, und er hatte in ihren Armen angefangen, Leidenschaft als Selbstpreisgabe zu verstehen.

Vorhin war er an dem Apartmenthaus vorbeigefahren, in dem sie jetzt lebte. Es war ein fünfstöckiger grauer Kasten mit kleinen Balkonen an der Vorderfront, die wie herausgezogene Schubladen aussahen. Er war versucht gewesen, anzuhalten und hineinzugehen, um nach ihr zu fragen, war aber auf der Suche nach einem Parkplatz weitergefahren, und nun stand er hier, kaum mehr als zweihundert Meter vom Eingang des Hauses entfernt. Er stellte sich vor, daß sie dort auf ihn wartete, und möglicherweise war sie inzwischen in einem schlimmen Zustand. Doch sobald sie miteinander allein waren, würde ihn nichts davor schützen, daß alle Dämme brachen und alles wieder von vorne begann. Sie hatte ihm mit der neuen Adresse einige Worte geschrieben, die er schon so oft gelesen hatte, daß er sie immer wieder wie ein nahes Geflüster ihrer Stimme hörte: Bitte vergiß unseren Streit! Ich bin jetzt hier allein und frei, und ich weiß nichts anderes zu tun, als auf dich zu warten. Bitte melde dich bald! – Er hatte ihr darauf geantwortet, daß er selbstverständlich bereit sei, ihr zu helfen, wenn sie irgendwelche

Hilfe brauche. Darunter hatte er zu seiner Sicherheit den Satz geschrieben: Gehe aber bitte nicht davon aus, daß mit uns alles wieder von vorne beginnt. – Doch das war es, wovon er ausgehen mußte. Den Brief hatte er nicht abgeschickt. Er steckte immer noch in seiner Jackentasche. Vielleicht sollte er noch darunter schreiben: Ich habe weiter darüber nachgedacht, sehe aber keinen anderen Weg. – Auch dazu stand er nicht. Er wußte nicht, wozu er stand.

Daß er so anfällig war, ausgeliefert seinen Erinnerungen, hing auch mit Marlene zusammen, die ihn täglich fühlen ließ, daß sie zu ihm auf Distanz gegangen war. Eine stumme tiefgreifende Veränderung war an die Stelle der Auseinandersetzung getreten, die gleich zu Anfang steckengeblieben war und sich dann nur noch verdeckt in Form von einzelnen Bemerkungen und schroffen Reaktionen fortgesetzt hatte. Und vor allem in Phasen langen Schweigens. Marlene erzählte ihm kaum noch etwas, wenn sie aus dem Dienst kam. Und bei den gemeinsamen Mahlzeiten hielten sie nur mühsam ein formelhaftes Gespräch in Gang. Er konnte es nicht ändern, weil sie alles, was er sagte, nur mit kurzen Antworten quittierte und nichts Eigenes hinzufügte. Als er ihr heute vorgeschlagen hatte, zum Kollegentreff im Biergarten an der Schönhauser Straße zu gehen, hatte sie ihn mit der Mitteilung überrascht, daß sie für drei Tage in den Westerwald in das Ferienhaus ihrer alten Freundin fahre. In den vergangenen Jahren waren sie oft zu zweit dort gewesen. Daran schien sie diesmal nicht gedacht zu haben, obwohl die Rückkehr an einen Ort schöner gemeinsamer Erinnerungen sie vielleicht wieder einander nähergebracht hätte. So wie sie es ihm sagte, mußte er davon ausgehen, daß sie allein sein wollte. Also hatte er sich darauf beschränkt, ihr einige schöne Tage zu wünschen, als sie vor einer Stunde mit einer Kühltasche voller Vorräte und einem kleinen Koffer losgefahren war. Es war ein kurzer Abschied gewesen ohne Zärtlichkeit und ohne Begründung, was ihm das Gefühl gab, sie sei nur weggefahren, um ihn eine Zeitlang nicht zu sehen.

Sie hatte ihm den Rücken zugekehrt. Was er tun würde, wenn sie tagelang wegblieb, schien ihr inzwischen egal zu sein. Nun gut, sie hatte ihm einen Freibrief ausgestellt. Das respektierte man am besten, indem man davon Gebrauch machte. Nun gut, nun gut, die Dinge schoben sich zurecht. Er konnte jetzt tun, was er wollte. Vielleicht würde er Sibylle im Biergarten treffen. Das war immerhin eine erfreuliche Aussicht. Um Anja konnte er sich auch später kümmern, auch noch morgen oder übermorgen. Es war auf einmal nicht mehr so dringlich, seit er das Gefühl hatte, daß er für Marlene nicht mehr vorhanden war.

Eine Stimmung seichter Fadheit erfaßte ihn. Ohne Interesse sah er eine Weile den Bocciaspielern zu, die darin wetteiferten, große silberne Kugeln in die Nähe einer kleinen weißen Kugel zu werfen. Er sah den beschwörend ausgestreckten Wurfarm, mit dem ein Spieler das Ziel mehrfach anvisierte, und als würde ein Schleier von seinen Augen weggerissen, erkannte er in plötzlicher Klarheit die Sinnlosigkeit des Daseins. Alles, was geschah, war wie der gestreckte Arm und die fliegende Kugel, und ohne Leidenschaften gab es nur die Leere. Der Gedanke beruhigte ihn und zerrann wieder. Schon das Aussteigen aus dem Auto und das Abschließen der Wagentür hatten ihn verwischt. Gut, er wollte jetzt in den Biergarten gehen.

Paul hatte eben im Biergarten am Kollegentisch Platz genommen, als Anja, die eine Weile dem Parkkonzert gelauscht hatte und dann ziellos weitergegangen war, plötzlich auf sein geparktes Auto stieß. Das war doch Pauls schwarzer Saab mit den hellen Ledersitzen, sein geliebtes Auto, in dem sie schon oft gesessen hatte. Sogar die Nummer erkannte sie. Es gab keinen Zweifel: das war Pauls Wagen. Also mußte er in der Nähe sein. Was sollte sie tun? Hier warten, bis er zurückkam? Vermutlich war er zu dem Apartmenthaus gegangen, um sie zu besuchen. Dann würde er bald von dort zurückkommen, und sie konnte ihm entgegengehen. Oder er war noch irgendwo eingekehrt, um etwas zu trinken, und hatte ihr eine Nachricht hinterlassen, wo er zu finden sei.

Paul war im Biergarten freundlich empfangen worden, und die übliche Frage, wo er Marlene gelassen habe, hatte er lässig mit der Bemerkung beantwortet, daß er heute Freigang habe, weil Marlene verreist sei. Er hatte schräg gegenüber von Sibylle Platz gefunden und lächelte ihr zu, winkte dann die blaubeschürzte Bedienung herbei und bestellte ein Wieß. Wie er sah, tranken am Tisch alle Wieß, ein naturtrübes Bier nach alter Brauart, das als besonders gesund galt und nur im Restaurant und im Garten der Brauerei ausgeschenkt wurde. Als er sein Glas bekommen hatte, hob er es zuerst Sibylle entgegen: »Freue mich, dich zu sehen.« Dann stieß er mit seinem Nachbarn an: »Auf das warme Wetter und das kühle Bier!« Er tat einen tiefen Zug. Das war nicht bloß Durst, sondern ein Verlangen, sich in seinem Dasein bestätigt zu fühlen, alles in allem. Aufseufzend stellte er das halb geleerte Glas auf den Tisch zurück.

Wieder suchte er Sibylles Blick. »Wie geht's dir?« fragte er. »Gut, aber es kann immer noch besser werden.«

»Das hört sich gut an«, sagte er. »Ein Gefühl von Zukunft.« »Ist ja wirklich schön hier heute«, fügte er hinzu.

»Finde ich auch.«

Sie lächelten sich an, als hätten sie einen ganz anderen Dialog geführt.

Nein, Paul war nicht im Haus gesehen worden, hatte auch keine Nachricht hinterlassen. Möglicherweise war er jetzt im Park oder in dem kleinen Café, das dem Parkeingang gegenüberlag. Bevor sie ihn da und anderswo suchte, mußte sie sich erst überzeugen, daß sein Auto noch da war. Sie hoffte zwar noch immer, er suche nach ihr, wie sie nach ihm suchte, aber sie hatte Angst, er könne es schnell aufgeben und nach Hause fahren. Nein, sie durfte ihn nicht verpassen. Atemlos lief sie zum Parkplatz zurück. Der Saab stand noch da. Also war er noch in der Nähe.

Im Biergarten waren inzwischen alle Tische besetzt, grüne Holztische und grüne Klappstühle auf weißem Kies unter großen hellen Sonnenschirmen und dem leuchtenden Laub der jungen Linden. Am Rand des Plattenweges, der das Areal in zwei Hälften teilte, stand ein mächtiger alter Maischebottich wie ein bronzefarbener Turmhelm mitten in einem runden Wasserbecken, in dem zwei Kinder ein Papierschiffchen schwimmen ließen. Paul schaute beiläufig da hinüber, weil Sibylle von dem neben ihr sitzenden Kollegen ins Gespräch gezogen worden war. Seitlich, verdeckt von dem Maischebottich, war das Tor zur Straße. Leute kamen und gingen. Bedienungen, die vom Ausschank kamen, eilten mit runden Tragen voller frischgezapfter Biergläser vorbei. Eins der Kinder beugte sich über die kleine Mauer des Wasserbeckens, um das abgedriftete Papierschiff zu greifen, und da sah er, noch im Hintergrund der Szenerie, Anja, die von der Straße hereingekommen war und sich umblickte, offenbar, weil sie ihn suchte. Sie sah verstört aus, mit strähnigen Haaren und nachlässig oder schlampig angezogen, und er hoffte, sie würde gleich wieder gehen, ohne ihn entdeckt zu haben. Vielleicht konnte er sich vor ihr verbergen, indem er sich wegdrehte und mit seinem Nachbarn sprach, doch dann konnte er nicht verhindern, daß sie an den Tisch kam. Noch stand sie unbeweglich auf einem Fleck und suchte die entfernteren Tische ab. Aber Leute, die an ihr vorbeigingen, hatten wohl etwas zu ihr gesagt oder waren ihr aufgefallen, denn sie blickte kurz hinter ihnen her und schaute dann wieder in eine andere Richtung. Und dabei erkannte sie ihn. Er sah, wie sie stockte. Wahrscheinlich, weil sie gesehen hatte, daß er in Gesellschaft war. Und für den Bruchteil einer Sekunde zuckte in seinem Arm der Impuls, ihr ein Zeichen zu geben, sie solle bleiben, wo sie war, oder am besten noch weiter weg in den Hintergrund gehen. Er würde dann eine Gelegenheit suchen, um mit ihr zu sprechen. Doch da kam sie schon über den Plattenweg, und er stand sofort auf, um sie abzufangen, bevor sie an den Tisch trat. Hinter sich spürte er die Blicke seiner Kollegen und auch Sibylles Blick. Allen war sein ruckartiges Aufstehen aufgefallen. Trotz seiner Eile war er nur drei Schritte vom Tisch weggekommen, bevor er auf Anja traf. Sie sah verwahrlost aus, krank und abgemagert, ein Eindruck, der verstärkt wurde, weil sie ein viel zu weites und verflecktes T-Shirt trug, das faltig über ihre Hüften herabhing. Darunter schien sich ein ärmlicher Körper zu verbergen. So hatte er sie noch nie gesehen.

»Wo kommst du her, Anja?« fragte er.

»Du weißt doch, wo ich jetzt wohne. Ich habe dir doch meine Adresse geschickt. Aber du hast dich ja nicht blicken lassen. Warum hast du mir nicht geantwortet? Warum?«

»Ich hätte dir schon noch geschrieben. Wir können das jetzt hier nicht besprechen. Du siehst doch, daß ich in Gesellschaft bin.«

»Sicher seh ich das.«

Sie blickte an ihm vorbei zu dem Tisch hinüber, wo das Gespräch verstummt war, weil alle neugierig auf diese unerwartete Szene waren: Er, Marlenes Mann und der von ihnen allen anerkannte und geschätzte Kollege, wurde von einer verwirrten und heruntergekommenen jungen Frau zur Rede gestellt. Das bekam man nicht alle Tage geboten.

»Hör mal, Anja. Wir reden ein anderes Mal. Es ist jetzt nicht die Gelegenheit ...«

»Willst du mir sagen, daß ich verschwinden soll?«

»Ich habe gesagt, was ich gesagt habe: Es ist jetzt nicht die Gelegenheit, über persönliche Probleme zu reden. Begreif das bitte.«

»Was sind das denn für lebenswichtige Leute, mit denen du so unbedingt zusammensein willst?« sagte sie herausfordernd und so laut, daß alle es hören konnten.

»Nimm dich zusammen«, sagte er, »und spiel dich nicht so auf. Mich kannst du damit nicht beeindrucken.«

»Ich weiß nur zu gut, was dich beeindruckt«, sagte sie und stieß ein kurzes verzerrtes Lachen aus, und spätestens jetzt wurden auch die Gäste an anderen Tischen auf die Szene aufmerksam, und es konnte nicht mehr lange dauern, bis jemand kam und sie aufforderte, den Biergarten zu verlassen. Das würde verheerend für seinen Ruf sein. Dem mußte er unbedingt zuvorkommen.

»Schluß jetzt!« sagte er. »Du gehst jetzt!«

Dabei faßte er derb ihren Oberarm und versuchte, sie umzudrehen und zum Tor zu führen. Aber sie sträubte sich und riß sich los, und als ob sie von Sinnen wäre, schrie sie ihn an: »Soll ich mich umbringen, damit du mich los bist!?«

Ratlos und gelähmt von innerer Kälte zuckte er die Achseln. Da schlug sie ihm ins Gesicht, wonach sie ihn mit einem Ausdruck des Entsetzens sekundenlang anschaute, bevor sie sich umdrehte und weglief durch ein Spalier starrender Leute an allen Tischen, die ihren Weg säumten. Der junge Mann, der an ihrem Tisch bediente und gerade frisches Bier brachte, trat zur Seite und ließ sie vorbei. Sie stolperte einmal, aber sie fing sich. Und dann war sie weg.

Paul kehrte an den Tisch zurück, brennend vor Scham und Wut, empfangen von verlegenen Gesichtern.

»Eine Verflossene?« fragte einer.

»Total verflossen«, sagte er. »Absolut.«

15

In der Klausur

Was suchte sie? Abstand und Ruhe, um über ihr weiteres
Leben nachzudenken und zu einem Entschluß zu kommen,
oder nur eine vorübergehende Zuflucht an einem vertrauten
Ort, wo sie früher immer glücklich gewesen war? Marlene
wußte es nicht genau. Jedenfalls wollte sie ohne Paul in das
Greifensteiner Haus fahren, in dem sie bisher immer zu
zweit gewesen waren.

   Das Haus gehörte ihrer Hamburger Freundin Ruth, mit
der sie mehrere Jahre im Internat zusammengewesen war.
Ruth stammte aus der Gegend und hatte das Haus von
ihren Eltern geerbt, fuhr aber, seit sie in Hamburg lebte,
höchstens einmal im Jahr dorthin. Statt dessen stellte sie das
Haus Freunden und guten Bekannten für Kurzurlaube zur
Verfügung. Damit ab und zu mal Leben in die Bude kommt,
hatte sie dazu gesagt. In den letzten Jahren waren die Gäste
seltener geworden, wohl weil die meisten Menschen die Einsamkeit des abseits der Straße im Wald gelegenen Hauses
scheuten, in dessen näheren Umgebung es außer der Burgruine und des dazugehörigen Glockenmuseums keine
Sehenswürdigkeiten und keine attraktiven Freizeitangebote
gab. Man mußte sich auf Waldspaziergänge einstellen und,
wie sie und Paul es getan hatten, bei schönem Wetter den
halben Tag auf der großen Terrasse verbringen. Im Anblick
der doppeltürmigen Burgruine und ferner bewaldeter, sich

im Dunst verlierender Höhenrücken hatten sie gefrühstückt und zu Abend gegessen, und solange sie unter dem überkragenden Dach des Hauses einen schattigen Platz fanden, im Liegestuhl gelegen und gelesen.

Es gab im Haus eine vor allem mit Kunstbüchern, historischen Werken und Memoiren bestückte Bibliothek, in der sie immer etwas Interessantes gefunden hatte, zuletzt eine Biographie Karls des Kühnen, dem Herzog von Burgund, der den phantastischen Versuch unternommen hatte, seine ererbten Stammlande in Altburgund und den Niederlanden zu einem glanzvollen Königreich zwischen Frankreich und Deutschland zu vereinen, ein Unternehmen, bei dem er schließlich scheiterte und nach drei verlorenen Schlachten mit 43 Jahren gefallen war. Sie hatte immer noch das Bild aus der Werkstatt des Rogier van der Weyden vor Augen, das den 26jährigen Herzog darstellte, einen rotbraunen Lockenkopf mit einem abschätzigen, festen Blick und einem trotzigen Mund mit einer vollen, etwas vorgeschobenen Unterlippe. Das Gesicht drückte Stolz, Mut und eigenwillige Intelligenz aus, und es war seitdem ihre innere Ikone, ihr Maßstab für Jugend und Männlichkeit. Das hatte sie sich damals aber nicht gesagt. Sie hatte nur unentwegt gelesen, so versunken in dieses ferne fremde Leben, daß sie nicht bemerkt hatte, wie Paul aufstand und fortging und irgendwann von einem Spaziergang zurückkam. Sie hatte nur einmal hinter sich im Wohnraum die Fernsehübertragung der Sportschau gehört, in der Paul sich die Fußballberichte anschaute. Es war eine plötzliche Ernüchterung gewesen, die sie sich sofort verboten hatte. Dies ist eben unsere Welt, hatte sie gedacht. Und Paul vollbrachte seine Heldentaten am Operationstisch. Wahrscheinlich hätte er damals auch keine schlechte Figur gemacht, wenn er das schwarze Samtwams des Herzogs mit dem hochgestellten, vorne am Hals offenen Kragen getragen hätte und dazu die goldene Kette über der Brust.

Paul den Kühnen hätte man ihn wohl nicht genannt. Es war auch etwas anderes in ihm, ein Zug von Passivität und eine Neigung zur Abhängigkeit, die im Gegenzug seine Treulosigkeit hervorbrachte. Damals hatte sie das nicht gesehen. Sie war von Leonhard zu Paul übergewechselt, um näher an das Bild heranzukommen, das sie von sich selbst hatte. Was sie nicht erkannt hatte, war die Tatsache, daß Leonhard trotz allem ein erwachsenerer Mann war als Paul. Nur fehlte es ihm an körperlicher Attraktivität. Das war damals entscheidend für sie gewesen. Sie hatte nicht gewußt, wie stark sie von Bildern abhängig war, vor allem von Bildern, die Kraft und Festigkeit und sogar kriegerische und heroische Qualitäten ausstrahlten.

Wie zum Beispiel das mächtige Westwerk der Greifensteiner Burgruine. Die beiden runden, aus schweren Bruchsteinen gemauerten, hochragenden Türme bildeten, dicht beieinanderstehend, die Eckpfeiler des Stücks der inneren Burgmauer, in der sich das Haupttor befand, und waren oberhalb der Mauer noch einmal durch einen brückenförmigen Wehrgang verbunden, was die Geschlossenheit ihrer Erscheinung noch bedeutend verstärkte. Die Türme waren gleich stark und gleich hoch und unterschieden sich nur dadurch, daß der eine ein spitzes, der andere ein etwas abgeflachtes rundes Dach trug. Das vor allem machte sie in ihren Augen zu einem Paar. Sie stellten Mann und Frau dar, und zwar in Gestalt einer ebenbürtigen, engen, unangreifbaren Partnerschaft. Es war ihr Geheimbild einer idealen Ehe.

Der Eindruck war auch deshalb so stark, weil das turmbe-
wehrte Westwerk ihrem Sitzplatz auf der Terrasse nicht nur
ungefähr in gleicher Höhe und scheinbar nähergerückt ge-
genüberstand, sondern von dort in ihrer durch die Waldbäu-
me eingeengten Perspektive das einzige sichtbare Gebäude
war. Das Dorf lag unsichtbar zwischen dem Hanggrund-
stück des Ferienhauses und dem Hügel, der die Burgtürme
wie eine phantastische Erscheinung vor dem verschwimmenden, blaudunstigen Hintergrund des östlichen Westerwaldes
ins Licht hob. Jeden Morgen, wenn sie auf die Terrasse trat,
um den Frühstückstisch zu decken, hatte sie sich über den
Anblick gefreut. Am Tisch hatte sie den Platz mit der besseren Perspektive für sich reserviert. Paul hatte keinen Einspruch dagegen erhoben. Er kam morgens schwerer in Gang
als sie und wandte sich zunächst einmal dem Frühstück zu.
Mehr als einige Worte über die schöne Aussicht hatten sie nie
gewechselt. Denn auch sie nahm die Szenerie, die sich ihnen
jeden Tag in einer etwas anderen Beleuchtung bot, nur stim-
mungshaft in sich auf. Sie fühlte sich mit ihrem Leben und
ihrer Ehe in Einklang, ohne sich sagen zu müssen, daß sie
sich hier, im Anblick der beiden Burgtürme, im Schutzbe-
reich eines mächtigen Wahrzeichens befand. In dieser Ausdrücklichkeit wäre es ja auch lächerlich gewesen, nicht aber
im Ungefähren des Tagtraums, in den alles mit einfloß: die
nächtliche Umarmung mit ihrem Mann, das helle Morgenlicht und die beginnende Wärme, die wie dunkle Wogen-
kämme hintereinandergestaffelten Höhenzüge, der Duft des
Kaffees und der erste Schluck und das Dauer und unanfechtbare Beständigkeit versprechende Bild der beiden Burgtürme.
Das alles zusammen war das Bild ihres Glücks.

Sie wußte inzwischen, wie zerbrechlich es gewesen war. Es erschien ihr als ein Hohn auf ihre Phantasie von einem Lebensbündnis zweier ebenbürtiger, starker Menschen, daß sie Paul an eine so haltlose, schwache Person wie Anja verloren hatte. Am meisten verwirrte sie, daß es vielleicht gerade das Versinken in Haltlosigkeit und Auflösung gewesen war, was ihn unwiderstehlich angezogen hatte, so als habe er sich in dieser Erfahrung selbst entdeckt. Sie war so sehr in ihrem Bild von ihrer Ehe mit Paul befangen gewesen, daß sie immer noch selbstverständlich geglaubt hatte, in einer überlegenen Position zu sein, als sie ihn gefragt hatte, was ihm denn diese Hysterikerin sexuell geboten habe. Immer noch hatte sie vorausgesetzt, es müsse sich um eine Art billiger und falscher sexueller Theatralik gehandelt haben. Aber Paul hatte geantwortet: »Sie ist intuitiv und leidenschaftlich.« Eigentlich waren es nicht diese Worte gewesen, die sie geschockt hatten, sondern die knappe Selbstverständlichkeit, mit der er sie aussprach. Sofort, in einem wehrlosen Erschrecken, hatte sie begriffen, daß die Worte für ihn notdürftige und vielleicht sogar widerwillig gebrauchte Formeln waren, mit denen er etwas verschleierte, was er weder ausdrücken konnte noch ausdrücken wollte. Sie tat einen Blick hinter die Fassade, ohne Genaues zu sehen, aber so, als blicke sie in etwas Abgründiges, Schwindelerregendes, dem sie nicht gewachsen war. Sie hatte sich nur noch mit einer höhnischen Floskel gewehrt und war sofort aus dem Zimmer gegangen, um ihre Erschütterung zu verbergen.

Als sie einige Tage später in einem wortlosen Einvernehmen den Versuch machten, den Riß, der zwischen ihnen entstanden war, im Bett zu flicken, hatte sie gespürt, wie sich ihr Bewußtsein abspaltete und sie sich von außen zu sehen begann: eine Frau, die sich innerlich erstarrt fühlte und nicht mehr auf den Mann reagieren konnte, der sich verzweifelte Mühe gab, sie aus ihrer Lethargie zu reißen. Schließlich hatte sie selbst einige Augenblicke lang zu der Theatralik Zuflucht genommen, deren sie Anja verdächtigt hatte. Danach waren sie nicht mehr zusammengekommen, und eine unerträgliche Stummheit hatte sich zwischen ihnen ausgebreitet, in der es nichts mehr zu bewegen und zu korrigieren gab. Sie sprachen nur noch miteinander, um diese Stummheit zu vertuschen.

Langsam hatte sich in ihr der Gedanke aufgebaut, alles zu verändern. Es war noch immer ein fremder Gedanke, den sie verwerfen konnte und für den sie sich nicht verantwortlich fühlte. Sie schaute ihm nur zu, wie man der Entstehung einer Wetterfront zuschaut, deren Nahen sich am schnelleren Herzschlag bemerkbar macht. Vielleicht sollte sie, im Gegensatz zu Pauls offensichtlichem Bemühen, wieder an frühere Gemeinsamkeiten anzuknüpfen, einen ganz neuen Anfang machen. In dürren Worten bedeutete das: sofortige Trennung, baldige Scheidung und den Verkauf des viel zu großen Hauses. Wie es danach weiterging, wußte sie noch nicht. Zuerst einmal wollte sie für einige Tage nach Greifenstein fahren. Allein natürlich, um Abstand zu gewinnen. Aber auch, um sich dem Ort noch einmal auszusetzen, den sie als den heimlichen Glücksort ihrer Ehe empfunden hatte. Das glaubte sie ihrer Vergangenheit schuldig zu sein.

Sie rief sofort ihre Freundin Ruth an, erreichte sie aber erst nach drei Tagen, am Samstagvormittag, so daß sie befürchtete, daß das Haus längst vergeben sei. Ruth sagte aber, das Haus stünde leer und es ließe sich für das Wochenende und wenn sie wolle, auch noch danach, etwas arrangieren. Sie müsse nur noch den Verwalter, Herrn Kreiner, anrufen, damit er alles für ihre Ankunft vorbereite.

»Kommst du zusammen mit Paul?« fragte sie.

Es war wohl nur eine rhetorische Frage. Denn Ruth zeigte sich überrascht, als sie antwortete, sie käme allein.

»Allein? Gehst du in Klausur?«

»Ja, so kann man es nennen.«

»Hör mal, das ist ja erklärungsbedürftig. Ich sehe euch immer nur zu zweit.«

»Die Dinge ändern sich, Ruth.«

»Also, das gefällt mir überhaupt nicht. Ihr seid für mich immer das ideale Paar gewesen – einig und untrennbar.«

»Wie die beiden Burgtürme von Greifenstein?« rutschte es ihr heraus.

»Genau! Du sagst es«, lachte die Freundin, »genau so!«

»Nun, man weiß eben nie. Dieses Mal komme ich allein.«

Das Thema war damit abgetan. Ruth sagte, betont sachlich wie ihr schien, sie wolle sich gleich mit Herrn Kreiner in Verbindung setzen und spätestens in einer Stunde noch einmal anrufen, um ihr mitzuteilen, ob alles in Ordnung ginge. Marlene blieb mit dem Gefühl allein, daß die Entwicklung einen Sprung vorangekommen sei. Unwillkürlich hatte sie etwas dem Spott preisgegeben, was jahrelang ihre innere Gewißheit gewesen war. Sie war plötzlich neben sich getreten und hatte ihre Gefühle wie mit fremden Augen als eine peinliche Naivität gesehen, und das Lachen der Freundin hatte in ihren Ohren wie ihr künftiges eigenes Lachen geklungen. Es war ein abschließendes Gelächter, das das vergangene Leben als einen dummen Irrtum hinter sich zurückließ und nicht mehr wissen wollte, was es einmal gewesen war. Doch fast genauso schnell, wie sich die Freundin auf die Veränderung eingestellt hatte, fand auch sie sich damit ab. Instinktiv spürte sie, daß darin ihre Chance lag.

Vor allem ihre Chance gegenüber Paul, der ihr inzwischen immer deutlicher zu verstehen gab, daß er davon ausging, zwischen ihnen käme allmählich alles wieder in Ordnung und sie würden wie früher weiterleben. Seltsamerweise trug er damit dazu bei, daß sie innerlich immer weiter von ihm abrückte. Er schien nicht begriffen zu haben, wie er sie verletzt hatte und was grundsätzlich anders geworden war. Jetzt war er zum Tennisspielen gefahren, wollte auch im Club essen, am frühen Nachmittag zurückkommen und mit ihr im Garten Kaffee trinken und abends mit ihr zum Kollegentreff gehen, alles so, als liefe ihr gemeinsames Leben schon wieder in gewohnten Bahnen und er brauche sich darüber keine weiteren Gedanken zu machen. Es war typisch für ihn und verriet seine Dickfelligkeit, daß er einfach auf Gewohnheit und Praxis setzte. Es würde ihn befremden, wenn sie ihm nachher sagte, daß sie für einige Tage allein nach Greifenstein fahre. Wahrscheinlich wollte er mitkommen. Dagegen würde sie sich wehren und ihm klarmachen, daß sie einige Zeit mit sich allein sein wolle. Allerdings mußte sie ihm verschweigen, daß sie Leonhard für einen Tag nach Greifenstein einladen wollte, um mit ihm über alles zu reden. Leonhard brauchte ein solches Gespräch vermutlich genauso dringend wie sie, und er war jetzt der einzige Mensch aus ihrer Nähe, dem sie noch vertraute.

Sie überlegte, was sie mitnehmen müsse, und begann die Sachen zurechtzulegen, obwohl sie noch auf den bestätigenden Anruf der Freundin wartete. Er kam, als sie gerade in der Küche einige Vorräte aus der Tiefkühltruhe in ihre Kühltasche packte, für den Fall, daß der Bäcker und der Supermarkt im Dorf geschlossen hatten, wenn sie ankam.

»Alles klar«, sagte Ruth. »Kreiner ist gerade zum Haus gefahren, um alles vorzubereiten. Du weißt ja, wo die Schlüssel liegen?«

»Immer noch am selben Ort?«

»Ja, natürlich.«

Sie erklärte es aber noch einmal. Dann sagte sie: »Der Wetterbericht ist ja optimal. Da könnte man ja richtig neidisch werden.«

»Ja. Warum kommst du nicht auch?«

»Geht leider nicht. Ich muß heute und morgen auftreten. Und Montag haben wir Probe. Ich freu mich aber, daß du mal wieder hinfährst, Marlene.«

»Gut. Ich rufe dich auf jeden Fall an.«

»Besser umgekehrt. Ich weiß nicht, wann ich zu Hause bin. Also gute Fahrt.«

Sie verabschiedeten sich. Das Gespräch war herzlich wie immer gewesen. Paul war nicht mehr erwähnt worden, als sei sein Name schon gelöscht. Anschließend rief sie Leonhard an, der erst zögerlich auf ihren Vorschlag reagierte. Er machte Einwände wegen Daniel. Aber das hörte sich ein wenig lahm an, denn da er, wie sie wußte, seine Prozeßakten zu Hause durcharbeitete, hatte er ziemlich viel Kontakt mit dem Jungen. Außerdem war da auch noch seine Schwiegermutter, die sich um Daniel kümmerte.

»Komm für ein paar Stunden«, sagte sie. »Es ist wunderschön dort. Es wird dir gefallen. Und ich glaube, es ist wichtig, daß wir uns aussprechen.«

Sie wollte gerade anfangen, ihm den Weg zu erklären, als sie Paul ins Haus kommen hörte. Leonhard sprach noch, wollte wissen, wie lange die Fahrt dauere.

»Du, ich kann jetzt nicht weiterreden«, sagte sie hastig. »Ich rufe dich an, wenn ich da bin.«

Paul trat ins Zimmer. »Hallo«, sagte er.

Sie nickte ihm zu und drückte den Hörer fest ans Ohr, denn Leonhard, der sie wohl nicht verstanden hatte, redete weiter.

»Ich rufe dich von dort an«, wiederholte sie. »Ja, ja, gleich wenn ich da bin.« Sie legte auf.

»Mit wem hast du gesprochen?« fragte Paul.

»Mit meiner Hamburger Freundin«, sagte sie.

»Mit Ruth«, korrigierte er nachsichtig, um sie daran zu erinnern, daß er seit Jahren in diesen Freundschaftsbund einbezogen war.

»Ja, natürlich mit Ruth.«

Als habe sie damit eine sichere Position bezogen, fügte sie hinzu: »Ich fahre für einige Tage nach Greifenstein.«

»Jetzt gleich?« fragte er ungläubig, doch auch so, als habe er nur ein mäßiges Interesse daran.

»Ja, jetzt gleich.«

»Wir hatten doch beschlossen, heute abend zum Kollegentreff zu gehen.«

»Nein, beschlossen haben wir gar nichts. Du hast nur gesagt, es sei wichtig, wieder einmal hinzugehen.«

»Das ist es auch.«

»Für mich ist etwas anderes wichtig«, sagte sie.

»Allein zu sein?«

»Ja«, sagte sie.

Sie war erstaunt, daß er es ohne weiteren Einspruch hinnahm. Es imponierte ihr, wie ruhig er war. Vielleicht paßte es ihm auch, daß sie wegfuhr. Ja, natürlich, er würde die Gelegenheit ergreifen und die Nacht mit Anja verbringen, die jetzt allein lebte und jederzeit für ihn erreichbar war. Das war eine neue Situation, die sie noch nicht in allen Konsequenzen bedacht hatte. Wenn sie sich jetzt schroff und abweisend verhielt, trieb sie ihn, so wie er war, geradezu zwangsläufig wieder auf den alten Weg. Alles kochte in ihr hoch. Doch im selben Augenblick dachte sie, daß sie ja dabei war, eine neue Antwort zu finden. Sie wollte ein Ende machen. Alles verändern. Dann hatte sie nichts mehr damit zu tun.

Die Abfahrt verlief reibungslos. Paul hatte seinen Saab, den er mitten in der Einfahrt abgestellt hatte, am Straßenrand vor dem Haus geparkt, damit Marlene ihren Golf ohne Schwierigkeiten rückwärts aus der Garage setzen konnte. Er hatte ihr die beiden Gepäckstücke abgenommen, um sie zum Wagen zu tragen und in den Kofferraum zu laden. Vielleicht hatte er sich wegen der schweren Kühltasche Gedanken gemacht, aber nichts weiter gesagt und »Gute Fahrt« gewünscht. Im Rückspiegel hatte sie noch gesehen, wie er sich umdrehte und zum Haus zurückging. Er sah einsam und verschlossen aus.

Als sie schon auf der Autobahn war, glaubte sie plötzlich im Rückspiegel sein Auto zu sehen, das sich ihr mit großer Geschwindigkeit näherte. Aber er war es nicht. Es war nicht einmal ein Saab. Trotzdem konnte sie sich nicht ganz freimachen von der Vorstellung, er würde ihr folgen. Oder vielleicht morgen, wenn Leonhard sie in Greifenstein besuchte, plötzlich auf das Grundstück fahren, wo ihr Auto und Leonhards Auto nebeneinanderstanden. Was dann geschehen würde, mochte sie sich nicht vorstellen. Es war nicht sehr wahrscheinlich, daß es passierte. Es war nicht Pauls Art, sich an ihre Fersen zu heften. Obwohl das nicht hieß, daß so etwas überhaupt nicht in ihm steckte. Auch er konnte eifersüchtig sein. Vielleicht sogar heftiger als andere. Und zwischen den beiden Männern konnte der blanke Haß ausbrechen. Mußte sie also umdenken und Leonhard bitten, nicht zu kommen? Nein, das wollte sie auf keinen Fall. Lieber riskierte sie alles andere, als sich so unverständlich ängstlich zu zeigen. Vielleicht würde Paul auch gleich umkehren, wenn er Leonhards Wagen auf dem Grundstück sah.

Allmählich wurde sie ruhiger. Wieder hatte sie das Gefühl, daß die Dinge unaufhaltsam ihren Lauf nahmen. Es war ein Gefühl, in dem sich Angst und Erwartung mischten und das sie dazu brachte, schneller zu fahren. Doch auf der Autobahn in Richtung Süden gab es ständig Fahrbahnverengungen und Fahrbahnwechsel, und der Verkehr schob sich immer dichter zusammen. Sie atmete auf, als sie die Autobahn endlich verlassen konnte. Und als sie auch noch die häßlichen Ortsdurchfahrten der kurzen Talstrecke hinter sich gebracht hatte und die kurvenreiche Straße von Katzenfurt nach Greifenstein hochfuhr, wo ihr kein Fahrzeug und kein Mensch mehr entgegenkamen, stellte sich das Gefühl der Erwartung wieder ein. Im Wald beiderseits der Straße erkannte sie Wege wieder, die sie bei früheren Aufenthalten gegangen war, bis plötzlich, nach einer letzten Kurve, vor ihr Viehweiden mit jungen braunweißen Rindern und einige hundert Meter weiter der Ortsrand von Greifenstein auftauchten, weißgestrichene Häuser mit dunklen Dächern, teilweise verdeckt vom Grün der Gärten, und dahinter, in

Seitenansicht, der bewaldete Burgberg mit der Ruine. Der Anblick überbot mit seinen vielen Einzelheiten ihr verblaßtes Erinnerungsbild, blieb aber in den ersten Sekunden immer noch imaginär, als sähe sie statt der Wirklichkeit deren bloße Reproduktion.

Kurz vor dem Ortsschild mußte sie in den engen und steinigen Waldweg abbiegen, der nach mehreren scharfen Wendungen zu dem abgelegenen Haus führte. Die Regenfälle von zwei Jahren hatten die Fahrspuren noch tiefer ausgewaschen. Sonst war alles wie immer. Wie bei ihren früheren Ankünften war das Tor weit geöffnet, so daß sie ungehindert auf den von Bäumen und dichtem Gebüsch abgeschirmten Parkplatz fahren konnte. Auf der höchsten Stelle des Hanggrundstücks stand das braune Holzhaus mit den dunkelgrünen Schlagläden und der breiten, überdachten Bruchsteinterrasse, die von hier aus nicht einzusehen war. Dicht hinter dem Haus begann der Buchenwald. Nach den Abgaswolken über der Autobahn atmete sie beim Aussteigen begierig die frische, um einige Grad kühlere Waldluft ein.

Sie fand die Schlüssel im vereinbarten Versteck, stieg mit ihren Gepäckstücken den Plattenweg zum Hauseingang hoch und mußte ausprobieren, welcher der beiden Schlüssel zur Haustür gehörte. Die Windfangtür mit dem zweiten Schloß hatte der Verwalter offen gelassen. Ebenso die Türen des Schlafzimmers und des Badezimmers, die an die Diele grenzten und auch mit Sicherheitsschlössern versehen waren, damit man sich in dem einsamen Haus nachts im Bett einigermaßen geschützt fühlen konnte.

Sie stellte ihr Gepäck in der Diele ab und ging durch das bräunliche Dämmerlicht des Wohnraums zur Terrassentür, um das Haus zu öffnen. Das war immer das erste, was sie tat. Erst wenn sie die Schlagläden der Terrassentür nach außen aufgestoßen hatte, fühlte sie sich angekommen.

Da war wieder alles: die breite überdachte Terrasse, der langgestreckte, zuerst steil abfallende, dann zum Tal hin auslaufende Wiesenhang, der wie eine Waldlichtung aussah, weil er ringsum von Bäumen und Gebüsch umgeben war, und, angestrahlt vom Licht der Nachmittagssonne, das Westwerk der Burg mit den beiden Türmen. Sie standen auf dem Burghügel wie ausgestellt und so übertrieben deutlich, als forderten sie von ihr die gewohnte Aufmerksamkeit. Es ist ein Postkartenbild, dachte sie, wandte sich ab und ging den Hang hinunter, der vor kurzem etwa bis zur Hälfte des Grundstücks, wo die beiden alten Kirschbäume standen, gemäht worden war. Die alten Bäume trugen immer noch ziemlich gut, wie sie von ihrer Freundin gehört hatte. Aber die Kirschen fielen Jahr für Jahr ungeerntet ins Gras. Nur einmal, vor drei Jahren, waren sie und Paul zur richtigen Zeit hier gewesen, und Paul hatte sich aus Gier und Langeweile derartig an den Kirschen überfressen, daß er zwei Tage krank gewesen war.

Sie ging weiter durch das ungemähte hohe Gras mit seinen weichen Rispen und Ähren und der biegsamen Schlankheit der Halme, die an ihren Beinen entlangstrichen. Früher hatte sie manchmal Sträuße aus verschiedenen Gräsern zusammengestellt, die aber in der Vase enttäuschend aussahen und Pauls Spott hervorgerufen hatten. Doch durch das hohe Gras zu waten fühlte sich an, als streife man durch ein seidiges graugrünes Fluten, das einen dicht umschloß und doch fast körperlos war. Hier, im unteren Teil des Grundstücks, hatte sie bei ihrem ersten oder zweiten Aufenthalt eine Ricke mit ihrem Kitz beobachtet. Das hatte sich aber nicht mehr wiederholt. Wild war überhaupt selten zu sehen. Dazu mußte man sich wohl abends auf einen der vielen Hochsitze setzen.

Sie drehte sich um. Das Grundstück war riesig – ein Familienerbe vom Anfang des Jahrhunderts, als Ruths Großeltern, oder waren es sogar die Urgroßeltern, Inhaber einer bedeutenden Fabrik gewesen waren. Wollte man das Grundstück heute verkaufen, müßte man es parzellieren. Aus Pietät oder Eigensinn dachte Ruth nicht daran. Aber ich muß daran denken, sagte sie sich, während sie den Wiesenhang langsam hochstieg. Wenn ich mich von Paul trenne, muß ich mein Haus verkaufen. Schon für uns zwei war es zu groß. Und allein kann ich nichts damit anfangen.

Sie brach die Gedanken immer wieder ab, wenn sie ein Stück weitergekommen war. Noch immer hatte sie Hemmungen, alle anstehenden Veränderungen zu durchdenken, und konnte sich nur allmählich und etappenweise an das Neue gewöhnen.

Als sie ihre Koffer ausgepackt hatte, rief sie Leonhard an, der sich inzwischen durchgerungen hatte, morgen zu kommen.

»Wann soll ich da sein?« fragte er.

»Zwischen zehn und elf«, sagte sie. »Es sind nur anderthalb Stunden Fahrt.«

»Rechne mal mit elf«, sagte er.

»Gut, dann machen wir Brunch, und du bleibst bis zum Abendessen. Hast du etwas zu schreiben? Dann erkläre ich dir den Weg.«

Sie hatte noch nicht lange aufgelegt, als ihre Freundin anrief, offenbar in Eile. Sie wollte nur wissen, ob alles in Ordnung sei, und wünschte weiterhin schönes Wetter und eine gute Zeit. Wenn noch jemand anrief, konnte es nur Paul sein. Aber er rief nicht an. Sie verbot sich, darüber nachzudenken, was er jetzt tat. Nun gut, er war entweder zu Anja gegangen oder zum Kollegenstammtisch. Angesichts der Schroffheit, mit der sie ihn zurückgewiesen hatte, mußte sie zugeben, er hatte recht. Sie mußte nur endlich dahin gelangen, daß ihr das alles gleichgültig war.

Wie gewohnt deckte sie den Abendbrottisch auf der Terrasse. Es kam ihr ein wenig übertrieben vor, daß sie es so sorgfältig für sich allein machte, doch sie sagte sich, daß man in diesen alltäglichen Gewohnheiten nicht nachlässig werden dürfe, wenn man allein lebte. Und sie war ja nun dabei, es zu lernen.

Es war ein ruhiger Sommerabend. Die Hitze hatte nachgelassen, und das Licht war weicher und ungefährer geworden und ließ die Konturen der Landschaft in der dunstigen Ferne verschwimmen. Am immer noch hellblauen Himmel stand zwischen den abendlich angeleuchteten Wolken unauffällig und blaß der früh aufgegangene Mond. Er war nicht mehr als ein bescheidener milchiger Fleck, den sie eher zufällig zwischen den Abendwolken entdeckte. Wie ein zu früh gekommener Gast hielt er sich zurück und kündigte doch, wenn man ihn erst bemerkt hatte, das nahende Ende des laufenden Schauspiels an. Unsichtbar für sie ging hinter dem vom Buchenwald umhüllten Berggipfel die Sonne unter, und langsam, dann immer schneller, erlosch der Goldglanz des schräg einfallenden Lichtes, der in der letzten halben Stunde die Farben des Laubes mit seinem warmen Leuchten übergossen hatte. Der Wiesenhang und die nähere Umgebung des Hauses, die schon einige Zeit im Schatten lagen, wurden grau, die Baumkronen verschmolzen miteinander, und Bäume und Sträucher schienen aus der am Boden nistenden Dämmerung immer mehr Schwärze zu saugen. Irgendwann waren die Vogelstimmen verstummt. Es fiel ihr erst auf, als eine verspätete Amsel dicht am Boden über den Hang flog und im Gebüsch verschwand.

War es dieses Verstummen und Verschwinden, das ihr deutlich machte, daß sie allein auf der Terrasse saß und das Dunkelwerden als einen zunehmenden Sog erlebte? Wenn sie mit Paul abends hier gesessen hatte, war sie der Umgebung weniger ausgeliefert gewesen. Das Gespräch hatte seine eigene Zeit gehabt und seine eigenen Bedeutungen geschaffen, und die Dämmerung war ein Schattenspiel am Rande geblieben. Jetzt dagegen fühlte sie sich von ihr eingesponnen und eingesogen und mußte sich einen Ruck geben, um aufzustehen, den Tisch abzuräumen und ins Haus zu gehen. Sie empfand es als angenehm, sich eine Weile im hellen Licht der Küche aufzuhalten, das Geschirr und Besteck abzuwaschen und alle Sachen wegzuräumen. Dann ging sie, wegen der Insekten ohne Licht zu machen, durch den Wohnraum auf die Terrasse zurück.

Inzwischen war es dunkel geworden, und eine weiträumige Stille hatte sich ausgebreitet. Der Mond war höher gestiegen und überzog die graue Unstofflichkeit der Welt mit einem fahlen Glanz. Baumkronen und Büsche hatten sich zu einem schwarzen Schaum zusammengeballt, der bei jedem Lufthauch von einem leisen Rieseln durchlaufen wurde. Die angeleuchtete Burgruine stand im Dunkel wie eine Theaterkulisse. Um sich ihren Eindrücken auszuliefern, ging sie vorsichtig, mit kurzen tastenden Schritten auf dem rutschigen Gras, den dunklen Hang hinunter, blickte dabei auf ihre Füße, die aus dem grauen Gras ein Geflatter kleiner Nachtfalter aufscheuchten. Bei den alten Kirschbäumen blieb sie stehen, um sich umzuschauen. Etwas schwirrte um ihren Kopf: Fledermäuse, die Insekten jagten. Sie wischte sich hastig über das Gesicht und zerrieb eine winzige Feuchtigkeit auf der Wange. Alles sah von hier aus anders aus: Der Hang, den sie hinuntergekommen war, hatte im Mondlicht einen matten bleifarbenen Glanz, und auf den dunklen Scheiben der Terrassentüren, die sie wegen der Nachtfalter und Mücken hinter sich zugezogen hatte, sah sie den schwachen Widerschein des Mondlichtes wie ein in einem Tümpel versunkenes Blinken. Die Schlagläden aller anderen Fenster und Türen waren geschlossen und verriegelt, und das Haus sah hinter der breiten Terrasse geduckt aus, als sei es ein Stück tiefer in den Boden gesackt. Dahinter erhob sich der Hochwald als eine schwarze Woge und schien immer mehr Dunkelheit auszuströmen, Wellen von Nachtluft, die den Hang hinunter ins Tal wehten.

Sie erschauerte. Hier oben, umgeben von den Ausläufern des Waldes, war sie weit und breit der einzige Mensch. Es war ein unheimliches Gefühl von Ausgesetztheit, in dem sie bewußt eine Zeitlang ausharrte, um alles in sich aufzunehmen. Allmählich löste sich ihre Beklommenheit, und sie fühlte sich eingebunden und geborgen in der weiten Unbestimmtheit der nachtdunklen Welt. Alles war groß, wunderbar, abgründig und sanft. Und sie war ein Teil davon.

Nach einer Weile stieg sie den Hang hinauf, verriegelte hinter sich die Terrassentür und schaltete die Stehlampe an. Dann machte sie die Runde durch's Haus, kontrollierte alle Fenster und Türen, schloß zu, was zu verschließen war, und legte sich ins Bett. Ein Gefühl der Behaglichkeit stellte sich ein. Es war kein Widerspruch zu ihrer Einsamkeit. Im Gegenteil, es schien aus der Einsamkeit hervorzugehen. Was hatte sie eigentlich dazu gebracht, ihr Leben mehr und mehr in ein Geflecht komplizierter Beziehungen einzusperren? Sicherheitsbedürfnis, Angst, Schuldgefühle? Sie wußte es nicht mehr genau. Sie wußte nur, daß sie diesen Schutz nicht brauchte.

Leonhard kam wie besprochen gegen elf Uhr. Marlene war gerade in der Küche, als sie hörte, wie sein Wagen auf das Grundstück fuhr. Sie trocknete schnell die nassen Hände ab und ging nach draußen, um ihn zu empfangen. Er stieg mit der für ihn typischen Schwerfälligkeit aus dem Auto und schaute sich um. Dann sah er sie den Plattenweg herunterkommen und winkte. Er hatte einen vanillefarbenen Leinenanzug an, der von der Fahrt ein wenig zerknautscht war, und dicksohlige braune Wildlederschuhe, die nicht unbedingt dazu paßten, aber für Waldspaziergänge geeignet schienen. Die Sonnenbrille nahm er ab und schob sie samt Etui in seine Brusttasche, bevor sie sich begrüßten. Beide waren sie noch etwas befangen, als müßten sie erst aus dem Schatten der vergangenen Ereignisse heraustreten, um wieder normal miteinander umzugehen, und beide waren sie sich dessen bewußt und versuchten es zu überspielen. Sie hielt ihm ihre Wange hin, und er gab ihr einen flüchtigen Begrüßungskuß.

»Wie war die Fahrt?« fragte sie.

»Gut. Relativ wenig Verkehr auf der Autobahn. Nur das letzte Wegstück zum Haus hoch, das ist ja kriminell.«

»Ich weiß«, sagte sie. »Keine Ahnung, wer dafür verantwortlich ist.«

338

»Die Gemeinde, nehme ich an.«

Sie gingen zum Haus. Oben angelangt, führte sie ihn um das Haus herum, weil sie wollte, daß er zuerst das ganze Grundstück sah.

»Wie geht's dir?« fragte er.

»Danke. Sehr gut«, sagte sie, und im Augenblick stimmte das auch. Sie war früh mit dem Gefühl aufgewacht, heute einen entscheidenden Schritt weiterzukommen. Leonhards Anwesenheit würde ihr dabei helfen, schon dadurch, daß sie sich festlegte, indem sie ihm sagte, was sie plante. Er hatte einschlägige berufliche Erfahrungen. Und natürlich auch ganz eigene, über die sie sprechen mußten, so eng, wie ihre Lebensgeschichten miteinander verbunden waren. Es mußte sich allerdings erst zeigen, ob er das wollte. So wie er neben ihr herging, wirkte er wie jemand, der eine Last mit sich trug, die er tief in sich verstaut und vielfach gesichert hatte. Es konnte auch sein, daß er ganz unzugänglich blieb. Sie traten von der Seite auf die Terrasse. Leonhard blieb stehen.

»Ach, da ist ja die Burg, die ich schon vorhin bei der Anfahrt gesehen habe«, sagte er. »Ist ja ein phantastischer Anblick.«

»Findest du?«

»Ja einmalig«, sagte er.

»Ich habe mich daran schon ein bißchen übergesehen«, sagte sie.

Er nickte wie abwesend, schaute hinüber zu den Doppeltürmen. »Einmalig«, sagte er wieder.

»Gut, dann setz dich hier hin. Ich hole uns was zu trinken. Kaffee? Tee?«

»Kaffee bitte. Und Mineralwasser.«

»Das bringe ich dir gleich.«

Als sie mit Gläsern und Mineralwasser zurückkam, war Leonhard ein Stück den Hang hinuntergegangen und hatte Schwierigkeiten, wieder hochzukommen. Sie zeigte ihm die Stelle am Rand des Wiesenhanges, wo es leichter ging, und er stakste, immer ein Bein ein Stück vorschiebend und das andere als Stütze benutzend, ziemlich unbeholfen zur Terrasse hoch.

»Das ist wohl ein Übungsgelände für Bergwanderer«, sagte er.

»Man lebt eben hier oben auf der Terrasse und schaut sich die weite Welt an.« Sie machte eine Handbewegung zur Burg und den fernen Bergrücken hin. »Das Haus heißt Casa bella vista.«

»Vollkommen zu Recht.«

»Also, dann mach's dir bequem. Ich bereite schnell unseren Brunch vor. Toast mit Spiegeleiern oder mit Rührei?«

»Mit Rührei«, sagte er.

Es läuft gut, dachte sie, als sie wieder in der Küche war. Er hat sich gleich entspannt. Offenbar gefällt es ihm, hier zu sein.

Sie konnte sich nicht erinnern, wann sie sich, abgesehen von Telefongesprächen, zum letzten Mal mit ihm allein unterhalten hatte. Vielleicht während ihres Urlaubs zu viert in Florida, wenn sie mit ihm zum Supermarkt gefahren war oder Paul und Anja beim Jogging waren. Das waren aber keine Gespräche gewesen. Und erst recht keine Aussprache. Damals war scheinbar noch alles in Ordnung gewesen, denn sie hatte ihren Verdacht zurückgehalten, um abzuwarten, was geschah. In Leonhard hatte sie nicht hineinblicken können. Er schien etwas mit sich herumzutragen, das ihn belastete oder irritierte. Doch er hatte nichts zu erkennen gegeben, nicht einmal mit einer Andeutung. Es gehörte zu seinen Überzeugungen, daß es im Leben darauf ankam, die Form zu wahren. Und das war nur möglich, wenn man keine zu großen Erwartungen hegte und seine persönlichen Zweifel und Enttäuschungen in sich verschloß. Nein, sie hatten seit Jahren nicht mehr richtig miteinander gesprochen, fast so, als sei ihre sogenannte alte Freundschaft eine Einrichtung zur Verhinderung von Gesprächen gewesen. Nur Anja hatte das eines Tages durchbrochen, und von da an war alles ins Rutschen geraten.

Der Kaffee war durchgelaufen, und sie hatte ihn in die Thermoskanne umgefüllt. Alles andere, außer dem Rührei, das sie zuletzt machen wollte, stand schon auf dem Servierwagen. Während sie die Eier aufschlug und mit der Milch vermengte, sah sie wieder vor sich, wie mühsam Leonhard vorhin den Hang hochgeklettert war. Am liebsten hätte sie ihm geholfen. Doch das hätte ihm vielleicht nicht gefallen. Ihr war seine Unbeholfenheit sympathisch gewesen. Er war zu einem Mann ohne jede sexuelle Aggression geworden, was neue Möglichkeiten in sich barg. Man konnte gelassen und freundschaftlich, ohne die üblichen Untertöne und Balzrituale, miteinander umgehen, und das war genau das, was sie sich wünschte. Sie wollte nicht, daß es Mißverständnisse gab, die vermutlich in fremden Augen, vielleicht auch in Pauls Augen, nahelagen. Leonhard schien sich bei ihr sicher zu fühlen, weil er spürte, daß sie nichts weiter von ihm wollte, als ein ruhiges, freundschaftliches Vertrauen.

Als sie den vollbeladenen Servierwagen durch den Wohnraum auf die Terrasse schob, sah sie ihn von hinten in seinem Korbsessel sitzen. Er hatte die Jacke ausgezogen und im Wohnzimmer auf einen der dänischen Landhaussessel gelegt, an denen sie den Servierwagen vorbeimanövrierte. Sie sah nur seinen Hinterkopf und einen auf der Lehne liegenden nackten Unterarm, und es gefiel ihr, daß er sich nicht nach ihr umwandte, um gleich wieder mit irgendeiner Bemerkung eine Unterhaltung zu beginnen, wie es die meisten Männer in dieser Situation sicher getan hätten, sondern in sich selbst vertieft oder in den Anblick der Landschaft versunken blieb, bis sie mit dem schon etwas wackeligen Wagen und seiner Fracht neben ihm auftauchte und den Tisch deckte.

»Großartig«, sagte er.

»Was meinst du?« fragte sie. »Die Aussicht oder unsern Brunch?«

»Beides. Glücklicherweise trifft beides zusammen.«

»Du sollst ja nicht bereuen, daß du hergekommen bist«, sagte sie, und goß den Kaffee ein. »Wenn du das Rührei warm möchtest, fangen wir damit an. Die Eier habe ich heute morgen beim Bauern gekauft. Auch die Milch. Der Toast ist in der Serviette.«

Sie sah, wie er zugriff, und dachte: Er ist nicht gerade verwöhnt worden in seiner Ehe. Meistens hat er wohl alleine gefrühstückt und dabei seinen Ärger hinuntergeschluckt, daß Anja noch im Bett lag. Wenn sie dann doch einmal im Morgenmantel herunterkam, war sie wahrscheinlich einsilbig und abweisend gewesen. Und er hatte es schweigend hingenommen. Wenn sie ihn nicht betrogen hätte, und dazu noch ausgerechnet mit Paul, hätte er sich nie aufgerafft, die Ehe zu beenden, denn er war der Auffassung, daß jeder sein Schicksal schultern müsse.

Er war fertig mit dem Rührei, das er fast stumm in sich hineingeschaufelt hatte. Sie goß ihm Kaffee nach, schob ihm den Brotkorb und den Aufschnitt hin und schaute zu, wie er sich bediente. Er war im letzten Jahr noch schwerer und beleibter geworden. Es sah aber nicht unangenehm aus, weil er einen mächtigen Kopf und große kraftvolle Hände hatte. Es steckte genug Willenskraft und Geist in ihm, um seine Körperfülle zu beleben.

Als sein erster Hunger gestillt schien, begann er sie über das Anwesen und ihre Hamburger Freundin auszufragen. Zwar hatte er immer schon mitbekommen, daß sie oft mit Paul hierhergefahren war, aber das meiste, was sie darüber erzählt hatte, war offenbar an ihm vorbeigeglitten. Sie ahnte, daß das, abgesehen von den krisenhaften Anfängen, wohl für ihre ganze Ehe mit Paul galt. Leonhard hatte das getan, was sie mehr oder weniger alle getan hatten in den letzten Jahren: Sie hatten sich mit einer Schutzschicht von Gewohnheiten umgeben und sich gegenseitig nur noch begrenzt wahrgenommen. Das war inzwischen anders geworden. Natürlich wußte Leonhard noch immer nicht, wie es jetzt mit ihr und Paul stand. Aber er konnte sich denken, daß sich etwas Entscheidendes geändert haben mußte, sonst hätte sie ihn nicht eingeladen, sich hier in Greifenstein mit ihr zu treffen. Sie konnte ihm anmerken, daß er darauf wartete, etwas über ihr Motiv für diese Einladung zu erfahren. Doch im Augenblick zögerte sie. Es erschien ihr plötzlich fragwürdig, zuerst mit Leonhard über das zu sprechen, was sie vorhatte, und nicht mit Paul. Oder war das nur ein Problem, weil sie sich nicht ganz sicher war? Hatte sie alles auf den Kopf gestellt, indem sie sich hier mit Leonhard getroffen hatte und nicht mit Paul hierhergefahren war? War das fair? War das feige? Was hatte sie sich eigentlich gedacht?

Sie schaute Leonhard an, der nach seiner Tasse griff. »Noch Kaffee?« fragte sie. »Oder magst du einen Joghurt?« Ich übe Fragesätze, dachte sie, während sie den Kaffee einschenkte und den Joghurtbecher in seine Nähe rückte, denn er hatte »beides« gesagt.

»Du, ich muß dich etwas fragen«, sagte sie und wartete noch einen Augenblick, bis er die Tasse abgesetzt hatte. Dann brachte sie es heraus: »Ich habe vor, mich von Paul zu trennen, das Haus zu verkaufen und mich als Ärztin niederzulassen. Was hältst du davon?«

»Moment, das ist viel auf einmal für mich. Also, was halte ich davon? Ich kann nicht leugnen, daß etwas darin enthalten ist, was mir persönlich sehr gefällt.«

»Daß ich mich von Paul trennen will?«

»Ja. Weil ich finde, das hat er verdient. Er muß endlich einmal die andere Seite kennenlernen.«

»Für einen Richter hast du erstaunlich urtümliche Motive«, sagte sie. »Du denkst vor allem an Rache.«

»Ich urteile hier nicht als Richter«, sagte er, »sondern als zweifach Betroffener.«

»Ich weiß. Das hilft mir aber gar nichts. Im Gegenteil.«

»Ich bin ja noch nicht zu Ende«, sagte er. »Aber helfen tut es dir sicher auch nicht, wenn ich dir sage, daß ich das Ganze für eine gute Idee halte. Eins ist aber vom anderen abhängig. Wenn du dich von Paul trennst, ist es logisch, daß du das Haus verkaufst und mit dem Geld etwas anderes beginnst – etwas Neues, von dem du neu gefordert bist. Das scheint mir besser, als einfach immer so weiterzumachen.«

»Das habe ich mir selbst schon alles gesagt.«

»Siehst du. Es scheint da eine gewisse Objektivität zu geben.«

344

»Eine gewisse Objektivität gibt es nicht.«

»Richtig. Und das ist dein Problem.«

»Das Schwierigste ist, daß Paul nicht die geringste Ahnung hat. Er scheint davon auszugehen, daß wir zusammenbleiben und alles wieder in Ordnung kommt. Er wird aus allen Wolken fallen, wenn ich ihm sage, daß ich mich von ihm trennen will.«

»Du fütterst mein Rachebedürfnis, Marlene. So ist es mir ja auch gegangen.«

»Es war wohl keine gute Idee von mir, dich mit meinen Problemen zu belästigen«, sagte sie.

»Was hast du dir bloß vorgestellt? Deine Probleme kannst du nur selbst lösen. Hast du dich schon ernsthaft gefragt, wie es sein würde, wenn ihr zusammenbleibt und weitermacht?«

»Im Augenblick kann ich es mir nicht vorstellen. Aber das mag ja an mir liegen. Ich hätte wohl nicht viele Energien dafür. Aber wenn ich sie hätte, dann hätten wir vielleicht eine neue Chance.«

»Mit demselben Mann? Und den absehbaren Wiederholungen?«

»Auch er könnte sich ändern.«

»Dann versuch es doch.«

Sie schauten sich an.

»Komisch«, sagte sie. »Ich war sicher, daß ich keine Zweifel mehr hatte. Sonst hätte ich dich nicht gebeten herzukommen.«

»Ich glaube, das Umgekehrte ist wahr. Du wolltest deine Zweifel bei mir loswerden. Du hast gedacht, ich würde dich bestärken.«

»Das stimmt«, sagte sie.

345

Sie blickte auf den unabgeräumten Tisch.

»Möchtest du noch etwas essen?«

»Im Augenblick nicht.«

»Gut, dann bringe ich die Sachen in die Küche. Und wir machen einen Spaziergang.«

Der Weg, den sie einschlug, war einer ihrer Standardspaziergänge, den sie fast jeden zweiten Tag mit Paul gegangen war, nicht um etwas Neues zu sehen, sondern um sich zu bewegen. Er führte, vorbei an Wiesen und einem Lupinenfeld, am unteren Rand des Buchenwaldes entlang und dann ein kurzes Stück durch ihn hindurch, bis sie auf einem schnurgeraden, grasbewachsenen Forstweg durch einen inzwischen hochgeschossenen dichten Fichtenwald kamen, der bei ihrem ersten Aufenthalt eine von Farnkraut und Brombeergestrüpp durchwucherte Schonung gewesen war. Jetzt lagen am Rand des Weges schon Stapel herausgeschlagener Stämme, die auf ihren Abtransport warteten. Da sie streckenweise hintereinandergehen mußten, kam keine zusammenhängende Unterhaltung zwischen ihnen auf, was ihr ganz recht war, da sie weiter an ihr Problem dachte und sich nur abgelenkt fühlte. Leonhard wollte wissen, ob sie etwas über Anja gehört habe. Er schien sich Sorgen über ihre Verfassung zu machen und versuchte sie dafür zu gewinnen, sich gelegentlich um Anja zu kümmern.

»Ich bin nicht besonders toll motiviert«, sagte sie.

Er meinte, sie solle mal nach ihr schauen, weil sie für Anja immer eine Autorität gewesen sei.

»Warum bist du daran so interessiert?« fragte sie.

»Nun ja, du weißt ja, wie sie ist. Ich fürchte, sie fängt sich nicht, sondern läßt sich fallen und säuft sich zu Tode. Und wahrscheinlich macht sie noch einige häßliche Szenen, um uns einen Denkzettel zu verpassen.«

»Das möchtest du gerne vermeiden, nicht wahr?«

»Wenn es möglich wäre, schon. Aber ich fürchte, es läuft aus dem Ruder.«

»Und du meinst, ich könnte das Ruder in die Hand nehmen?«

»Nein, ich fürchte, man kann grundsätzlich nichts ändern. Und du hast deine eigenen Probleme.«

Sie gingen längere Zeit schweigend hintereinander, bis sie an eine Abzweigung kamen.

»Laß uns hier langgehen«, sagte sie.

Jetzt gingen sie wieder nebeneinander, aber das Gespräch stockte.

»Wer hat mir gesagt, daß du deine Schwiegermutter ins Haus nehmen willst?« fragte sie nach einer Weile.

»Ich selbst«, antwortete er. »Es muß jemand da sein, der sich um Daniel kümmert. Vor allem jetzt, wenn er in die Schule kommt.«

»Fragt er manchmal nach Anja?«

»Nein, überhaupt nicht. Er hat sich gesträubt, sie zu sehen, als sie ihn besuchen wollte. Aber an seiner Großmutter hängt er sehr.«

»Und wie klappt es zwischen dir und Daniel?«

»Besser. Seit Anja aus dem Haus ist, hat sich der Junge erholt und ist ruhiger geworden. Das macht es einfacher, auch für mich.«

»Du kannst ihr nicht das Recht absprechen, ihn zu sehen. Obwohl es vielleicht für Daniel besser wäre.«

»Nein, das kann ich nicht. Es sei denn, sie dreht durch.«

»Was du ja gerade verhindern möchtest, wenn ich dich richtig verstanden habe.«

»Ja, natürlich hast du mich richtig verstanden.«

»Verstehst du noch, weshalb du sie geheiratet hast?«

»Eigentlich nicht. Aber ich habe auch keine Lust, darüber nachzudenken.«

»Sag mir, was ich tun soll.«

»In welcher Hinsicht?«

»Überhaupt.«

»Keine unbeantwortbaren Fragen stellen und etwas Überschaubares tun.«

»Ja, ich glaube, das ist es. – Liest du immer noch die Stoiker?«

»Fast jeden Abend vor dem Einschlafen ein paar Sätze.«

»Ich glaube, das werde ich auch mal tun.«

Sie kamen aus dem jungen Fichtenwald heraus, und vor ihnen lag der alte Windbruch, eine weite ebene Fläche, auf der vor etlichen Jahren ein Sturm über die Hälfte der Bäume geknickt hatte. Es hatte ausgesehen wie ein Kriegsschauplatz. Die Forstarbeiter hatten trotz ihrer Motorsägen und der mit mächtigen Greifern ausgerüsteten Transportfahrzeuge mehr als ein Jahr gebraucht, um das Areal aufzuräumen. Einige alte Kiefern waren stehengeblieben. Darunter hatte sich, wahrscheinlich durch Samenflug, eine Wildnis aus Sträuchern ausgebreitet, die inzwischen beinahe mannshoch waren. Es war ihr Lieblingsplatz im Wald. Leonhard schien wenig Sinn für das wilde, artenreiche Gestrüpp zu haben. Doch er war sofort fasziniert, als sie ihn auf die wimmelnde Ameisenstraße am Wegrand aufmerksam machte und sie kurz danach vor dem großen, aus trockenen Fichtennadeln, Erde und anderen unerkennbaren Materialien aufgeschichteten Bau standen, auf dem die kleinen rotbraunen Tiere eilig herumliefen und einander mit ruckartigen Bewegungen aus dem Weg gingen, wenn sie sich begegneten, worauf jedes Tier in unbeirrter Eile und Zielstrebigkeit weiterlief. Es war kaum möglich, den Weg einer einzelnen Ameise lange zu verfolgen, weil sie alle gleich aussahen. Als sie vor zwei Jahren zum letzten Mal hier gewesen war, hatte alles genauso ausgesehen. Es waren inzwischen längst andere Tiere und schienen doch immer dieselben zu sein. Ihre seltsamen, zwischen Kopf, Brustringen und Hinterleib tief eingekerbten Körper, ausgestattet mit drei Beinpaaren, Fühlern und Beißzange, waren einander in Größe, Energie und Fähigkeiten völlig gleich.

»Die haben andere Probleme als wir«, sagte sie.

»Im Grunde haben sie dasselbe Problem«, sagte Leonhard, »sie sorgen dafür, daß das Leben weitergeht.«

»Du meinst, sie haben für dasselbe Problem nur andere Lösungen?«

»Ja. Aber sie haben keine andere Lösung. Sie sind die andere Lösung. Sie haben nämlich keine Wahl. Alles ist so, wie es immer ist.«

»Wer keine Wahl hat, kann sich auch nicht irren.«

»Irren vielleicht schon, aber zweifeln nicht.«

Sie schaute längere Zeit zu, dann sagte sie: »Es sieht für mich wie eine Panik aus.«

»Wer weiß, wie wir aussehen«, sagte Leonhard.

»Vielleicht viel bizarrer und monströser?«

»Anmaßend und unangemessen, nehme ich an.«

Sie blieben noch eine Weile stehen, bevor sie beide, anscheinend aus dem gleichen unbewußten Impuls, weitergingen. Das Gespräch wandte sich sachlichen Themen zu.

16

Marlenes Erzählung 3

Noch bin ich in meinem Haus. Die Möbel, die ich behalten will, stehen schon in meiner neuen Wohnung. Einige alte Stücke, wie den großen Danziger Schrank, der viel zu mächtig ist für die neuen Räume, aber auch eine der drei alten Kommoden, die ich geerbt habe, die englische Vitrine und den schweren, dunkel gebeizten Eichenschreibtisch meines Großvaters habe ich an einen Antiquitätenhändler verkauft. Auch die vier Landschaftsgemälde aus der alten Düsseldorfer Schule, die ich nie mochte und die in der neuen Wohnung völlig unpassend gewesen wären, hat er für einen akzeptablen Preis genommen. Bei den Gemälden fiel mir der Abschied leicht, bei den Möbeln weniger. Die Bilder dunkelten an den Wänden, aber die Möbel, vor allem der alte Schrank, waren für mich stumme Lebensgefährten, zwischen denen ich aufgewachsen bin. Ich habe es als Verrat empfunden, daß ich sie verkauft habe.

Doch inzwischen überwiegen Erleichterung und Neugier. Ich werde ein neues Blatt aufschlagen in meinem Leben. Wenn alle Zimmer ausgeräumt sind, werden auch noch Dachstuhl und Keller entrümpelt. Und dann kommen die Handwerker in das ausgeweidete Haus, um es von Grund auf zu erneuern. Das Parkett wird abgespänt, Türen und Fensterrahmen und Wände und Decken werden gestrichen, und ich glaube, daß auch die eine oder andere Wand herausgerissen oder versetzt wird, entsprechend den Bedürfnissen der Anwaltssozietät, die Haus und Garten gekauft hat.

Es hat über ein Jahr gedauert, einen Käufer zu finden, weil Haus und Garten unter Denkmalschutz stehen wie viele Anwesen in diesem Villenviertel. Überall, wo es solche Auflagen nicht gibt, sind inzwischen die Grundstücke gewinnträchtig mit mehrstöckigen Häusern bebaut worden. Das geht seit zwanzig Jahren so, weil die alten Eigentümer nach und nach sterben oder wie ich keine sinnvolle Verwendung für die großen Villen haben. Die Gesellschaft ist dabei, sich in kleine Gruppen und Einzelpersonen aufzulösen, die zwei oder drei Zimmer mit Küche und Bad und einen Balkon brauchen, so wie ich es künftig haben werde und wie Paul es schon fast ein Jahr lang hat. Aber seine Wohnung, die in einem großen Rodenkirchener Wohnkomplex liegt, habe ich nicht gesehen.

Alle sind wir jetzt auseinandergesprengt, nachdem wir etliche Jahre in der Vorstellung gelebt haben, Freunde fürs Leben zu sein. Muß ich mir jetzt sagen, daß dies vor allem meine Phantasie gewesen ist und ich die anderen dazu gedrängt habe, in dieser Inszenierung eine Rolle zu übernehmen? Oder war es vielmehr so, daß jeder von uns Halt in dieser zufällig entstandenen Ordnung gesucht hat?

Vor drei Tagen habe ich Anja, die die Kontrolle über sich verloren hatte und nahe am Ende war, zur Entziehung in eine Klinik gebracht. Dort hat man sie erst einmal ruhiggestellt, um sie dann langsam wieder aufzubauen. Wie, weiß ich nicht, denn ich zweifle daran, daß Anja leben will. Sie hat ihren Versuch gemacht und ist gescheitert. Jetzt habe ich sie, in Übereinstimmung mit Leonhard, den Spezialisten übergeben. Ich hatte aber kein gutes Gefühl dabei. Leonhard hat seine Schwiegermutter ins Haus geholt, damit immer jemand für Daniel da ist. Vermutlich haben sich Leonhards Repräsentationspflichten vermehrt, denn er ist vom Justizminister auf Vorschlag einer Richterkommission zum Präsidenten des Oberlandesgerichtes berufen worden. Er ist also fast ganz oben angelangt. Es freut mich sehr, denn es ist der Platz, auf den er hingehört, auf Grund seiner herausragenden Intelligenz. Er ist ein theoretischer Kopf und kann glänzend formulieren. Manche seiner Urteilsbegründungen sind inzwischen exemplarisch geworden. Vorige Woche wurde im großen Saal der Flora mit vielen Reden und üppigem Buffet seine Ernennung gefeiert. Es waren über dreihundert Leute da. Auch Anja ist überraschend dort aufgetaucht. Es war nicht klar, was sie wollte. Sie hat sich jedenfalls gleich betrunken, wie sie es immer gemacht hat, wenn sie einer Situation nicht gewachsen war. Es drohte ein Skandal, und für Leonhard war es ein Schock. Ich konnte ihm nur helfen, indem ich sie wegbrachte. Man konnte es wohl noch so deuten, als habe Anja ein Kreislaufproblem.

Manchmal telefoniere ich mit Leonhard. Doch wenn einer von uns das Bedürfnis hat, mit dem anderen zu reden, hört man gewöhnlich nur seine Stimme auf dem Anrufbeantworter und muß das, was man sagen möchte, auf eine kurze Formel bringen. Oft habe ich dann keine Lust mehr zu sprechen. Von Paul habe ich seit unserer Trennung vor gut einem Jahr nichts mehr gehört. Über ihn allerdings das eine oder andere. So zum Beispiel, daß er jetzt mit Sibylle zusammen sei. Das hätte er mir eigentlich sagen können. Es wäre ein Zeichen fortgesetzten Vertrauens gewesen, und ich hätte es dann nicht durch fremde Zuflüsterungen hören müssen, die für mich stets etwas Indiskretes haben. Immer noch setze ich anscheinend voraus, daß zwischen Paul und mir ein näheres Verhältnis besteht, das andere Leute davon abhalten müßte, hinter dem Rücken von Paul mit mir über ihn zu reden. Kann es sein, daß ich einfach nicht wahrhaben will, wie einschneidend und kränkend für ihn unsere Trennung gewesen ist? Ohne es zu wollen, erwecke ich offensichtlich den Eindruck, daß diese kleinen Mitteilungen über Paul und sein Leben mich weiterhin interessieren, auch wenn sie alle einen leicht ironischen oder abfälligen Zungenschlag haben, je nachdem, wie die Leute mich einschätzen. Natürlich wäre eine schroffe Antwort für sie der untrügliche Beweis meiner Betroffenheit. Also nehme ich es mehr oder minder achtlos hin, wenn mir, eingehüllt in andere, weitläufigere Erzählungen, eine kleine Nachricht über Paul zugesteckt wird. Es sind Sätze, die mit »übrigens« beginnen. »Übrigens ist es mit Paul und Sibylle schon wieder aus. Jetzt hat er sich einer jungen Krankenschwester zugewandt. Wir sind alle gespannt, wer die nächste ist.«

»Ist das nicht seine Privatsache?« fragte ich. »Nun ja«, sagte die Kollegin, die es mir erzählt hatte. »Aber es schadet seiner Position. Das muß er wissen. Es geht ihm inzwischen ein gewisser Ruf voraus, und viele Kollegen halten Abstand zu ihm. Seit er nicht mehr mit dir zusammen ist, scheint er ziemlich aus den Fugen zu sein. Bloß, wer soll es ihm sagen? Irgendwann, fürchte ich, wird es der Chef tun. Kannst du nicht mal mit ihm reden?« »Nein, ich am wenigsten«, antwortete ich und gab damit wieder etwas preis, das niemanden etwas anging, aber anscheinend viele interessierte. Ich zeigte die Kluft, die zwischen uns entstanden ist. Gehofft hatte ich, unsere Trennung, die von mir ausgegangen war, könne sich schließlich doch für uns beide als eine vernünftige Entscheidung bewähren und auch von allen anderen so wahrgenommen werden. Danach sieht es aber nicht aus. Paul ist umgeben von kritischen und hämischen Blicken. Nach allem, was ich über ihn zu hören bekomme, macht er den Eindruck eines Mannes, der aus dem Gleichgewicht ist. Frauen sollen die Wunden heilen, die Frauen ihm geschlagen haben, und dabei holt er sich neue Wunden. Sibylle, die mir bislang aus dem Weg gegangen ist, obwohl sie eigentlich keinen Grund dazu hat, denn soviel ich weiß, hatte ich mich schon von Paul getrennt, als die beiden ihre kurze Affäre begannen – Sibylle war für ihn wohl nicht gerade ein sanftes Ruhekissen. Sie ist keine Frau, bei der sich ein angeschlagener Mann erholen könnte. Daß er danach, vielleicht sogar gleichzeitig, ein Verhältnis mit einer jungen Krankenschwester begann, war in meinen Augen eine erneute Flucht in die Arme einer ergebenen, ihn bewundernden jüngeren Frau. Es wiederholte sein Verhalten mir und Anja gegenüber. Doch vielleicht täusche ich mich, weil ich nach einer Erklärung für das Scheitern meiner Ehe suche und mir daran liegt, Anjas Rolle in Pauls Leben ein Stück niedriger einzustufen. Ich werde es nie erfahren, denn sie sind nicht mehr dieselben. Anja schon gar nicht. Und alles, was Paul jetzt macht, ist wahlloser, zufälliger, anspruchsloser. Gerade das mag ihm helfen. Er tut scheinbar dieselben Sachen, ohne sich noch einmal auf etwas einzulassen. Er wollte aber an unserer Ehe festhalten, entweder weil er glaubte, sie zu brauchen, um nicht abzurutschen, oder weil sie für ihn komfortabel war. Wahrscheinlich beides.

Manche Trennungen sind schwer. Manche nur schwierig. An die Schwierigkeiten hatte ich kaum gedacht. Ich hatte einfach vorausgesetzt, daß sich alle praktischen Probleme vernünftig lösen lassen. Wir waren praktisch nicht voneinander abhängig, aber aneinander gewöhnt und gebunden, und das habe ich für das einzige Problem gehalten. Als ich es dann für mich allein entschieden hatte, damals vor über einem Jahr, als ich aus Greifenstein zurückkam, verkannte ich die Schwierigkeiten immer noch. Sie waren nur Nebenumstände ohne wirkliche Bedeutung. Ich hatte offenbar eine Szene im Kopf, in der sich beide Partner aussprachen, gemeinsam ihre Trennung beschlossen und dann auseinandergingen, jeder in eine andere Richtung in ein neues oder jedenfalls anderes Leben.

So geschah es natürlich nicht. Ich hatte meine Rückkehr telefonisch für den Abend angekündigt, aber nur auf den Anrufbeantworter sprechen können, und fand zu Hause Pauls Nachricht vor, daß er leider Nachtdienst habe. Dazu hatte er, was eher ungewöhnlich war, einen sommerlichen Blumenstrauß zu meiner Begrüßung auf meinen Schreibtisch gestellt. Ich hatte mir während der Rückfahrt vorgestellt, daß Paul zu Hause auf mich warte, wahrscheinlich in dem Gefühl, daß sich eine Entscheidung über unsere Ehe anbahne, und so erlebte ich die Heimfahrt von Greifenstein als einen langen Anlauf auf die Minute der Wahrheit zu. Ich war entschlossen, mich nicht mit Nebensächlichkeiten aufzuhalten, genauso wie ich es bei meiner Trennung von Leonhard gemacht hatte.

Aber Paul war nicht da. Ich war so enttäuscht und verblüfft, daß ich an einen Schachzug glaubte, mit dem er meine Absichten durchkreuzt hatte. Nun mußte ich mindestens einen Tag warten, bis sich wieder eine ähnliche Situation ergab, wie ich sie mir für das Gespräch erhofft hatte, und ich fürchtete, daß meine Entschlossenheit bröckeln könne. War es überhaupt Entschlossenheit? Ich blickte auf den Blumenstrauß, der viel zu groß geraten war, so als gelte es, ein Jubiläum zu feiern. Im Augenblick rührte mich das. Mein Groll war verflogen. Und um meinen Entschluß zu festigen, fand ich keinen weiteren Grund mehr als die Tatsache, daß ich mich nach inneren Kämpfen inzwischen entschlossen hatte, unsere Ehe zu beenden, und das gegenüber Leonhard auch schon, ich muß wohl sagen – proklamiert hatte. Im Augenblick war das mein Hauptargument. Ich wollte nicht ins Schlingern geraten und mir nicht widersprechen. Schließlich sagte ich mir: Wenn das Gründe sind, die du ernsthaft erwägst, ist die Sache sowieso entschieden. Sonst nämlich hätte dein Gefühl sie einfach vom Tisch gefegt. – Aber das konnte immer noch passieren, wenn ich Paul sah.

Da ich tagsüber Dienst hatte, sahen wir uns erst am späten Nachmittag, als ich nach Hause kam, nun wieder völlig entschlossen, das abschließende Gespräch zu führen. Erst im Laufe des Tages hatte ich richtig begriffen, daß ich nur noch ein Argument hatte, mich von Paul zu trennen: Es ging nicht mehr darum, daß er mich mit Anja betrogen hatte. Denn das war vermutlich schon zu Ende oder würde zu Ende gehen. Es war auch nicht der Gedanke, er könne bald wieder eine andere Liebschaft beginnen. Denn ich fühlte mich sicher genug, das abzuwarten und erst zu bewerten, wenn ich wußte, was es war. Nein, ich hatte keinen Grund außer dem einen einzigen: Ich wollte nicht mehr mit ihm zusammenleben.

Das war schwer zu erklären. Denn es hatte auch nichts mit Abneigung oder fortschreitender Entfremdung zu tun.

Paul war mir durchaus vertraut geblieben. Ich war nur erfüllt von dem Bedürfnis, mich ganz auf mich selbst zu konzentrieren und etwas Neues zu beginnen. Das hörte sich für Paul vermutlich wie eine unverständliche Laune und exklusive Egozentrik an. Ich war ja in der luxuriösen Situation, mit dem Verkauf des Marienburger Hauses genug Geld zu bekommen, um mir eine eigene Praxis einzurichten und eine angenehme, auf mich zugeschnittene Wohnung leisten zu können. Doch erst der Gedanke, mich von Paul zu trennen, hatte diese Vorstellung in mir wachgerufen. Mit Paul zusammen wäre ich in der komfortablen Beschaulichkeit des großen Hauses geblieben, in dem ich aufgewachsen war, immer noch umgeben von Herkunft und Kindheit und trotz Beruf und Reisen in ferne Teile der Welt nie ganz daraus entlassen. Aber auch so wollte ich es ihm nicht sagen. Denn er konnte antworten: Verkauf das Haus, und wir fangen zusammen etwas Neues an. Ich mußte ihm einfach den Schmerz antun, ihn den Beständen meines alten, abgelebten Lebens zuzurechnen.

Paul wirkte auf mich unsicher und nervös, als er mich begrüßte, doch er gab sich den Anschein von Unbefangenheit, und ich dachte, er rechnet mit allem und wartet ab.

»Wie war es denn im alten Greifenstein?« fragte er.

Das war keine schlichte Eröffnungsfrage, sondern eine, die so tat, als habe er vergessen, daß ich dorthin gefahren war, um allein zu sein, und im ersten Augenblick war ich bereit, auf sein Angebot einzugehen und über das Grundstück, die Terrasse und den Burgblick mit ihm zu plaudern. Dann jedoch sagte ich: »Du weißt doch, weshalb ich dahin gefahren bin.«

Er nickte. Er sah mißmutig, fast schwermütig aus. Er hatte das Unabänderliche, das er abwehren wollte, nicht aufhalten können und hörte mir nun zu, wie ich ihm erklärte, daß ich unsere Ehe beenden wolle, weil sie für mein Gefühl an ihr Ende gekommen sei. Und weil er immer noch schwieg, fühlte ich mich genötigt, weiterzureden und einige Rechtfertigungen und Begründungen nachzuliefern. Vor allem wollte ich ihm das Argument nehmen, daß sein Verhältnis zu Anja beendet sei, und sagte, es sei eigentlich nur noch ein Anlaß für mich gewesen, über alles nachzudenken. Dabei hätte ich in mir den Wunsch entdeckt, noch einmal einen neuen Anfang zu machen.

Noch immer sagte er nichts. Und diese Sturheit oder Lethargie verführte mich zu der Phrase, auch er würde bestimmt noch eines Tages entdecken, daß ein neuer Anfang für ihn gut gewesen sei.

Darauf antwortete er: »Halte dich bitte zurück mit Meinungen darüber, was für mich gut wäre.«

Ich glaubte, Leonhard sprechen zu hören, als er das sagte. Wahrscheinlich war diese gestelzte Ausdrucksweise, die für Paul überhaupt nicht typisch war, ein männliches Stereotyp: der Versuch, in bedrängenden Situationen eine würdige Haltung zu zeigen. Aber es war auch der einzige Augenblick, in dem ich Pauls Selbstbehauptung spürte. Es sei denn, man mußte die Stummheit, mit der er alles hinnahm, als verweigerte Zustimmung verstehen. Er hatte keine Lust zu kämpfen. War daran gewöhnt, umworben und nicht verabschiedet zu werden.

Als wollte er mir die Lebensfremdheit meines Vorhabens vor Augen führen, fragte er mich, wie ich mir unsere Trennung vorstelle. Er habe ja noch keine Wohnung. Er müsse erst eine suchen, die ihm gefiele und die er bezahlen könne. Wie sollten wir die Zeit überbrücken, bis er eine geeignete Wohnung gefunden hätte?

Er überrumpelte mich mit dieser Frage, auf die ich nicht vorbereitet war. Ich hatte mit Einwänden, Schuldzuweisungen und neuen Versöhnungsversuchen gerechnet und auf die praktischen Fragen noch keine Antwort. Und so sagte ich, um sein überraschendes Eingehen auf meinen Wunsch nach Trennung und Scheidung zu honorieren, selbstverständlich könne er solange im Haus wohnen bleiben.

Wir stritten uns dann darum, wer aus dem gemeinsamen Schlafzimmer ausziehen und wer in eins der Gästezimmer umziehen solle. Und er bestand darauf, daß er das sein würde. Schließlich war das Haus mein Haus, und er sei eben nur ein Gast im Haus gewesen. Auch darin widersprach ich ihm. Es war ein läppischer Streit um Worte, hinter dem sich ein tieferer Konflikt verbarg. Damit mußten wir nun leben, solange Paul noch im Haus blieb. Übrigens war das Gästezimmer, in das Paul einzog, das Zimmer, in dem Anja gewohnt hatte, als sie unser Haus einige Wochen lang bewacht hatte. Ich weiß nicht, ob er daran dachte, und schon gar nicht, in welchem Sinne. Es war ja auch egal.

Von nun an war alles anders. Wir lebten in zwei verschiedenen Welten, die sich kaum noch berührten. Paul verhielt sich auf einmal wie ein Untermieter. Er kam und ging, ohne es mich wissen zu lassen, und verbrachte die meiste Zeit in seinem Zimmer. Manchmal trafen wir uns in der Küche, wo sich jeder etwas zu essen machte. Manchmal aßen wir dann auch dort. Die Wohnräume benutzte er nur, wenn ich ihn dazu aufforderte. Dauernd gab er mir durch sein Verhalten zu verstehen, daß er mich nicht stören wolle. Doch das war so auffällig und demonstrativ, daß es mich mehr störte, als wenn er sich weiter in gewohnter Selbstverständlichkeit im Haus bewegt hätte. Ich verstand es nicht, vermied es aber, die alte Vertrautheit unseres Umgangs wiederherzustellen, weil er daraus vielleicht falsche Schlüsse gezogen hätte. Er sollte nicht annehmen, daß alles wie früher sei. Aber ich fand es auch albern, daß er sich häufig ohne Not wie ein Fremder benahm, und ging kommentarlos darüber hinweg. Nach einiger Zeit fragte ich ihn, ob er mit seiner Suche nach einer passenden Wohnung weitergekommen sei. Er antwortete: »Jaja, es tut sich was«, eine Antwort, die in mir den Verdacht weckte, daß er noch nichts unternommen hatte. Ich hatte mir inzwischen in einem der Rohbauten unseres Viertels eine Wohnung gesichert, die in einem Vierteljahr bezugsfertig sein sollte. Ich wollte, daß er vorher auszog, aus praktischen Gründen, aber auch, um die Unwirklichkeit unseres Nebeneinanderlebens zu beenden. Er muß das ähnlich empfunden haben, vermutlich sogar viel schärfer, da er sich in einer schlechteren Position befand. Jedenfalls überraschte er mich in der folgenden Woche mit der Mitteilung, er ziehe Anfang nächsten Monats in eine neue Wohnung ein und wolle bis dahin in Urlaub fahren. Er nähme nur Handgepäck mit. Alles, was ihm sonst noch gehöre, wolle er in einem Zimmer zusammenstellen und nach seinem Einzug abholen lassen. Plötzlich war es soweit. Unser gemeinsames Leben war abrupt zu Ende.

An diesem Abend gingen wir zum letzten Mal zusammen essen. Ich hatte ihn dazu eingeladen. Und wir bemühten uns beide, daraus einen harmonischen Abend zu machen, an den wir gerne zurückdenken würden. Wir schafften es leidlich, indem wir unsere Aufmerksamkeit vor allem auf das Essen und die Weine richteten, als hinge davon unsere künftige Erinnerung an unser gemeinsames Leben ab. Wir beendeten unsere Ehe als Gourmets in einer vom Wein benebelten Eintracht. Das Problem war nur, daß wir danach nicht auseinandergingen, sondern in dasselbe Haus zurückkehrten, den Ort unseres Glücks und unseres Scheiterns. Paul hatte bedeutend mehr getrunken als ich. Das Restaurant hatte er aber noch in tadelloser Form verlassen. Im Fond des Taxis hatte er meine Hand gesucht. Ich hatte sie ihm kurz überlassen und sie wieder an mich gezogen. Er saß steif neben mir. Hereinfallende Lichter zeigten mir momentweise sein Profil, das mir statuenhaft erschien. Es war das Profil eines Mannes, der um seine Haltung kämpfte. Als wir ausstiegen, konnte ich erkennen, daß er betrunken war. Er hatte Schwierigkeiten, die Haustür aufzuschließen. Aber es schien mir besser, ihn nicht dabei zu bevormunden, und er schaffte es in angemessener Zeit und ließ mich eintreten. Er wollte unbedingt noch starken Kaffee trinken, um wieder einen klaren Kopf zu bekommen, und offensichtlich erwartete er, daß ich mitmachte und noch nicht schlafen ging. Ich wußte, er wollte noch nicht Abschied nehmen, und ich wollte ihn nicht enttäuschen. Aber mir war nicht wohl dabei. Schließlich sagte er: »Laß uns noch einmal miteinander schlafen.«

»Wozu soll das gut sein?« fragte ich.

»Damit wir uns erinnern, wie es gewesen ist.«

»Das weiß ich auch so«, sagte ich.

Ich wollte hinzufügen: »Du bist es doch, der es vergessen hat.«

Dann ließ ich es, denn ich wollte nicht mehr mit ihm streiten. Das hatten wir bis zum Überdruß getan.

»Also, was tun wir jetzt, Liebling?« fragte er.

Es rührte mich, daß er mich Liebling nannte, wie er es in den ersten Jahren unserer Ehe getan hatte. Ich wollte mich aber auf nichts mehr einlassen und sagte: »Ich bin sehr müde und gehe jetzt ins Bett.«

»Okay«, sagte er.

Ich war schon auf der Treppe, als er hinter mir herrief: »Warte, ich will noch auf dein Wohl trinken.«

Das hatte er natürlich schon im Restaurant getan. Aber ich kam noch einmal zurück und sah zu, wie er eine Flasche Rotwein entkorkte und zwei Gläser füllte.

»Bitte, nicht so viel«, sagte ich.

Ich weiß nicht mehr, ob ihm noch etwas anderes einfiel als »Auf dein Wohl, Liebling«. Aber ich weiß, daß ich ihm ansehen konnte, wie deprimiert er war. Ich hatte das ganz allein auf unseren Abschied bezogen und war vorübergehend fast wankend geworden. Später erzählte mir ein Kollege von der Szene im Biergarten, wo Paul von Anja angesichts der zuschauenden Kollegen geohrfeigt worden war. Das, glaube ich, war der Grund, weshalb er sich wieder an mich klammerte. Ich war für ihn eine Gegenmacht zu Anja, bei der er Zuflucht suchte. Ich bilde mir aber nicht ein, daß es dauerhaft gewesen wäre. An irgendeine Version muß man sich halten. Und ich wollte endlich unverwundbar werden, auch wenn es auf seine Kosten ging. Gut, wir haben eine Chance verpaßt. Aber ich glaube, es sprach nichts dafür, es noch einmal zu versuchen. Nach allem, was ich über ihn zu hören bekomme, bin ich erleichtert, daß ich unsere Beziehung beendet habe.

Anja bin ich dagegen noch nicht los. Obwohl Leonhard mich gebeten hatte, mich um sie zu kümmern, habe ich mich lange Zeit von ihr ferngehalten. Ich hatte meine eigenen Probleme, an denen sie nicht unschuldig war. Ich hörte aber immer wieder von ihr durch Leonhard oder Anjas Mutter oder durch Bekannte. Wenige Wochen nach ihrem Umzug erlebte sie ein Debakel mit Daniel. Sie hatte wieder einmal ihr Recht beansprucht, ihn alle vierzehn Tage für einige Stunden zu sehen, und war in der Absicht, ihm etwas zu bieten und sich bei ihm beliebt zu machen, mit ihm in einen Freizeitpark gefahren und hatte ihn trotz seiner Angst genötigt, mit ihr zusammen Achterbahn und Loopingbahn zu fahren, und hatte ihn, weil sie mit jemandem gesprochen hatte, plötzlich im Gedränge verloren und ihn erst nach einer Viertelstunde völlig aufgelöst wiedergefunden. Wahrscheinlich war es aber noch skandalöser, als sie es erzählt hatte: Ein Mann, mit dem sie ins Gespräch gekommen war, hatte sie zu einem Glas Wein eingeladen, und Daniel war ihr weggelaufen. Zwei oder drei Wochen später fuhr sie ihren Polo zu Schrott und verlor ihren Führerschein wegen Trunkenheit am Steuer. Gelegentlich hat sie auch Zufallsbekanntschaften in ihre Wohnung mitgenommen. Einer dieser Männer, ein Straßenmusiker, der vermutlich drogensüchtig war, verschwand am nächsten Tag mit all ihrem Bargeld, das sie lose in ihrer Handtasche aufbewahrt hatte. Bei ihr kam wirklich eins zum anderen. Das meiste habe ich aber erst nachher erfahren. Schließlich habe ich sie mit Hilfe der Feuerwehr in einem katastrophalen Zustand zum Entzug in eine Klinik gebracht.

Einen Tag vorher, am Samstagvormittag, war im Festsaal der Flora mit großem Aufwand Leonhards Ernennung zum

Präsidenten des Oberlandesgerichtes gefeiert worden. So seltsam es erscheinen mag, ich war noch nie in der Flora und ihrem zentralen Prunk- und Festgebäude gewesen, das noch immer den Glanz und den Reichtum der Aufstiegsepoche des Bürgertums ausstrahlt. Ich kam mit Absicht eine Stunde früher, um mir die Parkanlage und die von gußeisernen Säulen getragene Glasarchitektur der Gewächshäuser anzusehen. Auf dem Parkplatz standen schon einige große Wagen, auch Leonhards Auto. Ich erinnerte mich, daß er mir gesagt hatte, eine Stunde vor Beginn der eigentlichen Festveranstaltung im großen Saal gebe der Justizminister zusammen mit dem scheidenden Präsidenten des Oberlandesgerichtes einen Empfang in der Orangerie. »Für die Honoratioren und Repräsentanten«, fügte er summarisch hinzu. Ich bat ihn, einige zu nennen, weil ich wußte, wie bedeutungsvoll dieser Tag für ihn war, und er sagte, beiläufig im Ton, aber doch in untergründig mitschwingendem Stolz: »Nun ja, die Präsidenten der anderen Gerichte, Landgericht, Verwaltungsgericht, Arbeitsgericht, der Vertreter der Richterschaft, der Generalstaatsanwalt, der Vorsitzende des Anwaltvereins, der Dekan der juristischen Fakultät, na ja, und noch einige andere Repräsentanten des öffentlichen Lebens, zum Beispiel der Polizeipräsident.« Ich habe es mir merken können, weil einige der Genannten später als Redner auf der blumengeschmückten Bühne erschienen, an erster Stelle der Justizminister, einer der Hauptredner, aber nicht unbedingt der beste, auch dann nicht, wenn ich Leonhard, der, wie gewohnt, eine brillante Rede hielt, erst gar nicht in den Vergleich einbeziehe.

Es war eine gute Idee, eine Stunde vor Beginn herzukommen, denn fremde Orte erschließen sich am besten, wenn man sie zu ungelegener Zeit aufsucht, dann, wenn sie noch ungerüstet und ganz für sich sind. Ich kam vom Parkplatz her in den französischen Garten mit seinen ornamentalen Blumenbeeten und der Fontäne, deren weiße Wasserstrahlen rauschend in das Becken fielen, und betrachtete von dort aus die Gartenfront des Gebäudes mit ihren hohen Rundbogenfenstern, hinter denen der große Festsaal lag. In der Mitte der Gebäudefront, auf die eine breite Freitreppe zulief, befanden sich drei Fenstertüren, die zur Terrasse hin geöffnet werden konnten. Das war wegen des schönen sonnigen Herbstwetters offenbar auch vorgesehen, denn man hatte Tische und Stühle auf der Terrasse aufgestellt, und zwei festlich gekleidete Ober in grauseidenen Spenzern und schwarzen Hosen kontrollierten gerade die Gedecke. Der Festakt sollte einschließlich der Musikstücke zum Beginn und zum Schluß etwa zwei Stunden dauern. Danach gab es ein kaltes Buffet, das wahrscheinlich jetzt in den Nebenräumen des Saals aufgebaut wurde. Es war wirklich ein großer Tag für Leonhard. Ich freute mich für ihn. Spätestens mit diesem Erfolg hatte er sein Leben in Ordnung gebracht.

Meine eigenen Ziele hatte ich nur zur Hälfte erreicht. Das Haus war verkauft, aber ich arbeitete immer noch im Krankenhaus. Meine Vorstellung, mich in einem Verbund von mehreren Arztpraxen als Internistin niederzulassen, hatte sich als sehr schwierig, wenn nicht gar unmöglich erwiesen. Was sie suchten, waren Kardiologen, Gastroenterologen, Lungenfachärzte, Urologen, Orthopäden und Neurologen. Als Fachärztin für Innere Medizin paßte ich da nicht hinein. Ich war zu wenig spezialisiert. Fast all meine Kompetenzen waren in die Hand der Spezialisten übergegangen. Wahrscheinlich blieb mir nichts anderes übrig, als mir eine schon bestehende internistische Praxis zu kaufen, die aus Altersgründen aufgegeben wurde, oder aber im Krankenhaus zu bleiben und dort zwischen den vielen jungen Ärzten, die gerade von der Uni kamen, allmählich zum Fossil zu werden. Vielleicht war der Kauf einer eigenen Praxis doch noch besser, als immer so weiterzumachen.

Sicher war ich mir nicht. Ich hatte in der Zeit, als ich mich von Paul trennte, eine romantische Vorstellung von Selbständigkeit entwickelt, die ihre Faszination verloren hat, seitdem ich allein lebe. Es handelte sich wohl doch in der Hauptsache um medizinisch immer anspruchsloser werdende Fließbandarbeit und Bürokram und Ärger mit wechselndem Personal. Abends konnte ich mich dann zu Hause noch zwei Stunden vors Fernsehen setzen, eine halbe Flasche Rotwein trinken und ins Bett sinken. Seltsam, wie viele Illusionen ich verloren hatte. Nachträglich scheint mir manchmal das alte Leben, das wir geführt haben, trotz Selbsttäuschung und Betrug das bessere gewesen zu sein. Völlig unverständlich ist mir auch oft, daß ich Paul, einen liebeshungrigen, liebesbedürftigen Mann, abgewiesen habe, als er noch einmal mit mir schlafen wollte, bevor wir auseinandergingen, was vielleicht auch nicht besonders gescheit war. Ich muß lange mit vielen Idealisierungen gelebt haben, vor allem mit einem überzogenen Bild von mir selbst. Jetzt waren mir die Augen aufgegangen, aber es gab nichts Interessantes mehr zu sehen, außer dem bevorstehenden Festakt und das anschließende Buffet. Ernüchterung bedeutet, daß man die Welt als eine Ansammlung von Tatsachen sieht und nicht mehr als ein großes Versprechen. Ob Paul mit seiner rastlosen Suche nach Frauen diese Erfahrung kannte? Und konnte eine Frau wie Anja, die immer in Blickweite einer möglichen Katastrophe lebte, ihn vorübergehend besser gegen die Ernüchterung schützen als ich? Ich weiß es nicht. Ich habe das alles nicht verstanden, und das, glaube ich jetzt, war auch der Grund meiner Eifersucht. Aber ich monologisiere ja nur, und keiner widerspricht mir, weil es keiner hört.

Ich war entlang einer Wassertreppe durch einen alten Laubengang geschlendert, hatte mit Respekt auf einer Schrifttafel gelesen, daß der Ginkgobaum, vor dem ich stand, einer 270 Millionen Jahre alten Baumfamilie angehörte, war dann einige Zeit, botanische Namen lesend, die ich gleich wieder vergaß, in der dunkelgrünen Tropenwaldatmosphäre eines Gewächshauses an einer bizarren Pflanzenvielfalt vorbeigegangen, bis mir plötzlich einfiel, daß es Zeit war zurückzugehen.

Sowie ich um den Seitenflügel des Festgebäudes herumbog, kamen mir vom Parkplatz aus Scharen schwarz gekleideter Männer und einige wenige, ebenfalls dunkel gekleidete Frauen entgegen, die über die Freitreppe und die Terrasse in den Festsaal gingen. Unter ihnen sah ich eine einzelne Frau, die mir sofort auffiel, weil sie in dieser Umgebung geradezu unerlaubt anders aussah. Sie hatte ein extremes schwarzes Minikleid an, und ihre offenen Haare hingen ihr in einem dichten Schwall über die Schultern fast bis auf die Taille herab. Ich sah, daß sie Blicke auf sich zog, anscheinend ohne es zu bemerken. Wie in sich selbst eingeschlossen, stieg sie die Treppe hoch. Und erst im zweiten Augenblick meines Befremdens erkannte ich, daß es Anja war.

Ich folgte ihr, unschlüssig, was ich tun sollte. Sie war bestimmt nicht wie ich von Leonhard zu diesem Festakt eingeladen worden, und ich verstand nicht, was sie hier suchte. Oben im Saal, nicht weit von den geöffneten Terrassentüren entfernt, stand sie und schaute sich um. Es waren schon viele Menschen da. Etliche hatten in den Stuhlreihen Platz genommen und lasen das ausgelegte Programm, andere standen in Gruppen beisammen und unterhielten sich, während Ober mit Tabletts herumeilten und Getränke anboten. Anja stand allein dort, eine auffallende Erscheinung. Mit der ihr eigenen zwiespältigen Ausstrahlung von Triebhaftigkeit und Schüchternheit schien sie wie in einem unsichtbaren Bannkreis zu stehen und Ausschau nach Leonhard zu halten, der wohl noch beim Empfang in der Orangerie war.

Ich sprach sie an: »Hallo, Anja, wie kommst du denn hierher?«

»Wieso? Findest du es unpassend?« fragte sie.

»Nein, es ist schön, sich mal wieder zu sehen«, sagte ich und zeigte ihr ein freundliches Lächeln, denn sie erschien mir gereizt und unruhig, und ich wollte, daß sie sich entspannte.

»Ich hab's in der Zeitung gelesen«, sagte sie. »Und da dachte ich, es ist gut, mich ihm wieder einmal zu zeigen. Wir sind ja immer noch nicht geschieden, wegen Daniel und überhaupt, weil wir uns nicht einigen konnten. Inzwischen tut er so, als gäbe es mich nicht.«

»Aber hier kannst du nicht mit ihm reden.«

»Ich will ja nur, daß es Klick macht bei ihm, wenn er mich sieht.«

Ein Ober kam mit Getränken. Ich nahm ein Glas Mineralwasser, Anja nahm ein Glas Sekt und fragte nach Rotwein.

»Ich bringe Ihnen gleich welchen«, sagte der Ober.

Ich hörte seinem beschwichtigenden Tonfall an, daß er wußte, wen er da vor sich hatte.

»Wirklich, Anja«, sagte ich, »du kannst heute vormittag nicht mit Leonhard sprechen. Er ist doch rundherum belagert und in Anspruch genommen.«

»Du kannst aber trotzdem mit ihm sprechen«, sagte sie.

»Höchstens ein paar Worte, um ihm zu gratulieren.«

»Mehr will ich ja auch nicht. Ich will ihm gratulieren.«

Sie stürzte ihren Sekt hinunter, als ein lächelnder Mann mit einem mir bekannten Gesicht auf uns zutrat, zu dem mir im Augenblick der Name fehlte.

»Da sieht man sich mal wieder«, sagte er.

Mir fiel ein, daß er ein Gerichtsmediziner war, der vor Jahren an unserem Krankenhaus die Obduktionen gemacht hatte. Danach war er an die Uni berufen worden. Soviel ich wußte, war er inzwischen Professor. Auch der Name fiel mir wieder ein. »Professor Radke«, stellte ich ihn vor und sah, wie er Anja anschaute und taxierte. Ihren Namen sagte ich schnell und undeutlich, in der Hoffnung, daß er ihn nicht verstand: »Meine Freundin, Frau Veith.«

»Wie der neue Gerichtspräsident?«

»Ja«, sagte Anja, »genau.«

Ich konnte deutlich sehen, wie sich die Neugier in Radkes Gesicht verstärkte. Wie sollte er das zusammenbringen, diesen gravitätischen, würdevollen Mann, der in eines der höchsten Richterämter berufen worden war, und diese merkwürdige Frau, die für ihn vor dem Hintergrund dieser Gesellschaft wie eine peinliche Fatalität aussah? Eigentlich hätte er sich mit Anjas kurzer Auskunft zufriedengeben müssen, aber er konnte nicht darauf verzichten zu fragen: »Ist das Zufall oder Familie?« »Gewissermaßen Familie«, sagte ich rasch an Anjas Stelle, um weiteren Fragen zuvorzukommen. Aber Anja antwortete: »Ich bin seine Frau.«

»Ach so«, sagte Radke dümmlich. Dann fing er sich und
sagte: »Ich gratuliere zum heutigen Tag. Das ist ja eine große
Ehre.«

»Nicht für mich«, sagte Anja.

»Ach nein?« fragte Radke, der nun nicht mehr wußte, wie
er sich aus der Situation zurückziehen sollte. Anja gab aber
keine weiteren Auskünfte mehr, sondern wiederholte nur:
»Nicht für mich.«

Der Ober brachte den Rotwein. Radke nickte und zog
sich zurück, mit erhobenen Händen seine Unschuld an den
aufgedeckten Peinlichkeiten beteuernd. Anja trank in vollen
Zügen ihr Glas leer. Ich kannte das. Es war ihr Erregungs-
trinken und kein gutes Vorzeichen für die nächsten Stunden.
Sie hielt das leere Glas in der Hand und starrte mich mit
unverhohlener Wut an. Und in diesem Augenblick sah ich,
wie verwüstet vom Alkohol und von unbeherrschten
Gefühlen ihr im Grunde immer noch zartes Gesicht war.

»Warum wolltest du nicht zugeben, daß Leonhard mich
geheiratet hat?« fuhr sie mich an.

»Weil man zuviel erklären müßte«, sagte ich.

»Warum kann man es nicht einfach sagen? Was muß man
da erklären?«

Wieder winkte sie einen Ober heran und stellte das leere
Glas auf sein Tablett.

»Bringen Sie mir bitte ein neues!«

»Trink bitte nicht so viel«, sagte ich, und sie antwortete:
»Kümmer dich um die Dinge, von denen du was verstehst.«

Inzwischen hatte das Streichquartett der Rheinischen
Musikhochschule auf der Bühne Platz genommen, und
vorne links öffnete sich die Saaltür, und Leonhard und der
Justizminister und alle anderen Honoratioren kamen herein

und besetzten die beiden reservierten ersten Stuhlreihen. Für mich war auf Veranlassung von Leonhard in der zweiten Reihe ein Platz reserviert worden, den ich jetzt einnehmen mußte, es sei denn, ich hätte mich neben Anja in eine der letzten Reihen gesetzt, wo noch einige Plätze frei geblieben waren. Aber dazu hatte ich keine Lust mehr.

Ich sagte ihr, daß ich auf meinen Platz müsse. Wir würden uns ja nachher noch sehen.

»Geh nur«, sagte sie.

Sie schaute sich nach dem Ober um, der ihr tatsächlich ein weiteres Glas Rotwein brachte, das sie hinunterstürzte, bevor sie in einer der letzten Reihen untertauchte. Der Saal war ruhig geworden. Die Musik begann.

Ich saß auf meinem Stuhl und versuchte mich zu entspannen, wurde aber den Gedanken nicht los, daß in den hinteren Stuhlreihen Anja saß – schon wieder leicht betrunken und erfüllt von Haß. Auf alle Fälle wollte ich verhindern, daß sie Leonhards Ehrentag durch einen Skandal verdarb. Aber ich wußte nicht wie, und machte mir Vorwürfe, daß ich nicht bei ihr geblieben war. Allerdings hatte ich sie durch meine Fragen und Belehrungen nur gereizt.

Vergeblich versuchte ich mich auf die Musik zu konzentrieren. Es war der erste Satz eines Streichquartetts von Beethoven, ein Allegretto, das wohl dazu dienen sollte, die versammelte, in Würde erstarrte Gesellschaft innerlich zu beleben. Ich fühlte mich aber unangenehm gestört durch die Arm- und Schulterbewegungen, das Wiegen der Oberkörper, das Kopfnicken und das breitbeinige Dasitzen der Musiker. Sie waren wahrscheinlich gut, doch sie gaben der Musik einen gebieterischen Nachdruck, der uns alle zu gehorsamem Zuhören zwang. Ich höre Musik lieber alleine in meiner Wohnung, wo ich mich nicht von ihr gefesselt fühle und sie nicht als eine Darbietung von Schwerarbeit würdigen muß. Auf einmal kam mir die Disziplin des Festaktes absurd vor: Zur Reglosigkeit gezwungen, saßen wir in ausgerichteten Stuhlreihen, während alle Bewegung auf der Bühne stattfand, wo vier Menschen in gebändigter Heftigkeit ihre Instrumente bearbeiteten. Ich schloß die Augen, um den lästigen Eindruck loszuwerden, ohne daß ich die Musik jetzt besser hörte. Streichquartette hatte ich nie besonders gemocht. Sie hatten für mein Gefühl alle etwas eng Familiäres, weil die Instrumente sich so ähnlich waren. Das hatte ich bei früheren Gelegenheiten immer wie selbstverständlich hingenommen, wie es vermutlich die meisten Leute im Saal taten. Jetzt sträubte sich etwas in mir. Und ich glaubte, daß es Anja ähnlich ging. Vielleicht war es ihre Anwesenheit, die mich empfindlich gegen die Routine der Festveranstaltung machte. Möglicherweise aber war sie schon gegangen.

Die Reden begannen. Wenn Anja geblieben war, würde sie danach lechzen, etwas zu trinken, während die Redner nacheinander quer über die Bühne zum Rednerpult schritten und sie wieder verließen, nachdem sie gesagt hatten, was man von ihnen erwartete. Zuletzt kam Leonhard, begrüßt vom freundlichen Beifall des Saals. Und ich fragte mich, ob er sehen konnte, daß Anja in einer der letzten Reihen saß. Aber er hatte, wie er da stand und in den Saal blickte, eine unangefochtene, gesättigte Ruhe. Und so sprach er dann auch – schon mit der Ausstrahlung der Autorität seines neuen Amtes.

Später, als die Abschlußmusik verklungen war und im Parksalon das Buffet eröffnet wurde, war er umringt von Gratulanten. Ich mußte mich mühsam zu ihm durchdrängen. Doch als er mich sah, zog er mich herbei und hielt mich in seiner Nähe, so daß manche Gratulanten, die ihn nicht näher kannten, mich offenbar für seine Frau hielten. Zwei oder dreimal korrigierte er das gutgelaunt, indem er sagte, ich sei etwas viel Besseres, nämlich eine alte Freundin. Es dauerte ziemlich lange, bis wir einen Moment allein waren und ein paar private Worte wechseln konnten. Ich sagte ihm, daß Anja gekommen sei. Vielleicht sei sie inzwischen wieder gegangen, aber ich nähme eher an, sie sei noch da und werde versuchen, mit ihm zu sprechen. »Sie sah sehr auffällig aus und fing gleich an zu trinken. Es wäre dir sicher nicht besonders angenehm, wenn man dich zusammen mit ihr fotografierte.«

»Was wollte sie denn?« fragte er.

»Sich beklagen, glaube ich. Weil sie sich an den Rand geschoben fühlt. Es war aber nicht ganz klar. Und sie wirkte auch nicht gerade berechenbar.«

Leonhard schwieg einen Augenblick. Er sah nachdenklich aus. Dann sagte er: »Falls sie noch da ist, sag ihr bitte, daß ich mich in den nächsten Tagen bei ihr melde.«

»Ich will's gerne versuchen«, antwortete ich.

Wieder traten neue Leute an Leonhard heran, und ich machte mich auf die Suche nach Anja. Mir hatte er noch nachgerufen: »Wir sehen uns doch beim Abendessen!«

Es handelte sich um ein Abendessen im engeren Kreis, bei dem er mich gerne dabei haben wollte.

Am Buffet im Parksalon schob sich noch eine lange Schlange vorbei, in der ich Anja nicht bemerkte. Ich fand sie gleich danach auf der Terrasse. Sie trank. Und sie sprach mit zwei Männern mittleren Alters, die ein noch unentschiedenes

Interesse an ihr hatten. Und als ich an den Tisch trat, hörte ich, wie sie sagte: »Das ist alles beschissene Theorie.«

Sie sagte es laut, wie Leute sprechen, die sich nicht mehr unter Kontrolle haben. Dann sah sie mich und sagte: »Alles beschissene Theorie, was Leonhard gesagt hat.«

»Bescheidene Beschissenheit der Theorie«, wiederholte sie. Dann trank sie ihr Glas aus und winkte einen vorbeikommenden Ober heran, dem ich ansah, daß er nicht wußte, was er tun sollte.

»Bringen Sie der Dame noch ein Glas«, sagte ich.

»Selbstverständlich«, sagte er und verschwand.

»Überlaß das mir«, sagte sie zu mir. »Ich weiß selbst, was ich zu tun habe.«

Die beiden Männer, die mit Anja zusammengestanden hatten, waren zwar verstummt, aber nicht gegangen, als ich an den Tisch getreten war. Sie schienen abzuwarten, was weiter geschehen würde. Schließlich sagte einer: »Wir haben Frau Veith gerade angeboten, sie nach Hause zu fahren.«

Also hatte Anja ihnen offenbar erzählt, daß sie Leonhards Frau sei, und sie hielten sie jetzt entweder für eine Verrückte oder, viel interessanter, für eine merkwürdige Entgleisung einer gesellschaftlich so hochrangigen und respektablen Person, wie es der neu berufene Gerichtspräsident in aller Augen war. Ich hatte keine Ahnung, wer die beiden Männer waren – Anwälte, Richterkollegen, Journalisten –, auf jeden Fall hielt ich es für besser, nicht weiter mit ihnen zu sprechen.

»Danke, das mache ich schon«, sagte ich.

»Aber Sie brauchen sich nicht zu bemühen. Ich stehe zu meinem Angebot.«

»Ich fahre sie«, sagte ich kurz.

Der Mann deutete eine Verbeugung an, die nicht viel mehr als ein Kopfnicken war. Dann räumten beide das Feld, unwillig wie zwei Hyänen, denen man die schon sicher geglaubte Beute abgejagt hatte. Fast gleichzeitig kam der Ober und brachte Anja ein neues Glas Wein.

»Das läßt du besser stehen«, sagte ich. »Hast du überhaupt schon etwas gegessen?«

»Nein, da standen zu viele Leute.«

Ich wußte, was sie meinte. Sie war zwar rigoros in der Ablehnung der meisten Menschen, vor allem von denen, die sich hier versammelt hatten, aber sie ertrug es nicht, neugierig betrachtet zu werden, obwohl sie es durch ihre Erscheinung und ihr Auftreten ständig herausforderte.

»Gut. Ich fahre dich nach Hause.«

»Hast du Leonhard gesagt, daß ich hier bin?« wollte sie wissen.

»Ja, natürlich. Er kann jetzt nicht. Aber er meldet sich bei dir.«

»Kann was nicht?« fragte sie.

»Du siehst doch, was hier abläuft«, antwortete ich. »Komm, wir fahren.«

Sie griff nach dem Weinglas und trank es ohne abzusetzen aus, stellte es dann mit einer Heftigkeit, die für mich nach einer Gebärde des Abscheus aussah, auf den Tisch zurück.

»Komm jetzt«, wiederholte ich.

»Hat er dich gebeten, mich hier wegzuschaffen?«

»Nein, das hat er nicht getan. Aber es wird Zeit, daß wir gehen.«

»Ihr könnt mich alle mal«, sagte sie und lief auf die Freitreppe zu, die in den Garten hinunterführte. Dabei rempelte sie eine alte Dame an, die an einem Tisch stand und sich

375

empört nach ihr umdrehte. Ich murmelte eine Entschuldigung und eilte hinter Anja her, weil ich fürchtete, sie würde die Treppe hinunterstürzen. Aber es war nicht ratsam, sie anzufassen, weil sie sich dann wehren und vielleicht schreien würde. Hinter uns, an der Balustrade der Terrasse, ahnte ich Leute, die uns nachblickten. Bekanntlich sind alle Menschen wild auf Anekdoten und Sonderbarkeiten, die ihnen bestätigen, daß sie selbst auf der besseren Seite sind. Immerhin bekamen sie noch zu sehen, wie Anja sich heftig zur Seite drehte und mich anfauchte: »Bleib hier, wo du hingehörst! Ich komme schon allein nach Hause!« Aber ich sagte nur: »Reg dich nicht auf und komm jetzt mit!« Und tatsächlich gehorchte sie mir und ging mit zum Parkplatz.

Als habe sie alle ihre Energien erschöpft, sackte sie auf dem Beifahrersitz in sich zusammen, während ich sie nach Hause fuhr. Ich machte einen Versuch, mit ihr über den Vormittag zu sprechen, der sie sichtlich mitgenommen hatte, gab es aber bald wieder auf, weil sie so lahm reagierte. Sie war so unaufmerksam, daß sie mich erst falsch fahren ließ, bevor sie mir sagte, daß sie nicht mehr in der Südstadt, sondern in Zollstock wohne.

»Warum bist du ausgezogen?« fragte ich.

»Nicht freiwillig. Man hat mir gekündigt.«

»Warum?«

»Wegen wiederholten Verstoßes gegen die Hausordnung.«

»Und? Stimmt das?«

»Das wird schon so gewesen sein«, sagte sie, als könne sie sich nicht mehr richtig an die Geschehnisse erinnern. »Jetzt hause ich in einer absoluten Bruchbude«, fügte sie hinzu.

»Und warum hast du nichts Besseres gesucht?«

»Ich hab's versucht«, sagte sie. »Aber ich schrecke anscheinend die Leute ab.«

Darauf wußte ich nichts zu antworten, denn ich konnte es verstehen. Und vielleicht verstand sie es sogar selber, ohne daß sie es ändern konnte oder ändern wollte. Wenn es sich so verhielt, war sie wahrscheinlich verloren.

Sie wohnte in einem alten leerstehenden Gewerbebau, der schon seit langem abgerissen werden sollte, weil es keine Verwendung mehr für ihn gab. Sie hatte einen einzigen Raum im zweiten Stock am Ende des Korridors. Unter ihr im ersten Stock wohnte eine Ausländerfamilie. Sie wollte nicht, daß ich mit raufkam. Und ich dachte, daß ich das respektieren müsse, kündigte aber für den nächsten Vormittag meinen Besuch an. Sie sagte mir, daß es keinen Hausmeister gebe und das Gebäude Tag und Nacht offenstehe. Ich könne jederzeit hereinkommen. Ihr Name stünde an der Tür. Damit stieg sie aus.

Ich wendete und fuhr nach Hause, aß etwas, da ich vom Buffet nichts abbekommen hatte, und legte mich ins Bett. Nachmittags machte ich einen kleinen Spaziergang. Danach blätterte ich einen Stapel medizinischer Zeitschriften durch und las zwei Aufsätze, die ich mir schon angestrichen hatte, und gegen Abend zog ich mich um und fuhr ins Excelsior zu dem Abendessen, das Leonhard für ihm nahestehende Kollegen und alte Freunde gab. Den ganzen Abend war ich gutgelaunt und wunderte mich manchmal über mich selbst, wenn ich mich ungehemmt lachen hörte. Anja hatte ich in den Hintergrund meines Bewußtseins geschoben. Sie hatte mich schon den ganzen Vormittag genervt, und ich wollte mir nicht auch noch den Abend verderben lassen. Das sagte

377

ich auch Leonhard, neben dem ich saß, als die einzige Frau in der Runde. Man betrachtete mich anscheinend als die Gastgeberin und fast so, als sei ich Leonhards Frau. Entsprechend wurde ich hofiert. Es machte mir Spaß, und ich gab dem Ganzen einen ausgelassenen, spielerischen Zug. Leonhard schien das nicht unrecht zu sein. Er wollte wohl den Eindruck verwischen, den Anjas unerwarteter Auftritt im Festsaal hinterlassen hatte.

Am nächsten Vormittag fuhr ich nach Zollstock, um Anja zu besuchen. Wenn ich es nicht gewußt hätte, daß Sonntag war, hätte ich es an der Leere der Straßen gemerkt. Die Häuserfronten, viele banale Fünziger-Jahre-Bauten darunter, machten einen kulissenhaften Eindruck, und ich wunderte mich fast, als mir eine Straßenbahn entgegenkam. Ich war nicht besonders motiviert zu diesem Besuch. Denn was konnte ich schon tun? Ihr ins Gewissen reden? Ihr Mut machen? Das würde nicht viel nützen. Also mußte ich mich darum kümmern, daß sie eine bessere Wohnung bekam. Ich fand das sehr lästig, weil ich nicht daran glauben konnte, daß dann ihre Probleme gelöst seien.

Das Haus, bei dem ich Anja gestern abgesetzt hatte, erreichte man durch eine Einfahrt in einer geschlossenen Häuserfront. Es war wohl zum Abbruch vorgesehen, denn es grenzte als ein Relikt einer älteren Bebauung an eine schon freigeräumte Fläche, in der nur einige Reste von altem Mauerwerk zu sehen waren. Neben der Haustür hing noch ein altes Firmenschild »Kappler & Söhnke. Offsetdruck, Schnelldruck. Lager und Versandservice«. Die Firma schien ausgezogen zu sein, möglicherweise bis auf einige Lagerräume im Erdgeschoß, wo es eine vergammelte, unbesetzte

Portiersloge gab, an deren Rückwand ein alter Kalender hing.

Ich stieg eine Steintreppe hoch, hörte Kinderstimmen im ersten Stock, stieg weiter in den zweiten Stock und ging den langen, ziemlich breiten Korridor entlang, an dessen rechter Seite hohe, verdreckte, fast blinde Fenster waren. Links befanden sich große saalartige Räume, in die ich zum Teil hineinsehen konnte, weil die Türen aufstanden oder fehlten. Auf der letzten Tür sah ich das angeheftete Pappschild mit den Blockbuchstaben ihres Namens: A. VEITH. Es befremdete mich, daß sie nicht Anja Veith geschrieben hatte. Wahrscheinlich wollte sie nicht verraten, daß hinter der Tür eine Frau wohnte.

Ich klopfte und wartete. Nichts rührte sich. Ich klopfte lauter, begann ihren Namen zu rufen. Rief meinen Namen. Klopfte ununterbrochen. Es kam keine Antwort.

Entweder ist sie tot, dachte ich. Oder sie ist dabei zu sterben. Oder sie ist weggelaufen. Und in einem unwillkürlichen Zynismus, den ich mir sofort verbot, dachte ich: Aber das wäre ja keine Lösung.

Ich klopfte noch einmal. Rief noch einmal.

Dann dachte ich: Sie hat sich umgebracht, weil sie wußte, daß ich heute komme. Sie wollte mir etwas beweisen. Wollte mir auf alles, was gewesen ist, eine nicht mehr korrigierbare Antwort geben. Ich empfand es als eine solche Aggression, daß ich einen Augenblick erstarrte. Dann dachte ich: Meine Antwort wird sein, daß ich mich jetzt abwende. Ich will sie nicht sehen. Und so drehte ich mich um und ging zurück. Erst als ich bei meinem Auto war, rief ich mit meinem Handy die Feuerwehr herbei.

Sie kam schneller, als ich erwartet hatte. Und der Notarzt war auch dabei.

Ich paßte sie an der Einfahrt ab, um sie in den Hof einzu-
winken, und während wir in den zweiten Stock stiegen,
erläuterte ich dem Notarzt kurz die Vorgeschichte und
meine Befürchtung, es könne sich um einen Selbstmord
handeln. Er nickte und gab mir damit zu verstehen, daß er
gewohnt sei, mit allem zu rechnen. Hinter uns gingen der
Fahrer und der Beifahrer des Krankenwagens, und ich hörte,
wie sie sich über den Zustand des Hauses austauschten.
Einer von ihnen, ich glaube der Beifahrer, sagte: »Das Ver-
fallsdatum ist abgelaufen.« Außer der Trage hatten sie Werk-
zeug dabei, um die Tür zu öffnen. Es ging schnell, da es sich
um ein einfaches Schloß handelte. Nur die innen vorgelegte
Kette machte einen Augenblick Schwierigkeiten. Dann traten wir in einen großen dämmerigen Raum, in dem wie
zufällig einige Möbel und einige unausgepackte Kisten herumstanden. Das Bett stand ungefähr in der Mitte unter einer
von der Zimmerdecke herunterhängenden Glühbirne.
Gleich von der Tür aus sah ich Anjas Haarschopf und den
reglosen Umriß ihres Körpers unter der grauen Wolldecke.
Rings um das Bett lagen umgekippte leere Weinflaschen.
Der Notarzt stieß sie mit dem Fuß beiseite, als er an das Bett
trat und Anjas Arm suchte, um den Puls zu tasten. Er fand
ihn nicht gleich und suchte den Puls am Hals, drehte dann
ihren Kopf und leuchtete ihr in die Augen. Die Pupillen
waren weit geöffnet, aber sie zeigten noch einen schwachen
Reflex, wie er mir sagte. Sie war bewußtlos. Ihre Gesichts-
haut war wächsern und totenbleich, und sie atmete flach
durch den weit geöffneten Mund. Ein starker Uringeruch
stieg aus ihrem Bett auf. Sie schien in ihrer Bewußtlosigkeit
das ganze Bettzeug und die Matratze durchseicht zu haben.
Der Arzt spritzte ihr ein Kreislauf stützendes Mittel, und

bevor die Feuerwehrleute sie auf die Trage hoben, zeigte er mir mehrere Schnittwunden im Muskelfleisch ihres linken Unterarms. Das war ein bekanntes Zeichen für den Versuch, ein zunehmendes Gefühl von Unwirklichkeit zu durchbrechen, indem man sich einen Schmerz zufügte.

Dann packten die beiden Männer Anjas erschlafften Körper und legten ihn auf die Trage. Der Notarzt nannte mir das Krankenhaus, in das sie Anja bringen wollten. Ich sagte, ich würde nachkommen, aber noch einige Sachen zusammensuchen, die sie brauchte und die hier nicht zurückbleiben durften: Ausweis, Geld, Versicherungskarte, Kreditkarte, falls sie eine hatte, und frische Wäsche. Morgen wollte ich eine Reinigungsfirma beauftragen, den Raum in Ordnung zu bringen.

Im Krankenhaus sagte man mir, daß Anja, wenn sie entgiftet sei, zum Entzug in eine Spezialklinik überwiesen werden müsse. Auch darum wollte ich mich kümmern. Ich ging dann noch in das Zimmer, wo sie wie aufgebahrt im Bett lag und eine Infusion bekam. Sie hatte wieder etwas mehr Farbe im Gesicht. Als ich eintrat, öffnete sie kurz die Augen. Ich fing einen leeren Blick auf, der aus tiefer Abwesenheit zu kommen schien, bevor sich ihre Lider wieder schlossen. Ich glaubte nicht, daß sie mich erkannt hatte. Schon als ich zum Aufzug ging und kurz danach das Krankenhaus verließ und in mein Auto stieg, änderte sich mein Eindruck. Anja, meine Widersacherin und Freundin, hatte sich von mir abgewandt.

17

Zerfallszeit

Zeit ist vergangen oder nicht. Sie hat nichts gespürt. Also gab es keine Zeit. Nur das Dunkel und diese wattige Stille. Dahinter, irgendwo das Schreien. Zittern, Schwitzen, Schreien. Bin ich das? Bin ich überhaupt noch in mir selbst?

Wieder kommen sie mit der Spritze. Der Körper, in den die Nadel eindringt, ist mein Körper. Ich spüre den Stich. Beruhigt jetzt. Versinkend. Weggleiten in das Dunkel. Eins werden mit der Dunkelheit.

Etwas nimmt Gestalt an. Grau im Schwarzen. Hellgrau im Grau. Ich sträube mich. Doch ich werde von einer fremden Kraft über den Rand des Dunkels hinausgehoben in die Helligkeit des weiß gestrichenen Zimmers und des weißen Bettzeugs. Es ist ein plötzlicher Übergang in eine andere, scheinbar eben erst entstandene Welt. Eine Schwester ist da, weiß gekleidet. Sie mißt meinen Blutdruck, zählt den Puls. Sie nennt die Zahlen und legt meinen Unterarm auf das Bett zurück. Sie ist fort. Ich habe nicht gemerkt, wie sie gegangen ist. Vielleicht habe ich sie geträumt. Ich habe die Augen geschlossen, um die Helligkeit abzuwehren. Ich weiß aber ungefähr, wo ich bin. Man hat mich hierhergebracht, aus dem Krankenhaus in diese Entzugsklinik. Man hat mich ruhiggestellt, weil ich getobt, gezittert und gebrüllt habe. Stille umgibt mich. Und irgend etwas rast in dieser Stille herum – lautlos, unaufhörlich, wie ein stiller Sturm. Etwas, das ich bin oder das ich war. Ich habe keine Kraft, mich zu erinnern.

In den nächsten Tagen läßt man Anja wacher. Sie darf aufstehen, wird genötigt dazu. Sie lernt die Umgebung ihres Zimmers kennen. Das Stockwerk mit dem langen Korridor, an dem die numerierten Patientenzimmer aufgereiht sind, und im Querriegel die Aufenthalts- und Arbeitsräume für die Gesprächs- und Beschäftigungstherapie. Sie wird einer Gruppe zugeteilt und sitzt mit anderen Patienten an den Bastel- und Maltischen oder in einer Runde, in der jeder über sich selbst sprechen soll, schleppende, flache Stimmen, wie aufgezogen und von der Therapeutin immer wieder in Gang gesetzt. Keine Angst! Kein Grund, sich zu schämen! Hier kennen wir alles. Wir sind eine Gemeinschaft von Leuten, die ihre Erfahrungen austauschen und voneinander lernen wollen. Wir wollen uns gegenseitig kennenlernen, um einander zu helfen. Hier lernen wir, Menschen zu sein.

Auch Anja kommt an die Reihe. Sie soll etwas über ihre Kindheit erzählen. Das ist die Eintrittsbedingung in die Gemeinschaft, in diesen Kreis der beflissenen und erloschenen Gesichter, die sie alle anschauen und auf ihre Unterwerfung warten. Beichte uns! Entblöße dich! Dann gehörst du zu uns. Sie ist eingekreist und gefangen, und sie sagt: »Ich habe ... ich bin ...« Plötzlich schnürt sich ihr die Kehle zu, und sie kann nicht weitersprechen. Sie stammelt eine Entschuldigung und läuft hinaus. Noch bevor sie ihr Zimmer erreicht, bricht sie in Tränen aus. Es ist eine innere Flut, die sie überschwemmt. Die Ärztin kommt ins Zimmer, um sie zu beruhigen.

»Was war das? Was haben Sie denn?«

»Ich weiß nicht«, stammelt sie. »Ich glaube, ich gehe langsam kaputt.«

»Aber nein«, antwortet die Ärztin. Ihre Stimme ist samtweich und warm. »Alles wird sich bessern. Glauben Sie mir. Aber das braucht Zeit. Wir haben doch Zeit. Sie müssen überhaupt nicht reden, wenn Sie nicht wollen. Es ist nur eine Gelegenheit, sich auszusprechen. Die meisten Patienten sind dankbar dafür. Vielleicht legen Sie sich jetzt einmal hin und ruhen sich aus.«

Ein aufmunterndes Lächeln, und die Ärztin verläßt das Zimmer, anderswo mit mehr Gläubigkeit und Demut erwartet. Sobald sich die Tür hinter ihr geschlossen hat, ziehen sich über Anja die Schatten zusammen, und die Angst öffnet ihren Schlund.

Sie bekam jetzt andere Tabletten, aber sie warf die meisten in die Toilette. Die Valiumtabletten legte sie in ihr abschließbares Schrankfach zu ihrem Geld, der Scheckkarte, der Karte der Krankenversicherung, all das, was Marlene in ihrer Wohnung sichergestellt und ins Krankenhaus gebracht hatte. Von dort war es ihr mitgegeben worden, als sie hierher überwiesen worden war. Immer noch kam das Zittern über sie wie ein Anfall. Dann schluckte sie eine oder zwei Tabletten von ihrem Vorrat. Nachts, wenn die Angst über sie herfiel, floh sie manchmal aus dem Bett und lief durch die Gänge, in denen das Licht brannte, bis die Nachtschwester sie ins Bett zurückschickte. Tagsüber verkroch sie sich oft ins Dunkel unter der Bettdecke und versank in einen kurzen Schlaf, der einer Ohnmacht glich. Einmal tappte abends eine alte Frau in ihr Zimmer, die sich anscheinend verirrt hatte. Sie schien zu glauben, daß das Bett ihr Bett sei, und ließ sich nur störrisch von der Schwester, die sie gesucht hatte, wieder aus dem Zimmer führen.

Die meisten Patienten der Klinik waren nicht verwirrt, sondern verlangsamt und steif. Wenn sie in der täglichen Gesprächsrunde zusammensaßen und ihren Kräutertee oder ihren Saft tranken, wirkten sie übervernünftig und angepaßt. Und was sie erzählten, hörte sich wie die Wiederholung einer einzigen Geschichte an. Anja war die einzige, die sich weigerte zu sprechen. Aber sie mußte an den Gruppensitzungen teilnehmen und zuhören, wie die anderen ihre Bekenntnisse machten und in der anschließenden Diskussion sich bereitwillig befragen und beraten ließen. Irgendwann würde sie auch zu reden beginnen, hatte die Ärztin zu Anja gesagt. Sie sagte es wohl zum Trost, es hörte sich aber wie eine Drohung an. Nein, sie wollte, sie konnte nicht reden. Schon der Gedanke daran schnürte ihr die Kehle zu, und die Hürde, die sie von den anderen trennte, wurde immer höher.

Was sie veranlaßt hatte, kurz vor der Abfahrt des Busses noch den Rest ihres Bargeldes, die Scheckkarte und den Ausweis aus ihrem Schrankschließfach zu nehmen und einzustecken, wußte sie nicht. Es war mit keinem bestimmten Zweck, keinem Plan verbunden gewesen. Und vielleicht hatten andere das gleiche getan. Wer weiß, wozu es gut ist? hatte sie gedacht. Es war nicht mehr als das Aufblitzen einer noch verborgenen Möglichkeit, ein kurzer heller Lichtschein und ein verschwindender Schattenriß. Daß sie den Busausflug benutzen wird, um aus dem Gewahrsam der Klinik zu fliehen und damit den letzten menschlichen Zusammenhang, der ihr Halt gibt, zu verlassen, weiß sie erst, als sie es tut. Auch dann ermißt sie noch nicht die Bedeutung, die es am Ende für sie haben wird.

Der Busausflug war schon Tage vorher angekündigt worden, als der Höhepunkt des therapeutischen Programms. Alle nicht bettlägerigen Patienten nahmen daran teil, und etwa ein Drittel von ihnen sollte am nächsten Tag entlassen werden. Anja allerdings nicht. Die Fahrt ging nach Bad Honnef, wo man im Rheincafé auf der Insel Grafenwerth zu Mittag essen wollte, um anschließend auf der Insel spazierenzugehen. Das Wetter war nicht besonders gut. Nieselregen, trübes Licht. Die meisten hatten auch im Bus ihre Mäntel anbehalten. Musik dudelte aus dem Lautsprecher. Dann hielt der Klinikchef eine Conférence, gespickt mit Formulierungen und Witzen, die er wohl schon vielfach wiederholt hatte. Er war der Erfinder dieser Ausflüge zur Wiederbelebung des erlahmten Lebensmutes und sprach wie jemand, der jeden Zweifel am therapeutischen Nutzen der Veranstaltung übertönen wollte.

Der Bus war nicht voll besetzt. Anja hatte einen Einzelsitz. Die Mitpatienten mieden sie, weil sie sich beim Gruppengespräch verweigert hatte. Seitdem hatte sie das Gefühl, daß hinter ihrem Rücken über sie geredet wurde. Auch die Ärztin, die gleichmäßig freundlich blieb, beobachtete sie. Sie versuchte unauffällig zu bleiben, ohne daß sie in die Ausflugslaune einstimmte. Meistens schaute sie aus dem Fenster auf das herbstgelbe Laub am Rand der Autobahn.

Der Bus hielt auf dem Parkplatz bei der Endstation der Schnellbahnen nach Siegburg und Bonn. Die Siegburger Bahn war wohl gerade angekommen. Angeführt vom Klinikchef gingen sie über die alte Steinbrücke, die den Rheinarm überspannt. Oben blieben sie kurz stehen, um zum Drachenfels hinüberzublicken, der hinter dem dünnen Regenschleier seinen wohlbekannten Umriß mit der Ruine des Burgturms zeigte. Im grauen Wasser des Rheinarms ankerte ein altes Fischerboot, das letzte seiner Art, wie sie auf einer Schrifttafel an der Brückenbrüstung las. Es war bis 1990 in Betrieb gewesen. Der schwarze, bauchige Schiffsrumpf mit dem hohen Mast und den eingezogenen Auslegern mit den Fangnetzen beeindruckte sie, als sei es ein geheimnisvolles, unergründliches Zeichen, Der Krankenpfleger, der als Hilfskraft der beiden Ärzte den Ausflug begleitete und vermutlich auch auf sie aufpaßte, mußte sie auffordern weiterzugehen.

Dann waren sie auf der langgestreckten Insel. Neben der Anlegestelle der Ausflugsschiffe lag das Restaurant vor dem Hintergrund eines alten Pappelwaldes, der sich zu entlauben begann. Der Klinikchef klatschte in die Hände und erklärte, daß sie nun zum Mittagessen hier einkehren würden. »Aber gehen Sie bitte nicht nach links in das Restaurant. Wir haben nämlich für uns einen eigenen Raum reserviert. Am besten folgen Sie mir.«

Er führte sie durch den Eingangsraum und dann durch einen Gang vorbei an den Toiletten in eine überdachte, durch zwei Wärmestrahler beheizte Veranda, deren zum Wald hin offene Seite anstelle von Fensterglas mit einer durchsichtigen Kunststoffplane verschlossen war. Der Raum wirkte wie ein Notbehelf. Er war zwar groß genug, doch man sah die Außenwelt hinter der Folie wie durch einen Nebelschleier. Alle zögerten, bevor sie ihre Mäntel auszogen und sich einen Platz an den zwei langen Tischen suchten. Auch Anja hatte ihren Mantel schon an einen der

Garderobenständer gehängt, als ihr einfiel, ihre Geldtasche aus dem Mantel zu nehmen und in der allgemeinen Unordnung den Raum zu verlassen, entschlossen, sich davonzumachen.

Im ersten Augenblick denkt sie, daß man ihr nachblickt und sie vortäuschen muß, sie ginge zur Toilette. Dann ist sie schon an der Toilettentür vorbeigeeilt, durchquert unbeachtet den Eingangsraum und ist ohne Mantel draußen im Regen. Noch könnte sie umkehren. Doch ohne weitere Überlegung läuft sie zur Brücke. Ihre rechte Hand umklammert die Geldtasche, in der sie neben dem Bargeld auch ihren Ausweis und die Scheckkarte weiß. Das sind die wichtigsten Dinge zum Überleben. Wichtiger als der Mantel, der noch am Garderobenständer hängt und dort vielleicht eine Weile vortäuscht, daß sie noch im Hause ist und gleich zum Tisch zurückkehren wird. Lange wird es nicht dauern, bis sie mißtrauisch werden. Dann wird man sie suchen. Wird sie verfolgen und die Polizei benachrichtigen. Patientin aus Entzugsklinik entflohen! Das kennen sie, und sie fürchten es. Denn es schadet ihrem Ruf.

Sie hat jetzt die Brücke überquert. Auf dem Parkplatz steht der leere Ausflugsbus. Und die Schnellbahn nach Bonn steht mit offenen Türen neben dem Bahnsteig. Einige Leute sitzen in den Wagen. Bis zur Abfahrt bleiben knapp zwei Minuten. Sie läuft zum Fahrkartenautomaten, sucht hastig Münzen aus ihrer Geldtasche, muß sich bücken, weil ihr ein Geldstück hinfällt und ein Stück zur Seite rollt. Jeden Augenblick erwartet sie, daß der Krankenpfleger erscheint und sie festhält. Sie gewaltsam zurückführt. Jetzt erst hat sie dem Automaten das abgezählte Geld eingegeben, und der

Mechanismus schiebt die Karte heraus. Schnell! Gesichter schauen ihr aus den Fenstern der Bahn entgegen, während sie gelaufen kommt. Auffallender als sie kann man nicht sein. Aber nun sitzt sie in der Bahn und wartet, daß sie abfährt. Endlich schließen sich die automatischen Türen.

Eine Zeitlang sitzt sie still in fast vollkommener Abwesenheit, mit geschlossenen Augen. Nur das Fahren spürt sie wie eine tiefe Beruhigung. Dann kommt ein Kontrolleur durch den Wagen und will die Fahrkarte sehen. Sie hält sie zu ihrem Erstaunen immer noch in der Hand. Und die andere Hand, die auf dem Schoß liegt, hält die Geldtasche fest. Bevor sie die Tasche wegsteckt, schaut sie nach, was sie alles dabei hat. Sie zählt 280 Mark und etwas Kleingeld. Damit kann sie nicht viel anfangen. Aber sie hat ja die Scheckkarte. In irgendeinem Fach muß die Karte stecken. Sie findet sofort den Personalausweis, dann eine Telefonkarte und eine Karte mit einem Jahreskalender, Visitenkarten und Zettel mit alten Notizen, die sie längst hätte wegwerfen müssen. Die Scheckkarte ist nicht da. Sie muß vorhin aus der Tasche herausgefallen sein, oder sie liegt noch in ihrem Tresorfach in der Klinik. Sie entschließt sich, noch einmal nachzuschauen. Fach für Fach. Aber sie weiß schon: Die Karte ist nicht da. Kalt überläuft sie das Gefühl, daß sie verloren ist. Wo soll sie hin? Wieviel Zeit bleibt ihr noch? Die Bahn wird bald in Bonn ankommen. Es ist der letzte voraussehbare Zeitpunkt. Und vielleicht wird sie dort von Polizisten festgenommen, die von der Klinik alarmiert worden sind. Frau mittleren Alters mit über die Schultern fallenden langen Haaren. Trägt einen dunkelroten Blazer, hat keinen Mantel, kein Gepäck. Von weitem wird sie zu erkennen sein. Sie sitzt still, als habe man sie schon abgeführt und auf eine

Polizeiwache gebracht. Höfliche Beamte, für die sie zweifellos eine kranke Person ist, nehmen ein Protokoll auf. Sie wird sich weigern, in die Klinik zurückzugehen. Wo wollen Sie denn hin? wird man sie fragen. Und was sie antworten kann, wird sie erst recht in die Klinik zurückbringen. Sie will nirgendwo mehr hin. An keinen Ort in der Welt.

Die Bahn fährt über die Rheinbrücke. In wenigen Minuten sind sie an der Endstation. Sie will versuchen, in einen anderen Zug zu steigen, in den nächsten, der abfährt, um einer Polizeikontrolle zu entkommen. Und während sie sich zurechtsetzt und sich darauf vorbereitet, im Gedränge des Bahnhofs unterzutauchen, spürt sie in der Jackentasche einen festen Gegenstand. Es ist der Schlüssel ihrer Unterkunft in Köln-Zollstock. Marlene muß ihn in die Seitentasche des Blazers gesteckt haben, damit er nicht verlorengeht. Jetzt kann sie sich einen Mantel, Wäsche, einen leichten Koffer holen und – das ist die unerwartete neue Möglichkeit – das Geld, 500 oder 600 Mark, die sie vor Monaten, als es ihr noch besser ging, für Notfälle vor sich selbst versteckt und seit längerer Zeit vergessen hat. Der Umschlag muß in einer der unausgepackten Kisten sein, die sie seit über einem Jahr als Ballast der Vergangenheit mitgeschleppt hat. Das Geld muß noch da sein, und sie kann es holen. Auch wenn sie riskiert, daß sie in ihrer Wohnung von der Polizei erwartet wird. Seltsam, daß sie auf einmal glaubt, die Tür zur Zukunft stünde noch ein Stück auf.

Im Bahnhof in Bonn wird sie nicht von der Polizei empfangen. Auch nicht in Köln. Und nicht in der Zollstocker Wohnung, zu der sie mit dem Taxi fährt. Alles ist dort sauber und aufgeräumt. Marlenes Werk. Auch die Kisten stehen da. Sie

weiß nicht, in welcher sie suchen soll. Es muß eine Bücherkiste gewesen sein, denn sie erinnert sich, daß sie damals
gedacht hat, das sei das sicherste Versteck. Sonst weiß sie
nichts mehr und muß anfangen, alle Bücher aus der Kiste
auszuräumen. Nach einer halben Stunde ist sie am Ziel. Sie
hat einen Umschlag mit 600 Mark gefunden, sechs glattge-
strichene Hundertmarkscheine. Also besitzt sie jetzt 880
Mark und etwas Kleingeld. Genug zunächst, um die Stadt,
wo man nach ihr suchen wird, zu verlassen.

Wieder auf der Straße, kurz vor der Haltestelle der Straßenbahn, hält Anja ein vorbeikommendes Taxi an und läßt
sich zum Bahnhof fahren. Dort steht sie in der Halle und
liest auf der elektronischen Anzeigetafel die Abfahrtzei-
ten der nächsten Züge, ohne sich entscheiden zu können,
wohin sie fahren will. Als sich aus dem Nebengang eine
Doppelstreife der Bahnpolizei nähert, taucht sie im Men-
schengewimmel des Hauptgangs unter, von dem auf beiden
Seiten die Treppen zu den Bahnsteigen abgehen. Noch immer weiß sie nicht wohin und läuft eine Treppe zu einem
IC-Bahnsteig hoch, von dem eine Lautsprecherdurchsage
herunterhallt. Der Zug, der dort abfahrbereit auf dem Gleis
steht, fährt nach Cuxhaven. Dort ist sie noch nie gewesen.
Niemand wird sie dort suchen. Das ist es! Sie steigt ein.

Der Zug fährt schon seit einer Viertelstunde, als der
Schaffner kommt und sie mit Aufschlag eine Fahrkarte löst.

Am Abend mietet sie ein Zimmer in einem kleinen Hotel,
keine Schwierigkeit jetzt, da die Saison schon seit vielen
Wochen vorbei ist. Sie schläft kaum. Doch auch wenn sie
wach liegt in dem fremden Zimmer, ist die Unwirklichkeit
so mächtig, daß sie glauben könnte, sie träume. Zwischen-

durch, ohne einen Übergang, träumt sie wirklich. Sie sitzt im Bus, ein Schatten unter Schatten, läuft in wilder, aber vergeblicher Anstrengung über die Brücke. Der schwarze Fischkutter hat seine Netze ausgebreitet, und sie packt eine Bücherkiste aus, wirft die Bücher auf den Fußboden, ohne auf den Grund der Kiste zu kommen. Für einen Augenblick wach werdend, weiß sie, daß sie das Geld gefunden hat. Sie hat schon gestern viel davon ausgegeben – für die beiden Taxifahrten zur Wohnung und zurück zum Bahnhof, die Fahrkarte, die sie im Zug mit Aufschlag kaufen mußte, das Abendessen – ihre erste Mahlzeit nach dem Frühstück in der Klinik, das nun schon so weit zurückliegt wie in einem anderen Leben. Morgen muß sie die Hotelrechnung bezahlen. Dann wird sie gehen. Aber wohin? Die Welt ist offen. Aber nicht mehr für sie. Ja, sie hat das Gefühl, daß sich alles vor ihr verschließt.

Aus diesem Grund ist sie weitergefahren, auf der Suche nach einem Unterschlupf. Diesmal sind es nur wenige Stationen mit einem Bus. Gleich hinter der Deichstraße mietet sie ein Apartment in einem Wohnturm. Als man sie fragt, wie lange sie bleiben will, sagt sie, um sich selbst einen Aufschub zu geben: »Ungefähr eine Woche.« Sie muß 300 Mark Vorschuß zahlen und bekommt auf Wunsch ein Apartment im 14. Stock mit Blick auf das Wattenmeer. Eine Woche – das ist eine dahinschwindende Ewigkeit. Genug Zeit zu hoffen, daß ein rettendes Wunder geschieht. In den nächsten Tagen läuft sie bis zur Erschöpfung draußen herum. Sie betäubt sich durch Gehen, kämpft gegen den Wunsch an, sich zu betrinken. Ihren Vorrat an Tabletten hat sie inzwischen aufgebraucht. Noch hat sie etwas Geld. Sie muß vorsichtig damit umgehen, damit es länger reicht. Sie macht einen Bogen um das Restaurant. Sie ißt manchmal im Stehen an einem Fischimbiß. Immer häufiger vergißt sie das Essen und gleitet langsam hinüber in einen Zustand von Schwäche und Benommenheit. Stundenlang sitzt sie hinter dem vom Salzwind trüb gewordenen Panoramafenster und verliert sich im Anblick der Gezeiten. Das Schlimmste ist, daß sie nicht mehr schlafen kann. Es sind immer nur Dämmerzustände, aus denen sie nach einiger Zeit ohne Hoffnung auf Erholung erwacht. Wenn sie der Wunsch, sich zu betrinken, überfällt, schneidet sie sich mit dem Küchenmesser in den Arm. Der Schmerz schenkt ihr einen Augenblick konzentrierter Anwesenheit, und wenn das warme Blut über die Haut rinnt, wird sie ruhiger und atmet tiefer. Sie hat schon viele Schnittwunden, Zeichen ihrer vergeblichen Befreiungsversuche und ihres unaufhaltsamen Zerfalls. Am vierten Tag gibt sie auf und kauft sich eine Flasche Rum. Sie betrinkt sich langsam und systematisch in der Hoffnung zu sterben, wird aber am nächsten Morgen in ihrem Erbrochenen wieder wach. Gelähmt von Selbsthaß und dem Bewußtsein, daß sie am Ende ist, bleibt sie noch lange liegen, bevor sich mühsam aufrafft, um sich zu waschen und sich umzuziehen. Sie hat rasenden Durst und trinkt langsam ein Glas Wasser. Ein vages Gefühl von Leben kehrt in sie zurück.

Sie fährt in das erste Kellergeschoß hinunter, wo gleich neben dem Aufzugsschacht zwei Telefonzellen stehen: ein Kartentelefon und ein Münztelefon. Sie schiebt ihre Telefonkarte in den Schlitz und wählt Marlenes Nummer. Es meldet sich Marlenes Stimme auf dem Anrufbeantworter: »Hier ist der Anschluß von Dr. Marlene Gruner. Zur Zeit bin ich nicht zu Hause. Bitte hinterlassen Sie Ihre Nachricht und Ihre Telefonnummer nach dem Signalton. Gegebenenfalls rufe ich zurück.« Der kurze Piepton ertönt, und Anja legt auf. Sie zögert, bevor sie Leonhards Nummer wählt, und blickt, sich umdrehend, in den spärlich beleuchteten Kellergang. Niemand weiß, wo sie ist. Das gleichmäßige Rufzeichen ist wie ein Blinksignal in der Dunkelheit, die sich über eine weite Entfernung erstreckt. Plötzlich ist die Stimme ihrer Mutter an ihrem Ohr, sachlich, trocken, mit einem Kratzen im Hals. Die Stimme einer alten Frau, die aus der Küche gekommen ist und am Apparat in der Diele steht, vielleicht mit flüchtig abgetrockneten, feuchten Händen. »Ja, bitte, wer ist da?« fragte sie, weil niemand sich gemeldet hat. »Hallo! Wer ist da?« Es folgt eine Pause, ein Lauschen auf beiden Seiten. Dann fragt die Stimme der Mutter, unsicher noch, doch in einer plötzlichen Ahnung: »Anja, bist du es?« Anja kann weder antworten noch auflegen und preßt den Hörer fest gegen ihr Ohr. Und während die Sekunden vergehen, wird immer deutlicher, daß das keine falsche Verbindung ist. »Anja, bitte, wo bist du?! Sag doch was!« Die Stimme der Mutter ist von Panik erfüllt, eine Stimme, die zu betteln beginnt, während sie selbst immer mehr erstarrt. »Anja, melde dich doch. Bitte! Sag doch, wo du bist! Wir haben gehört, du bist aus der Klinik weggelaufen. Warum hast du das getan? Wo bist du jetzt? Komm doch her, damit wir über alles reden können, Anja!«

Sacht hat sie den Hörer auf die Gabel gelegt und den Ansturm der Stimme abgewehrt. Die Aufzugskabine steht noch da. Sie fährt wieder in den 14. Stock zurück. Eine unbestimmte Zeit sitzt sie in sich versunken in einem der beiden Sessel. Es ist, als sei sie schon nicht mehr da. Nach einer Weile steht sie auf und tritt auf die Loggia hinaus. Wieder herrscht Ebbe. Das Meer ist zurückgewichen bis zum Horizont. Es weht ein feuchter Wind. Sie ist nicht passend angezogen. Darauf kommt es nicht mehr an. Sie ist so weit weg von sich selbst, daß sie auch keine Furcht mehr hat, obwohl sie zittert. Sie wird Schluß machen, für immer. Schluß mit den Täuschungen, den Demütigungen, der Angst und der eigenen Schwäche. Nur noch eine Schwierigkeit muß sie überwinden: Sie muß sich rücklings auf die Brüstung der Loggia setzen, die Augen schließen, loslassen und Kopf und Arme nach hinten werfen. Es ist eigentlich ein Kinderspiel. Aber sie stellt sich ungeschickt an, weil sie so stark zittert und nicht in die Tiefe blicken will. Erst will sie richtig sitzen. Und dann ...

Im Fallen hört sie das laute Rauschen der vorbeiströmenden Luft.

18

Nachspuk

Anja wurde in einer Urne bestattet. Oder um es genau zu sagen – es war ihre Asche. Mit der Befugnis von Leonhard, die amtlichen Formalitäten zu erledigen, war Marlene nach Cuxhaven gefahren und hatte den völlig zerschmetterten Leichnam identifiziert und einäschern lassen. Sehen wollte ihn keiner mehr. Als die Urne eingetroffen war, fand zwei Tage später, im engsten Familienkreis, wie die Formel heißt, die Bestattung auf dem Südfriedhof statt. Ein Friedhofsdiener trug mit regloser Miene die Urne voraus und führte sie gemessenen Schrittes zur Grabstätte, wo der Blumenschmuck, den sie bestellt hatten, schon niedergelegt worden war. Alle trugen sie nur noch kleine Sträuße, um sie in das ausgehobene Grab zu werfen. Sie waren zu viert. Leonhard und Marlene schritten mit einem guten Meter Abstand hinter dem Friedhofsdiener her. Hinter ihnen gingen zwei kleinere Menschen: Anjas Mutter, die Daniel an der Hand führte. Die Urne hatte in der Friedhofskapelle zwischen zwei brennenden Kerzen auf dem Altartisch gestanden, als sie eintraten und sich zu einer Gedenkminute nebeneinander in die erste Stuhlreihe setzten. Weiter geschah nichts. Leonhard hatte auf Musik verzichtet, weil sie nur zu viert waren.

Während des etwa dreihundert Meter langen Weges memorierte Leonhard die Sätze und Worte der kleinen Rede, die er am Grab halten wollte. Aber unterwegs zerfiel sie ihm. Alles, was sich sagen ließ, kam ihm falsch und verlogen vor. Und so standen sie eine Weile in beklommenem Schweigen vor dem mit einem grünen Kunststoffnetz ausgekleideten Erdschacht, in den der Friedhofsdiener die Urne versenkt hatte. Wie zur Beschwichtigung der Toten warfen sie ihre Blumen hinein, Leonhard und Marlene auch eine Schaufel Erde. Dann wandten sie sich ab. Marlene mußte gleich in die Klinik, Leonhard am Nachmittag ins Gericht.

Anjas Mutter träumte in der Nacht, sie ginge durch eine belebte Straße und dicht vor ihr spränge mit schepperndem Geräusch ein großer Teekessel her. Ab und zu klappte der Deckel auf, und Anjas kahlgeschorener Kopf schaute heraus. Er war so klein wie ein Apfel und schrie mit einer hohen verzweifelten Stimme. Dann klappte der Deckel wieder zu. Der Kessel hüpfte weiter wie besessen vor ihr die Straße entlang, und Anjas schreiender Kopf erschien wieder und verschwand. So wiederholte es sich. Dann wurde der Abstand größer, doch die kurzen, schrillen Schreie waren immer noch zu hören. Es gingen viele Leute durch die Straße, doch niemand außer ihr schien den Vorgang zu bemerken.

Inhalt

Bibliographie: Dieter Wellershoff

(einschließlich Neuauflagen)

Gottfried Benn – Phänotyp dieser Stunde. 1958/86
Der Gleichgültige. Versuche über Hemingway, Camus,
 Benn und Beckett. 1963/75
Ein schöner Tag. Roman, 1966/69/81
Die Schattengrenze. Roman, 1969/71/81
Literatur und Veränderung. Essays, 1969/71
Das Schreien der Katze im Sack. Hörspiele, 1970
Einladung an alle. Roman, 1972/86/88/93
Literatur und Lustprinzip. Essays, 1973/75
Doppelt belichtetes Seestück und andere Texte, 1974
Die Auflösung des Kunstbegriffs. Essays, 1976
Die Schönheit des Schimpansen. Roman, 1977/2000
Glücksucher. Vier Drehbücher und begleitende Texte, 1979
Die Wahrheit der Literatur. Sieben Gespräche, 1980
Das Verschwinden im Bild. Essays, 1980
Die Sirene. Novelle, 1980/82/92/96
Der Sieger nimmt alles. Roman, 1983/86/95
Die Arbeit des Lebens. Autobiographische Texte, 1985
Die Körper und die Träume. Erzählungen, 1986/89/93
Flüchtige Bekanntschaften. Drei Drehbücher und begleitende Texte, 1987
Wahrnehmung und Phantasie. Essays, 1988
Der Roman und die Erfahrbarkeit der Welt, 1988
Pan und die Engel, Ansichten von Köln, 1990/99
Blick auf einen fernen Berg, 1991/93
Das geordnete Chaos. Essays zur Literatur, 1992
Im Lande des Alligators. Floridanische Notizen. Ein Reisebericht, 1992
Zwischenreich. Gedichte, 1993
Tanz in Schwarz. Prosaminiaturen und eine Erzählung, 1993
Angesichts der Gegenwart. Texte zur Zeitgeschichte, 1993
Der Ernstfall. Innenansichten des Krieges, 1995/97
Inselleben. Zum Beispiel Juist, 1995
Zikadengeschrei. Novelle, 1995/99
Das Schimmern der Schlangenhaut. Frankfurter Poetikvorlesungen, 1996
Das Kainsmal des Krieges, 1998
Werke, Bd. 1 bis 6, herausgegeben von Keith Bullivant und
 Manfred Durzak, 1996 f.